Hilde Schmölzer

Der Krieg ist männlich.
Ist der Friede weiblich?

HILDE SCHMÖLZER

DER KRIEG IST MÄNNLICH .
IST DER FRIEDE WEIBLICH ?

VERLAG FÜR GESELLSCHAFTSKRITIK

Druck gefördert durch das Bundesministerium für Wissenschaft,
Verkehr und Kunst sowie das Kulturamt der Stadt Wien

Die Deutsche Bibliothek – CIP-Einheitsaufnahme

Schmölzer, Hilde:
Der Krieg ist männlich. Ist der Friede weiblich ? /
Hilde Schmölzer. - Wien : Verl. für Gesellschaftskritik, 1996
ISBN 3-85115-231-X

ISBN 3-85115-231-X

Umschlaggestaltung: Birgitta Heiskel
Lektorat: Ruth Mautner
© 1996 Verlag für Gesellschaftskritik Ges.m.b.H. & Co. KG
A-1030 Wien, Hintzerstraße 11
Druck: MANZ, Wien

Inhaltsverzeichnis

1 Gibt es Krieg, seit es Menschen gibt?
(Ergebnisse der Matriarchatsforschung)

Der Mythos von einem »goldenen Zeitalter«, wie er in den verschiedensten Kulturen überliefert wird, ist kein reines Märchen. Es dürfte in der Menschheitsgeschichte tatsächlich friedlichere Zeiten gegeben haben, als wir sie heute vorfinden, Zeiten ohne ausgeprägte Hierarchien, ohne jene Herrschaft und Gewalt, wie sie uns heute geläufig ist, Epochen, in denen Menschen einen liebevolleren, friedlicheren Umgang miteinander pflegten.

Die Ansicht vom gewalttätigen, keulenschwingenden, sein Weib an den Haaren hinter sich herzerrenden »Höhlenmenschen«, wie sie im 19. und auch noch im 20. Jahrhundert das – patriarchale – Geschichtsbild prägte, wurde inzwischen revidiert. Vielmehr ist die neuere Forschung zu dem Schluß gelangt, daß unsere menschlichen Vorfahren, deren Anfänge sich bis in die unvorstellbar lange Zeit von 3–5 Millionen Jahren zurückverfolgen lassen[1] weitgehend friedlich zusammen lebten. Die Vorstellung vom kriegerischen »Urmenschen«, der nicht nur seine Hominiden-Brüder bekämpfte, sondern zugleich auch seine Ehefrau unterwarf, stellt lediglich eine Projektion gewalttätiger, patriarchaler Verhältnisse dar, die der Vorgeschichte des Menschen übergestülpt wurde.

Tatsächlich scheint die Entwicklung etwas anders verlaufen zu sein und interessanterweise fallen derartige Erkenntnisse zeitlich ziemlich genau mit der »Entdeckung« sogenannter matriarchaler Kulturen zusammen, in denen Frauen ein großer Einfluß zugeschrieben wird.[2] Diese neuen Forschungsergebnisse, die im übrigen immer noch viel zu wenig in die Lehrpläne eingedrungen sind – tragen wesentlich dazu bei, ein geschichtliches Weltbild, in dem der Krieg als der »Vater aller Dinge« die Evolution bestimmte, zu revidieren. Denn der Krieg, das bestätigen sämtliche neueren Untersuchungen, existierte in diesen alten, matrilinearen und matrilokalen Gesellschaften höchstwahrscheinlich nicht, zu mindest nicht in jener organisierten Form, wie wir ihn seit Beginn der patriarchalischen Geschichtsschreibung kennen.[3]

Was nicht bedeutet, daß der frühe homo sapiens keine Aggressionen kannte, doch verstand er diese anders zu kanalisieren. Natürlich wird es Revier- ebenso wie Rangkämpfe vor allem um Begattungsrechte gegeben haben. Ursprünglich wohl eher in Form von Imponier- und Drohgebärden, die von einer Tötung des Gegners Abstand nahmen.[4]

Und warum auch sollten sich diese frühen Jäger- und SammlerInnen-völker in den weiten Steppen- und Waldgebieten gegenseitig bekriegt haben? Es gab Raum genug für alle und zumindest in den vegetations-reichen Landstrichen dürften auch alle satt geworden sein. Gelegentliche Überfälle hat es sicherlich gegeben, in Zeiten der Nahrungsknappheit vielleicht, um sich die Vorräte einer benachbarten Gruppe anzueignen. Doch haben sich diese – schon aufgrund der spärlichen Population – wohl in Grenzen gehalten. Das entsetzliche Massenmorden hingegen ist ein Kennzeichen späterer, patriarchaler Gesellschaften, in denen Kriege die entstehenden Großreiche zu vergrößern und zu sichern hatten, weshalb Frauen auch dazu angehalten wurden, ständig für Nachkommen zu sorgen, die sich infolge einer wachsenden Überbevölkerung wiederum gegenseitig den Lebensraum streitig machten.

Auch die Erfindung effizienter Tötungsinstrumente ist relativ jungen Datums. So gibt es nach übereinstimmenden Aussagen Belege für die Existenz von Pfeil und Bogen nicht vor 14.000 bis 15.000 vor unserer Zeit.[5] Inwieweit die Werkzeuge, deren älteste Fundstätten auf drei bis vier Millionen Jahre geschätzt werden,[6] nicht nur zum Zerkleinern von Nahrung, sondern auch zum Töten, vornehmlich von Tieren benutzt wurden, wissen wir nicht. Wahrscheinlich dienten sie beiden Zwecken, wobei das Erlegen größerer Tiere mit diesen primitiven Waffen schwer bis unmöglich gewesen sein dürfte. Aus diesem Grund wird auch ange-nommen, daß die Entwicklung zur Großwildjagd von Männergruppen in Afrika, Europa und Nordasien erst vor etwa 500.000 Jahren[7], nach anderen Angaben vor 100.000 Jahren[8] eingesetzt hat.

Daß alle diese Annahmen hypothetisch sind, muß nicht weiter betont werden. Schließlich bewegen wir uns hier in den Zeiträumen von meh-reren Millionen Jahren, weshalb genaue Datierungen nicht vorgenom-men werden können.

Relativ ausführliche Beschreibungen beziehen sich auf das Sozialge-füge dieser frühen Hominiden, denn hier stehen uns vergleichende Studien mit Primatengruppen, aber auch mit noch lebenden Sammlerin-nen- und Jägervölkern zu Verfügung. Wobei sämtliche neueren Unter-suchungen darauf hinweisen, daß es sich um freundlich und verträglich miteinander lebende Jäger- und SammlerInnen-Gesellschaften gehan-delt hat, die zumindest in der Frühzeit matrilinear und matrilokal orga-nisiert waren, sich durch egalitäre Strukturen, ein Fehlen von Klassen und Hierarchien und eine weitgehende Gleichberechtigung zwischen den Geschlechtern auszeichneten.[9] Das ist wichtig, festzustellen, denn bekanntlich liegt der Keim zu Kriegen in gewalttätigen, unterdrückeri-schen und totalitären Gesellschaftsstrukturen, weshalb bereits das

Fehlen derartiger, unsere modernen Gesellschaften kennzeichnenden Eigenschaften entsprechende Rückschlüsse zuläßt. Borneman hat wahrscheinlich recht, wenn er meint, daß diese Gesellschaften die eigentlichen, wahrhaften Demokratien gewesen sind, während die sogenannte Demokratie im alten Griechenland, die stets als bedeutender Fortschritt in der menschlichen Entwicklung gefeiert wird, im Grunde einen enormen Rückschritt dargestellt hat, und die patriarchalen Verfassungen der griechischen Stadtstaaten im krassen Gegensatz standen zu den wirklich demokratischen Institutionen der klassenlosen, matrilinearen und matrilokalen Stammesgesellschaften der vorathenischen Frühgeschichte.[10]

Die Menschen lebten damals vermutlich in kleineren Gruppen zusammen, die sich durch starke emotionale Bande zwischen Müttern und Kindern, ein enges Zusammengehörigkeitsgefühl und freundschaftliche Gefühle aller Mitglieder zueinander auszeichneten.[11] Die bekannte Matriarchatsforscherin Heide Göttner-Abendroth vertritt die These, daß sich diese Horden und Sippen durch die Gebärtätigkeit der Frau langsam vergrößerten, sich aus den Muttersippen Tochtersippen bildeten, die durch ein enges Band spezieller Heiratsregeln ständig in Verbindung blieben, was ein gewisses Gefühl der Zusammengehörigkeit begünstigte.[12] Es ist einleuchtend, daß ein derartiges, miteinander versipptes und verschwägertes Gesellschaftssystem für Kriege wenig anfällig ist. Göttner-Abendroth bezeichnet die Frau als Urheberin und Schöpferin dieses auf Verwandtschaft und freundlichen Beziehungen beruhenden Gesellschaftssystems und bringt damit einen völlig neuen Aspekt in die Diskussion: Die Frau als Subjekt der Geschichte ist dem patriarchalen Denken fremd, und hat demzufolge auch mit entsprechenden Widerständen zu rechnen. Die Unsichtbarkeit der Frau in geschichtlichen Prozessen ist so allgegenwärtig und »normal«, daß derartige Ansichten tatsächlich revolutionären Charakter besitzen. Als friedenssichernd für die eigene Gruppe bezeichnet auch Carola Meier-Seethaler das strikte Exogamiegebot in matrilinearen Kulturen, das Heirat nur mit Angehörigen anderer Sippen erlaubt, weil damit Anlässe für Rivalität unter Geschwistern und anderen nahen Verwandten vermieden würden.[13] Meier-Seethaler ebenso wie Göttner-Abendroth schließen das Inzesttabu als häufig genannte Ursache dieser Regelungen aus.

Die Matriarchatsdebatte

Die Erforschung sogenannter Matriarchate, die mit Bachofen begonnen hat und noch keinesfalls abgeschlossen ist, brachte Licht in ein Geschichtsdunkel. Ursprünglich nur als Umkehrung bisheriger patriarchaler *Herr*schaftsverhältnisse vorstellbar, haben sich die diesbezüglichen Ansichten inzwischen differenziert. Gleichzeitig wurde der Ausdruck »Matriarchat« – spiegelbildlich zu Patriarchat – suspekt und durch Bezeichnungen wie matrizentrische, matristische oder egalitäre Gesellschaften ersetzt. Matriarchate, so meint auch die amerikanische Historikerin Gerda Lerner, hat es als Pendant zu Patriarchaten nie gegeben, es sei keine einzige Gesellschaft bekannt, in der Frauen als Gruppe über Männer geherrscht hätten, indem sie etwa Entscheidungsgewalt über sie ausübten, die Regeln des Sexualverhaltens bestimmten oder die Ehevermittlung kontrollierten.[14] Vielmehr entziehen sich diese Gesellschaften häufig unserem Verständnis, weil sie sich grundsätzlich von den späteren Patriarchaten unterschieden, völlig anders strukturiert waren und daher auch von einem anderen Blickwinkel aus begriffen werden müssen. Wenn etwa Göttner-Abendroth von sogenannten »Theakratien«, also sakralen Staaten spricht, in denen – analog zu den Theokratien – die priesterliche Funktion im Dienste einer Göttin untrennbar mit gesellschaftlichen und politischen Funktionen verknüpft ist, so wird bereits daraus die Bedeutung der Frau in diesen Kulturen sichtbar. Die ständige Streitfrage, ob sie denn auch im gesellschaftlichen Leben eine ähnliche Rolle spielte wie im Kult – letzteres ist unbestritten – erübrigt sich, weil es in diesen Gesellschaften eine Trennung von Religion und Gesellschaft, wie wir sie kennen, nicht gegeben hat! Der Kult bestimmte das Leben dieser Menschen und gleichzeitig war das Leben in den Kult integriert. Die Prioritäten waren damals anders gesetzt. Auch lassen sich hier für unterschiedliche Epochen keine einheitlichen, gesellschaftlichen Muster feststellen. Obwohl sich beispielsweise die meisten Hinweise auf die Gleichstellung der Frauen bei matrilinearen, matrilokalen Gesellschaften finden, bedeutet Matrilinearität nicht unbedingt eine Dominanz der Frau, während umgekehrt die später auftretende Patrilinearität nicht unbedingt ihre Unterwerfung inkludiert. Die Übergänge sind hier sehr oft fließend, eine universale Gesellschaftsordnung hat es auch damals nicht gegeben. Es gab Gesellschaften, in denen Frauen verschieden, aber gleichwertig waren und andere, in denen sie zweifellos Macht ausübten in dem Sinne, wie wir es heute verstehen. Doch fand diese Art der Machtausübung bezeichnenderweise meist in Staaten statt, die sich am Übergang zum Patriarchat befanden, so etwa im alten Sumer, wie die prächtigen Gräber von Königinnen und Hohenpriesterinnen beweisen. Diese Frauen erhielten ihre Macht bereits aus der Hand der Männer um den Preis ihrer sexuellen und auch ökonomischen Unterordnung. Je weiter wir aber in die Frühzeit zurückgehen, umso größer scheint der tatsächliche Einfluß der Frau gewesen zu sein. Auch Gerda Lerner meint in ihrem fundierten Werk, daß »in noch nicht zivilisierten Gesellschaften … Frauen den Männern gleichgestellt gewesen sein (müssen) und sich selbst sogar als die Überlegenen empfunden haben«.[15]

Die Kriegsbereitschaft wuchs mit zunehmendem Einfluß des Mannes

Ähnlich kontrovers wie die Matriarchatsdebatte verlaufen die Diskussionen um eine angenommene friedlichere Gesellschaft in der Frühzeit. Keinen Zweifel gibt es auch hier, daß die Kriegsbereitschaft mit zunehmendem Einfluß des Mannes wuchs, und daß die alten, matrizentrischen Kulturen wesentlich friedlicher gewesen waren als spätere patriarchale Gesellschaften. Darauf weisen die matrizentrischen Siedlungen der Mittelmeerländer hin, die unbefestigt waren, als sie von Hirtenvölkern aus dem Norden im zweiten und dritten Jahrtausend vor unserer Zeit überrannt wurden,[16] aber auch die unbefestigten minoischen Städte, in denen kaum Waffen gefunden wurden, und auf deren Fresken sich keine Darstellungen kriegerischer Szenen finden – bis um etwa 1400 vor Christus, als die Invasion der Archäer stattfand. Auch die ersten Schichten von Kisch und Ur in Mesopotamien weisen keine Befestigungsmauern auf[17] und in den frühzeitlichen Dörfern Mittelamerikas zeigen die dort gefundenen menschlichen Skelette keine Spuren, die auf kriegerische Gewalt oder Menschenopfer hindeuten.[18] Erich Fromm verlegt daher die Entstehung des Krieges als Institution erst in die Zeit um etwa 3000 vor unserer Zeit.[19] Ebenso sind im etwa 8.000 Jahre alten Çatal Hüyük im heutigen Anatolien in den zwölf, in einem Zeitraum von 800 Jahren übereinander gebauten Siedlungen keine Spuren von Krieg zu entdecken. Der britische Archäologe James Mellaart, der in den sechziger Jahren unseres Jahrhunderts die Ausgrabungen leitete, vermutet auch aufgrund der fehlenden Paläste und breiten Straßen sowie einem Fehlen von Blutopfern und Kriegsbildern, daß es keine Hierarchie oder zentrale politische Autorität und auch keine Kriegerkaste in Çatal Hüyük gegeben hat. Außerdem nimmt er an, daß sich Männer und Frauen in dieser frühesten Epoche Macht und Einfluß teilten. Tatsächlich lassen die vielen frauenzentrierten Kultgegenstände wie die Tatsache, daß Frauen in den Häusern größere Arbeits- und Schlafplätze als Männer hatten, auf einen hohen Status und großen Einfluß der Frau schließen.[20] Auch die Archäologin Marija Gimbutas, die sich mit der Untersuchung und Interpretation dieser Ausgrabungsergebnisse befaßte, kommt zu ähnlichen Ergebnissen.[21] Gimbutas hat die Kultur der Steinzeit seit dem Jungpaläolithikum untersucht, also einen Zeitraum von etwa 20.000 Jahren. Sie führte zu diesem Zweck in den Gebieten des nördlichen Griechenlands und des Balkans vergleichende Studien an über 3.000 Fundstätten durch, wobei über 30.000 Miniaturskulpturen von Göttinnen gefunden wurden. Bewußt bezeichnet sie diese Figuren nicht als »Idole«, »Statuetten« oder »Figurinen«, wie das vielfach geschieht, sondern als »Göttinnen«. Sie spricht von einer einheitlichen Kultur, deren Wurzeln bis in die Altsteinzeit reichen und in deren Zentrum die Göttin in ihrem dreifachen Aspekt als Göttin des Lebens des Todes und der Wiedergeburt steht. Auch Gimbutas erkennt in diesen theakratischen Stadtstaaten, die von einer Königin/Priesterin regiert wurden, keine Hierarchien und keine Rangordnungen zwischen den Geschlechtern, sie nennt diese Gesellschaften egalitär, friedlich und mit der Natur im Einklang stehend, bis sie von räuberischen, patriarchalen Hirtenvölkern aus dem Norden überrannt wurden.[22]

Gleichzeitig jedoch haben andere Wissenschafterinnen diese Forschungsergebnisse teilweise wieder in Frage gestellt. Gerda Lerner etwa meint, daß trotz des eindeutigen Beweises, daß es eine Art von alternativem Modell zur patriarchalen Gesellschaft gegeben hat, bei einer Verallgemeinerung in bezug auf die Rolle der Frau Vorsicht geboten sei. Auch müsse das Fehlen von Kriegführung in Çatal Hüyük an den zahllosen Beweisen für kriegerische Gemeinschaften in benachbarten Regionen gemessen werden.[23] Und Rosemary Radford-Ruether verweist auf die zahlreichen Kopfwunden an den Skeletten von Çatal Hüyük, die zu der Annahme führen, daß unter den Bewohnern und Bewohnerinnen der Stadt viele Kämpfe ausgetragen wurden. Gleichzeitig warnt sie davor, »eine Kurzfassung der Geschichte von der paradiesischen Welt zu konstruieren ...«[24]

Die Vorstellung einer heilen, friedlichen und gleichberechtigten Welt in den fernen Zeiträumen der Geschichte ist für zivilisationsmüde Zeitgenossen, die, von einem Waffenpotential unvorstellbaren Ausmaßes, einer globalen Naturzerstörung und Vernichtung des allgemeinen Lebensraums bedroht, nach beruhigenden Utopien verlangen, natürlich ungemein verlockend. Doch soll es in diesem Zusammenhang nicht um die Beschreibung verlorener Paradiese gehen, sondern es soll lediglich klargestellt werden, daß unsere patriarchale Gesellschaft nicht zu allen Zeiten die einzig mögliche war, und daher auch nicht bis in alle Ewigkeit sein muß. Paradiese gibt es nicht, die Menschen waren damals von anderen Gefahren umgeben, vor allem die Natur, deren Unterwerfung und Ausbeutung heute zu den größten Problemen führt, war damals ungemein bedrohlich, auch Krankheiten aller Art brachten Mühsal und frühen Tod. Mellaart etwa nennt anhand von Untersuchungen der Skelettreste der jungsteinzeitlichen Menschen eine durchschnittliche Lebensdauer von 34,3 Jahren bei Männern, und 29,8 Jahren bei Frauen, wobei jene der Frauen in der Altsteinzeit noch um zwei Jahre darunter lag.[25] Trotzdem hat die Matriarchatsforschung wesentlich dazu beigetragen, ein einseitig verzerrtes Geschichtsbild zu revidieren, andere Perspektiven aufzuzeigen und gleichzeitig damit Frauen eine verlorene Identität zurückzugeben. Im Zusammenhang mit der Großen Göttin wurden verschüttete weibliche Symbole wiedererkannt und das fast vergessene Bild der unabhängigen, starken Frau neu belebt. Der Rückblick in diese verschollenen Kulturen bezweckt ja nicht die Wiedererrichtung von Matriarchaten, die es im übrigen, wie bereits bemerkt, nie gegeben hat. Aber er hilft Frauen ebenso wie Männern patriarchalisierende Prozesse besser zu begreifen und sich in jener Ganzheit zu erleben, die sie im Patriarchat verloren haben.

Die sogenannte Matriarchatsforschung begann um die Mitte des vergangenen Jahrhunderts mit Johann Jakob Bachofens aufsehenerregendem Werk »Das Mutterrecht« (1861). Seine auch aus heutiger Sicht geniale Leistung bestand im Aufdecken sogenannter »Gynaikokratien«, die er nicht nur im gesamten Mittelmeerraum, sondern darüber hinaus auch in Indien, Persien und Ägypten vermutete. Diese Forschungsergebnisse sind auch darum so erstaunlich, weil er sich dabei lediglich auf ein Studium antiker und zum Teil zentralasiatischer Quellen beziehen konnte, und noch nicht über heutige Ergebnisse prähistorischer, evolutionsbiologischer und psychologischer Forschung verfügte. Die Höhlenbilder der Eiszeit etwa waren damals noch ebenso wenig bekannt wie das alte Kreta und Sumer. Insofern ist es auch nicht verwunderlich, daß seine Erkenntnisse, wenngleich im Kern richtig, einem heutigen Wissensstand nicht mehr entsprechen. Besonders angreifbar sind seine falschen, aus einem bürgerlich-patriarchalen Weltverständnis resultierenden Wertungen und Deutungen, die sich von der unrichtigen Bezeichnung »Mutterrecht« (ein Recht im heutigen Sinn hat es damals noch gar nicht gegeben) über ziemlich sonderbare Ansichten von »Natur« und »Wesen« der Frau bis zu einem unüberlegten Hineininterpretieren patriarchaler Prinzipien in diese matrilinearen und matrilokalen Gesellschaften reicht. In seiner für die männliche Geschichtsforschung so charakteristischen Ansicht vom »sieg«haften Aufstieg des (männlichen) Menschengeschlechts, das sich durch Krieg und Kampf aus den dumpfen, mütterlichen Urgründen befreien und damit die höherstehende »geistige Entwicklung« einleiten muß, ist die Überheblichkeit männlicher Geschichts- und Kulturinterpretation gebündelt enthalten:

> »Ein Weltalter geht unter, ein neues erhebt sich auf dessen Trümmern, das apollinische ... Auf die Göttlichkeit der Mutter folgt die des Vaters, auf das Prinzip der Nacht das des Tages ... Dort stoffliche Gebundenheit, hier geistige Entwicklung; dort unbewußte Gesetzmäßigkeit, hier Individualismus; dort Hingabe an die Natur, hier Erhebung über dieselbe, Durchbrechung der alten Schranken des Daseins, das Streben und Leiden des prometheischen Lebens an der Stelle beharrender Ruhe, friedlichen Genusses und ewiger Unmündigkeit im alternden Leibe ... Im Kampfe wird der Mann sich seiner Vaternatur bewußt, kämpfend erhebt er sich über das Muttertum ... Für ihn liegt die Quelle der Unsterblichkeit nicht mehr in dem gebärenden Weibe, sondern in dem männlich-schaffenden Prinzip ... Überall dieselbe Erhebung von der Erde zum Himmel, von dem Stoffe zur Unstofflichkeit, von der Mutter zum Vater, überall jenes Prinzip, das in der Richtung von unten nach oben eine sukzessive Läuterung des Lebens annimmt.«[26]

Leider haben solche und ähnliche Ansichten, wie sie nicht nur Bachofen vertrat, das geschichtliche Bewußtsein nachhaltig geprägt, und sie sind auch heute noch nicht ausgerottet. Göttner-Abendroth hat diese Stelle glänzend kommentiert:

> »In schöner Deutlichkeit zählt Bachofen hier die prächtigen Prinzipien des Patriarchats auf, von denen es heute noch lebt: Herrschaft und Hierarchie, diese ›sukzessive Läuterung‹ von unten nach oben; Kampf und Krieg, welche das Matriarchat nicht geistig, sondern gewaltsam überwanden; der Krieg ›als Vater aller Dinge‹, der vom Mutterschoß nichts mehr wissen will, außer daß er ihm die Söhne zum Kriegführen liefert; ... die Erhebung über die ›stoffliche Gebundenheit‹ mit Körperfeindschaft und Nekrophilie; die Erhebung über die Natur mit ihrer Zerstörung als Folge; das selbstauferlegte prometheische Leiden, das Frauen lindern oder ausbaden sollen; Individualismus bis zur Atomisierung der Gesellschaft und der Isolierung des einzelnen; das apollinische Prinzip, in welchem sich der Gott ›vollständig von jeder Verbindung mit dem Weibe befreit‹. Wir kennen diese Art der Befreiung mittlerweile: Erst befreit sie uns vom Weibe, dann von der Erde, und zuletzt vielleicht vom Leben.«[27]

Daß die Ansicht von der Überlegenheit patriarchaler Kultur nicht zu halten ist, haben jüngere Ausgrabungsergebnisse wie etwa jene in Kreta, im Alten Ägypten oder in Çatal Hüyük, um nur die bekanntesten zu nennen, eindeutig bewiesen. Es handelt sich dabei um hochentwickelte Stadtkulturen mit einer fortgeschrittenen Technik in den verschiedenen

Handwerken, einer entwickelten Religion mit Symbolik und Mythologie, einer Wirtschaft mit Ackerbau und Viehzucht, einem blühenden Import/Export-Handel und vor allem einem Gesellschaftssystem, in dem der zwischenmenschliche Umgang wesentlich liebevoller gewesen sein dürfte als in späteren patriarchalen Gesellschaften, wie auch Untersuchungen an heute noch lebenden, egalitären Gruppen beweisen.[28] Eine geringschätzige Beurteilung dieser Kulturen steht dem modernen Zivilisationsmenschen nicht an – angesichts einer globalen Naturzerstörung, furchtbaren Kriegen und entsetzlichen Hungersnöten am Ende dieses Jahrtausends.

Das religiöse Grundmuster vorgeschichtlicher Kulturen

Einer ähnlichen Geisteshaltung wie bei Bachofen begegnen wir bei James Georg Frazer, der knapp 30 Jahre nach Bachofen, 1890, sein Buch »Der goldene Zweig« (»The Golden Bough«) veröffentlichte, das eine außerordentliche Wirkung hatte und unter anderen auch Freud und Malinowski beeinflußte. Frazer untersuchte die Religion dieser matrizentrischen Kulturen und fand dabei das wahrscheinlich weltweit existierende religiöse Grundmuster von der kosmischen Göttin und dem ihr zugeordneten Heiligen König heraus, das inzwischen von anderen religionswissenschaftlichen Untersuchungen bestätigt wurde. Allerdings zeichnet sich sein Werk durch die übliche Einseitigkeit aus, indem er sich nämlich beinahe ausschließlich mit dem Priesterkönig beschäftigt, und die für matriarchale Kulturen so bedeutsame Göttin kaum erwähnt. Womit neuerlich das allgemeine patriarchale Geschichtsbild verfestigt wird, das die Leistungen von Frauen immer unterschlagen hat. Frazer ist überzeugt,

> »daß die Menschheit in der Vergangenheit durch männliche Kraft und männliche Intelligenz regiert worden ist und daß dies, wenn die menschliche Natur dieselbe bleibt(,) auch in Zukunft so bleiben wird«.

Es sei, so meint er weiter in schöner, männlicher Überheblichkeit, »chimärisch«, das heißt ungeheuerlich oder absurd,

> »daß die Vorherrschaft von Göttinnen unter einem System der Mutterverwandtschaft eine Schöpfung des weiblichen Geistes ist ... Die Männer machen Götter, und die Frauen verehren sie«.[29]

Erst Robert von Ranke-Graves blieb es vorbehalten, in seinem Buch »Griechische Mythologie« (1961) dem Bild des Heiligen Königs jenes der großen, dreifachen Schöpfergöttin hinzuzufügen, die nicht nur als Fruchtbarkeitsgöttin verehrt wurde, sondern auch als Göttin der Wiedergeburt. Ranke-Graves korrigierte Frazers Geschichtsverzerrung, indem er die Göttin als Erste und Ursprüngliche darstellt:

> »Das vorgeschichtliche Europa kannte keine männlichen Götter. Die große Göttin allein wurde als unsterblich, unveränderlich und allmächtig betrachtet.«[30]

Daß männliche Gottheiten erst relativ spät, nämlich in Ägypten und Vorderasien im Laufe des zweiten, und in Europa im Verlauf des ersten vorchristlichen Jahrtausends auftauchen, ist bekannt.[31] Die Matriarchatsforschung hat auch klar gemacht, daß Gegensätzlichkeiten im religiösen Denken, wie sie patriarchale Gesellschaften auszeichnen, in diesen frühen Kulturen nicht existiert haben. »Die frühen Religionen der Menschheit bis hin zu den matriarchalen Hochreligionen«, meint etwa die Matriarchatsforscherin Gerda Weiler, »haben weder den Begriff ›Gott‹ noch den Begriff ›Göttin‹ gekannt«. Und weiter:

> »Der patriarchale ›Vatergott‹ ist die Projektion des abgespaltenen, desintegrierten Männlichen an den Himmel. Die matriarchale Große Herrin ist keineswegs ›das Andere‹, der Rest dieses unglückseligen Spaltprodukts. Matriarchale Männer und matriarchale Frauen haben in Der Herrin die Ganzheit erlebt, die Fülle des Daseins.«[32]

Ähnlich äußert sich auch Göttner-Abendroth:

> »Gesellschaften, die unter der Dominanz der Frau standen, entwickelten – anders als die Gesellschaften unter der Herrschaft des Mannes – nicht die zerstörerische Gegensätzlichkeit. Die Göttin und ihr Heros waren nicht nur die beiden kosmischen Kräfte, sondern in Gestalt der Priesterin und ihres Königs auch die tragenden sozialen Kräfte und nicht zuletzt die beiden Kräfte in der Psyche jedes einzelnen Menschen. Denn das weibliche Prinzip war das Göttliche, und zwar in all jenen Dimensionen, in denen die Göttin sich selbst präsentiert: die Kraft zur Integration des ganzen Kosmos, die kreative Fähigkeit überhaupt. Das männliche Prinzip war das Heroische: die Kraft zum Selbstopfer, die Fähigkeit zur vollkommenen Integrität. Und ganz war ein Mensch erst dann, wenn er beide Seiten unverkürzt besaß.«[33]

Die Ausgrabungen von Çatal Hüyük geben einen guten Einblick in das religiöse Verständnis dieser frühen Kulturen. Die zahlreichen Abbildungen der Großen Göttin, die auf großen Wandreliefs in einer Höhe von einem bis zwei Metern erhalten sind, zeigen sie meist mit erhobenen Armen und gespreizten Beinen in Gebärhaltung. Der Stierkopf, der mit gekrümmten Hörnern häufig zwischen ihren Beinen erscheint, verkörpert hingegen das männliche, göttliche Prinzip, die zeugende, männliche Kraft.

16

»In den Bildern ›Himmelskönigin‹ und ›Stier‹ sind zwei Symbole polar einander zugeordnet, die jedes ein Umfassendes zum Ausdruck bringen: unvergängliche kosmische Lebenskraft und ihren irdischen Impuls.«[34]

Die Autorität der Mütter als friedenssicherndes Element

Einen wichtigen Beitrag zur Matriarchatsforschung leisten auch die Ethnologen. Henry Lewis Morgan, häufig als der Begründer der Ethnologie bezeichnet, hat sich in seinem bedeutendsten Werk »Die Urgesellschaft« (»Ancient Society«, 1891) erstmals ausführlich mit der Entwicklung von Stammesgesellschaften auseinandergesetzt. Er stellt dabei fest, daß Matrilinearität, also die Abstammung von der Mutterfolge, »in der älteren Periode allgemein war«,[35] da sich der Vater nicht mit Gewißheit feststellen ließ. Ebenso formuliert er Matrilokalität als eine Regelung, bei der in matrilinear organisierten Gesellschaften der Ehepartner in das Sippenhaus der Frau zog. Eine Ehe im heutigen monogamen Sinn, so Morgan, hat es in den Stammesgesellschaften der Altsteinzeit nicht gegeben, sondern eher eine Vielehe, womit nicht nur die sexuelle Freiheit der Frau, sondern auch jene des Mannes gewährleistet war. Auch Morgan meint, daß diese Stammesgesellschaften, die sich nach ihm aus mehreren blutsverwandten Sippen aufbauten und die »universelle Verfassungsgrundform der alten asiatischen, europäischen, afrikanischen, und australischen Gesellschaft« darstellten,[36] ohne politische Herrschaft friedlich zusammenlebten. Die Ordnung wurde lediglich durch ungeschriebene Gesetze in Form von Tabus und streng geregelten Bräuchen aufrecht erhalten. Etliche MatriarchatsforscherInnen vertreten die Ansicht, daß diese Regeln und Tabus von Frauen aufgerichtet wurden, wofür einiges zu sprechen scheint.[37]

Morgans Thesen wurden vor allem von den marxistischen Theoretikern Friedrich Engels und August Bebel übernommen, wobei der Entwicklung des Privateigentums eine besondere Rolle in der geschichtlichen Entwicklung zugeschrieben wird. So ist nach Ansicht Engels die Entstehung von Privateigentum in den Händen einzelner Männer verantwortlich für den Untergang matriarchaler Kulturen und die Errichtung der monogamen Ehe, in der er sehr richtig ein wesentliches Instrument zur Unterdrückung der Frau erkennt. In seinem Buch »Der Ursprung der Familie, des Privateigentums und des Staates« meint er:

»Die Monogamie war die erste Familienform, die nicht auf natürliche, sondern auf ökonomische Bedingungen gegründet war, nämlich auf den Sieg des Privateigentums über das ursprüngliche naturwüchsige Gemeineigentum. Herrschaft des Mannes in der Familie und Erzeugung von Kindern, die nur die Seinigen sein konnten und die zu Erben seines Reichtums bestimmt waren – das allein waren die von den Griechen unumwunden ausgesprochenen ausschließlichen Zwecke der Einzelehe ... So tritt die Einzelehe ... auf als Unterjochung des einen Geschlechts durch das andere, als Proklamation eines bisher in der ganzen Vorgeschichte unbekannten Widerstreits der Geschlechter.«[38]

Engels und Marx haben eindeutig formuliert, daß Privateigentum – allerdings nicht in Form von persönlichen Gegenstände, sondern im Sinne von Produktionsmitteln, wie Grund und Boden, Fischereiboote und ähnlichem – zu einem Herrschaftsinstrument wurde, das zur Spaltung der Gesellschaft in besitzende Klassen geführt hat. Während beide die Entstehung von Privateigentum sanft und evolutionär beschreiben, schließt sich August Bebel der Ansicht Bachofens an, wenn er den Übergang vom Patriarchat als durchaus kriegerische Revolution beschreibt. Auch feministische Theoretikerinnen und Matriarchatsforscherinnen wie etwa Göttner-Abendroth, Maria Mies, Gerda Lerner und Marija Gimbutas lehnen die These vom Privateigentum, das zu Herrschaft geführt habe, ab, und meinen vielmehr, daß sich umgekehrt durch Gewalt und Krieg der patriarchale Eroberungsstaat und aus diesem das Privateigentum als Herrschaftsinstrument gebildet hatte.

Wichtige Werke für die Matriarchatsforschung waren dann noch Robert Briffaults »The Mothers« (1927) und Bronislaw Malinowskis »Das Geschlechtsleben der Wilden in Nordwest-Melanesien« (1979). Briffaults umfangreiches Werk enthält eine Aufzählung sämtlicher Stämme und Völker, die matrilinear und matrilokal organisiert waren (nach seiner Schätzung traf das noch um 1800 auf ungefähr die Hälfte der damals bekannten Naturvölker zu). Er zeigt anhand von zahlreichen Beispielen, daß es die Autorität der Mütter war, die den weiblichen Clan zusammenhielt, während sich die Söhne ihre Partnerinnen außerhalb der Sippe suchten.[39] Womit er aufzeigt, daß das Exogamiegebot, also Heirat nur mit Angehörigen anderer Sippen, nicht nur aus einer patriarchalen Perspektive heraus verstanden werden darf, wie dies etwa bei Claude Levi-Strauss der Fall ist,[40] sondern daß es die Grundlage der Muttersippe gewesen ist. Auch Malinowski zeigt am Beispiel der Trobriand-Insulaner in Melanesien, die sich damals bereits in einer Übergangssituation von matrizentrischen zu patriarchalen Strukturen befanden, daß Frauen in dieser immer noch matrilinearen Gesellschaft ein hohes Ansehen besaßen, teilweise führende Rollen innehatten und die Kultur der menschlichen Beziehungen ebenso prägten wie die Erotik, die Mali-

18

nowski höher bewertet als jene sogenannter zivilisierter Gesellschaften.[41]

Die Frau als Schöpferin der Anfänge unserer Zivilisation

In den letzten Jahren und Jahrzehnten begannen dann zunehmend Frauen ihre eigene Geschichte in die Hand zu nehmen. Gleichzeitig damit wurde mehr und mehr ein einseitig patriarchales Geschichtsbild korrigiert und die bislang unterschlagenen Leistungen der Frauen in das geschichtliche Bewußtsein zurückgeholt. Wobei sich herausstellte, daß die frühen, entscheidenden Kulturleistungen des Menschen wahrscheinlich von Frauen erbracht wurden. Frauen werden nicht nur als Erfinderinnen der Nutzung des Feuers zum Kochen genannt,[42] sondern auch als Schöpferinnen der Töpferei. In Ägypten ist die Hieroglyphe für Topf identisch mit dem Zeichen für Frau. Auch gibt es Mythen, die den weiblichen Ursprung der Töpferei bezeugen. Es wird angenommen, daß die ersten Tontöpfe mit einer Lehmschicht überzogene Körbe waren, die an der Sonne getrocknet wurden. Darauf weisen keramische Gefäße hin, die in Form oder Dekor geflochtene Körbe nachahmen.[43] Eine andere Theorie besagt, daß Frauen die ersten Tongefäße um ihre Brüste formten.[44] Noch vor den Tongefäßen haben Frauen ihre Koch- und Speisegeräte aus Stein, Knochen und Holz angefertigt. Natürlich waren sie auch für die Textiltechnik zuständig, sie haben das Spinnen und Weben von tierischen und pflanzlichen Fasern erfunden und alte Mythen beschreiben sie als Schöpferinnen der Leinen- und Wollstoffe sowie der Seidenraupenzucht und der Seidenherstellung.[45] Daneben weisen zahlreiche archäologische Funde und Beobachtungen an heute noch existierenden Steinzeitgesellschaften darauf hin, daß die Erfindung von Werkzeugen wie Grabstock, Spaten, Schaufel oder Steinwerkzeuge zum Zersplittern, Zerstampfen und Mahlen von Nahrung Frauen zugeschrieben werden kann.[46] Zu interessanten Ergebnissen kommt auch die bekannte Höhlenforscherin Marie E. P. König, die nach einer Untersuchung von 2.000 Kulthöhlen der Eiszeit die Ansicht vertritt, daß in dieser Epoche der Menschheitsentwicklung auch die geistige Welt entscheidend von Frauen geprägt wurde. Anhand von Zeichnungen und Ritzungen an den Wänden der Kulthöhlen, die weit älter sind als die eiszeitlichen Frauenstatuetten, kann Marie König nachweisen, daß die Lunarsymbolik, die eng mit der Frau verknüpft ist, bis in die Zeit des Neandertalers, also etwa 100.000 Jahre vor unserer Zeitrechnung, reicht. Auch die zahlreichen Darstellungen von Vulven weisen nach König nicht nur auf die Frau als Lebensspenderin, sondern auch auf ihre zentrale Stellung im Kult einer Wiedergeburtsreligion, nach deren Vorstellung Verstorbene wieder in den Leib der Frau zurückkehrten, um erneut wiedergeboren zu werden.[47]

Schließlich fand auch noch der Sprachforscher Richard Fester heraus, daß die Sprache, die sich durch die Notwendigkeit der Verständigung von Müttern mit Kindern entwickelte, weiblichen Ursprungs ist. Aus dem enormen Übergewicht weiblich induzierter Begriffe schließt er außerdem auf eine bis weit in die Vorgeschichte der Menschheit reichende Überlegenheit der Frau.[48]

Die enge, prägende Beziehung zwischen Mutter und Kind wird vor allem von der Psychologie, gestützt auf Freud, ganz generell zum Kernpunkt späterer, evolutionistischer Entwicklung gemacht.[49] Ebenso schreibt die Paläontologin Margaret Ehrenberg Frauen – vor allem als Mütter – die führende Rolle im menschlichen Evolutionsprozeß zu, weil sie als Erste Nahrung mit den Kindern teilten und so wesentlich zum Aufbau menschlicher Gemeinschaften beitrugen. Sie förderten die Entwicklung des aufrechten Ganges, weil sie beim Sammeln Nahrung pflücken und zugleich die Kinder tragen mußten. Während die Männer nur für sich selbst sammelten, hatten Frauen auch für die Kinder zu sorgen, weshalb Ehrenberg annimmt, daß sie es waren, die erste Traggefäße und Behälter erfanden, um gleichzeitig Kleinkind und Nahrung tragen zu können und die Hände zum Einsammeln der Nahrung frei zu halten.[50]

Auch daß Frauen als Sammlerinnen einen wesentlichen Beitrag zur Nahrungsbeschaffung leisteten, hat die historische Frauenforschung ins geschichtliche Bewußtsein gerückt. War es doch keinesfalls immer die Jagd, sondern weit eher die Sammeltätigkeit der Frauen, die das Überleben der Gruppe sicherte,[51] während Fleischgenuß als gefeierte Ausnahme galt. So etwa wurde aus dem Studium von Koprolithen (fossilen Exkrementen) geschlossen, daß die Nahrung unserer Vorfahren, die vor etwa 200.000 Jahren an der französischen Riviera lebten, hauptsächlich aus Muscheln, Austern und Körnern, nicht jedoch aus Fleisch bestand.[52] Aus diesem Grund wird auch heute allgemein angenommen, daß Frauen die Erfinderinnen des Ackerbaus waren.[53] Denn als Sammlerinnen von Pflanzen werden sie wohl die ersten gewesen sein, die Körner ausstreuten und so für regelmäßige Ernten sorgten.

Der Beitrag pflanzlicher Nahrung variiert nach Klimagebiet. In den warmen Ländern, das heißt zwischen dem Äquator und dem 39. Breitengrad, liegt der Anteil der Pflanzenkost im Durchschnitt zwischen 60 und 80 Prozent, während der Fleischanteil lediglich 20 bis 30 Prozent beträgt. In den höheren Breitengraden nimmt dann die Pflanzenkost proportional zur Fleischkost ab.[54] Darüber hinaus scheinen Frauen nicht nur Kleintiere erlegt, sondern auch an der Großwildjagd teilgenommen zu haben. Beispiele dafür finden sich bei vielen, heute noch existierenden Sammlerinnen- und Jägervölkern, wie etwa den philippinischen Agata und den von Colin Turnbull eingehend erforschten, in Nordostzaire beheimateten Mbuti, deren Frauen auch Jagd auf große Tiere machen.[55] Der russische Vorzeitforscher M. S. Koswen berichtet über ähnliche Beobachtungen bei den mongolischen Völkerschaften und den Völkern Kaukasiens. Ebenso erwähnt er Frauen nordamerikanischer Indianer, die noch bis vor kurzem als ausgezeichnete Jägerinnen bis an ihr Lebensende berühmt gewesen seien.[56] Trotzdem waren Frauen wahrscheinlich nur dann Jägerinnen, wenn es für das Überleben der Gruppe notwendig war, da es sich schon aufgrund von Schwangerschaft und Geburt bei der Jagd nie um ihr eigentliches Arbeitsgebiet handeln konnte.

Daß die überwiegend männliche Beschäftigung der Jagd als eigentliche Triebfeder unserer Kultur hingestellt wird, verwundert nicht angesichts einer einseitigen, patriarchalen Geschichtsschreibung. Sie gilt als

»das integrierte Leitmotiv der Kultur ... der Schmelztiegel, in dem sich über die natürliche Auslese die Grundsubstanz für den Geist und den Körper des Menschen herauskristallisiert hat«.[57]

Feministische Wissenschaftstheoretikerinnen setzen andere Akzente. Sie haben vor allem die These aufgestellt, daß sich der Krieg, und damit im Zusammenhang Herrschaft und Patriarchat, aus der Jagd entwickelt haben.[58] Tatsächlich hat die Jagd zu einer Weiterentwicklung von Tötungsinstrumenten geführt, weshalb auch der Pfeil, wie er in die Wände der Kulthöhlen der Eiszeit eingeritzt ist, von Marie König als ein Symbol des Todes interpretiert wird, während sie die zahlreichen Darstellungen von Vulven Zeichen für das Leben nennt.[59] Trotzdem darf das Jagen an sich nicht unbedingt als aggressive Tätigkeit verstanden werden. War es doch üblich, nach dem Töten eines Tieres die Natur mit gewissen Sühneritualen zu versöhnen, und es gibt auch heute noch friedlich lebende Jägervölker, die es sogar bedauern, Tiere für das eigene Überleben töten zu müssen. Auch in der eiszeitlichen Höhlenmalerei steht das Tier, nicht etwa der Jäger im Mittelpunkt. Und nie richtet in diesen Malereien der Mensch seine Waffen gegen andere Menschen. Es werden zwar Kämpfe mit Tieren, niemals jedoch Kämpfe von Menschen untereinander dargestellt.[60] Aber auch wenn das Jagen an sich nicht unbedingt zu Kriegen führen mußte, so schloß es doch die Möglichkeit dazu ein, die unter bestimmten Umständen, zum Beispiel bei Nahrungsmittelknappheit, im späteren Verlauf der Geschichte auch verwirklicht wurde.

Über den Zusammenhang von Geschlechteregalität und Friedfertigkeit

In den letzten Jahren hat sich eine Reihe von hauptsächlich amerikanischen Ethnologinnen der Erforschung von noch existierenden Sammlerinnen- und Jägervölkern gewidmet, wobei sie sich vor allem auf die Untersuchung der Geschlechterbeziehungen konzentrierten.[61] Sie sprechen in diesem Zusammenhang häufig von egalitären oder nicht-patriarchalen Gesellschaften, um damit mißverständlichen Ausdrücken wie »matriarchal« oder »matrizentrisch« auszuweichen.

Untersucht wurden nichtpatriarchale Gesellschaften mit unterschiedlicher ökonomischer, sozialer und kultureller Entwicklung wie beispielsweise Wildbeuter (Mbuti), Bauern und Jäger (Irokesen, Huronen) sowie tropische Gartenbauern (Mbari). Dabei zeigte sich, daß in Gesellschaften, die sich durch das Fehlen von politischen Führern, Hierarchien, Klassen und der Akkumulation von Besitz auszeichneten, die Geschlechter weitgehend gleichberechtigt waren und Frauen ebenso wie Männer Einfluß auf die wichtigen Bereiche der Produktion, Reproduktion, Sexualität und der symbolischen Ordnung nehmen konnten.

Die ersten systematischen Untersuchungen hinsichtlich des Zusammenhangs von egalitären Gesellschaften und Geschlechterbeziehung unternahm Eleanor Leacock.[62] Basierend auf historischen Untersuchungen ebenso wie Feldforschung bei den Montagnais in Kanada und den Irokesen in Nord-Amerika stellte sie eine ziemlich gleichheitliche Machtverteilung zwischen Männern und Frauen fest, die sie zwar als verschieden, aber gleichwertig (»separat but equal«) charakterisiert. Leacock prägte auch die Bezeichnung »geschlechtsegalitäre Gesellschaft«, womit sie den Begriff Geschlecht explizit in die Diskussion einbezog. Im Grunde bestätigen diese Untersuchungen nur bereits vorhandene Erkenntnisse: nämlich, daß die Gleichberechtigung der Geschlechter eine notwendige Voraussetzung für weitere Gleichberechtigungen darstellt.

Interessant sind in diesem Zusammenhang die Bemerkungen Leacocks über die gewaltfreie Kindererziehung der matrilinearen und matrilokalen Montagnais und das liebevolle, nicht-autoritäre Umgehen der Väter mit den eigenen Kindern und Kindern im allgemeinen. Leacock stützt sich dabei auf eigene Beobachtungen:

> »Bei den Montagnais ... bemerkte ich, daß Väter an der Betreuung und Sozialisation der Kinder mit einer Selbstverständlichkeit und Spontanität teilnahmen, die man in unserer Kultur als ›weibisch‹ bezeichnen würde. Sogar mit ganz winzigen Kindern gingen sie mit großer Sicherheit um.«[63]

Auch die österreichische Ethnologin und Psychologin Eva Ptak-Wiesauer, die sich mit den Erziehungsmethoden in verschiedenen Stammesgesellschaften auseinandergesetzt hat, meint, daß die sogenannten matriarchalen Gesellschaften im allgemeinen mit ihren Aggressionen anders umgehen, sie anders kanalisieren als patriarchale Gesellschaften, und daß Gewalt und autoritäre Ansprüche der Männer gegenüber Frauen oder Kindern bei ihnen nicht vorkommen.[64] Hingegen in patriarchal organisierten Gruppen wie etwa den Baruya in Papua-Neuguinea und den Apachen im Südwesten der USA der Mann seinen Besitzanspruch auf Frau und Kinder sehr wohl auch mit Gewalt durchsetzt. Ptak-Wiesauer spricht auch von einem weitgehenden Fehlen sexueller Gewalt in matrilinearen Gesellschaften und einer damit im Zusammenhang stehenden freieren Sexualerziehung. Während in Patriarchaten Sexualität meist als etwas Schmutziges, Verbotes angesehen wird und mit vielen Tabus belegt ist.[65]

Daß Geschlechteregalität und weitgehende Friedfertigkeit von Völkern untrennbar miteinander verknüpft sind, bestätigt auch Erich Fromm in seiner umfangreichen Analyse von dreißig Stammesgesellschaften, wobei sich ein deutlicher Zusammenhang zwischen steigender Frauenunterdrückung und allgemeiner Aggressivität ergibt.[66]

Die Ergebnisse der Matriarchatsforschung in bezug auf das vorliegende Thema lassen sich also folgendermaßen zusammenfassen: Es hat in der Frühgeschichte der Menschheit Gesellschaften gegeben, die über längere Zeiträume hinweg friedlich und ohne nennenswerte kriegerische Auseinandersetzungen lebten. Diese Gesellschaften zeichneten sich zumeist durch das Fehlen von Hierarchien, Klassen, politischer Führer und der Anhäufung von Besitz aus und sie waren überwiegend matrilinear und matrilokal organisiert, was auf einen größeren Einfluß der Frau schließen läßt. Wobei natürlich Abweichungen beziehungsweise Übergänge zu patrilinear und patrilokal organisierten Gruppen in diese Überlegungen einbezogen werden müssen. Einen deutlichen Zusammenhang von egalitären Gesellschaftsstrukturen, Gleichwertigkeit der Frau und allgemeiner Friedensliebe haben EthnologInnen auch an heute noch lebenden Stammesgesellschaften festgestellt. Ein ähnlicher Zusammenhang ergab sich bei Untersuchungen an patriarchal autoritären Gesellschaften zwischen Unterdrückung beziehungsweise Benachteiligung der Frau und steigender Kriegsbereitschaft. Eine friedlichere, humanere und gerechtere Gesellschaft ist daher nur unter der Voraussetzung von »geschlechtsegalitären Gesellschaften« (Leacock) möglich, also Gesellschaften, in denen in gleicher Weise Rassismus, Klassismus, Militarismus und Sexismus aufgehoben werden.

2 Hypothesen zur Entstehung von Krieg und patriarchaler Herrschaft

> Herrschaft ... ist ein Verzweiflungsakt, der aus der Überzeugung erwächst, daß der Mensch ein Raubtier und zu einem Leben in Glück und Zufriedenheit nicht fähig ist.
>
> *(Marilyn French)*

Die Frage, wie es zu patriarchaler Herrschaft gekommen ist, hat in den letzten Jahren und Jahrzehnten nicht nur Feministinnen beschäftigt. Im Grunde wird dieses Thema diskutiert seit Bachofens »Entdeckung« sogenannter matriarchaler Kulturen und der damit verbundenen Erkenntnis, daß unsere patriarchale Gesellschaft keinesfalls von allem Anfang an existiert, sondern sich vielmehr mit ihren wenigen tausend Jahren Bestand im Vergleich zu den hunderttausenden oder millionen Jahren matrizentrischer Urgeschichte ziemlich bescheiden ausmacht. Gerda Lerner schätzt die Übergangszeit zum Patriarchat auf etwa 2.500 Jahre.[1] Sie vollzog sich in den letzten Jahrtausenden vor unserer Zeitrechnung, in denen es zu verschiedenen Veränderungen kam, die den Aufstieg des Patriarchats begünstigten. Während sich matrizentrische Gesellschaften durch das Fehlen jeder sozialen Schichtung oder clanübergreifenden Ordnung ausgezeichnet hatten, entstanden nun gewisse Rangunterschiede und Hierarchien. Allmählich begann sich dieses ausgewogene System, das lediglich durch beratende und durch ihr Vorbild überzeugende Dorfälteste zusammengehalten wurde, zu verändern. Es kam zur Herausbildung autoritärer Führer, denen es um eine Erweiterung von Macht und Besitz ging, und die auch bereit waren, dafür Kriege zu führen. Der Übergang von der Dorf- zur Stadtkultur bildete einen weiteren, bedeutsamen Schritt in Richtung Zivilisation. Er fand weltweit statt, allerdings an verschiedenen Orten zu verschiedenen Zeiten. Vorerst in den großen Fluß- und Küstentälern Mesopotamiens, Ägyptens, Chinas, Indiens und Mittelamerikas, später in Nordeuropa und Afrika. Die nun entstehenden archaischen Staaten zeichneten sich aus durch zunehmende Hierarchien, die Herausbildung besitzender Klassen, Warenproduktion verbunden mit organisiertem Fernhandel, Königsherrschaft, militärischen Eliten, einem patriarchalen Familienmodell und die Institutionalisierung der Sklaverei. Diese Entwicklung hängt ursächlich zusammen mit einem Erstarken männlichen Einflusses und einem Zurückdrängen der Frau.

Die Hypothesen, die ausgearbeitet wurden, um das Entstehen von Patriarchaten zu erklären, sind zahlreich und ergeben erst in ihrem Zusammenwirken ein komplexes Bild. Monokausale Erklärungen, wie sie entweder vom historischen, ökonomischen oder psychologischen Standpunkt aus gegeben werden, vermögen diese Vorgänge nicht in ihren vielen Aspekten zu erfassen. Die Entwicklung patriarchaler Herrschaft ist ursächlich verknüpft mit Krieg und mit Gewalt, und beides wiederum mit der Akkumulation von Privateigentum. Was als wesentliche Komponente aus den Untersuchungen bislang ausgeblendet blieb, ist die Unterdrückung der Frau als Voraussetzung für die Entstehung von Militarismus und Krieg. Nach Ansicht vieler feministischer Autorinnen und Wissenschafterinnen (Maria Mies, Heide Göttner-Abendroth, Gerda Lerner, Marilyn French u.a.) ist diese, durch Gewalt herbeigeführte Unterdrückung die ursprünglichste, und damit auch für den weiteren Verlauf der Geschichte die bestimmendste gewesen. Erst durch die Aneignung weiblicher Sexualität und weiblicher Arbeitskraft sei es Männern möglich gewesen, Privateigentum anzuhäufen, weshalb die Frau als der erste Besitz des Mannes verstanden werden müsse, aus dem sich weitere Besitzverhältnisse und Hierarchien entwickelten.

Der Übergang zum Patriarchat fand fließend und in verschiedenen Regionen zu verschiedenen Zeiten statt. Während sich in den Mittelmeerländern und im Vorderen Orient in der Jungsteinzeit aus den vornehmlich Ackerbau treibenden matrizentrischen Siedlungen allmählich reiche Hochkulturen entwickelten, dürften sich in den kargen, kalten ebenso wie heißen, trockenen Gebieten nomadisierende Hirtenvölker allmählich eher patriarchal organisiert haben. Denn da die Viehzucht aus der Jagd entstand, gehörte sie von Anfang an zum Arbeitsgebiet des Mannes. Auch wird angenommen, daß Männern erst durch Züchtung von Tieren ihre eigene Rolle bei der Fortpflanzung bewußt geworden ist, und daß diese Erkenntnis ihr Selbstbewußtsein erheblich stärkte (vgl. dazu u.a. Elisabeth Fisher 1979; Ernest Borneman 1979; Maria Mies 1992 und Meier-Seethaler 1988).

Daß die Frau als Mutter und Große Göttin im Bewußtsein der Menschen dieser Zeit parthenogen, das heißt aus sich selbst heraus gebar, bezeugen Mythen und Göttinnensagen. Der Vater eines Kindes war in den alten, matrilinearen und matrilokalen Sippengesellschaften unbekannt, die soziale Vaterrolle übernahm der Bruder oder Onkel der Mutter. Elisabeth Fisher vertritt die Ansicht, daß die Tierzucht, in der die Sexualität der Tiere einer Zwangsbewirtschaftung unterworfen wurde mit dem Ziel der Erzeugung einer möglichst ergiebigen Nachkommenschaft, in der Folge zur sexuellen Unterwerfung der Frau geführt habe.[2] Auch diese wurde nun dazu verpflichtet, möglichst viele Kinder – jetzt allerdings einem einzigen Mann – zu gebären, der patriarchale Abstammungs- und Erbfolgelinien errichtete und die Frau hinter Schloß und Riegel setzte, um sich so seiner Nachkommenschaft zu versichern. Nach Fisher war die Etablierung der monogamen, patriarchalen Familie als Kernstück des patriarchalen Staates nur möglich aufgrund einer langen und genauen Beobachtung des reproduktiven Verhaltens der Tiere und des männlichen Waffenmonopols.

Diese Theorie ist einleuchtend, doch muß sie im Kontext weiterer Entwicklungen betrachtet werden. Denn es gibt Anzeichen dafür, daß sich auch unter Ackerbauern die Situation der Frau langsam verschlechterte. Obwohl inzwischen kaum noch bestritten wird, daß Frauen die Erfinderinnen der Landwirtschaft waren, und sich die reichen, matrizentrischen Kulturen in den Jahrtausenden der sogenannten Gartenbaukultur entwickelten, ist mit der Erfindung des Pflugs, der etwa um das 3. Jahrtausend vor Christus den Grabstock ablöste,[3] eine zunehmende Vormachtstellung des Mannes zu beobachten.

Der Pflug, dessen Bedienung eine größere Körperkraft erforderte und der vom Rind gezogen werden mußte, stärkte zusammen mit dem Schwert die männliche Position. Es werden auch ab dieser Zeit auf den erhaltenen Abbildungen nur noch Männer beim Pflügen und beim Melken gezeigt.[4] Gleichzeitig kann auch bei Ackerbauern die Tendenz zunehmender Patrilinearität beobachtet werden.[5] Sie entwickelte sich parallel zur Entstehung von Privateigentum, das sich aus der Wirtschaftsweise des Ackerbaus ergab, die im Gegensatz zu jener des Sammelns und Jagens Überschüsse produzierte. Wie Maria Mies ausführlich beschreibt, entstand diese Überschußproduktion hauptsächlich durch die Arbeit von Frauen, während Männer in ihrer größeren Freizeit gelegentliche Jagdexpeditionen unternahmen, auf denen sie nicht nur Tiere erlegten, sondern auch Frauen raubten, um sie sich als Arbeits- und Sexualsklavinnen dienstbar zu machen. Mies stützt sich dabei unter anderem auf eine umfangreiche Untersuchung von Claude Meillassoux[6] über die Sklaverei im vorkolonialen Afrika, in der zahlreiche Beispiele für Jagdexpeditionen angegeben sind, die zu regelrechten Razzien in benachbarten Dörfern führten, wobei Frauen geraubt und entweder als Arbeitssklavinnen benutzt oder gegen Heiratsgut ausgetauscht wurden.[7]

Auch Gerda Lerner kommt zu dem Schluß, daß im Verlauf der agrikulturellen Revolution die Ausbeutung menschlicher Arbeitskraft und die sexuelle Ausbeutung der Frau untrennbar miteinander verknüpft wurden[8] und daß Privateigentum, Herrschaft, Krieg und damit Patriarchat gleichzeitig begonnen haben.

Es ist offensichtlich, daß Jagd, die Weiterentwicklung von Waffen und später die Viehzucht in einen ursächlichen Zusammenhang zu bringen sind. Und tatsächlich waren es patriarchale, räuberische Hirtennomaden aus dem kargen Norden, die die matrizentrischen, vielfach noch Gartenbau treibenden und weitgehend unbefestigten Siedlungen der Mittelmeerländer zwischen dem dritten und zweiten vorchristlichen Jahrtausend in Wellen überrannten, die Frauen raubten oder vergewaltigten und den Übergang zur patriarchalen Gesellschaftsordnung einleiteten.[9]

Die Beziehung des Mannes zur Arbeit

Interessant sind in diesem Zusammenhang die Analysen der Psychologin Carola Meier-Seethaler, in denen sie die ganz spezielle Beziehung des Mannes zur Arbeit und die daraus entstehenden Folgen untersucht.[10] Männer, so stellt sie fest, zeigten stets die Tendenz, Routinearbeiten, notwendige Arbeiten des Alltags abzulehnen und diese Frauen beziehungsweise Sklaven zu überlassen. Hingegen Arbeiten, die in patriarchalen Gesellschaften von Männern verrichtet wurden, immer ein höheres Sozialprestige besaßen. Schon in der Frühgeschichte des Patriarchats verstand es der Mann, bestimmte Arbeiten, die als »männlich« angesehen wurden, mit dem Nimbus des Außergewöhnlichen zu versehen, während die eigentliche Subsistenzarbeit, die vielfach das Überleben sicherte, als »minderwertig« betrachtet und vornehmlich den Frauen, aber auch anderen, unterworfenen Männern überlassen wurde.

Bereits im alten Athen machte sich der freie Bürger nicht mit körperlicher Arbeit die Hände schmutzig. Diese besorgten SklavInnen und Frauen, während er auf der Agora mit anderen Männern öffentliche und philosophische Probleme diskutierte. Auch vom mittelalterlichen Ritter, der seine Rüstung nicht nur als Panzer gegen den Feind trug, sondern auch als geachtetes Statussymbol betrachtete, wurde der das Feld bestellende Bauer ebenso verachtet wie die stickende und nähende Ehefrau. Ähnliche Tendenzen ortet Meier-Seethaler in den Männerhäusern sogenannter primitiver Völker, in denen Männer ihre Kulte feiern und zu denen Frauen keinen Zutritt haben. Auch hier werden ganz bestimmte, als männlich definierte Arbeiten wie Jagd, Krieg und Viehzucht mit einem aufwertenden Prestige umgeben, während weibliche Arbeit gleichzeitig abgewertet wird. Und wenn wir uns unsere heutige Männergesellschaft ansehen, werden wir feststellen, daß sich seit den frühpatriarchalen Zuständen wenig geändert hat. Männerarbeit ist nicht nur besser bezahlt, sie vermittelt meist auch ein höheres Ansehen. Es ist also auch die Verachtung eigentlicher Subsistenz, das heißt Überlebensarbeit, die zu Ausbeutung und Beherrschung anderer, vornehmlich von Frauen, aber auch von Sklaven, leibeigenen Bauern und den Völkern aus den Kolonien führt. Gleichzeitig führte sie zur Erfindung von Maschinen, die die Arbeit des Menschen ersetzen sollen, und diese Funktion inzwischen so gut erfüllen, daß sie von Wirtschaftsexperten für die zunehmende Arbeitslosigkeit verantwortlich gemacht werden. Denn mittlerweile beginnt uns dieser Wunschtraum von Marxismus ebenso wie Kapitalismus nach immer weniger Arbeit und immer mehr Freizeit als Bumerang auf den Kopf zu fallen. Wurde doch dadurch nicht nur eine Entwicklung eingeleitet, die es für den arbeitslosen Menschen immer schwieriger macht, seine Freizeit zu finanzieren, sondern sie bewirkt außerdem, daß Arbeit, durch die Maschine in immer kleinere Teilaspekte zerlegt, als zunehmend lustlos und sinnentleert empfunden wird, während Freizeit, häufig aus dem allgemeinen Lebenszusammenhang herausgelöst, diesen Sinngehalt auch nicht liefern kann. Weil das Wissen um größere Zusammenhänge zumeist völlig verloren ging, kann der Mensch seine Arbeit nicht mehr als gut und nützlich erleben, aber auch die Freizeit schafft immer weniger jene Erholung, jenes schöpferische Absinken zu den eigenen Wurzeln, jene kreativen Prozesse, deren der Mensch zur Selbstfindung bedarf. Verwaltete Freizeit ist inzwischen oft beinahe ebenso anstrengend geworden wie Arbeit und ebensowenig lustvoll im tiefen, eigentlichen Sinn. Die zerstörerischen Aspekte dieser Entwicklung sind unübersehbar, die Langeweile führt zu Drogen, zunehmender Aggressivität und der Unfähigkeit zu dauernden, menschlichen Beziehungen. Die Philosophin Hannah Arendt greift auf eine frühe, matriarchale Vorstellung von Arbeit zurück, wenn sie von der »Fruchtbarkeit« und dem Segen der Arbeit spricht.

> »Der Segen der Arbeit ... ist die menschliche Art und Weise, der Seligkeit des schier Lebendigen teilhaftig zu werden, die wir mit allen Kreaturen teilen. Und ein in der Arbeit sich verbrauchendes Leben ist der einzige Weg, auf dem auch der Mensch in dem vorgeschriebenen Kreislauf der Natur verbleiben kann ... Den Lohn für Mühe und Arbeit zahlt die Natur selbst, der Lohn ist Fruchtbarkeit ...«[11]

Auch Maria Mies meint ähnliches, wenn sie für einen neuen, ökofeministischen Arbeitsbegriff plädiert, der Arbeit nicht nur als notwendige Last definiert, die durch die Entwicklung von Technik und Maschinen möglichst reduziert werden soll, sondern in dem die ganze Bandbreite menschlicher Möglichkeiten enthalten ist. Ein Arbeitsbegriff, in dem nicht nur die Arbeitsteilung zwischen Klassen, sondern auch jene zwischen den Geschlechtern aufgehoben ist. Der nicht von der Herrschaft des Menschen über die Natur ausgeht, sondern »Arbeit als direkte und sinnliche Interaktion mit der Natur und mit lebendigen Organismen«[12] begreift, und in dem die Verwirklichung schöpferischer Fähigkeiten ebenso wie warme, freundliche Beziehungen zu den Mitmenschen, zu Kindern sowie der Sinn für die großen Zusammenhänge enthalten ist.

Sie beschreibt eine geschichtliche Entwicklung und stellt den räuberischen, Beute-machenden und grundlegende Subsistenzarbeit verachtenden Jäger-Krieger an den Beginn unserer Zivilisation. In seiner ausbeuterischen Produktionsweise, die nicht auf eigener Arbeit, sondern auf dem Töten von Tieren und der Arbeit anderer beruht, sieht sie die eigentliche Wurzel für unser ausbeuterisches System. Während Männer ihren Reichtum zuerst durch die Jagd, später durch Krieg und Unterwerfung anderer erworben haben, leisteten Frauen die eigentliche, aufbauende und produktive Arbeit, wie es heute noch vor allem in der »Dritten Welt« der Fall ist, wo Frauen als Selbstversorgerinnen immer noch zu einem großen Teil ihr eigenes und das Leben ihrer Familie sichern. Der nach wie vor geltende UNO-Bericht, nach dem Frauen weltweit zwei Drittel der gesamten Arbeit leisten, ein Zehntel des Einkommens beziehen und ein Hundertstel des Weltvermögens besitzen, zeigt mit absoluter Deutlichkeit, in welchem Ausmaß diese patriarchale Gesellschaft auf der Ausbeutung von Frauen, ihrer schlecht bezahlten oder sogar unbezahlten Arbeit und ihrer ganz allgemeinen, globalen Benachteiligung beruht.

Die ersten Sklaven waren Frauen

Die allmähliche Degradierung der Frau zum Sexual- und Dienstleistungsobjekt ist am besten bei den frühen Kulturen Mesopotamiens, in Sumer und Babylonien nachzuweisen. Nach Gerda Lerner ist die Unterdrückung der Frau die Vorbedingung für die Sklaverei gewesen, deren Beginn von Historikern der alten, babylonischen Geschichte an die Wende des 4. zum 3. vorchristlichen Jahrtausend gelegt wird.[13] Wobei die ersten Sklaven höchstwahrscheinlich Frauen waren, weil Männer bei den Beutezügen meist getötet wurden. Diese Annahme findet eine Bestätigung in der Sprache. Anerkannte Wissenschafter vertreten die Ansicht, daß es das Zeichen für »Sklavin« früher gegeben hat als jenes für »Sklave«. Entsprechende Hinweise finden sich auch in den Epen

Homers. So etwa hat das griechische Wort *doela* (*doulos*) hier die doppelte Bedeutung von Sklave/Sklavin und Konkubine. In ähnlicher Weise wird der Begriff *amphipolos* (Magd, Aufwartung), der im Griechischen nur für Frauen verwendet wird, gelegentlich auch für die Bezeichnung von Sklavin herangezogen.[14]

> »Die kulturelle ›Erfindung‹ der Sklaverei beruhte ebensosehr auf der Herausbildung von Symbolen der Unterordnung der Frau wie auf der tatsächlichen Erbeutung von Frauen. Indem sie sich Frauen der eigenen Gemeinschaft und später weibliche Gefangene unterordneten, erkannten Männer die symbolische Macht der sexuellen Kontrolle über Menschen. Sie erweiterten die symbolische Sprache, um ihre Dominanz zum Ausdruck zu bringen und eine Klasse von psychologisch versklavten Menschen zu schaffen. Aufgrund der Erfahrung mit der Versklavung von Frauen und Kindern begriffen Männer, daß es möglich ist, Menschen in die Lage zu versetzen, ihre Versklavung anzunehmen ...«[15] »Während einer Periode von etwa tausend Jahren wurde die Vorstellung von ›Sklaverei‹ auf eine Weise aktualisiert und institutionalisiert, als reflektiere sie geradezu die Definition von ›Frau‹.«[16]

Sklavinnen waren auch begehrtere Beutestücke, da nicht nur ihre Arbeit, sondern auch ihre sexuellen Dienste in Anspruch genommen werden konnten und sie außerdem weitere SklavInnen zur Welt brachten. Die Schlechterstellung der Sklavin drückt sich sogar in Gesetzen aus. So etwa legt das mosaische Gesetz des Alten Bundes (Exodus 21, 2–11) fest, daß ein Schuldsklave nach sechs Jahren der Knechtschaft freigelassen werden kann, die Schuldsklavin hingegen nicht. Sie konnte zurückgekauft, von dem Sohn des Herrn geheiratet werden, aber sie wurde zu keinem freien Menschen. Ihr sozialer Aufstieg war lediglich über sexuelle Dienstleistungen, über das Konkubinat oder über die Ehe möglich. Gelang ihr das nicht, blieb ihr nur die Prostitution. Ein deutlicher Hinweis darauf, wie sehr die Frau über ihre sexuelle Beziehung zu einem Mann definiert wurde. Ein Faktum, das in der gesamten Geschichte des Patriarchats zu beobachten ist und vielfach heute noch zutrifft.

Zugleich mit der Sklaverei haben in Mesopotamien noch andere, einschneidende Veränderungen in Richtung Patriarchat stattgefunden. So etwa die allmähliche Entstehung von Hierarchien, Priesterkasten und Kriegeradel, die Gründung der patriarchalen Familie und die Definition des Landes als patrilinearer Besitz.

Gerda Lerner legt die Entstehung des archaischen Staates, den sie die früheste Form des vollentwickelten Patriarchats nennt, im antiken Vorderen Orient in das zweite Jahrtausend vor Christus. Als eigentliche Ursachen für diese Entwicklung betrachtet sie die männliche sexuelle

Dominanz über Frauen und ihre Ausbeutung als Sexual- ebenso wie Dienstleistungsobjekt, aber auch die Ausbeutung von Männern durch andere Männer.[17] Diese Staaten waren von Anfang an so organisiert, daß die Abhängigkeit der Männer vom König und der staatlichen Verwaltung durch ihre Herrschaft über Frauen kompensiert wurde. Eine wesentliche Rolle spielte dabei die patriarchale Familie, die das Funktionieren des Staates erst gewährleistete. Während Frauen – ebenso wie Männer – in den frühen Stammesgesellschaften frei über ihren Körper und ihre Arbeitskraft verfügen konnten, wurde die Frau nun einer Zwangsbewirtschaftung unterworfen, hingegen konnte sich der Mann zumindest seine sexuellen Freiheiten sichern. In den zahlreichen Gesetzessammlungen Mesopotamiens, die sich besonders intensiv mit der Reglementierung der weiblichen Sexualität befassen, wird deutlich, wie wichtig für das Bestehen des Staates die Kontrolle der männlichen Familienoberhäupter über die weiblichen Familienmitglieder und die minderjährigen Söhne gewesen ist.[18]

Die Unterwerfung der Frau war in zunehmend kriegerischen Zeiten, wie sie sich von den Sumerern über die Babylonier bis zu den Assyrern beobachten lassen, die Vorbedingung für den Schutz des Patriarchen. Woraus ersichtlich wird, wie sehr Krieg und Militarismus die Selbständigkeit der Frau stets untergraben beziehungsweise unmöglich gemacht haben. Es war und ist vor allem die ständige Kriegsbereitschaft patriarchal organisierter Völker, die Frauen seit eh und je in die Unterwerfung zwang und dazu geführt hat, daß sie über Jahrtausende hinweg ihre eigene Unterordnung nicht nur verinnerlichten, sondern an dieser sogar mitarbeiteten und sie vielfach gar nicht mehr als solche erkannten. Der daraus resultierende Identitätsverlust hatte weitreichende Folgen, mit seiner Aufarbeitung ist die Frauenbewegung nach wie vor beschäftigt.

Die sexuelle Unterordnung und Versklavung der Frau führte auch zur Prostitution, die in Mesopotamien in der Mitte des zweiten Jahrtausends vor Christus ein fest etabliertes Gewerbe der Töchter der Armen war.[19] Gleichzeitig wurde das Tragen des Schleiers zum Privileg all jener Frauen, die sich unter den Schutz eines Mannes begaben – das betraf nicht nur die verheiratete Bürgerin, sondern ebenso die Konkubine und die Hierodule, die das Glück hatte, geheiratet zu werden. Eine unverheiratete Dirne durfte hingegen nicht verschleiert sein. Welcher Wert auf die Einhaltung dieser Regeln gelegt wurde, zeigen die mittelassyrischen Gesetze, die eine verhüllte Dirne mit 50 Stockschlägen oder aber dem Abschneiden der Ohren bestraften.[20] Der Zweck dieser Einteilung in »respektable Frauen«, die von einem Mann »beschützt« werden müssen, und in nicht-respektable Frauen, die nicht auf den »Schutz« eines Mannes verweisen können, liegt auf der Hand: Frauen sollen damit nicht nur unter männliche Herrschaft gezwungen, sondern auch noch in verschiedene Klassen aufgespalten werden. Ein System, das bis heute nicht nur in islamischen Staaten, sondern auch ohne Schleier im gesamten Patriarchat hervorragend funktioniert, und eine Solidarität von Frauen stets wirksam verhindert hat.

Mächtige Frauen am Übergang zum Patriarchat

Trotz zunehmender Hierarchisierung und damit einhergehender Unterwerfung der Frau war ihre Macht nicht so schnell zu brechen. Allerdings bezog sie diese in späteren Zeiten ausschließlich über den Mann. Lerner betont unmißverständlich, daß ihre ökonomische und politische Macht davon abhängig war, inwieweit es ihr gelang, Männer durch ihre sexuellen Dienste zufrieden zu stellen.[21]

Noch im alten Sumer wurden Königinnen als Ehefrauen von Königen große Paläste und Tempelkomplexe anvertraut und sie agierten in Abwesenheit ihrer Männer als deren Stellvertreterinnen. Auch in Babylonien setzten führende Familien sowohl männliche als auch weibliche Familienmitglieder als VerwalterInnen ihrer ausgedehnten Besitztümer ein. Das patrilineare und patrilokale Familiensystem führte jedoch insofern zu Problemen, als bei der Heirat einer Tochter der Familienbesitz anderen männlichen Linien zufiel, weshalb bei der Mitgift allmählich das Hauptgewicht auf »bewegliche« Güter wie Schmuck und Haushaltsgegenstände gelegt wurde, während Land und Sklaven vornehmlich Söhnen zufielen. Eine Regelung, die in sämtlichen Feudalsystemen bis herauf in die Neuzeit Geltung hatte.

Daß es in Sumer bedeutende, hochrangige Frauen gegeben hat, beweisen auch die Königsgräber aus dem Anfang des dritten Jahrtausends, in denen sich Skelette königlicher Frauen mit prächtigem Kopfschmuck befanden. Aus dem Blütenmotiv des Diadems geht hervor, daß die Königin mit der Göttin Innana identifiziert wurde. Ebenso fanden sich weibliche Skelette in golddurchwirkten Gewändern und einem ähnlichen Kopfschmuck wie die Königin, deren Grabbeigaben, wie etwa kostbare Kultharfen, darauf schließen lassen, daß es sich hier um hochrangige Priesterinnen gehandelt haben muß. Im Kult hat sich der Einfluß der Frau am längsten erhalten. Priesterinnen gab es auch noch in Babylonien, wenngleich König Hammurapi die Hohenpriesterin bereits abgeschafft hatte. Und selbst im patriarchalen Griechenland, in dem die Frau aus dem öffentlichen und politischen Leben bereits ausgeschlossen war, hatte sie als Priesterin noch immer eine beachtliche Funktion. Erst das Christentum hat die Frau selbst aus diesem letzten Einflußbereich eliminiert und ihr den Dienst an dem einen und einzigen Gott, der keine weiteren Götter, und schon gar keine Göttinnen neben sich duldet, untersagt.

Der Sturz der Großen Göttin

Gleichzeitig mit der allmählichen Verdrängung der Frau aus den heiligen Handlungen werden auch die Göttinnen durch dominante, männliche Gottheiten gestürzt. Und so wie in der Geschichte der Übergang zum Patriarchat ein gewaltsamer war, werden auch im Mythos die Göttinnen durch Gewalt, Raub, Mord und Vergewaltigung entthront. Dieser Umsturz findet weltweit statt, also nicht nur im mesopotamischen, griechischen und germanischen Mythos, sondern auch in den Götter- und Göttinnen-Sagen vieler afrikanischer, südamerikanischer und asiatischer Völker, weshalb auch hier von ursprünglich matrizentrischen Gesellschaften ausgegangen werden kann. Der Vorgang ist immer der gleiche: Zuerst wird die große, mächtige Schöpfergöttin in viele Einzelfiguren zerlegt, um ihre ursprüngliche Macht zu brechen – in die Liebes- und Todesgöttin, die Fruchtbarkeitsgöttin, die Göttin der Jagd, die Mondgöttin und so weiter. Dann wird ein verständlicher Grund konstruiert, warum eine bestimmte Göttin überwältigt, vergewaltigt oder getötet werden muß. Am einfachsten gestaltet sich diese Motivsuche bei den Unheils- und Todesgöttinnen, sie zu eliminieren wird zur Heldentat eines männlichen Gottes. Unverdächtigere weibliche Gottheiten hingegen werden geschwächt oder auf verschiedenste Art und Weise diffamiert. Der ägyptische Himmelsgott Schu beispielsweise trennt in einem heroischen Kraftakt die Himmelsgöttin Nut vom Erdgott Geb, weil angeblich zuvor Himmel und Erde ungeschieden und das Universum aus diesem Grunde ohne Licht gewesen war. Und in der patriarchalen Theologie Chinas werden die weiblichen Sakraltiere, Schlange, Kröte, Eidechse, Spinne und Tausendfüßler als Giftwesen vom Himmelsmeister Chang oder vom Geisttiger zertreten.[22]

Der patriarchale Gott ist bei der Ermordung und Schändung der Großen Göttin nicht gerade zimperlich. So etwa tötet der babylonische Sonnengott Marduk die als Schlange erscheinende Unterweltgöttin Tiamat, indem er einen Pfeil in ihren aufgerissenen Rachen schleudert und damit

34

ihre Eingeweide zerfetzt. Anschließend fesselt er die getötete Dämonin, stellt sich triumphierend auf ihren Leib und spaltet diesen in zwei Hälften, aus denen er Himmel und Erde formt.[23] Auch Hera, einst Große Göttin – im griechischen Pantheon bereits zur zänkischen Gattin des Göttervaters reduziert –, wird von Zeus gefesselt und mit einem Amboß an jedem Fuß am höchsten Punkt des Himmels aufgehängt, nachdem sie es gewagt hat, gegen ihren Ehemann zu revoltieren.

Werden Göttinnen nicht getötet oder gequält, so werden sie vergewaltigt. Vergewaltigung ist beliebtes Motiv, besonders im griechischen Mythos, vermag sie doch so recht die Potenz und sieghafte Männlichkeit des jeweiligen Helden zu illustrieren. Vornehmlich Göttervater Zeus liefert hier zahlreiche und eindrucksvolle Beispiele, wobei ihm seine göttliche Verwandlungskunst äußerst dienlich ist. Europa verfolgt er als Stier, Ägina als Adler, Persephone als Schlange und Leda als Schwan. Doch ist nicht nur Zeus um solche und ähnliche Potenzbeweise bemüht, sondern neben ihm auch noch zahlreiche weitere Götter und Halbgötter wie etwa Herakles, der sich rühmt, in einer einzigen Nacht die fünfzig Töchter des Thespios geschwängert zu haben.

Natürlich möchten sich Götter und Kultheroen in ihrem Kampf gegen Muttergöttinnen auch deren magische Kräfte und Symbole aneignen: Das *Anch*, das weibliche Lebenszeichen in der ägyptischen Mythologie wird vom patriarchalen Sonnengott Re übernommen. Der »Blitz« mit dem Zeus tötet oder kastriert (beim germanischen Thor ist es der »Donnerkeil«) ist nichts anderes als die umfunktionierte Doppelaxt der Großen Göttin. Auch die Äpfel der Hesperiden, die sich Herakles widerrechtlich aneignet, sind uralte Symbole der Liebe und Fruchtbarkeit, welche stets von Großen Göttinnen verwaltet wurden.[24] Kurios sind die Geburtsphantasien der männlichen Götter, durch die Frauen selbst als Gebärende ausgetrickst werden sollen und die einen tiefsitzenden männlichen Gebärneid verraten. So etwa stammt Athene aus dem Haupt des Zeus und Dionysos aus seinem Schenkel, während sich der ägyptische Göttervater Atum selbst befruchtet, indem er seinen durch Masturbation erzeugten eigenen Samen schluckt, um schließlich aus seinem Mund Shu und Tefnut, die angeblichen Eltern der Himmelsherrin Nut und des Erdgottes Geb zu gebären. Ebenso verfälscht der christliche Schöpfergott die natürlichen Gesetze des Lebens, wenn er Eva aus Adam schafft und nicht, wie es der eigentliche Geburtsvorgang vorsieht, Adam aus Eva hervorgehen läßt. Wobei der sogenannte erste Schöpfungsbericht noch etwas gleichberechtigter mit den Geschlechtern umgeht: Hier formt Gott das erste Menschenpaar in gleicher Weise aus Lehm.

Frauen als Sexual- und Dienstleistungsobjekt

Das Alte Testament ist überhaupt eine Fundgrube für MatriarchatsforscherInnen, weil sich hier sehr gut patriarchale Überlagerungen auf altem, matrizentrischem Urgrund erkennen lassen.[25] Erzväter und Propheten sind wortgewaltig bemüht, die alten Fruchtbarkeitsgöttinnen zu diffamieren, sie zu Huren, Hexen und Dämoninnen umzufunktionieren, wie etwa Lilith, die ehemalige sumerische Große Göttin, die zur Verderben bringenden Kindsmörderin verkommt.[26]

Aber die alten Geschichten der Genesis geben auch Hinweise auf den Übergang von der matrilinearen und matrilokalen zur patrilinearen und patrilokalen Familienorganisation. So ist hier von einer matrilokalen Ehe, der sogenannten »beena« Ehe die Rede, die der Frau eine größere Autonomie zugesteht und ihr außerdem das Recht auf Scheidung einräumt, während die patrilokal Ehe, die »ba'al« Ehe, keine solchen Rechte kennt. Auch wird Jakobs Brautzeit im Hause Laban und seine schließliche Flucht häufig als Übergang von Matrilokalität zu Patrilokalität interpretiert.[27]

Zahlreich sind die Beispiele, in denen Männer ihre Frauen wie selbstverständlich der Vergewaltigung, der Sklaverei oder sogar dem Tod preisgeben. Sie bedienen sich dabei lediglich ihres patriarchalen Herrschaftsrechts, weshalb es die Autoren dieser Textstellen auch nicht für nötig fanden, derartige Selbstverständlichkeiten mit irgendeinem Kommentar zu versehen. In der Geschichte von Lot etwa werden zwei Engel erwähnt, die in der Gestalt von Fremden in Lots Haus in Sodom kommen. Lot heißt sie herzlich willkommen, bereitet ihnen ein Fest und lädt sie ein, über Nacht zu bleiben. Als böse Menschen aus Sodom das Haus umzingeln und die Herausgabe der Männer fordern, bietet Lot statt dessen seine jungfräulichen Töchter an:

> »Nicht doch verfahret übel, meine Brüder. Siehe, ich habe zwei Töchter, die noch keinen Mann kennen, die will ich zu euch herausführen und tut ihnen, wie es gut ist in euren Augen. Nur diesen Männern tut nichts, denn sie sind doch einmal gekommen unter den Schatten meines Daches.« (Genesis 19, 7–8)

Das heilige Gastrecht, das den – männlichen – Fremden schützt, war also weitaus wichtiger, als die Würde und selbst das Leben der eigenen Töchter. Glücklicherweise schlagen die Engel diese Leute mit Blindheit und warnen Lot außerdem vor der bevorstehenden Zerstörung der Stadt Sodom, womit sie auch Lots Töchter vor der bereitwillig gestatteten Vergewaltigung retten. Eine ähnliche Stelle findet sich im Buch der Richter. Ein Levit, der sich zusammen mit seiner Nebenfrau auf dem Rückweg von einer Reise befindet, muß in Gibea bei den Benjamiten übernachten, aber niemand will ihn bei sich aufnehmen. Schließlich findet er doch Unterkunft bei einem Mann aus Ephraim, worauf sich die Geschichte von Lot in einer sehr ähnlichen Weise wiederholt. In der Nacht umzingeln einige »ruchlose Menschen« das Haus und fordern die Auslieferung des Gastes. Und wieder lehnt der Gastgeber ab und bietet statt dessen ohne Zögern seine Tochter und die Nebenfrau des Gastes an:

> »Nicht doch meine Brüder, nicht verfahret übel, nachdem dieser Mann in mein Haus gekommen, verübt nicht diese Schandtat. Siehe, meine Tochter die Jungfrau und sein Kebsweib, die will ich herausführen und ihr möget sie bezwingen, und tun an ihnen, was in euren Augen gut ist. Aber an diesem Manne tut nicht diese Schande.« (Richter 19, 23–24)

Weil diesmal keine hilfreichen Engel zur Stelle waren, ist das Schicksal der schließlich ausgelieferten Nebenfrau besiegelt: Sie wird die ganze Nacht vergewaltigt und mißhandelt und fällt bei Tagesanbruch auf die Türschwelle, wo sie liegen bleibt. Am Morgen findet ihr Herr die tote Frau, packte sie auf seinen Esel und bringt sie nach Hause. Dort »zerstücke (er) sie nach ihren Knochen in zwölf Stücke und schickte sie herum durch das ganze Gebiet von Jisrael« (Richter 19, 27–29), um damit die Israeliten zum Gegenschlag zu motivieren. Daß ihm dies gelang, beweist der darauf folgende Benjamitische Krieg. Aufschlußreich ist dabei die Tatsache, daß, wie aus dem Bericht eindeutig ersichtlich, das eigentliche Verbrechen nicht in der Vergewaltigung, Mißhandlung und dem schließlichen Tod der Frau gesehen wurde, sondern darin, daß die Regeln der Gastfreundschaft gebrochen und die Ehre und das Eigentumsrecht des Leviten verletzt wurden.[28]

Wie wenig ein Frauenleben und Frauenwürde in diesen frühen Patriarchaten galt, und wie sehr Frauen darüber hinaus als austauschbare Sexualobjekte im Dienste der Fortpflanzung betrachtet wurden, zeigt sich auch im weiteren Verlauf dieser Geschichte. Als nämlich mit Hilfe und Beistand Gottes die Benjaminiter nahezu ausgerottet waren und sich lediglich 600 durch Flucht in die Wüste retten konnten, fürchten die Israeliten das Aussterben einer der Stämme Israels. Hatten sie selbst doch einen Eid abgelegt, keinen der eigenen Töchter einem Benjaminiter zur Frau zu geben. Also mußten Frauen auf andere Art und Weise herbeigeschafft werden. Das geschah wiederum durch Krieg, und zwar diesmal gegen das Volk von Jabes in Gilead, das sich als unbotmäßig erwiesen hatte. Nach einem allgemeinen Gemetzel blieben 400 Jungfrauen übrig, die den überlebenden Benjamiten übergeben wurden. Den restlichen frauenlosen Männern hingegen wurde empfohlen:

>Siehe, ein Fest des Ewigen ist in Schiloh (...) Gehet hin und lauert in den Weinbergen. Und sehet zu, wenn die Töchter Schilohs herauskommen den Reigen zu tanzen, so kommt aus den Weinbergen hervor und greifet euch jeglicher sein Weib von den Töchtern Schilohs und gehet ins Land Binjamin.« (Richter 21, 19–21)

Diese Textstellen liefern den eindeutigen Beweis für die gesetzlich gesicherte Verfügungsmacht über Person und Körper der Frau, von der unterschiedslos freie oder versklavte, verheiratete Frauen oder Jungfrauen betroffen waren.[29] Um Männerfehden, Männerkriege zu bereinigen, wurde über die jungfräuliche Tochter ebenso verfügt wie über die Konkubine oder über die eroberte Sklavin. Selbst die Töchter von Silo, die keinem feindlichen Stamm angehörten, wurden kurzerhand geraubt, um einen besiegten Feind zufrieden zu stellen. Frauen waren Tausch-, Sexual- und Dienstleistungsobjekt zum Zweck der Bedürfnis-Befriedigung des Mannes. Sie waren die ersten Unterworfenen, und ihre Unterwerfung bildete die Voraussetzung für die Herausbildung von Klassen und Hierarchien. Erst nachdem die Menschen gelernt hatten, wie sich nicht nur Frauen feindlicher Stämme, sondern ebenso die eigenen versklaven ließen, begannen sie auch Männer eines unterworfenen und schließlich des eigenen Volkes zu versklaven, woraus sich dann die Klassen- und Rassenunterdrückung gebildet hat. Daß die Unterdrückung der Frau die erste und ursprünglichste gewesen ist, wird auch am Beispiel der erst 1950 im tropischen Regenwald Venezuelas entdeckten Yanomamö Indianer deutlich, die noch keine Spezialisierung der Arbeit und keine politischen Strukturen kennen, sich allerdings durch eine rigide Frauenunterdrückung und brutale Kriegsmentalität auszeichnen. Nach den Forschungsergebnissen N. A. Chagnons[30] sind die aggressiven Handlungen der Yanomamö in erster Linie gegen das weibliche Geschlecht gerichtet, Mädchen werden von Kindheit an den Gewalttätigkeiten der Brüder ausgesetzt und später von ihren Ehemännern nicht nur geschlagen, sondern teilweise sogar gequält. Obwohl die fruchtbaren Böden und reichen Wildbestände stets für genügend Nahrung sorgen, kommt es zu häufigen, kriegerischen Auseinandersetzungen zwischen den einzelnen Dörfern, die vor allem dazu dienen, möglichst viele Frauen zu rauben, was jedoch keinesfalls durch einen natürlichen Frauenmangel zu erklären ist, sondern eher durch einen künstlich herbeigeführten, da viele Mädchen nach der Geburt getötet werden. Während Mädchen Passivität und Dulden beigebracht wird, sind die Praktiken, mit denen bereits Knaben zu harten Kriegern erzogen werden, so brutal, daß sich die Halbwüchsigen zu Beginn meist dagegen wehren und nur durch Gewalt älterer Männer zu Zweikämpfen gezwungen werden, die manchmal sogar tödlich enden.

Warum ist der Krieg männlich?

Spätestens an dieser Stelle müssen wir uns die Frage stellen, warum Männer so handeln, warum sie ihre Aggressivität ursprünglich gegen Frauen, dann aber auch gegen Männer richten, und wie und warum daraus die Ausbeutung von Klassen, Rassen und schließlich Krieg entsteht. Denn daß der Krieg männlich ist, hat bereits Margaret Mead festgestellt:»War is the business of one sex«[31] und die Psychologin Carola Meier-Seethaler nennt den Krieg»eine neurotische Fehlentwicklung der männlich-menschlichen Kultur«.[32]

Meier-Seethaler findet eine Erklärung für das Verhalten des Indianerstammes der Yamomamö in seinem Mythos, der auf einen matriarchalen Urgrund hinweist. Sie vermutet, daß dem Männlichkeitswahn der Yamomamö Frustrationen und Ohnmachtsgefühle in einer ursprünglich matrizentrischen Gesellschaftsordnung vorausgegangen sind. Tatsächlich ist eine rigide Frauenunterdrückung bei vielen, frühpatriarchalen Völkern festzustellen, so etwa bei den Babyloniern oder den späteren Assyrern, aber auch bei Griechen und Germanen. Es kann also angenommen werden, daß Männer ihre Stellung in den matrizentrischen Gesellschaften häufig als unterlegen empfanden, obwohl Frauen niemals in dem Sinne herrschten wie der Mann. Aber sie besaßen großen Einfluß vornehmlich aufgrund ihrer Gebärfunktion, war doch die Rolle des Mannes bei der Zeugung damals unbekannt. Die Frau als Gebärende stand nicht nur im Mittelpunkt der Sippe, um die sich alle übrigen Mitglieder scharten. Viele WissenschaftlerInnen vertreten heute die Ansicht, daß Männer in diesen Gruppen eine Außenseiterposition einnahmen (vgl. Briffault 1952; Fisher 1979) und eine eigene, männliche Identität vornehmlich über die Jagd aufbauten. Es lag also nahe, diese Identität, die auf dem Gebrauch von Waffen, dem Töten von Tieren und später dem Töten von Menschen gründet, weiter zu entwickeln und damit zu stärken. Um die Frau aus dem Zentrum religiöser Handlungen und dem Mittelpunkt der gesellschaftlichen Ordnung zu vertreiben, mußte der Mann das matriarchale Weltbild stürzen, und das geschah durch Krieg und durch Gewalt. Darum ist Meier-Seethaler auch zuzustimmen, wenn sie meint,

»daß Kriegsmentalität und Frauenunterdrückung ein und dieselbe Wurzel haben und daß der Verlust von Frieden und Solidarität unter den ursprünglichen Völkern auf eine unbewältigte Geschlechterspannung zurückzuführen ist«.[33]

Auch die amerikanische Theologin Rosemary Radford-Ruether spricht in diesem Zusammenhang von der »innere(n) psychosoziale(n) Verwundbarkeit des matrizentrischen Sozialsystems«, die vor allem dann gegeben ist, wenn es nicht gelingt, den Mann sowohl im Bereich der Erhaltung des Lebens als auch in der Nahrungsproduktion und der Fortpflanzung angemessen einzubinden.[34] Anhand einer Forschungsarbeit von Peggy Reeves Sanday, die 150 Stammesgesellschaften auf ihre Gleichberechtigung hin untersucht hat,[35] stellt sie fest, daß Gleichberechtigung zwischen den Geschlechtern dort anzutreffen ist, wo Frauen den Männern Macht zugestanden und diese Männer wußten und akzeptierten, daß diese Macht von den Frauen kam, oder in Gesellschaften, in denen das geschlechtsspezifische Rollenbild auffallend fließend war. Wenn es in matrizentrischen Gesellschaften nicht gelingt, Männern ein ähnliches Ansehen zu verschaffen wie den Frauen, besteht die Gefahr einer aggressiven Haltung der Männer gegen Frauen mit weitreichenden Folgen. Denn anders als bei der Frau, der durch das Gebären und die Beschaffung der Nahrung für sich und die Kinder eine natürliche Funktion zukommt, muß die Funktion des Mannes sozial konstruiert werden. Daraus resultiert möglicherweise auch das hierarchische Denken der Männer, das bei ihnen nachweislich stärker ausgeprägt ist als bei Frauen.[36]

Das »Drama der männlichen Identitätsfindung« (Carola Meier-Seethaler), das sich in allen Kulturen und Völkern, und in jeder Generation aufs neue vollzieht, wird also dort zum wirklichen Problem, wo der Einfluß der Mütter zu mächtig, und damit erstickend wird. Darüber, wie sich dieser Einfluß auf die Söhne in den frühen, matrizentrischen Kulturen ausgewirkt hat, können wir nur Vermutungen anstellen. Daß dieser Einfluß aber paradoxerweise gerade in patriarchalen Gesellschaften einseitig, und damit für den heranwachsenden Sohn bedrohlich sein kann, wissen wir. Der von Freud so benannte Ödipuskomplex ist ein eindeutiges Resultat der patriarchalen Gesellschaft des 19. Jahrhunderts, in der beinahe ausschließlich Mütter und Frauen für die Erziehung der Kinder verantwortlich gemacht wurden. Auch heute noch ist beinah jede Mutter mehr oder weniger Alleinerzieherin, selbst wenn Männer inzwischen etwas mehr Interesse an einer unmittelbaren Erziehungsfunktion zeigen.

Das hat für Kinder, und vornehmlich für Söhne, durchwegs negative Folgen. Denn im Gegensatz zu Mädchen kann der heranwachsende Knabe seine Identität nicht an, sondern nur gegen die Mutter erfahren, was eine Abspaltung vom mütterlichen Du und damit menschlicher Nähe und Wärme zugunsten einer autonomen Entwicklung nötig macht. Diese Abspaltung wird umso dramatischer verlaufen, je ausschließlicher und enger sich der Sohn an seine Mutter gebunden fühlt, und die Angst, die aus dieser vereinnahmenden Nähe erwächst, schlägt nur allzuoft in Frauenfeindlichkeit oder Frauenhaß um. Das ist mit ein Grund, warum Feministinnen und feministische Psychologinnen (vgl. Meier-Seethaler 1988; Christiane Olivier 1991) vehement die Beteiligung der Väter an der Erziehung der Kinder fordern, weil das Angstbild, das sich häufig gegen die Mütter aufbaut, jene patriarchalen Zustände perpetuiert, die es abzubauen gilt.

Neben diesen psychologischen Analysen, die Aggressivität des Mannes gegenüber Frauen – und in der Folge Frauenunterdrückung und Krieg – aus einer unbewältigten Geschlechterbeziehung ableiten wollen, gibt es noch andere Erklärungsversuche. So wird häufig die Ansicht vertreten, Männer kompensieren ihre Unfähigkeit, Kinder zu gebären, durch sexuelle Dominanz und Aggressivität gegenüber Frauen, die auch zu Aggressivität gegenüber anderen Männern führt. Tatsächlich zeigt sich der Gebärneid des Mannes nicht nur in zahlreichen Mythen, in denen Götter auf eine ziemlich vertrackte Art und Weise Kinder zur Welt bringen, sondern auch in unseren modernen Labors, in denen das künstlich gezüchtete Kind im Reagenzglas als ein absoluter Höhepunkt der – männlichen – Wissenschaft gefeiert wird. Ein weiterer Höhepunkt männlichen Forschergeistes ist die Bombe, die bezeichnenderweise als »Baby« des Erfinders gilt. Der »Vater der Atombombe«, Robert Oppenheimer, hatte sein »Baby« geboren, und ebenso wurde die Wasserstoffbombe Edward Tellers »Tellers Baby« genannt. Daß Männer ihre Zeugungskraft, und damit ihr schöpferisches Potential (die Rakete gilt als eindeutiges Phallussymbol) auf eine so unmißverständliche Art und Weise in die Zerstörung des Leben investieren, und diesen Vorgang auch noch mit »Geburt« assoziieren, beweist jene tragische »Fehlentwicklung«, von der Carola Meier-Seethaler spricht. Die »Geburt« des Mannes ist der Tod. Die Geburt der Frau ist immer noch das Leben (siehe Näheres in Kap. 3.6 und Kap. 5).

Ein weiteres Erklärungsmodell in bezug auf die männliche Aggressivität liefert Freud, wenn er deren Ursprung in der Rivalität zwischen Vater und Sohn um die Liebe der Mutter sieht. Gleichzeitig ist er der Meinung, der Mann habe die Zivilisation geschaffen, um damit seinen

Frust über die Unterdrückung seiner sexuellen Triebe in der Kindheit zu kompensieren.

Auch die Ansicht von der angeborenen Aggressivität des Mannes besteht nach wie vor. Konrad Lorenz etwa spricht in seinem populären Werk »Das sogenannte Böse« (1963) von einer unvermeidlichen größeren Aggression und Dominanz der Männer im Vergleich zu Frauen.[37] Auch Robert Ardrey und Desmond Morris sind aufgrund von Untersuchungen an Tieren zu dem Schluß gekommen, daß »die menschliche Natur« unabänderlich hierarchisch, aggressiv und geschlechtsspezifisch sei und bei Männern Dominanz und sexuelle Promiskuität, bei Frauen jedoch Abhängigkeit, Fürsorglichkeit und sexuelle Passivität fördert.[38] Wie inzwischen jedoch bekannt, liegt die Problematik der meisten verhaltenswissenschaftlichen Untersuchungen in ihrer Rückprojektion von menschlichen Merkmalen auf Tiere. Da ist dann von »Pavian-Harems, Propaganda machenden Ameisen, Prostitution bei Kolibris und Gruppenvergewaltigung bei Wildenten« die Rede. Derartige Bezeichnungen sind nicht nur deshalb fragwürdig, weil menschliches Verhalten nicht auf Tiere übertragbar ist, sondern weil wegen der außerordentlichen Vielgestaltigkeit tierischen Verhaltens fast jede Hypothese belegbar ist.[39]

Häufig wird auch ein höherer Anteil des männlichen Geschlechtshormons Testosteron für die größere Aggressionsbereitschaft des Mannes verantwortlich gemacht (vgl. Rainer Knußmann 1982; Lionel Tiger/ Robin Fox, Das Herrentier 1973), doch erscheint auch diese Theorie höchst angreifbar. Denn zum einen ist der kriegerische, aggressive Mann keinesfalls zu allen Zeiten und in allen Kulturen anzutreffen, und zum anderen haben Untersuchungen an Säugetieren und Primatengruppen ergeben, daß alle normalen männlichen Tiere in der reproduktiven Altersgruppe größere Mengen von Testosteron produzieren als weibliche und trotzdem nicht alle aggressiv oder Jäger sind. Vielmehr jagen etwa unter den großen Katzen weibliche Tiere mehr als männliche. Und bei manchen Primatenarten schließlich sind weibliche Tiere sogar deutlich aggressiver, konkurrenzbewußter und dominanter als ihre männlichen Artgenossen. Umgekehrt wieder gibt es Primaten, bei denen die weiblichen Tiere ihre Jungen nur zum Füttern berühren und die männlichen Tiere die restliche Brutpflege besorgen.[40] Ein höherer Anteil an Testosteron führt also ebenso wenig zu höherer Aggressivität, wie ein geringerer Anteil eine höhere Passivität verursacht.

Auch Erich Fromm bezeichnet in seiner ausführlichen Untersuchung »Anatomie der menschlichen Destruktivität« (1974) die These, daß Aggression dem Menschen angeboren ist, als »absurd«.[41] Er betrachtet sie vielmehr als Bestandteil eines Syndroms, das sich auch durch andere Eigenschaften wie Hierarchie, Dominanz, Klassengegensätze usw. auszeichnet. Fromm sieht die Ursachen für die Entstehung von Kriegen in dem komplexen System patriarchaler Herrschaft, das durch Ausbeutung charakterisiert ist und zu dessen Wesen das Prinzip der Kontrolle und Herrschaft über die Natur, die Sklaven, Frauen und Kinder gehören. Einen ursprünglichen Zusammenhang zwischen Krieg und Frauenunterdrückung erkennt er nicht. Den hat erst die jüngere, feministische Forschung herausgearbeitet.

3 Das patriarchale Herrschaftsprinzip und seine Folgen

In der Antike hatte sich patriarchale Herrschaft bereits etabliert. Gleichzeitig damit beginnt für uns Geschichte. Sie ist Männergeschichte, in der alles Weibliche weitgehend eliminiert, verdrängt oder diffamiert wurde. Bei den alten Griechen zeigt sich noch gelegentlich ein Wissen um die alten matrizentrischen Kulturen, es gibt starke Frauen in der »Ilias« des Homer ebenso wie bei den griechischen Dramatikern. Auch die Sage von den kriegerischen Amazonen, die – bereits umzingelt von patriarchalen Völkern – ihr bedrohtes Reich verzweifelt verteidigten, verrät einiges von der Angst des patriarchalen Mannes vor der selbständigen oder mächtigen Frau. Aber schon die Römer hatten ihre Frauen so weit unter Kontrolle, daß Revolten nicht mehr befürchtet werden mußten, wenngleich gewisse Ängste fortdauerten, und durch die gesamte Geschichte des Patriarchats fortdauern.

Das patriarchale Herrschaftsprinzip führte mit Ausbeutung, Krieg, Zerstörung und Gewalt zu tiefgreifenden Veränderungen. Während zuvor Menschen im Verlauf von hunderttausenden oder millionen Jahren die Erde in annähernd gleich großer Zahl im Einklang mit der Natur, den Tieren und den Pflanzen bevölkerten, begannen sie sich nun explosionsartig auf Kosten von Artenvielfalt und natürlichen Ressourcen zu vermehren. Die Ausbeutungs- und Unterwerfungsmentalität, wie sie bereits den frühen Jäger-Krieger auszeichnet, prägt das gesamte, von ihm errichtete System.

Natürlich kennt auch das Patriarchat ethisch-humanistische Grundsätze, nur bleiben sie allzu oft in den Köpfen der Gelehrten stecken und finden eher selten den Weg in die gelebte Realität – und wenn, dann kaum in das Zentrum des politischen, gesellschaftlichen Geschehens. Selbstverständlich hat das Patriarchat bedeutsame Denksysteme geschaffen, auch große Werke der Kunst und Literatur, überwiegend männliche natürlich, von der Sehnsucht nach Transzendenz, der Überwindung alles Lebendigen geprägt und basierend auf der Unterdrückung und damit dem Ausschluß des Weiblichen. Zerstörung und Macht sind Hauptmotive, der – männliche – Protagonist berauscht sich daran, oder geht daran zu Grunde. In der Vergeblichkeit irdischen Strebens erschöpfen sich die Helden, ihr Leid beeindruckt, es ist heroisch. Opfer ist sehr oft die Frau, im Tod darf sie verklärt werden, das zerstörte Weibliche ist zu feiern, immer wieder. Häufig wird auch das machtvoll Weibliche beschworen, aber es flößt Angst ein und muß durch künstlerische Manifestationen gebändigt werden.

Das – weiße – Patriarchat hat auf dem Prinzip der Ausbeutung unterdrückter Rassen, Klassen, Frauen und Völker die Zivilisation geschaffen. Technik und Industrie haben nicht nur die Reichen reicher, und die Armen elender gemacht, sie haben uns auch ein gigantisches Rüstungspotential beschert, eine weltweite Umweltverschmutzung und endlos produzierende Maschinen, die ihr Vorhandensein durch immer neue Produktion rechtfertigen müssen, durch ein nicht zu stoppendes Wachstum auf Kosten natürlicher Ressourcen, zu denen auch die Frauen gehören. Das Patriarchat erfand aber auch die (Natur-)Wissenschaft, die völlig verlernt hat, Natur als belebte Ganzheit zu sehen, sondern sie in kleine und kleinste Teilchen zerstückelt und zerlegt, atomisiert, und damit auch tötet. Es ermöglichte den Flug zum Mond, wo der Mensch seine Markierung in eine lebensuntaugliche Steinwüste setzt und mit Material heimkehrt, das für weitere Forschungen archiviert wird.

Die Frau hat den Bonus, in diesen Entwicklungen weitgehend unsichtbar zu sein, doch ist es nicht so, daß sie daran nicht beteiligt ist. Sie existiert zwar nicht als bestimmendes, lenkendes, leitendes und erfindendes Subjekt, aber sie existiert als Material, als formbarer Stoff, aber auch als Folie, vor der diese Prozesse ablaufen, als Spiegel, der dem Schöpfer-Mann sein eigenes Bild zurückwirft, selbst-bestätigend. Es gibt sie auch als die Handlangerin, Krankenschwester, Seelentrösterin und Geliebte. So recht betrachtet, ist sie nach wie vor der eigentliche Kern, die eigentliche Stütze eines Systems, dessen Gefährlichkeit und zutiefst selbstzerstörerische Tendenzen sie vielleicht ein ganz klein wenig besser als der Mann, aber bei weitem nicht klar genug durchschaut. Aufgrund einer jahrtausendelangen Unterdrückung fällt ihr Widerstand schwer. Die Gegenstrategien einer immer noch begrenzten Zahl beherzter Schwestern werden auch von der Normalfrau sehr oft mit Mißtrauen betrachtet. Hat sie doch im Lauf der Zeit ein serviles Ethos der »Selbstaufopferung« entwickelt, dessen Verletzung mit Ächtung und Ausschluß bestraft wird. Im »Schutz« eines Patriarchats ist sie auch bequem geworden, dessen Unterdrückerfunktion sie erst langsam erkennt.

Der Ausschluß der Frau als bestimmendes Subjekt aus der Menschheitsgeschicht hatte fatale Folgen. Die Störung eines ursprünglichen Gleichgewichts, die Kopflastigkeit des männlichen Prinzips, das vom weiblichen nur noch gestützt und gehalten, aber nicht mehr in seine Schranken gewiesen wird, hat uns in eine Sackgasse geführt. Die Geschichte der Revolutionen lehrt, daß Freiheit, Gleichheit und Selbstbestimmung als universale Menschenrechte gefordert wurden, gleichzeitig aber große Teile der Menschheit stets davon ausgeschlossen blieben. Der Aufstand der Söhne gegen die autoritären, diktatorischen, totalitären Regime der Väter – an denen immer auch Frauen teilnahmen – hat noch nie zu einer wirklichen Befreiung, eher zu neuen, unterdrückerischen Systemen geführt, weil sie nie zu den eigentlichen Wurzeln der Herrschaftsstrukturen vorgedrungen sind. Weder die französische, noch die russische Revolution, noch die zahlreichen Befreiungskriege in der »Dritten Welt« haben den Ursprung von Herrschaft in der Unterwerfung der Frau durch den Mann erkannt, und keine dieser Bewegungen, auch nicht die marxistische, hat eine tatsächliche Gleichberechtigung der Geschlechter bewirkt. Solange diese Ungleichheit aber nicht aufgehoben ist, solange das männliche Prinzip – weltweit – über das weibliche dominiert, solange wird es Kriege geben, wird es Herrschaft geben und die Unterwerfung und Ausbeutung der Schwächeren.

3.1 Naturzerstörung und Frauenunterdrückung

Der Zusammenhang zwischen Naturzerstörung und Frauenunterdrückung ist offensichtlich und historisch nachvollziehbar. In der großen Schöpfergöttin der alten, matrizentrischen Kulturen wurde das Leben verehrt, aber auch die natürliche Realität des Todes. Sie war die Göttin der Geburt und Wiedergeburt, sie brachte alles Lebendige hervor und nahm die Verstorbenen in sich auf, um sie erneut wiederzugebären. Sie verkörperte die schöpferische Kraft des Universums, und ihr Geist lebte in allem, was existiert, in den Pflanzen, den Tieren ebenso wie in den Elementen und in anderen Planeten. Die Natur zu schänden, hieß, die Göttin schänden – und noch heute gibt es Gesellschaften, die nach der Erlegung von Tieren gewisse Sühnerituale vollziehen, um damit den verletzten Geist der Natur zu versöhnen. Der darin zum Ausdruck kommende sogenannte Animismus geht von der Vorstellung aus, daß allem, was lebt, eine Seele oder ein Geist innewohnt, und daß diese belebte Natur, der auch der Mensch angehört, in allen Teilen und Aspekten miteinander verbunden ist. Die Kraft und Schönheit, durch die sich beispielsweise die Tierbilder der steinzeitlichen Höhlenmalerei auszeichnen, sind nur aus dieser Beseeltheit zu erklären, die wir heute nicht mehr nachvollziehen können. Die Jagdbilder unserer Epoche zeigen meist das

sterbende Tier, das verletzte Tier, das Tier als Beute eines triumphieren-
den, tötenden Jägers.

»Mutter Natur« wirkte ihrer Ausbeutung entgegen

Diese religiös-animistische Weltanschauung des vorgeschichtlichen Menschen bildete eine wirksame Hemmschwelle gegen jene totale Naturaus-
beutung, die uns heute zur Gewohnheit geworden ist. Ein lebender Organismus, der eine Seele und einen Geist besitzt, darf nicht so einfach
manipuliert und ausgebeutet werden wie die tote Materie, zu der sich die
Natur im Selbstverständnis des neuzeitlichen Menschen entwickelt hat.
Ein Selbstverständnis, von dem die moderne Ökologiebewegung inzwischen wieder abgerückt ist. Auch sie betont die Verbundenheit eines lebenden, ökologischen Systems sowie die Gefährdung seines Gleichgewichts, wenn durch den massiven Einsatz der Menschen einzelne Teile
verletzt oder aus dem Zusammenhang gerissen werden. Die Abwertung
der Großen Schöpfergöttin und damit der Frau mußte auch eine Abwertung der Natur zur Folge haben, wurden doch Frau und Natur stets gleichgesetzt. Carolyn Merchant und Evelyn Fox-Keller haben die Zusammenhänge von Naturzerstörung und Frauenunterdrückung näher untersucht.[1]
Sie verfolgen die Idee einer nahrungsspendenden »Mutter Natur« von
der Antike bis herauf in die beginnende Neuzeit, wo ein mechanistisches
Weltbild diesen Vorstellungen ein allmähliches Ende bereitet. Platon beschreibt in seinem »Timaios« das Weltall als mit Leben erfüllt, seine
Gestalt ist rund und seine Seele ist weiblich. Sie durchdringt den physischen Leib des Alls, umhüllt ihn und dreht sich in sich selbst. Die Erde –
»unsere Ernährerin« – hingegen ist der unverrückbare Mittelpunkt des
Kosmos.[2] Allerdings setzt hier bereits das männliche, dualistische Denken
ein: In der platonischen ebenso wie neuplatonischen Symbolik waren
Natur und Materie weiblich, die Ideen hingegen männlich. Indem Platon
die Materie aus seiner Erkenntnistheorie ebenso ausschließt wie den
Vollzug der Sexualität aus seiner Definition des idealen Eros, hat er
bereits die für die Frau so verhängnisvolle Trennung zwischen Körper
und Geist vollzogen. Denn in Zukunft galt die Gleichung Frau = Materie
= Natur, während der Mann den – mit einem höheren Stellenwert verse-
henen – Geist für sich beansprucht, der ihn laut Selbstdefinition fürderhin
befähigt, sich Frau und Natur in gleicher Weise dienstbar zu machen. Eine
Entwicklung, die sich vorerst langsam, über viele Jahrhunderte hinweg
vollzog, bis sie sich schließlich, durch technische Erfindungen und wirtschaftliche Erfordernisse begünstigt in der Neuzeit rasant beschleunigte.

Auch römische Autoren wie Ovid, Seneca, Plinius und die Stoiker betrachteten die Erde als fühlenden Organismus und Bergbau als Schändung der Mutter Natur.[3] Und noch im 12. Jahrhundert wurde in der christlichen Philosophenschule von Chartres, die sich auf den Neuplatonismus bezog, die Natur als Göttin dargestellt. Jetzt allerdings mit bereits begrenzter Macht: Sie war das ausführende Organ Gottes als Schöpferin und Hervorbringerin der materiellen Welt, dem Menschen überlegen, aber Gott untertan.[4] Selbst in der populären Literatur der Renaissance wurden Natur, Erde und Materie häufig als wohltätige, nahrungsspendende Frau beschrieben. Die Beseeltheit der Natur, ihre Vorstellung als Person ermöglichte immer noch eine unmittelbare Beziehung zum Menschen. Der neuplatonische Alchimist Robert Fludd (1574–1637) etwa stellt die Weltenseele als Frau dar, die mit ihrer rechten Hand mit Gott verbunden ist, während sie mit ihrer linken durch eine goldene Kette die Verbindung mit der irdischen Welt herstellt. Andere Abbildungen zeigen sie als Göttin Isis, in deren offenem Haar ein Reif steckt, der die Welt bedeutet und deren Umhang Sterne schmücken, während der Halbmond auf ihrem Unterleib mit seinen Strahlen die Erde befruchtet.[5]

In diesen Vorstellungen eines weiblich gedachten, lebenden, fühlenden Kosmos hat sich die alte Große Göttin in gewissen Aspekten erhalten, und damit jahrhundertelang einer Ausbeutung der Natur entgegengewirkt. So etwa wurden die Wasseradern der Erde als dem menschlichen Blutsystem verwandt gedacht, und die übrigen Flüssigkeiten vergleichbar dem Schleim, Speichel, Schweiß oder anderen Absonderungen des menschlichen Körpers. Metalle und Mineralien füllten das Adernsystem der Erde, und ihre Bergwerksminen wurden mit der Vagina von Mutter Natur verglichen, weshalb auch der Abbau von Erz einer beschleunigten Geburt oder Abtreibung gleichgesetzt wurde, für die Sühnegaben und zeremonielle Opfer geleistet werden mußten. Die fast heiligmäßige Verehrung, die der Schmied bei manchen Stämmen genoß, ist darauf zurückzuführen: Er ermöglicht durch Schmelzen, Ausglühen und schließlich Bearbeitung die Geburt des Metalls.[6]

Das mechanistische Weltbild propagiert Herrschaft über Frau und Natur

Die Natur wurde nicht nur als eine nährende, gütige und wohlwollende, sondern auch als wilde, ungezähmte, Verderben bringende Frau verstanden, die Katastrophen wie Stürme, Trockenzeiten und Überschwemmungen bewirkt. Diese Metapher begann zunehmend ihre Beherrschung zu rechtfertigen. Die wilden Naturgewalten, das Chaos, das Unvorhersehbare mußten kontrolliert und gebändigt werden. Unter diesen Aspekt fiel ebenso die »Zähmung« der Frau – in diesem Zusammenhang vor allem ihrer Sexualität –, die in den Hexenverfolgungen ihre Ausprägung fand. Die Angst vor der stärkeren Sexualität der Frau – sie ist, im Gegensatz zum Mann, multipler Orgasmen fähig – zieht sich durch die gesamte Geschichte der Hexenverfolgungen, die am Beginn der Neuzeit verstärkt einsetzten. Die parallele Entwicklung von Naturwissenschaften und Massenverfolgungen von Frauen ist also kein Zufall! Sie ergibt sich aus der Gleichstellung Frau ist Natur, die beide zunehmend bedrohlich erschienen, weshalb sie beherrscht werden mußten.

Das mechanistische Weltbild, das die Vorstellung einer organischen Einheit von Mensch und Kosmos abzulösen begann, bot die Grundlage dazu. Francis Bacon (1561–1626), allgemein als »Vater der Naturwissenschaft« bezeichnet, hat als erster Naturwissenschaft mit Naturbeherrschung gleichgesetzt. Er vertrat die Ansicht, daß die Beherrschung der Natur den ursprünglichen Menschen ausgezeichnet hatte und darum lediglich zurückzuerobern sei. Das Ziel der Wissenschaft war für ihn

»die Wiederherstellung der Macht des Menschen und seine Wiedereinsetzung in die Vorherrschaft ... die er im ersten Stadium seiner Schöpfung einmal hatte«.[7] Denn die Wissenschaften, so meint er an anderer Stelle, »erfordern keineswegs eine sanfte Führung des Naturverlaufs; sie haben die Macht, die Natur zu erobern und zu unterwerfen und sie in ihren Grundfesten zu erschüttern«.[8]

Mit dieser Forderung nach einer Beherrschung der Natur, die eine Trennung von Mensch und Natur voraussetzt, unterscheidet sich das moderne, westliche Patriarchat von den alten Patriarchaten, wie sie etwa in Indien, Arabien oder China existierten. Denn in diesen Gesellschaften war die Verbindung von Mensch und Mutter Natur nie völlig unterbrochen worden, und Frauen, auch wenn sie unterdrückt und ausgebeutet waren, besaßen eine wichtige Funktion als Mütter von Söhnen. Die menschliche Mutter und die Mutter Erde bildeten nach wie vor eine Art Urgrund, auf dem allein das Patriarchat existieren konnte. Die regelrechte Vergewaltigung von Mutter Erde wie sie die moderne Naturwissenschaft und Technik propagierte – und damit im Zusammenhang Naturzerstörung und totale Entrechtung der Frau – sind Merkmale der europäischen Neuzeit.

Bacons Denken ist geprägt von Bildern der Natur als Frau, die erobert, vergewaltigt, bezwungen, in die »eingedrungen« und die ausgebeutet werden muß, hingegen dem – männlichen – Wissenschafter Macht und

Verfügungsgewalt über diese »weibliche« Natur eingeräumt wird. Wobei er sogar Vergleiche zwischen den Methoden der Wissenschaft und den Foltermethoden der Hexenprozesse nicht scheut.[9] Gleichzeitig knüpft Bacon die wissenschaftliche Revolution an den christlichen Mythos vom Sündenfall: Weil durch die Sünde Evas dem Mann die ursprüngliche Kontrolle der Natur entglitten sei, muß er sie jetzt als Repräsentant von Gottes Herrschaft auf Erden wiederherstellen. Wobei jenes berühmte Bibelwort, wonach der Mensch auserwählt ist, sich die Erde untertan zu machen, eine entsprechende Rechtfertigung liefert.

Das patriarchale Christentum mit seiner Natur- und Frauenfeindlichkeit bot im Grunde einen idealen Humus für diese neue Disziplin, selbst wenn sich Religion und Wissenschaften jahrhundertelang bekämpften, ging es doch schließlich um nichts Geringeres als die Frage, wer künftig das allgemeine Weltbild bestimmt. Der Theologe und Psychologe Eugen Drewermann beklagt den »außerordentlich gewalttätigen und rücksichtslosen Charakter«, den das Christentum in sich trägt, weil das gesamte biblische Denken »rein anthropozentrisch allein die Beziehung zwischen Gott und Menschen in den Mittelpunkt seiner theologischen Betrachtung gerückt hat«, und er sieht in »der Fremdheit des biblischen Denkens gegenüber der äußeren Natur und in der vom Patriarchalismus geprägten Fremdheit und Unterdrückung der inneren Natur des Menschen« ein wesentliches Problem der christlichen Kirchen. Drewermann erkennt in der »Naturvergessenheit und Anthropozentrik der Bibel« nicht nur die Ursachen für die gegenwärtigen Umweltkrisen, sondern auch für das Probleme der Kriege. Denn

> »es ist psychologisch keine Frage, daß in der Naturfremdheit des Christentums, im Erbe der Bibel bereits einer der Hauptgründe auch für die innere Unfähigkeit zum Frieden liegt; die Gewalttätigkeit gegenüber der Natur ist gewissermaßen nur die Außenseite der Gewalttätigkeit gegen sich selbst und die Verbindung zwischen beiden Phänomenen ist außerordentlich eng«. [10]

Die von Drewermann dem Christentum vorgeworfene Anthropozentrik und »Gewalttätigkeit gegenüber der Natur« ist in gleicher Weise den Naturwissenschaften eigen. Wie das Friedensforschungsinstitut in Stockholm SIPRI feststellt, sind etwa 50 Prozent der Wissenschafter in der Rüstung tätig.[11]

Vor etwa 400 Jahren war es noch nicht so weit. Damals mußte sich Francis Bacon noch um die Durchsetzung seiner Ideen gegen zahlreiche Widerstände bemühen. So etwa wollten seine Forderungen nicht so recht in das Konzept des aufgeklärten Naturrechts des 17. Jahrhunderts passen, weshalb er zur Rechtfertigung seiner Ideen die sonderbare und vertrackte Formulierung aufstellte, es sei durchaus »natürlich«, die Natur zu formen, sie zu erobern und zu unterwerfen, denn nur so könne die wahre »Natur der Dinge« aufgedeckt werden.[12]

Es ist interessant und aufschlußreich, sich die etwa zur gleichen Zeit formulierten Grundsätze der großen Naturrechtler wie Hugo Grotius, Samuel von Pufendorf oder Christian Thomasius ins Gedächtnis zu rufen, die auf eine sehr ähnliche Art und Weise die Unterwerfung der Frau rechtfertigen möchten. Denn diese Unterwerfung, so lautet der einstimmige Tenor, werde von der Frau freiwillig vollzogen, was nur »natürlich« sei, da sie dem physisch und psychisch schwächeren Geschlecht angehöre. Eine Ansicht, die von den Philosophen des 18. Jahrhunderts weiter ausgebaut und vertieft wurde. So etwa betrachtet der hochangesehene Professor Johann Gottlieb Fichte (1762–1814) Selbstaufgabe als Zeichen der eigentlichen, reifen (weiblichen) Persönlichkeit, und Unterwerfung notwendig für den Erhalt von (weiblicher) Würde und Ehre.[13]

Das mechanistische Denken erlaubt Ausbeutung und Manipulation von Pflanze, Tier und Mensch

Der Siegeszug des mechanistischen Denkens, das dem befürchteten Zerfall des – weiblich gedachten – organischen Kosmos entgegenwirken sollte, war nicht mehr aufzuhalten. Die französischen Mechanisten Marin Mersenne (1588–1648), Pierre Gassendi (1592–1655) und René Descartes (1596–1650) verwandelten die weibliche Weltenseele in einen Mechanismus aus träger, in langsamer Bewegung befindlichen Materie in ein mechanisches System toter Körperteilchen, in dem Gott als Uhrmacher verstanden wurde, der die Welt von außen konstruiert und lenkt. Mersenne glaubte an einen göttlichen Ingenieur, der die Nachfolge Christi antreten werde, für Descartes funktionierte die Welt mit ihren natürlichen Körpern nach Gesetzen der Mechanik wie Uhren und andere Maschinen, und auch Gassendi vertrat die Ansicht, daß die Welt eine riesige Maschine sei.

Die neue, mechanistische Weltanschauung orientierte sich an physikalischen Gesetzen und an der Maschine. Die Maschine, die eine Kontrolle und Beherrschung der Natur ermöglichte, war nicht nur allgemeines Orientierungsmodell für die Wissenschaft, sie beeinflußte auch die Philosophie. Ein Weltbild, das auf der Vorstellung einer passiven, trägen und toten Natur gründet, erlaubte ohne Skrupel eine zunehmende Ausbeutung und Manipulation. Weil die Tiere zu »Automaten« reduziert wurden, denen eine »Seele« fehlt, konnten sie auch nichts mehr fühlen. Damit durften ungehindert Experimente an lebenden Tieren durchgeführt werden, ihr Schreien und ihre krampfigen Bewegungen galten lediglich als mechanische Reflexe. Auch ansonsten konnte »Mutter Natur« jetzt ungehindert ausgebeutet werden, sie existierte lediglich zu dem Zweck, den Expansionsdrang des Mann-Menschen zufriedenzustellen, der Straßen und Kanäle baute, die Bergbautechnologie weiterentwickelte, sich mit immer effizienteren Mitteln die Erträgnisse des Bodens zunutze machte und ein zerstörerisches Waffenpotential anlegte, dessen Erzeugung und Konstruktion vielfach Selbstzweck geworden ist.

Der Dualismus von Geist und Materie, wie er sich mit diesen neuen Philosophien durchsetzte, machte die Spaltung zwischen Natur und Naturbewertung möglich. Weil die (natur-)wissenschaftliche Wahrheit in dieser Art der Betrachtung als »wertfrei« und »objektiv« erscheint, muß sie sich um ethische Probleme, und daher auch um die Folgen ihres Tuns wenig kümmern. Ethik fällt nun in einen anderen Bereich, jenen der abgetrennten Seele, der von den sogenannten Geisteswissenschaften verwaltet wird. Diese Spaltung, und damit ein Verlust der Ganzheit ist zu einem großen Teil verantwortlich für das zerstörerische Potential, das vornehmlich die Naturwissenschaften entfaltet haben.

Es gab am Ende des 17. Jahrhunderts dann etliche Versuche europäischer Philosophen, das mechanistische Weltbild abzuschwächen und die Natur neuerlich als organische Einheit zu begreifen. Dazu gehören die sogenannten Vitalisten, deren berühmtester Vertreter Gottfried Wilhelm Leibniz (1646–1716) war. Sicherlich nicht zufällig befanden sich auch einige hochbegabte, heute jedoch weitgehend vergessene Frauen darunter, wie etwa die Philosophin Anne Conway, die – nach Leibniz' eigenen Worten – diesen wesentlich beeinflußt hat.[14] Auch Isaak Newton (1643–1727) erkannte, daß ein mechanisches Universum, das auf Passivität gründet, von Verfall, Untergang und Tod bedroht ist und er versuchte, die Bewegung des Kosmos um »aktive Prinzipien« wie Gravitation und Fermentation zu ergänzen.[15]

Die lebensfeindlichen Tendenzen der Wissenschaft

Newton, von dem hauptsächlich Beiträge zur Mathematik und Mechanik bekannt sind, hat geahnt, wohin der Weg neuzeitlicher Naturwissenschaft und Philosophie führen wird: Nämlich in eine kontinuierliche und immer rascher fortschreitende Zerstörung unserer Erde und allen

Lebens mit Ausnahme jenes des Menschen, der sich wie ein Parasit vermehrt. Auch Ludwig Wittgenstein (1889–1951) hat richtig erkannt, daß die Wissenschaften trotz gigantischer Leistungen unsere eigentlichen Lebensprobleme nicht lösen können,[16] vielmehr haben sie diese auf geradezu beklemmende Art und Weise vermehrt, weil sie im Grunde gegen das Leben selbst gerichtet sind. Der große Schöpfertraum des Mannes, die Natur zu besiegen und statt dessen ein Kunstprodukt zu schaffen, das die Natur an Bedeutung übertrifft, ist zu einem Bumerang geworden.

So etwa hat die Medizin, der wir sicherlich bedeutende Leistungen im Dienst der Menschheit verdanken, wohl zu einem gesünderen und auch längeren Leben geführt, gleichzeitig jedoch dem Alter und dem Sterben seine Würde genommen. Die zunehmende Vereinzelung vornehmlich des alternden Menschen und sein würdeloses Sterben inmitten von Apparaten, die zwar sein physisches Leben verlängern, aber nicht imstande sind, Trost, Sinnhaftigkeit und ein Gefühl des Eingebundenseins in Liebe, Wärme und menschliche Nähe in der letzten Lebensphase zu vermitteln, zeigen mit aller Deutlichkeit, woran diese moderne, medizinische Wissenschaft krankt: Sie möchte den Tod besiegen, hat aber gleichzeitig die Ehrfurcht vor dem Leben verloren.

Die Ökofeministin Andrée Collard hat es treffend ausgedrückt:

»Die ›längere Lebensspanne‹, die der Natur und ihrem Kreislauf abgerungen wurde, ist keine Bestätigung für Leben, sondern dessen Verleugnung. Die Gewaltakte, die unter dem Deckmantel der Lebensverlängerung begangen werden, entlarven dies Streben als das, was es ist – die Eroberung der Natur und des Körpers.«[17]

Und an anderer Stelle:

»Die männliche Idee von Lebensverlängerung und Unsterblichkeit ist ein verheerender Mythos, der schwächt, weil er an Vaterbilder (Wissenschafter, Medienmacher, Ärzte) kettet. Die Forschung, die Leben verlängern will, ist sinnlos und wird nur um so ironischer angesichts der allgegenwärtigen Bedrohung des Lebens, mit der der Mann anmaßend und besitzergreifend das gesamte Universum überzogen hat ...«[18]

Carola Meier-Seethaler versucht die grundsätzlich lebensfeindlichen Tendenzen der Wissenschaft aus der männlichen Psyche zu erklären. Sie sieht auch hier in der notwendigen Distanzierung des Sohnes von der Mutter, die in patriarchalen Gesellschaften, in denen die Mutter häufig die einzige wirkliche Bezugsperson ist, traumatisch verlaufen kann, die eigentliche Wurzel. Meier-Seethaler meint, daß ein frühes Training im unterscheidenden Denken geradezu eine Voraussetzung für das analytisch-sezierende Denken der Naturwissenschaft darstellt, wobei der her-

54

anwachsende, wissenschaftlich interessierte Mann aufgrund einer angeblichen Objektivität der Wissenschaft alle subjektiven Gefühle, die ihm in diesem Stadium eher lästig erscheinen, ausschalten kann. Es ist diese Haltung, die nach Meier-Seethaler dazu führt, daß die lebendigen Zusammenhänge in der Natur mißachtet und eine liebevolle, einfühlende Begegnung mit ihr verhindert wird.[19]

Wie sehr uns inzwischen die Fähigkeit verloren gegangen ist, die Natur als einen lebenden, in allen seinen Teilen miteinander verbundenen Organismus zu betrachten, beweisen drastisch die von Menschen im Namen von Wissenschaft und Erkenntnis an Tieren vorgenommenen Versuche, die häufig jedes Mitgefühl vermissen lassen und zu Tierfolter und schlimmster Tierquälerei führen können. Der Schmerz und die Qual des Tieres wurden dabei nicht zur Kenntnis genommen beziehungsweise heruntergespielt. Verantwortlich dafür ist ein naturwissenschaftliches Weltbild, das die Natur in einen »belebten« und einen »unbelebten« Teil gliedert, wobei jedoch auch der belebte Teil nach Gesetzmäßigkeiten funktioniert, die von unbelebten Systemen bekannt sind. Stellvertretend für zahlreiche diesbezügliche Abhandlungen sei eine Anmerkung des bekannten theoretischen Physikers Victor Weisskopf herausgegriffen, der folgendermaßen zu diesem Thema Stellung nimmt:

»Chemische Analysen haben ... unzweifelhaft dargetan, daß lebende Dinge (sic!) aus denselben Atomarten bestehen wie leblose (...) Man hat auch nicht die leiseste Andeutung gefunden, daß lebende Materie irgendeinen besonderen Stoff enthält oder daß die Gesetze des Aufeinanderwirkens der Atome hier verschieden sind. Das Phänomen des Lebens muß daher das Resultat gewöhnlicher Wechselwirkungen zwischen Atomen und Molekülen sein (...) Wir verstehen heute noch nicht vollständig, wie die Wechselwirkung der Moleküle Anlaß zu den Phänomenen des Lebens geben kann.«[20]

Das Zerlegen in kleine und kleinste Teilchen, durch das sich die modernen Wissenschaften ganz generell auszeichnen, hat nicht nur zu einem Verlust des Ganzheitsdenkens geführt, sondern auch zu einer Zerstörung des Lebens. Weshalb auch der in den USA lebende Biochemiker Erich Chargaff meint, daß wir »in einem der abscheulichsten Jahrhunderte der Weltgeschichte« leben, »einem Zeitalter, in dem sich die naturwissenschaftlichen Erkenntnisse und die technischen Errungenschaften als Fluch erwiesen haben«. Er sieht richtig, daß

»bei der Untersuchung der Bestandteile lebender Organismen das wesentliche, das Leben, verloren (geht). Dieser Verlust wird von den Wissenschaftern, die sich mit dem Präfix ›Bio‹ zieren, gerne in Kauf genommen, denn sie

55

haben sich dazu überredet, daß dabei nichts Wichtiges abhanden gekommen sein kann, jedenfalls nichts Wäg- und Meßbares«.[21]

Chargaff sieht im totalen Forschungsstopp, zu dem sich alle Forscher der Welt schriftlich verpflichten müßten, den einzigen Weg, die Natur vor der restlosen Zerstörung zu bewahren.[22] Was die Professorin am Institut für Frauenforschung in Berlin, Christina Thürmer-Rohr zu der kritischen Bemerkung veranlaßt, daß dies wohl für Männer, nicht jedoch für Frauen gelte, denn diese hätten noch sehr viel zu entdecken.[23] Es ist diese Lehre vom Zerlegen in kleinste Partikelchen, die der Naturwissenschaft die angestrebte Kontrolle und Herrschaft über die Natur ermöglichen soll. Läßt sich doch ein Teilaspekt leichter kontrollieren als ein Ganzes, er ist »handlicher«, und besser zu »durchschauen«. Der bereits zur Sucht mutierte Eifer überwiegend männlicher Wissenschafter, aufzuteilen, zu zerlegen, zu zerschneiden, ergibt sich aus einem hierarchischen Denken, in dem es immer ein »oben« und »unten« geben muß. »Oben« befindet sich der Mann-Mensch, der bestimmt, definiert, einteilt und auswählt, »unten« hingegen befinden sich Pflanzen und Tiere, die bestimmt, definiert, eingeteilt und ausgewählt werden müssen. »Unten« befindet sich aber auch die Frau, der innerhalb des allgemeinen wissenschaftlichen Erkenntnisprozesses ebenfalls die Rolle des Objekts zugeschrieben wird.

Die Parallelen zur Frauenunterwerfung sind nicht zu übersehen. Auch die Frau wird in patriarchalen Kulturen stets um ihre Ganzheit gebracht. Um sie leichter beherrschen und kontrollieren zu können, wurde sie entweder ihres Geschlechts beraubt, um als »reine«, keusche und daher »ungefährliche« Frau einer gewissen männlichen Achtung teilhaftig zu werden, oder aber sie wurde zur sündigen, wilden, ungebändigten Hexe, deren Sexualität Gefahr signalisierte und die daher zu verteufeln ist. In ihrer Ganzheit konnte sie sich stets nur mühsam erfahren, und auch heute wird ihr dieses Zusammenwachsen zum ganzheitlichen Menschen unter anderem dadurch erschwert, daß sie sich häufig immer noch zwischen Beruf beziehungsweise Karriere und Kinderaufzucht entscheiden muß.

Tierversuche

Die Tierversuche, bei denen im Interesse der Wissenschaft Millionen von Tieren meist ohne Betäubungs- und Beruhigungsmittel mißhandelt und gequält werden, zeigen in erschreckendem Ausmaß die tiefen Gräben, die der Mensch zwischen sich und der übrigen Natur gerissen hat. In großen, gewinnbringend arbeitenden Zuchtbetrieben werden für

Laborversuche nicht nur Ratten, Hamster, Kaninchen, Meerschweinchen, Hunde und Rhesusaffen gezüchtet, sondern auch Schimpansen und andere Primaten. Zwar empfehlen gewisse »Richtlinien«, Tierquälereien nach Möglichkeit zu unterlassen, doch bleibt die Durchführung dem guten Willen des Wissenschafters überlassen. Die Grundsätze, nach denen dabei verfahren wird, sind in einem Handbuch für »Tierzucht und Management« folgendermaßen festgehalten:

> »Nur wenn man ein Maximum an Informationen aus dem Versuchstier herausholt, indem man es optimal präpariert und benutzt, kann man von bewußter Wirtschaftlichkeit und einträglicher Forschung reden. Ein Verständnis für die Natur, die Fähigkeiten und die Grenzen des Tieres wird wahrscheinlich auch seinen menschenwürdigen Gebrauch zur Folge haben; ein Ergebnis, das möglichst *nebensächlich* (Hervorhebung der Autorin), aber jederzeit wünschenswert ist.«[24]

Andrée Collard hat in einer umfangreichen Arbeit diese Tierversuche in ihrer oft erschreckenden Brutalität beschrieben. Da werden, um den Zustand der Depression zu erforschen, Hunde mit Elektroschocks behandelt und gleichzeitig am Weglaufen gehindert, worauf dann mit Interesse der völlig apathische Zustand der Tiere registriert wird, die, gebrochen in ihrem Willen und in ihren Emotionen, schließlich auch dann nicht mehr davonlaufen, wenn ihnen die Möglichkeit dazu geboten wird. Da werden, um Gefühlszustände unter Kontrolle zu bekommen, mittels Gehirnelektroden direkte Eingriffe in die Gehirnbereiche von Schimpansen vorgenommen, bis der völlig ruinierte Geist des Tieres zu abnormalen Reaktionen führt, die vom Wissenschafter bis ins kleinste Detail beschrieben werden. Um die pathologischen Reaktionen auf das Zufügen von Schmerz zu beobachten, müssen Hunde, die ihr ganzes Leben in Isolationshaft gehalten wurden, mit Elektroschocks, Nadeln und brennenden Zündhölzern behandelt werden. Der berühmte russische Physiologe Iwan Pawlow wurde 1904 für seine Arbeiten zur Physiologie der Verdauung sogar mit dem Nobelpreis ausgezeichnet. Er arbeitete über ein Vierteljahrhundert an der Erforschung »der Aufgaben beider Hälften des Hundehirns« und entdeckte dabei die Konditionierbarkeit des Speichelreflexes. Aus der zusammenfassenden Darstellung seiner Vorlesungen und Demonstrationsvorführungen läßt sich ahnen, wie sehr die Tiere gelitten haben, was er selbst allerdings bestreitet. Lediglich »sehr empfindsame Menschen« würden vielleicht beim Anblick seiner Versuche bestürzt sein.[25]

Dabei wird nur ein winziger Bruchteil der Tierversuche im Dienst der menschlichen Gesundheit durchgeführt, der weitaus überwiegende Teil schafft die Voraussetzung zur Erzeugung von Chemikalien, Kosmetika, Toiletten- und Haushaltsartikel, Kunststoffen, Nahrungsmittelzusätzen und ähnlichem.

Ginge es der Wissenschaft tatsächlich um die Gesundheit des Menschen, würde sie für bessere Luft, besseres Wasser und weniger Chemikalien in der Nahrung und in den Böden sorgen. Aber die Eigendynamik des kapitalistischen Systems ist bereits so stark, daß die menschlichen Grundbedürfnisse durch die sie überlagernden, künstlich erzeugten Bedürfnisse gefährdet sind. Dem Zwang ausgeliefert, immer mehr produzieren und daher auch immer mehr konsumieren zu müssen, haben wir das Wichtigste, nämlich ein gesundes, sinnerfülltes Leben im Einklang mit der Natur und in Ehrfurcht vor den lebendigen Geschöpfen dieser Welt aus den Augen verloren.

Gentechnologie

Ein weiteres Beispiel für unser entfremdetes Verhältnis zur Natur liefert die Gentechnologie:

> »Charakterisch für die Gentechnologie ist die Zerstückelung des Erbgutes, die Gene werden ›verrückt‹. Gene verrücken heißt, sie aus ihrem topographischen und evolutionär entstandenen genetischen Kontext herauszulösen und sie an einen anderen Ort zu versetzen ... Die Gentechnologie oder methodisch vergleichbare naturwissenschaftliche Ansätze sind nicht die Ursache, sondern der Ausdruck eines Herrschaftsverhältnisses«,[26]

meint die Biologin Regine Kolleck. Sie kritisiert die einseitige Ausrichtung der Gentechnologie, die »hauptsächlich von den industriellen Verwertern dieser Technologie formuliert« werden und wichtige Probleme, die damit verbunden sind, vernachlässigt oder nicht einmal zur Kenntnis nimmt.[27] Industrielle Verwertung und damit Gewinn ist auch hier ein Hauptmotiv. In der modernen Landwirtschaft werden Pflanzen und Tiere durch gezielte Manipulation in physikalisch-chemische Teilfunktionen zu gesteigerten Erträgen gebracht. Weibliche Tiere bekommen Chemikalien gespritzt, damit sie in ihren Eierstöcken einen Überschuß an Eiern freisetzen. Diese werden dann dem Uterus eines »wertvollen« Weibchens entnommen, eingefroren und anschließend im Eileiter eines nicht so wertvollen weiblichen Tieres reimplantiert. Umgekehrt wird der Samen eines hochwertigen männlichen Tieres gesammelt, eingefroren und später in die Gebärmutter eines ebenfalls hochwertigen weiblichen Tieres eingepflanzt.

Diese Eingriffe in die natürlichen Lebensvorgänge und die damit verbundenen Manipulationen führten inzwischen zu weitreichenden Konsequenzen. Die Genforschung befaßt sich mit der Möglichkeit, in das Erbgut einzugreifen und damit Lebewesen zu erzeugen, die bestimmte, gewünschte Eigenschaften besitzen. Die Hirnforschung arbeitet daran, die physikalischen und chemischen Vorgänge bei der Gehirntätigkeit zu erforschen, um über Eingriffe in die Hirnfunktionen eine Kontrolle über das Lebewesen zu erhalten. Das sogenannte Klonen betreibt die ungeschlechtliche Reproduktion eines Individuums mittels embryonischer Zellen. 1981 erschien der erste Bericht über das Klonen von Säugetieren. Die Anwendung des Klonens auf den Menschen ist gegenwärtig noch im Anfangsstadium, doch bei der rasanten Entwicklung diesbezüglicher Techniken ist alles möglich. Der menschliche Klon wird auf jeden Fall unter totaler Kontrolle sein, nicht nur genetisch, sondern auch in seinen Gedanken und Handlungen. Und darum geht es letztlich auch. Es geht um die Schaffung eines neuen, »verbesserten« und beherrschten Lebewesens, einer Hybris des Mannes, hinter der sich unschwer erkennbar der uralte Gebärneid verbirgt.

Der weibliche Körper als Experimentierfeld männlicher Wissenschaft

Verständlich, daß Frauen sich durch die Gefahren, die von derartigen Manipulationen und Herrschaftsverhältnissen ausgehen, besonders betroffen fühlen, ist doch auch ihr Körper direkter Forschungs- und Behandlungsgegenstand der neuen Reproduktionstechnologien. Die in-vitro-Fertilisation, für die meisten Frauen eine – selten erfolgreiche – Tortur, macht ihren Körper neuerlich zum Experimentierfeld, mit dem sich gut verdienen läßt.

Ein aufschlußreiches Erlebnis schildert in diesem Zusammenhang die Wissenschaftspublizistin Gena Corea. Ihr war bei Recherchen zur in-vitro-Fertilisation im Verlauf eines Workshops über Reproduktionsbiologie bewußt geworden, daß sie in mancher Hinsicht mit den manipulierten Zuchttieren mehr gemeinsam hatte als mit den – mehrheitlich männlichen – Gentechnologen.

>»Fast alle im Auditorium waren an diesem Tag Frauen. Wir waren Naturwissenschafterinnen, Ärztinnen, feministische Aktivistinnen, Philosophinnen und Rechtsanwältinnen. Dr. Rosalind Herlands beschrieb die Versuche von Forschern, bei Tieren eine Superovulation hervorzurufen. ›Eizellen und Embryos werden normalerweise gewonnen, nachdem die weibliche Spenderin getötet worden ist und ihre Eileiter oder ihr Uterus entfernt worden sind‹

erläuterte sie nüchtern. Wir schnappten nach Luft. Dr. Herlands blickte überrascht auf. In die darauf folgende Stille sagte eine Frau: ›Da können wir uns ja so in etwa vorstellen, was sie vielleicht mit uns machen‹.«

Die spontane Identifizierung mit den Versuchstieren, so Gena Corea weiter, führte dazu, daß sie die Tiere plötzlich mit anderen Augen sah und ihr gewisse Parallelen zur eigenen Situation klar wurden:

> »… Ich sah zum ersten Mal, daß Tiere lebendige, fühlende Wesen sind. Und sie wurden ausgenutzt, so wie Frauen ausgenutzt wurden … Ich ging ins Labor, ich durchquerte drei oder vier Räume und sah Kaninchen, Mäuse, Ratten, Affen in Käfigen aus Edelstahl. Der Biologe und der Techniker redeten mit mir, als gehörte ich zu ihnen. Aber ich gehörte zu den Tieren.«[28]

Das Herrschaftsverhältnis zwischen Subjekt und Objekt, wie es das Verhältnis Forscher/Natur kennzeichnet, ist hier aufgehoben. Frauen können sich aufgrund ihrer eigenen Unterdrückung mit der unterworfenen, ausgebeuteten und gequälten Natur besser identifizieren als Männer. Aus diesem anderen Naturverständnis heraus haben Frauen im letzten Jahrzehnt eine feministische Wissenschaftskritik und Wissenschaftstheorie entwickelt, die in Kapitel 10.3 beschrieben ist.

3.2 Kolonialismus und Sklavenwirtschaft

Das moderne, patriarchale kapitalistische System gründet sich jedoch nicht nur auf die Unterwerfung und Ausbeutung von Frauen und die Zerstörung und Ausbeutung der Natur, sondern auch auf die Ausbeutung und Unterwerfung von Rassen, Klassen und fremden Völkern. Der Reichtum europäischer Zivilisation und Kultur wäre ohne Klassismus, Kolonialismus und Imperialismus nicht denkbar.

Es ist bezeichnend, daß der Beginn des Kolonialismus ebenso wie die Entstehung der Naturwissenschaften in die frühe Neuzeit fällt, und tatsächlich sind beide von einem ähnlichen ausbeuterischen Vergewaltigungsdenken geprägt. Als verhängnisvoll erwies sich dabei vor allem die unheilige Allianz von Wissenschaft, Krieg und Religion: Den modernen europäischen Vernichtungswaffen mußten die außereuropäischen Völker ebenso unterliegen wie dem damit im Zusammenhang stehenden Missionseifer europäischer Geistlicher.

Schon zu Beginn des 15. Jahrhunderts waren die Portugiesen unter Heinrich dem Seefahrer zu Entdeckungsfahrten entlang der Westküste

Afrikas aufgebrochen. Aber erst 1492 setzte Christoph Columbus und 1498 Vasco da Gama mit ihren Entdeckungen und Eroberungen den eigentlichen Auftakt zur europäischen Expansion in Übersee. Der damit einsetzende Aufstieg Europas zu Wohlstand und Weltherrschaft hatte die Vernichtung alter Kulturen, die Ausrottung ganzer Völker und die Entwurzelung und Versklavung von Millionen Menschen zur Folge. Das bisherige ungefähre Gleichgewicht zwischen den Machtzentren Europas und Asiens einerseits und den Kulturen Amerikas, Afrikas, Australiens und Nordasiens andererseits zerbrach. Die Zerstörung angestammter Wirtschaftsweisen, intakter Gesellschafts- und Familienstrukturen führte zu Hungersnöten, Kriegen, Korruption und einer globalen Barbarei, mit deren Auswirkungen wir noch im späten 20. Jahrhundert konfrontiert sind.

Das stärkste Motiv für die Entdeckungsreisen der Portugiesen und der Spanier war die Kontrolle des Interkontinentalen Fernhandels, also des Handels zwischen dem Westen und »Indien«, wie damals das gesamte Gebiet zwischen der Ostküste Afrikas und China sowie Japan bezeichnet wurde. Gehandelt wurde vornehmlich mit Gewürzen, Textilien, aber auch mit Sklaven und Gold. Die Eroberungszüge der spanischen Konquistadoren, die ungefähr 15 Millionen Indianer ausrotteten und Länder wie Kuba, Nicaragua und Haiti nahezu entvölkerten, wurden nicht nur in der Geschichtsschreibung, sondern auch in zahlreichen Romanen und literarischen Abhandlungen als Heldentaten gefeiert und verherrlicht. Später folgten Franzosen, Engländer und Holländer, deren Kriege gegen die Urbevölkerung nicht weniger grausam waren. Allerdings starben die Indianer nicht nur auf den Schlachtfeldern, sondern auch an Unterernährung, Infektionskrankheiten oder durch unmenschliche Arbeitsbedingungen. Während vor Ankunft der Kolonialherren über 70 Millionen Indianer auf dem gesamten Kontinent gelebt hatten, waren es eineinhalb Jahrhunderte später nur noch 3,5 Millionen.[1] Die Deutschen etablierten sich als Kolonialmacht erst Ende des 19. Jahrhunderts, auch konnten sie sich nicht allzu lange an dem damit verbundenen, aufgewerteten Image erfreuen: Bereits 35 Jahre nach der Gründung ihrer Kolonialreiche mußten sie im Versailler Friedensvertrag 1919 darauf verzichten. Mit schwarzen Sklaven hatten bereits die Araber seit dem 7. nachchristlichen Jahrhundert einen schwungvollen Handel getrieben, er erstreckte sich über die Sahara zum Mittelmeer und über den Indischen Ozean bis in den Orient. Die portugiesischen Seefahrer, die im Auftrag Heinrichs von Portugal in der ersten Hälfte des 15. Jahrhunderts die ersten Afrikanerinnen und Afrikaner nach Lissabon verschleppten, mußten daher nur an eine alte Tradition anschließen. Der Menschenhandel großen Stils begann jedoch mit der »Entdeckung« Amerikas durch Christoph Columbus. Denn da die indianische Urbevölkerung entweder getötet, durch eingeschleppte Krankheiten geschwächt oder aber zur Sklavenarbeit ungeeignet war, herrschte akuter Mangel an Arbeitskräften. Menschen besaßen dabei den Wert von Waren, und nach diesem wurden sie beurteilt: »Wenn die Auskünfte, über die ich verfüge, zuverlässig sind«, notierte Columbus 1492 in sein Tagebuch,

> »könnte man, wie man mir sagt, viertausend Sklaven verkaufen, die einen Wert von 20 Millionen und mehr haben dürften. Auf der anderen Seite würden viertausend Doppelzentner Brasil ungefähr zum gleichen Preis weggehen, so daß man daraus, bei oberflächlicher Kalkulation, 40 Millionen herausziehen kann, wenn die Sache läuft«.[2]

Schließlich beauftragten die Spanier die in diesem Geschäft bereits bewanderten Portugiesen, ihnen afrikanische Arbeitskräfte zu beschaffen. Durch die französische, britische und holländische Inbesitznahme von Kolonien in Nordamerika und in der Karibik stieg der Bedarf an Arbeitskräften weiter an. Im 17. Jahrhundert übernahm dann England die führende Rolle im Sklavenhandel, die es fast 300 Jahre lang inne hatte. Über 60 Prozent des britischen und 40 Prozent des Weltsklavenhandels liefen über den Hafen von Liverpool.[3]

Um den steigenden Bedarf an Arbeitssklaven vor allem in Westindien und Jamaica zu befriedigen, gründeten die Briten eine »Königlich Afrikanische Compagnie«, die zwischen 1673 und 1711 etwa 90.000 Sklaven in Englands Kolonien lieferte.[4] Obwohl die »Königlich Afrikanische Compagnie« am Beginn des 18. Jahrhunderts den Sklavenhandel aufgab, versorgten andere britische Sklavenhändler die Kolonien weiter mit Sklaven. Zwischen 1700 und 1786 sollen es allein für Jamaika etwa 610.000 gewesen sein.[5] Insgesamt wird die Zahl der zwischen 1520 und 1850 nach Amerika gebrachten Sklaven auf 8–11 Millionen geschätzt, also ein Vielfaches der europäischen Einwanderer.[6]

Die Theorie vom Untermenschen

Um die Unterwerfung, Versklavung und Ausrottung ganzer Völker zu rechtfertigen, erfand der Europäer die Theorie vom Untermenschen, einem minderwertigen, in jeder Hinsicht tief stehenden und auch bösartigen Wesen, das von Glück sprechen konnte, mit den turmhoch überlegenen christlich-abendländischen Moralvorstellungen Bekanntschaft machen zu dürfen, und sei es um den Preis von Unterdrückung und Sklaverei. Die diesbezüglichen Stellungnahmen und Kommentare von Kolonialherren – und auch Frauen – lassen in ihrer Überheblichkeit und Arroganz etwas von der Einstellung ahnen, die der/die Europäer/in bis vor kurzem den versklavten eingeborenen Völkern entgegenbrachte. Denn diese waren in der allgemeinen Einschätzung nicht nur dumm, faul, kriecherisch und sittenlos, sondern darüber hinaus auch bedrohlich, weil natürlich die Gefahr bestand, daß Unterdrückte möglicherweise einen Aufstand gegen ihre Unterdrücker wagen. Sie waren ungepflegt, unordentlich, unmoralisch und hatten eine unangenehme Ausdünstung. Stefan von Kotze meint in seinem Buch »Ein afrikanischer Küstenbummel« aus dem Jahr 1911 unmißverständlich, daß der »Neger ... ein halbes Kind, die andere Hälfte ... Bestie« sei.[7] Und der ehemalige Kolonialbeamte Paul Rohrbach stellt in seinem Werk »Deutsche Kolonialwirtschaft« aus dem Jahr 1909 selbstherrlich fest, daß es

> »... ein Recht der Eingeborenen, welches nur um den Preis verwirklicht werden könne, daß die Entwicklung der weißen Rasse darüber an irgendeinem Punkte verkümmern müßte« nicht existiere.

Mit jenem exemplarischen Hochmut, durch den sich das europäische Bewußtsein ganz generell auszeichnete, meint er denn weiter:

> »Die Idee, daß die Bantus, die Sudanneger und die Hottentotten in Afrika ein Recht darauf hätten, nach ihrer eigenen Facon zu leben und zu sterben, selbst wenn darüber unzählige Existenzen bei den Kulturvölkern Europas in einem proletarischen Kümmerdasein stecken bleiben, anstatt daß sie durch eine Vollausnutzung der Produktionsfähigkeit unseres Kolonialbesitzes sowohl selbst zu einem reicheren Dasein emporsteigen, als auch den Gesamtbau der humanen und nationalen Wohlfahrt freier in die Höhe richten helfen (sei es in Afrika, sei es in Europa), diese Idee ist absurd ...«[8]

Die Eingeborenen hießen im deutschen Sprachgebrauch »Kanaken«, »Kaffern« oder »Hottentotten«, alles Ausdrücke, die mit Dummheit, Rückständigkeit, Primitivität und Untermenschentum assoziiert wurden. Wobei die wirkliche Tragik darin liegt, daß solche und ähnliche Ansichten von den Unterworfenen mit der Zeit übernommen und internalisiert wurden, daß sie also über kurz oder lang jenen Vorstellungen entsprachen, die man sich von ihnen machte. »Es ist der Rassist, der den Minderwertigen schafft«, meint der afroamerikanische Schriftsteller Frantz Fanon.[9] Kolonisierte und Sklaven, deren Selbstachtung zerstört, deren Kultur vernichtet wird, die aus ihrer Gemeinschaft, ihrem Lebenszusammenhang gerissen sind und denen oft sogar die eigene Sprache verwehrt wird, identifizieren sich mit den Wertmaßstäben ihrer Unterdrücker.

»Identifizierung mit dem Aggressor stellt die letzte Phase der Anpassung dar. Sie ist eine paradoxe Form der Selbstverteidigung. Überleben durch Selbstaufgabe; Schutz gegen den Feind durch Identifizierung mit ihm; Überwindung der Hilflosigkeit durch Regression in kindliche Abhängigkeit«,

schrieb Hilde Bluhm bereits 1948 im *American Journal of Psychotherapy*.[10]

Parallelen zur Frauenunterdrückung sind offenkundig. Auch Frauen wurde ihr Selbstwertgefühl, ihre Kultur, ihr Mitspracherecht in politischen, ökonomischen und gesellschaftlichen Angelegenheiten genommen, und auch sie haben ihre angebliche Minderwertigkeit häufig verinnerlicht. Einer eigenen Geschichte, eigene Symbolwerte, eigener Welterklärungen beraubt, übernehmen sie die Wertvorstellungen eines patriarchalen Systems nicht nur im Hinblick auf ihre Minderwertigkeit, sondern auch im Hinblick auf eine mögliche, wenn auch eingeschränkte Teilhabe an – männlicher – Macht.

Martha Mamozai hat gerade am Beispiel des Kolonialismus eindrucksvoll beschrieben, wie die Frauen der Kolonialherren jenes Quentchen an Macht, das ihnen in den Kolonien eingeräumt wurde, nutzten, und wie sie häufig genauso brutal und unterdrückerisch gegen die versklavten Eingeborenen vorgingen wie ihre Männer.[11] Und weil Frauen ihre Geschichte, ihre Kultur und damit verbunden auch ihre Identität in einem jahrtausendelangen Prozeß noch endgültiger ausgetrieben wurde als jedem unterdrückten Volk, weil Frauen außerdem mit ihren Unterdrückern Tisch und Bett teilen, mit ihnen gemeinsam Kinder haben und über diese Kinder erpreßbar sind, darum ist ihr Enteignungsprozeß auch noch gründlicher als bei unterworfenen Völkern, die zumindest Spuren einer eigenen Kultur bewahrt haben. Er ist so gründlich, daß er noch bis vor nicht allzulanger Zeit als normal betrachtet wurde, als Schicksal, als Gott-gegeben und »natürlich«. Daß Feministinnen sich in den letzten hundert Jahren daran machten, diesen Irrtum aufzuklären, mußte zu einer Bewußtseinsänderung führen, die noch lange nicht abgeschlossen ist.

Sklaverei bedeutet für Frauen doppelte Schmach

Nach Gerda Lerner haben Männer zuerst ihre eigenen Frauen unterworfen, dann Frauen besiegter Völker versklavt und schließlich auch Männer des Feindes in die Sklaverei gezwungen.[12] In diesem Zusammenhang ist auch interessant, sich die unterschiedliche Situation zu vergegenwärtigen, in der Frauen und Männer die Sklaverei erlebten. Denn da Frauen nicht nur Arbeits- sondern zusätzlich stets auch Sexualsklavinnen gewesen sind, mußte Sklaverei von ihnen als doppelte Schmach empfunden werden. Außerdem führte die Vergewaltigung der Frau nicht nur zu ihrer endgültigen Demütigung und Entehrung, sondern auch zur Entehrung ihrer Männer, die sich als unfähig erwiesen hatten, die sexuelle Reinheit ihrer Frauen zu schützen. Denn Vergewaltigung gilt in patriarchalen Gesellschaften nicht als ein der Frau zugefügtes Verbrechen, sondern als ein Eigentumsdelikt gegen den Herrn, dem sie gehört. Gewaltsame Schwängerung konnte außerdem dazu benutzt werden, Frauen durch ihre Kinder psychologisch an ihre Besitzer zu binden, woraus sich später die Institution des Konkubinats ableitete.

Männer hatten bald erkannt, daß Frauen nicht nur ungefährlicher waren als Männer, sondern daß sie sich, um ihre Kinder zu retten, auch eher bereit erklärten, ihre Versklavung zu ertragen. Während Männer meist am Schlachtfeld starben, wurden Frauen und Kinder gefangen genommen und in die Haushalte des Siegers eingegliedert. Nach Lerner ist die frühe Versklavung der Frau durch ihre sexuelle Unterwerfung bedingt, durch ihre Funktion als Tausch- und Kaufobjekt, das nicht mehr als gleichwertiges menschliches Wesen betrachtet wird, sondern als Instrument zur Festigung männlicher Macht- und Herrschaftsverhältnisse.

Der Einsatz von Sklavinnen nicht nur als Dienstleistungs- sondern auch als Sexualobjekt wurde zum Zeichen männlicher Dominanz über Frauen in allen historischen Epochen. Die Frauen der unteren sozialen Schichten hatten stets selbstverständlich ihrem Herrn zur sexuellen Verfügung zu stehen, wie etwa das bekannte »ius primae noctis«, das Recht der ersten Nacht, das dem Feudalherrn das Recht einräumte, die Brautnacht bei einer Leibeigenen zu verbringen, deutlich zeigt. Sexuelle Ausbeutung der farbigen Frau war – neben ihrer Ausbeutung als Arbeitssklavin – auch das erklärte Ziel aller europäischen Kolonialherren, und sie blieb bestehen, selbst als die Sklaverei schon abgeschafft war. Gegenwärtig erlebt sie durch den internationalen Frauenhandel eine neue Blüte, indem arme Frauen aus den Ländern der »Dritten Welt« und den ehemaligen Ostblockstaaten von Zuhältern und Betrügern aus der reichen »Ersten Welt« zur Prostitution gezwungen werden oder sich vielfach selbst prostituieren.

Auch Sklaverei, und damit im Zusammenhang die Unterjochung und Ausbeutung fremder Völker und Länder, wie sie im Kolonialismus den wahrscheinlich prägnantesten Ausdruck findet, ist also aus der Wurzel des Geschlechterkampfes zu erklären. In der einschlägigen Fachliteratur über Sklaverei und Kolonialismus wurde dieser Aspekt bislang ebenso wenig untersucht wie die unterschiedliche Situation, die sich für Sklave und Sklavin stellt. Erst in den letzten Jahren gingen feministische WissenschafterInnen daran, Frauengeschichte, Frauenarbeit und Frauenexistenz in der ihr zukommenden weltpolitischen Dimension zu sehen.

»Die Kolonialfrage ist eine Frauenfrage«

meint etwa die Soziologin Maria Mies, die jahrelang Forschungsprojekte über Probleme von Frauen in Indien durchführte und von 1979 bis 1981 als Leiterin des Studien- und Forschungsschwerpunktes »Women and Development« am Institute of Social Studies in Den Haag tätig war.[13] Sie bezieht sich dabei auf die Tatsache, daß Frauen vom Kolonialismus und seinen Auswirkungen nicht nur stets am stärksten betroffen waren und sind, sondern daß sie durch ihre schlecht bezahlte oder unbezahlte Arbeit auch dieses patriarchale, kapitalistische System ermöglichen und stützen.

Mies stellt in ihren interessanten Ausführungen eine Verbindung zwischen Kolonialismus und zunehmender Hausfrauisierung der europäischen und amerikanischen Frauen her, indem sie die These vertritt, daß einerseits die unbezahlte Hausfrau ein Ergebnis kolonialer Expansion darstellt, andererseits jedoch die Ideologie der Hausfrauenarbeit der Festigung und Ausweitung kapitalistischer Interessen dient.

Nur die koloniale Expansion – und ihre Fortsetzung in der Ausbeutung der Entwicklungsländer – hat es nach Mies dem weißen Mann ermöglicht, sich seine eigene »Kolonie«, nämlich eine Hausfrau zu halten. Konnte doch nur durch die damit verbundene wirtschaftliche Expansion den Männern ein Lohn ausbezahlt werden, der sowohl sie als auch ihre nicht arbeitenden Frauen ernährt.[14]

Noch im Mittelalter ist die Situation eine andere gewesen. Nicht nur Frauen aus bäuerlichen, sondern auch aus Handwerks- und Bürgerfamilien waren für die Produktion überlebenswichtiger Güter wie Nahrung, Kleidung sowie Gebrauchsgüter des täglichen Bedarfs zuständig und damit eingegliedert in den allgemeinen Produktionsbereich. Das änderte sich im Verlauf der Neuzeit, denn mit dem Aufkommen der Maschine wurde diese Arbeit der Frau überflüssig. Die Produzentin verwandelte sich in eine Konsumentin und geriet damit zunehmend in die Abhängigkeit des Mannes. Maria Mies stellt nun diese Entwicklung, die eine Folge zunehmender Industrialisierung war, in einen ursächlichen Zusammenhang mit der Eroberung und Ausbeutung anderer Länder und Völker, weil Industrialisierung und damit wirtschaftlicher Aufschwung und Reichtum Europas ohne Kolonien nicht möglich gewesen wäre.

»Natur, Frauen und die fremden Völker sind die Kolonien des weißen Mannes. Ohne deren Unterwerfung, ohne die Kolonisierung zum Zwecke der räuberischen Aneignung gäbe es die berühmte westliche Zivilisation nicht. Es gäbe nicht ihr Fortschrittsmodell, es gäbe vor allem nicht ihre Naturwissenschaften und ihre Technik.«[15]

Und ohne diesen Reichtum, so Mies weiter, den sich der weiße Herrenmensch durch Raub und Plünderung angeschafft hat, gäbe es auch nicht die weiße Hausfrau, die für die persönlichen Bedürfnisse des Mannes und für die Aufzucht und Erziehung der gemeinsamen Kinder sorgt, um dem Ehemann damit den reibungslosen Aufstieg zu beruflichem Erfolg zu sichern.

Der Begriff »Familie« wurde in Europa allerdings erst gegen Ende des 18. Jahrhunderts in bürgerlichen Kreisen populär, und erst um die Mitte des 19. Jahrhunderts von den Arbeitern und Bauern übernommen. Daß die Familie den unteren Schichten geradezu aufgezwungen werden mußte, beweisen die verschiedensten Gesetze wie etwa Aufhebung des bislang bestehenden Eheverbots für Besitzlose, Abtreibungsverbot und Kriminalisierung des sexuellen Verkehrs außerhalb der Ehe.

Mies zeigt die enge Verbindung, die zwischen der Propagierung von Familienideal, sittlicher, domestizierter Hausfrau, europäischer Expansion in Übersee und dem damit zusammenhängenden Kapitalismus besteht. Denn daß dieser für seine durch den Besitz von Kolonien angekurbelte Produktion einen neuen Frauentyp braucht, hat schon Malthus, einer der wichtigsten Theoretiker des aufsteigenden Bürgertums erkannt. Nicht von ungefähr entwirft er in seinen Schriften ein harmonisches Familienidyll, für das die brave, gezähmte Frau zuständig ist, die den Haushalt und die Kindererziehung im Alleingang zu übernehmen hat, um damit den Mann für seinen von Konkurrenz und Wettbewerb geprägten Existenzkampf »draußen« in der feindlichen Welt frei zu stellen. Doch sollte dieses Ideal nicht nur für das Bürgertum, sondern auch für die Arbeiterschaft Geltung haben. Auch die Frauen des Proletariats sollten dem Hausfrauenideal entsprechen und viele, vor allem aber gesunde Kinder bekommen, um mit genügend Arbeitskräften – und Soldaten – den Fortschritt des kapitalistischen, patriarchalen Staates zu sichern. Eine Rechnung, die allerdings nicht aufgegangen ist, weil gerade dadurch die Möglichkeit einer geschlechtlichen Arbeitsteilung nicht einmal thematisiert wurde und die durch Lohnarbeit, unerträgliche Arbeitsbedingungen und zusätzliche Hausarbeit ausgebeutete Frau keinen gesunden Nachwuchs zur Welt bringen konnte, weshalb diese Art der Fortpflanzung dann im späten 19. und beginnenden 20. Jahrhundert wieder unerwünscht war.[16] Denn die »kleine Kolonie« (Maria Mies) die sich schließlich auch der kleine Mann mit seiner Hausfrau schaffen wollte, war das propagierte – männliche – Wunschbild, dem die Wirklichkeit keinesfalls entsprach. Was sich der Bürger »leisten« konnte, und was allmählich auch zum Statussymbol geriet (nur die nicht-arbeitende Frau war herzeigbar und qualifizierte Berufe waren aus diesem Grund bürgerlichen Frauen im 18. und 19. Jahrhundert größtenteils verwehrt) blieb für die unteren sozialen Schichten mehr Wunschbild als Realität.

Auch die Sozialdemokratie befürwortete den Kolonialismus

Auch Sozialdemokraten war einsichtig, daß eine umfassende Industrialisierung Europas, und damit ein ausreichender Lohn für den Arbeiter ohne Kolonien nicht möglich gewesen wäre. Auch sie waren überzeugt von dem Auftrag der europäischen »Kulturvölker« gegenüber den »minderwertigen« und »primitiven« Rassen. Abgelehnt wurden Gewalt und Brutalität, nicht jedoch die europäische Expansion.

So schrieb Bernstein, einer der führenden Köpfe des »revisionistischen« Flügels der SPD im Jahre 1896 in der *Neuen Zeit*:

> »Wir werden bestimmte Methoden der Unterwerfung von Wilden verurteilen, aber nicht, daß man Wilde unterwirft und ihnen gegenüber das Recht der höheren Kultur geltend macht.«[17]

Und auf dem Sozialistenkongreß in Amsterdam meinte der Sozialdemokrat van Kohl:

> »Man könne doch nicht die Hälfte des Erdballs der Willkür von Völkern überlassen, die sich noch in ihrem Kindheitsstadium befänden, die die enormen Bodenschätze unberührt und die fruchtbarsten Teile unseres Planeten unbebaut ließen. Die koloniale Eroberung ... und die Inbesitznahme fremder Länder seien die unumgängliche Folge der natürlichen, expansiven Bedürfnisse der fortgeschrittenen Industriegesellschaften.«[18]

Der Widerspruch, daß der Sozialismus einerseits Fürsprecher für alle Ausgebeuteten und Unterdrückten sein will, sich andererseits aber auf der Ausbeutung anderer Länder, Völker oder Gruppen gründet, wurde (und wird) nicht thematisiert. Auch sozialdemokratische Frauen schlossen sich vielfach der Ansicht von der Notwendigkeit kolonialer Besitztümer an. So wie Marie Juchaz, Gründerin der Arbeiterwohlfahrt nach dem Ersten Weltkrieg:

> »Auch in unseren Reihen rang sich der Gedanke durch, daß ein siebzig-Millionen-Volk mit starker industrieller Entwicklung Kolonien braucht, in denen nach Gesetzen politischer Klugheit, menschlicher Gerechtigkeit und Humanität regiert und gewirtschaftet werde. Als Glieder des deutschen Volkes, als Mütter der kommenden deutschen Generation dürfen die deutschen Frauen nicht gleichgültig bleiben, wenn ein wesentliches Gebiet menschlicher Arbeit und menschlichen Glücks, wie es die Kolonisation darstellt, uns abgesperrt werden soll. Es handelt sich hier um Leben und Zukunft unseres Volkes, unserer Kinder.«[19]

Daß eigenes Glück und das Glück der eigenen Kinder auf dem Unglück anderer Frauen und Kinder beruht, bleibt in diesem Appell an die weißen, europäischen Mütter als Produzentinnen kommender Generationen ausgespart.

Auch der Sozialdemokratie lag also an der Durchsetzung eines Familienmodells im Dienste kapitalistischer Interessen. Die Ansicht, daß die Frau ins Heim und nicht an den außerhäuslichen Arbeitsplatz gehört, wurde von der Arbeiterbewegung bis zum Ende des 19. Jahrhunderts vertreten. Selbst radikale Anhänger der Bewegung wie August Bebel, Clara Zetkin und auch Karl Marx, die gegen den »proletarischen Antifeminismus« ankämpften, hielten gleichzeitig am Idealbild einer ordentlichen Familie fest und betonten die Pflichten der Frau als Mutter und Gattin. Karl Marx selbst führte ein ausgesprochen patriarchales Familienleben, in dem er nicht nur seine Frau Jenny, sondern auch die Töchter seiner selbstverständlichen Verfügungsgewalt unterwarf.[20]

Die christlich-patriarchale Herrschaft verschlechterte die Situation der farbigen Frau

Während also der weiße Mann die eigene, weiße Frau in die Kernfamilie einschloß und zum Gebären möglichst vieler Kinder so wie zur unbezahlten Hausarbeit verpflichtete, vertrat er gegenüber den Frauen der kolonisierten Völker ein völlig anderes Wertesystem. Es war diktiert von jener Kosten/Nutzen-Rechnung, die das gesamte Verhalten des weißen Herrenmenschen gegenüber den unterjochten farbigen Völkern bestimmte. So etwa wurde es lange Zeit den Sklavinnen in der Karibik verboten, zu heiraten oder Kinder zu bekommen, weil die Einfuhr von Sklaven billiger war als die Aufzucht von Sklavenkindern. Schwangere Sklavinnen wurden bestraft und mißhandelt. Als jedoch gegen Ende des

18. Jahrhunderts der Sklavenhandel nicht mehr gewinnbringend war, setzten sich die »fortschrittlichen« Kreise des britischen Bürgertums für die Abschaffung des Sklavenhandels ein und versuchten gleichzeitig, die Frauen der eigenen Kolonien zur Kinderproduktion zu motivieren. Denn inzwischen war der Arbeitskräftemangel so akut geworden, daß in Kuba regelrechte »Zuchtfarmen« entstanden, und Sklavenzucht zu einem profitablen Geschäft wurde.[21] Auch in den USA erhielten in den Jahren vor dem Bürgerkrieg fortpflanzungsfreudige versklavte Frauen spezielle Prämien. Was allerdings keinesfalls eine Aufwertung der schwarzen Mutter bedeutete. Sie war lediglich als Produzentin von Arbeitssklaven geschätzt, ihre Kinder konnten ihr bei Bedarf jederzeit weggenommen werden.[22] Schwangere Frauen hatten auch jetzt keine Schonung zu erwarten. Sie mußten nicht nur die normale Feldarbeit verrichten, sondern wurden auch ausgepeitscht, wenn sie ihr tägliches Pensum nicht erfüllten.[23]

Um dem durch das grauenvolle Gemetzel an dem Volk der Herero eingetretenen drastischen Mangel an Arbeitskräften in der Kolonie Deutsch-Südwestafrika zu begegnen,[24] versuchten die Farmer verzweifelt, die Herero-Frauen durch diverse Belohnungen zu mehr Geburten anzuregen. Mit wenig Erfolg, denn diese waren in einen Gebärstreik getreten, um ihren Kindern das Los der Sklaverei zu ersparen. Auch in Kamerun war der Arbeitskräftemangel so drastisch, daß ein Mitglied der Familie Woermann, die zahlreiche Handelsniederlassungen auf afrikanischem Boden besaß, einen Wettbewerb für Vorschläge zur Steigerung der Geburtenrate ausschreiben ließ, wobei für die beste Studie ein Preis von 6.000 Mark festgesetzt wurde.[25] Schließlich versuchten Kolonisatoren und Missionare die versklavten Völker der Karibik für die monogame Ehe zu gewinnen, um damit nach europäischem Muster die Menschenproduktion anzukurbeln. Aber auch diese Bemühungen stießen vorerst auf Widerstand, weil sowohl Frauen als auch Männer ihre »wilden Ehen« bevorzugten, die es jeder Frau und jedem Mann gestatteten, mit dem Partner/der Partnerin solange zusammenzuleben, wie sie wollten. Dieses Verhalten nach Gewohnheitsrecht, das auf eine gewisse Gleichstellung der Geschlechter schließen läßt, fanden Kolonisatoren und christliche Missionare nicht nur höchst unsittlich und daher schockierend, sondern es bewies ihrer Meinung nach auch eine ausgesprochene Primitivität und Rückständigkeit. Offen geäußert wurde diese Ansicht von einem gewissen Fielding Hall, der in den Jahren 1887–1891 politischer Beamter in der britischen Kolonialadministration in Burma war und sich in seinem Werk »A People at School« über die Freiheiten der burmesischen Frau empört:

»Männer und Frauen sind in Burma noch nicht genügend unterschieden. Das ist das Merkmal einer jungen Rasse. Völkerkundler erklären uns dies. Bei den ältesten Völkern war der Unterschied sehr klein. Im Maße, wie eine Rasse älter wird, vergrößert sich dieser Unterschied ... Die erfolgreichen Nationen sind nicht weibliche, sondern männliche Nationen. Der Einfluß der Frau ist gut, wenn er nicht zu weit geht. Doch hier hat er es getan. Das war schlecht für den Mann und auch schlecht für die Frau. Es ist für Frauen nie gut gewesen, unabhängig zu sein, es hat sie vieler Tugenden beraubt ...«

Mister Fielding Hall spart auch nicht mit Ratschlägen, wie die Frau der kolonialisierten Völker gezähmt werden kann: Wenn sie, so meint er, ihre wirtschaftliche Unabhängigkeit verloren habe, sei es ein Leichtes, sie in den monogamen Ehestand und damit in die Abhängigkeit des Mannes zu zwingen:

»Mit der Macht der Unabhängigkeit wird auch ihr freier Wille und ihr Einfluß verschwinden. Wenn sie von einem Mann abhängig ist, kann sie ihm nicht länger Vorschriften machen. Wenn er sie ernährt, wird sie ihre Stimme nicht mehr so laut gegen seine erheben. Es ist unvermeidlich, daß sie sich zurückziehen muß.«

Selten sind Unterdrückungsstrategien gegen Frauen offener geäußert worden. Aber Fielding Hall möchte das burmesische Volk auch noch auf eine andere Art und Weise mit den Segnungen der europäischen Zivilisation bekannt machen. So etwa ist ihm die friedliebende Natur der Eingeborenen ein Dorn im Auge, er setzt sie mit Krankheit gleich:

»Was für einen kranken Körper das Messer des Chirurgen, ist für die kranken Nationen das Schwert des Soldaten.«

Um zu gesunden, müssen die Männer das Töten lernen, denn die britischen Kolonialisten brauchen Soldaten:

»Ich kann mir vorstellen, daß nichts den Burmesen so gut tun könnte, als ein eigenes Regiment zu haben, um sich in unseren Kriegen hervorzutun. Es würde ihre Augen für die neuen Ansichten des Lebens öffnen«. Denn »... das Evangelium von Fortschritt, Wissen und Glück ... kann nicht mit Buch und Predigt, sondern muß durch Speer und Schwert gelehrt werden ... Zu erklären, wie der Buddhismus dies tut, daß Tapferkeit keine Rolle spielt; ihnen zu sagen, wie die Frauen es taten, ihr seid nicht besser und nicht mehr als wir und wir sollten deshalb das gleiche Lebensgesetz haben; könnte irgendetwas schlimmer sein?«[26]

Hier ist ungeschminkt und brutal zusammengefaßt, was der abendländische Geist unter »Fortschritt, Wissen und Glück« verstand und wie diese Vorstellungen durchgesetzt werden sollten, nämlich durch Krieg, Unterwerfung und Gewalt. Wie wenig segensreich sich jedoch im allgemeinen das christlich-patriarchale Gedankengut des Europäers vornehmlich für die Frauen der unterjochten Völker erwies, läßt sich auch am Beispiel Afrikas demonstrieren. Hier wurden die sogenannten Signares, die Frauen von Händlern im Senegal des 18. Jahrhunderts, die in der vor-kolonialen westafrikanischen Gesellschaft einen hohen Rang einnahmen und noch von den Portugiesen und Franzosen wegen ihres Reichtums, ihrer Anmut, Würde und hohen Bildung gerühmt wurden, von den nach-folgenden Briten zu armen, käuflichen und verächtlichen Prostituierten herabgewürdigt. Denn da die Briten keine eingeborenen Frauen mehr heirateten, wie dies noch bei den Portugiesen und Franzosen üblich gewesen war, sondern vermehrt die eigenen, weißen Frauen nachkom-men ließen, blieb der farbigen Frau häufig nur der Weg in die Prostitu-tion.[27] Eine Entwicklung, die sich in den kolonialisierten Ländern ganz allgemein vollzog. Auch in der deutschen Kolonie Südwestafrika waren die Männer ursprünglich Ehen mit eingeborenen Frauen eingegangen, die wegen ihrer oft reichen Mitgift an Land und Vieh durchaus begehrt und geachtet waren. Im Jahre 1905 wurde jedoch ein Gesetz erlassen, das die Ehe zwischen europäischen Männern und afrikanischen Frauen verbot. Begann doch die weiße Rasse um ihre Herrschaftsrechte zu bangen, die sie durch die vielen Mischlingskinder bedroht sah. Als Pro-stituierte hingegen war die farbige Frau noch immer gefragt, konnte sie als solche dem weißen Mann doch etliche Vorteile bieten, wie der Ver-treter des Deutschen Reiches in Kamerun, Dr. Max Bucher, unmißver-ständlich feststellte:

»Was aber den freien Umgang mit den Töchtern des Landes betrifft, so ist darin mehr eine Förderung als eine Schädigung der Gesundheit zu erblicken. Das ewig Weibliche ist auch unter der dunklen Haut ein vortrefflicher Fetisch gegen die Verkümmerung des Gemütes, der man in afrikanischer Einsamkeit so leicht verfällt. Außer diesem seelischen Werte kommen aber auch in der-selben Angelegenheit noch praktische Vorteile der persönlichen Sicherheit in Betracht. Eine intime schwarze Freundin zu haben schützt vor manchen Gefahren.«[28]

Die Demoralisierung der eingeborenen Frauen ließ sich unter diesen Umständen nicht mehr aufhalten. Bald wurden sie nicht nur zur Prosti-tution oder in das Konkubinat gezwungen, sondern erklärten sich unter dem Druck der Verhältnisse freiwillig dazu bereit. Und das war dann häufig der Zeitpunkt, an dem sich die Missionare entrüstet, schockiert oder auch voll Mitleid der gefallenen Frauen annahmen, um sie an die eigene, christliche Brust zu drücken. Es ist jener uralte Prozeß, der sich nach gewalttätigen Eroberungen ständig wiederholt: Zuerst wird ein

Volk, eine Rasse, eine Klasse oder auch ein Geschlecht erniedrigt, ge- demütigt und als minderwertig erklärt, und dann werden die unter dem Zustand der Unterdrückung tatsächlich herausgebildeten und verinner- lichten minderwertigen Eigenschaften als Beweis für die Richtigkeit der eigenen Annahme herangezogen.

Die doppelte Moral des weißen Mannes

Die doppelte Moralvorstellung, die bei der Beurteilung eingeborener und eigener, weißer Frauen wirksam wurde, paßte in das patriarchale Konzept. Die tugendhafte, sittsame weiße (Ehe-)Frau hatte weiße Kinder zu ge- bären, um den weißen Herrschaftsanspruch zu perpetuieren. Die farbige Frau sollte als Prostituierte demselben Zweck dienen. Ein tragendes Mo- tiv war auch hier der Profit. So etwa wurde die Prostitution zu Beginn unseres Jahrhunderts in Sumatra gefördert, weil damals verheiratete Ar- beiter als zu teuer galten. Als dann beinahe die Hälfte der Arbeiterinnen in Nord-Sumatra wegen zunehmender Geschlechtskrankheiten auf Ko- sten der Kolonialgesellschaft in Spitälern behandelt werden mußte, wurde plötzlich die Ehe mitsamt dem dazugehörenden Frauenbild propagiert.[29] Frauen, die zuvor als Wanderarbeiterinnen härteste Arbeit verrichtet hatten, wurden mit einem Mal als hinfällig und schwach beschrieben, weshalb sie auf den Schutz eines Ehemannes angewiesen waren. Wegen Schwangerschaft und Geburt schienen sie nur für Gelegenheitsarbeit ge- eignet, was wiederum die Notwendigkeit eines geringen Lohnes zu recht- fertigen schien. Derartige Entwicklungen sind auch Frauen am europä- ischen Kontinent bekannt. Sie richten sich nach der jeweiligen wirtschaft- lichen Lage und treten vor allem in Zeiten der Rezession in Erscheinung. Während der zwei Weltkriege nahm niemand daran Anstoß, wenn här- teste Männerarbeit von Frauen verrichtet wurde, das erschien im Gegen- teil als ihre Pflicht. Nach Kriegsende jedoch war neuerlich das Ideal vom Heimchen am Herd aktuell, dem sich Frauen zu fügen hatten.

Die sexuelle Unterwerfung der kolonisierten Frau durch den weißen Mann hat weitreichende Folgen: Sie dient auch der Demütigung und Unterwerfung des kolonisierten Mannes. »Der Große Weiße Mann«, meint Maria Mies,

»zeigt dem kleinen braunen und schwarzen Mann: Wer Herr über das Land ist, ist Herr über die Frauen des Landes. Er errichtete seine kapitalistisch-pa- triarchalische Ordnung auf der Vergewaltigung des Landes und der Frauen. Damit ›entmannte‹ er die Männer des Landes ...«

Sie sieht die endgültige Herrschaft der weißen Kolonisatoren über die unterworfenen Männer

> »in ihren sexuellen Phantasien über die Vergewaltigung der unterworfenen Frauen. Umgekehrt aber besteht in den Sexualphantasien der kolonisierten Männer der letzte Racheakt gegen die weißen Unterdrücker darin, daß er seine weiße Frau vergewaltigt. Rassismus und Faschismus haben ihre tiefste psychologische Wurzel in diesen Sexualphantasien der Männer, sowohl der der weißen Herrenmenschen als auch der unterdrückter Männer«.[30]

Wiederum ergeben sich die eigentlichen, tieferen Ursachen für Unterdrückung, Gewalt und Krieg aus einem jahrtausendealten, unbewältigten Geschlechterverhältnis, deren Folgen vornehmlich Frauen zu tragen haben. Denn ihre Unterwerfung dient nicht nur den patriarchalen Herrschaftsinteressen erobernder Völker, sondern sie dient auch der Verbesserung beziehungsweise Wiederherstellung des zerstörten Selbstbewußtseins der eigenen, gedemütigten Männer. Wie in sogenannten Entwicklungsländern häufig zu beobachten ist, beantworten Männer Demütigungen, die ihnen vom Westen zugefügt werden, sehr oft mit Restriktionen gegen ihre eigenen Frauen. Eine Rückwirkung, die besonders in islamischen Ländern deutlich wird, im Iran ebenso wie im Irak, in Algerien oder in Afghanistan. Das gedemütigte männliche Selbstbewußtsein vermag sich hier nur noch am noch tiefer gedemütigten weiblichen Selbstbewußtsein aufzurichten.

»Mehr denn je« schreibt die marokkanische Soziologin Fatima Mernisse nach dem Schock des Golfkriegs 1991

> »... werden diese Herren ... nach dem Schleier schreien. Sie brauchen ihn ... Sie müssen die Wunden verhüllen, welche die nächtlichen Bomben seit dem 16. Januar angerichtet haben ... Mehr denn je werden sie nun die verschleierten Frauen benötigen, um zu verbergen, wie nackt sie dastehen ... Jetzt werden alle arabischen Regime fundamentalistisch werden ...«[31]

Während die Männer der sogenannten Dritten Welt das Fortschritts- und Entwicklungsmodell einer westlichen Gesellschaft durchaus übernommen haben, hüllen sie ihre eigenen Frauen in den Tschador und machen sie zu Trägerinnen einer zu bewahrenden Tradition. Wobei der Haß der Fundamentalisten vornehmlich eine schmale, gebildete und beruflich selbständige, weibliche Elite trifft, die als »verwestlicht«, als »Verräterinnen der alten Werte« und »Verbündete des feindlichen Westens« beschimpft werden.

Das Eindringen westlichen Gedankenguts und westlicher Wirtschaftssysteme und die damit verbundene Zerstörung einer eigenständigen

Kultur bei den ehemaligen Kolonialländern hat also nicht zu einer Aufwertung der Frau geführt, wie vielfach angenommen, sondern es hat im Gegenteil die Ungleichheit zwischen den Geschlechtern noch verstärkt.

Frauen als Mittäterinnen

Frauen sind in der gesamten Geschichte des Patriarchats nicht nur die Ausgebeuteten und Unterdrückten gewesen, sie haben sich dort, wo ihnen die Möglichkeit eingeräumt wurde und wird, auch an der Machtausübung nach geltenden patriarchalen Regeln beteiligt. Das zeigt sich besonders anschaulich am Beispiel des Kolonialismus, den Frauen mit all seinen rassistischen Unterdrückungsmethoden meist genauso vertreten haben wie Männer. Glücklich, ihrer gesellschaftlichen und wirtschaftlichen Misere in den europäischen Mutterländern entronnen zu sein, waren fast alle diese ehemaligen Köchinnen, Dienstboten oder Kindermädchen, die allmählich in größerer Zahl in die Kolonien verschifft wurden, bereit, die bestehenden rassistischen und nationalistischen Ansichten zu übernehmen, die von der Vorstellung einer dummen, unterwürfigen, wenn auch häufig gutmütigen, auf jeden Fall aber faulen und sittenlosen Urbevölkerung geprägt waren, die dringend der europäischen Anleitung, Zucht und Erziehung bedarf.

So etwa beschreibt die Rot-Kreuz-Helferin Johanna Wittum 1899 in ihrem Buch »Unterm Roten Kreuz in Kamerun und Togo« die einheimische Bevölkerung als:

»gutmütig und fröhlich, dienstfertig und anstellig ... aber auch träge und eitel, diebisch, gefräßig und trunksüchtig«.[32]

Und die Missionarsfrau Hedwig Irle meint, daß das Volk der Herero zwar »gutmütig, freundlich und sehr gastfrei, sogar gegen die Weißen« sei, gleichzeitig jedoch auch

»so wenig liebenswert wie die anderen Eingeborenen Südwestafrikas, sie sind hochmütig, voll Lug und Trug, bettelhaft, schmutzig und faul«.[33]

Vermittelt wurden die Frauen durch speziell zu diesem Zweck gegründete Gesellschaften. In Deutschland waren dies der von Adda von Liliencron 1909 ins Leben gerufene »Frauenbund der Deutschen Kolonialgesellschaft« und der »Deutsche Frauenverein vom Roten Kreuz für die Kolonien«. Für die wenigen Frauen aus bessergestellten gesellschaftlichen Kreisen hingegen, die sich für das Leben in Kolonien entschlossen hatten, gab es eigene Schulen, in denen sie auf ihr künftiges Leben in den Kolonien vorbereitet wurden. Die Richtlinien, die dabei zu beachten waren, vermitteln komprimiert das Idealbild der deutschen Hausfrau und Mutter, wie es zur Durchsetzung kolonialer Herrschaft notwendig schien:

> »Nicht in freiem, burschikosem Wesen soll ihre (der Frau) Tatkraft sich äußern, sondern in echter Weiblichkeit soll sie dem neuen Deutschland über dem Meere den Stempel ihrer Wesensart aufdrücken, nicht bloß streben und arbeiten soll sie draußen, sondern sie soll sein, beseelt vom Geiste echten Christentums, die Hohepriesterin deutscher Zucht und Sitte, die Trägerin deutscher Kultur, ein Segen dem fernen Lande: deutsche Frauen, deutsche Ehre, deutsche Treue überm Meere«,[34]

beschreibt Gräfin Zeck, Leiterin der Kolonialfrauenschule in Witzhausen mit nicht geringem Pathos die Tugenden der deutschen Kolonialfrau.

Eine besondere Aufgabe hatten in diesem Zusammenhang die Missionarsfrauen zu erfüllen. Sie sollten insbesondere beispielgebend eine christliche Ehe vorleben, und die Eingeborenen auch in diesem Sinne umerziehen, was, wie bereits erwähnt, auf Hindernisse stieß. Die Bekämpfung der »Unsittlichkeit« der Urbevölkerung gestaltete sich daher zu einem besonderen Problem. Die Missionarin Maria Heyde, die mit ihrem Mann zusammen in der zweiten Hälfte des 19. Jahrhunderts fast 40 Jahre die Tibeter missionierte, bezeichnete »Sittenlosigkeit« als »Hauptlaster« der Tibeter. »Unbescholtenheit der Unverheirateten ist überhaupt nicht vorhanden, Ehebruch an der Tagesordnung«, notierte sie empört und schockiert in ihr Tagebuch.[35] Maria Heyde versuchte neben dem christlichen Eheideal den tibetischen Frauen auch noch das Stricken beizubringen, und zwar nicht nur für den persönlichen Bedarf, sondern als Gelderwerb. An dem Schaden, den die Einführung des Geldes in eine durch Gütertausch geprägte Gesellschaft angerichtet hat, waren Missionare maßgeblich beteiligt. Denn um an das nun immer wichtiger werdende Geld heranzukommen, mußten sich die Eingeborenen bei den Weißen als Lohnarbeiter verdingen. Geld war auch nötig, um den Kindern einen Schulunterricht zu ermöglichen, der die letzten Reste einer angestammten Tradition zerstörte, um statt dessen europäische Kultur und Moral zu vermitteln.

Aber Frauen waren nicht nur in der Umerziehung der Eingeborenen aktiv, sondern sie waren auch an deren Mißhandlungen beteiligt. Als sich ein Ludwig Cramer 1912 vor einem deutschen Gericht für die entsetzlichen Quälereien an seiner Dienerschaft verantworten mußte, war auch seine Frau Ada als Assistentin angeklagt. Unter den Verletzten – hauptsächlich Frauen – sind einige ganz offensichtlich an den Folgen der brutalen Prügeleien gestorben. Eine der Frauen erlitt außerdem eine Fehlgeburt. Ein wirklicher Zusammenhang zwischen den Mißhandlungen und dem Tod der Opfer konnte nach Aussagen des Gerichts jedoch nicht »bewiesen« werden. Ada Cramer, die im Verlauf des Prozesses nicht das geringste Mitleid zeigte, hatte den Frauen die Kleider zerschnitten, damit ihr Mann besser zuschlagen konnte. Und in einer Verteidigungsschrift, die sie später veröffentlichte, stellte sie fest:

> »Wäre ich ein Mann gewesen, hätte ich die ganzen Weiber über den Haufen geschossen.«[36]

Prügel für die Dienerschaft, soferne sie nicht zum Tode führten, wurden häufig als notwendiges und erlaubtes Erziehungsmittel angesehen, an dem sich durchaus auch Frauen beteiligten. Eine Margarethe von Ekkenbrecher, geborene Hopfer, gesteht ein, daß sie gelegentlich – vor allem in Abwesenheit des Ehemannes – zur Peitsche griff, auch wenn dies »selten« gewesen sei. Clara Brockmann, von der uns mehrere Veröffentlichungen über das Leben deutscher Kolonialfrauen erhalten sind, bedauert, daß Schläge ein »Vorrecht« für eingeborene Männer gewesen seien. Für Maria Karow waren »die Eingeborenen nur durch Prügel« zu bändigen, und Erika Busse-Lange, die ebenfalls mit einschlägigen Publikationen an die Öffentlichkeit trat, gibt zu, auch »sacksiedegrob« gewesen zu sein.[37]

Daß es auch – wenngleich vereinzelt – Frauen gab, die Dienstboten eigenhändig ermordeten,[40] vervollständigt das Bild von Frauen, die den Wertvorstellungen der Männer keine Alternativen entgegenzusetzen hatten. Sie paßten sich den Umständen an, übernahmen den männlichen Moralkodex und benahmen sich häufig, sofern sich die Gelegenheit dazu ergab, ähnlich wie der Ehemann. Womit sie lediglich ein weiteres, anschauliches Beispiel für die Situation von Unterworfenen liefern, die ganz generell den Wertekatalog ihrer Unterdrücker zu übernehmen pflegen.

Dieser »gezähmten« Frau europäischer Machart stand die vielfach noch ungezähmte, »wilde« Frau der Eingeborenen gegenüber, die sich nicht nur gegenüber den eigenen Männern mehr Eigenständigkeit bewahrt hatte, sondern auch gegenüber ihren Kolonialherren und -frauen Widerstand leistete: durch die verschiedensten Formen der Arbeitsverweigerung etwa, des Streiks und einer oft auch handgreiflichen Auflehnung gegen ihre Herrinnen, die zu häufigen Klagen Anlaß gab. Die wirksamste Widerstandswaffe aber war wohl der Gebärstreik der kolonialisierten Frauen, durch den sie ihren Herren die Verfügung über ihre Reproduk-

tionsfähigkeit entzogen, und damit infolge des akuten Arbeitskräfteman-
gels in arge Bedrängnis brachten.[38]

Sogar am bewaffneten Widerstand ihrer Männer haben sich die eingeborenen Frauen beteiligt, wie etwa bei jenem Aufstand in der deutschen Kolonie in Duala, Kamerun, der sich gegen den grausamen Gou-
verneursbeamten Leist richtete. Leist hatte zahlreiche Frauen nicht nur
zu Arbeitssklavinnen gemacht, sondern sie auch zur Prostitution gezwungen. Schließlich ließ er sie noch bei Arbeitsverweigerung auspeit-
schen, wobei er ihre Männer zwang, zuzusehen. An der darauf folgenden
Revolte waren neben 65 Männer auch 46 Frauen beteiligt, sie wurde mit
großer Ausdauer geführt, bevor sie nach acht Tagen blutig niedergeschla-
gen werden konnte.[39] Aber auch die Frauen der Herero ebenso wie jene
der Nama in der Kolonie Südwestafrika kämpften an der Seite ihrer
Männer gegen die Deutschen. Und in Massachusetts, New York und
Maryland gab es in den Jahren 1681 bis 1800 zahlreiche Aufstände, die
von Frauen angeführt wurden.[40]

Die weiße Kolonialfrau, vornehmlich zu Tugendhaftigkeit, Ordnung
und dem Gebären vieler – weißer – Kinder erzogen, mußte dieses Verhalten der farbigen Geschlechtsgenossin als Herausforderung empfinden. Sie hat, wie Martha Mamozai in ihren Analysen ausführt, in keinem
positiven Sinn die Konsequenzen daraus gezogen, nicht über ihre eigene
Situation, ihr eigenes, verkümmertes Menschsein nachgedacht. Statt
dessen hat sie getan, was Frauen in der Geschichte des Patriarchats stets
taten: Sie hat im Kampf um die Gunst des Mannes, des Trägers von
Einfluß und Macht, ihre eigenen Verletzungen, ihre Demütigungen, Verkrüppelungen und Beschädigungen auf ebenfalls unterdrückte Schwestern abgeladen, und damit – ganz im Sinne patriarchaler Herrschaft, der
es immer um das gegenseitige Ausspielen von Frauen ging – eine Solidarität unter Frauen weitgehend verhindert. Daran ändern auch die Ausnahmen, die es sicherlich gegeben hat, im Grunde wenig. Radikale
Frauen im Mutterland wie Anita Augspurg, Lida G. Heymann, Anna
Papritz, Katharina Scheven und andere haben sich stets nicht nur gegen
den Kolonialismus ausgesprochen, sondern auch gegen die spezielle
Ausbeutung der kolonisierten Frauen. In einem 1898/99 gegründeten
Zweigverein der »Internationalen Abolitionistischen Föderation« wurde
insbesondere der internationale Frauenhandel auf das schärfste verurteilt, etliche Frauenzeitschriften berichteten über das soziale Elend im
Gefolge von Frauenhandel und Prostitution, und auch im Chinakonflikt
des Jahres 1901 wandten sich radikale Frauen des »Verbandes fort-
schrittlicher Frauenvereine« gegen die gewaltsame Schändung und sexuelle Mißhandlung wehrloser Chinesinnen durch europäische Soldaten.

78

Ebenso sprach sich der »Deutsche Frauenverein vom Roten Kreuz für die Kolonien« gegen die entwürdigenden medizinischen Zwangsuntersuchungen aller afrikanischen Frauen in Sammel- und Gefangenenlagern zwecks Kontrolle der grassierenden Syphilis aus und hatte dabei insoferne Erfolg, als diese entehrende Prozedur zumindest eingeschränkt wurde. Schließlich darf auch noch angenommen werden, daß es Solidaritätsbekundungen deutscher Frauen im Reich mit Frauen der Kolonialvölker gegen Prügelstrafen gegeben hat.[41] Doch handelt es sich dabei sicherlich um eine radikale Minderheit. Die weiße Mittelschichtsfrau unterschied sich im Hinblick auf Rassismus und Sexismus wenig vom weißen Mittelschichtsmann. Ohne ein eigenes, weibliches Weltbild, ohne tragende Alternativen, ohne entsprechende Gegenpositionen, wie sie heute der Feminismus auszuarbeiten beginnt, hatte sie den herrschenden Ansichten wenig entgegenzusetzen. Ein selbstkritischer Feminismus muß sich auch damit auseinandersetzen.

3.3 Rassismus, Sexismus – Feminismus

Auch Rassismus ist eine unmittelbare Folge patriarchaler Herrschaft, es gibt ihn seit es Kriege, Sklaverei, Hierarchie und Klassen gibt.

> »Der Rassismus ist die verallgemeinerte und verabsolutierte Wertung tatsächlicher oder fiktiver Unterschiede zum Nutzen des Anklägers und zum Schaden des Opfers, mit der seine Privilegien oder seine Aggressionen gerechtfertigt werden sollen.«[1]

So lautet die klassische Definition von Albert Memmi. Nicht das Hervorheben von Unterschieden macht also einen Menschen zum Rassisten, sondern die Wertung, die damit verbunden ist. Dem Rassisten geht es darum, den anderen zu stigmatisieren, um sich selbst aufzuwerten. Er fühlt sich durch die Existenz biologischer Unterschiede, die stets negativ bewertet werden, zur Vorherrschaft berufen. Rassismus ist eine Manifestierung von Herrschaft, sein Ziel ist Vorherrschaft durch Unterdrückung und Abwertung der Anderen.

Die Parallelen von Rassismus und Sexismus wurden Frauen früh bewußt. Nicht zufällig schlossen sich der Anti-Sklaverei-Bewegung, die sich in der ersten Hälfte des 19. Jahrhunderts in den USA gebildet hatte, so auffallend viele Frauen an. Empfand doch so manche von ihnen das eigene Schicksal ähnlich jenem der Sklaven, und zwar sowohl die in die Ehe eingeschlossene bürgerliche Mittelstandsfrau als auch die ausgebeutete Arbeiterin. Immerhin konnten noch gegen Ende des 17. Jahrhunderts in Maryland »freigeborene« Engländerinnen, die Schwarze heirateten, lebenslang zur Sklaverei verpflichtet werden, und auch weißen »ungehorsamen Dienstboten« drohte als Strafe Sklaverei.[2]

> »Wenn eines Tages die wahre Geschichte der Bewegung zur Abschaffung der Sklaverei geschrieben wird, werden die Frauen auf ihren Seiten viel Platz einnehmen, denn die Sache der Sklaven war insbesondere auch die Sache der Frauen«,[3]

meinte der ehemalige Sklave Frederick Douglass, führender Abolitionist[4] und einer der bekanntesten Verteidiger der Frauenemanzipation. Doch war es der neuen Frauenbewegung vorbehalten, Sexismus als die eigentliche Wurzel weiterer Unterdrückungen zu erkennen:

> »Da der Rassismus erst aus dem Sexismus einer Kultur entwickelt wird, die rassistischen Stereotypen jedoch wieder zurückprojiziert werden auf Frauen insgesamt, kommt es zu einer Verwischung der sexistischen Wurzeln und der Ursprünge des Rassismus. Alle Eigenschaften, die in einer christlich-patriarchalischen Kultur Frauen zugeschrieben werden, sind immer wieder auf ethnische Minderheiten, auch auf unterdrückte oder andere Völker insgesamt übertragen worden.«[5]

Frauen begannen die grundsätzlich gleichen Macht- und Herrschaftsinteressen zu erkennen, die hinter den Phänomenen von Rassismus, Sexismus und Imperialismus stehen. Es begann ihnen klar zu werden, daß Frauen nach sehr ähnlichen Kriterien beurteilt werden wie die sogenannten »Wilden«. Sie wurden als »launisch« eingestuft, versehen mit einer grundsatzlosen »Kindernatur«, die sich durch eine Ungeeignetheit für höhere Wissenschaften, Politik und besonnene Vernunft auszeichnet und sie konnten einen gewissen Eigenwert nur in Abhängigkeit zu anderen, vornehmlich dem Ehemann, erfahren.

Solche und ähnliche Eigenschaften, durch die sich Frauen nach Ansicht sämtlicher großer Philosophen des 18. und frühen 19. Jahrhunderts auszeichneten,[6] wurden in gleicher Weise auch unterdrückten Völkern und Rassen zugeschrieben, weshalb Susan Brownmiller Frauen ein »kolonialisiertes Protektorat« nennt und Simone de Beauvoir eine »radikale Entkolonialisierung« der Frauen fordert.[7]

> »Rassismus geht a priori von der Überlegenheit der einen Seite aus; Sexismus auch, auf der Grundlage eines physischen Unterschieds«,

meinen auch Barbara Mehrhof und Pamela Kearon in ihren diesbezüglichen Untersuchungen.[8]

80

Die sexistische Kolonialisierung umfaßt alle Frauen, allerdings in unterschiedlicher Form. Und genau hier liegen auch die Schwierigkeiten, die einer umfassenden Solidarisierung von Frauen im Wege stehen. Die speziellen Benachteiligungen von Frauen verschiedener Klassen, Rassen und Kulturkreise lassen sich kaum auf einen Nenner bringen. Darüber hinaus findet sich Rassismus nicht nur bei Unterdrückern, sondern paradoxerweise auch bei den Unterdrückten, die das Wertesystem ihrer Unterdrücker verinnerlicht haben. Der Rassismus der weißen Frau, wie er in der neuen Frauenbewegung diskutiert wird, muß aus diesen Ursachen heraus verstanden werden.

Frauen in der Antisklaverei-Bewegung

Am Beginn der abolitionistischen Bewegung, als sich viele weiße Frauen für die Anliegen der Schwarzen einsetzten, war der Rassismus der weißen Frau noch kein Thema. Vor allem weiße Lehrerinnen haben sich hier sehr engagiert, weil ihnen klar geworden war, daß der Ausschluß der schwarzen Bevölkerung vom Bildungswesen einen Eckpfeiler der rassistischen Unterdrückungspolitik darstellte. Die Lehrerin Prudence Crandall beispielsweise nahm trotz eines enormen Widerstandes bereits 1833 schwarze Kinder in ihre Schule auf und ertrug den Boykott der gesamten weißen Bevölkerung. Geschäftsleute weigerten sich, sie mit Lebensmitteln zu versorgen, Ärzte, ihre Schüler zu behandeln und Apotheker, ihr Arzneimittel zu verkaufen. Schließlich wurde sie nach mehreren Brandstiftungen und versuchten Anschlägen auch noch verhaftet. Inzwischen war sie jedoch für jene, die auf ihrer Seite standen, zum großen Vorbild und Symbol des Widerstandes geworden.[9]

Mit ähnlichen Schwierigkeiten hatte Myrtilla Miner zu kämpfen, die in Mississippi, wo der Unterricht für Schwarze als kriminelles Delikt galt, schwarze Schüler unterrichtete. Ihre anschließende Gründung eines Kolleges für schwarze Lehrerinnen 1851 in Washington nannte der schwarze Abolitionist Frederick Douglass »verwegen, fast bis an den Rand der Verrücktheit«. Myrtilla Miner unterrichtete hier sechs Jahre lang eine ständig wachsende Zahl von Schülerinnen, ehe ihre Schule ein Opfer von Brandstiftung wurde.[10]

Die Bevölkerung empörte sich jedoch nicht nur wegen dieser antirassistischen Tätigkeiten, sondern auch deswegen, weil sie von Frauen ausgeführt wurden. Als etwa die Schwestern Sarah und Angelina Grimke aus Südcarolina als Rednerinnen an die Öffentlichkeit traten, nahm dies der Rat der kongregationalistischen Geistlichen von Massachusetts zum

Anlaß, 1837 einen Hirtenbrief herauszugeben, in dem die Aktivitäten der Grimkes als »Gefahrenherd« angeprangert wurden, »der gegenwärtig dem weiblichen Charakter großen und dauernden Schaden zuzufügen droht«.

> »Wir begrüßen die stillen Gebete der Frau, um der Sache der Religion näher zu kommen ...«,

heißt es hier weiter:

> »Wenn sie sich aber anmaßt, wie ein Mann in der Öffentlichkeit für Reformen aufzutreten ... verwirkt sie die Kraft, die ihr Gott zu ihrem Schutz gegeben hat, und wird in ihrem Wesen unnatürlich.«[11]

Worauf sich die Grimke-Schwestern unter dem Druck der Öffentlichkeit gezwungen sahen, vom Rednerpult zurückzutreten. Doch hatten ihnen solche und ähnliche Vorfälle klar gemacht, daß der Kampf um die Befreiung der Schwarzen ihre eigene Befreiung als Frauen voraussetzt, beziehungsweise beides untrennbar miteinander verbunden ist. 1838 verfaßte Sarah Grimke ihre »Briefe über die Gleichheit der Geschlechter«, mit denen in den Vereinigten Staaten die Geschichte der Frauenbewegung eingeleitet wurde. Aber auch ihre Schwester Angelina trat vehement für Frauenrechte ein:

> »Wir können die Abschaffung der Sklaverei nicht mit all unserer Macht vorantreiben, solange wir nicht für uns den Stein des Anstoßes aus dem Weg geräumt haben ... Wenn wir dieses Jahr auf das Recht verzichten, öffentlich zu sprechen, werden wir nächstes Jahr auf das Petitionsrecht verzichten müssen, im darauffolgenden Jahr auf das Recht zu schreiben und so weiter. Was kann dann eine Frau noch tun für einen Sklaven, wenn sie selber die Füße eines Mannes im Nacken hat und zum Schweigen verdammt ist.«[12]

Als jedoch 1840 in London die »World Anti Slavery Convention« stattfand, wurden die Frauen trotz ihres Engagements ausgeschlossen. Wütend und empört beschlossen sie, nicht aufzugeben. 1848 kam es zu der berühmten Deklaration von Seneca Falls, die zu den welthistorisch bedeutsamsten Manifestationen des weiblichen Befreiungskampfes zählt, und die in der bemerkenswerten Feststellung gipfelt, daß:

> »Die Geschichte der Menschheit ... eine Geschichte wiederholter Ungerechtigkeiten und Übergriffe von seiten des Mannes gegenüber der Frau mit dem Ziel der Errichtung einer absoluten Tyrannei über sie« sei.[13]

Gleichzeitig schlossen sich auch schwarze Frauen zum Widerstand zusammen. Bereits 1832 gründeten sie die erste Frauenvereinigung gegen die Sklaverei in Salem, Massachusetts, und schwarze Feministinnen wie die ehemalige Sklavin Harriet Ross Tubman, die Dichterin Frances E. W. Harper und die Pädagogin Charlotte Forten kämpften aktiv gegen die Sklaverei und für die Rechte der Frau.[14] Auch hatte bereits 1848 die Nationale Versammlung der farbigen Freigelassenen eine Resolution zur Gleichberechtigung der Frau angenommen. Am nachhaltigsten jedoch wirkte die in ihrer Erscheinung als würdevoll und imposant beschriebene ehemaligen Sklavin Sojourner Truth, deren berühmte Rede »Und bin ich etwa keine Frau«, sich nicht nur gegen den Suprematieanspruch des Mannes wandte, sondern auch gegen die Benachteiligung der schwarzen gegenüber der weißen Frau:

> »Ich habe gepflügt und gepflanzt und die Scheunen gefüllt, und kein Mann konnte mich überbieten! Und bin ich etwa keine Frau? Ich konnte so viel arbeiten, und ich konnte auch so viel essen wie ein Mann – wenn ich so viel bekommen konnte – und ertrug ebenso die Peitsche! Und bin ich etwa keine Frau? Ich habe dreizehn Kinder geboren und zusehen müssen, wie die meisten als Sklaven verkauft wurden, und wenn ich in meinem Mutterschmerz aufschrie, hat mich niemand als Jesus gehört! Und bin ich etwa keine Frau?«[15]

Farbige Frauen sind am härtesten von Unterdrückung betroffen

Die unterschiedliche Situation, in der schwarze beziehungsweise farbige und weiße Frauen ihre Unterdrückung erfahren, wurde spätestens ab diesem Zeitpunkt bewußt. Sind farbige Frauen doch nicht nur vom Sexismus, und zwar des weißen ebenso wie des eigenen Mannes betroffen, sondern zusätzlich vom Rassismus. Auch nach dem amerikanischen Bürgerkrieg und der formellen Abschaffung der Sklaverei mußten schwarze Frauen die niedrigsten und dreckigsten Arbeiten zum geringsten Lohn verrichten, während zumindest einigen schwarzen Männern der politische und wirtschaftliche Aufstieg gelang. Sie galten außerdem nach wie vor als beliebig verfügbares Sex-Objekt des weißen Mannes und wurden mit zunehmender Emanzipation des schwarzen Mannes, die sich in einer Angleichung an die Wertmaßstäbe des weißen Herrenmenschen äußert, auch noch von den eigenen Männern unterdrückt. Die schwarze Feministin Bell Hooks meint:

> »Schwarze Frauen ... sind am schärfsten von sexistischer, rassistischer und klassistischer Unterdrückung betroffen ... Schwarze Männer mögen Opfer von Rassismus sein, aber der Sexismus erlaubt es ihnen, als Ausbeuter und Unterdrücker von schwarzen Menschen zu handeln.«[16]

Auch nach dem Bürgerkrieg übten schwarze Frauen überwiegend den klassischen Beruf des Schwarzen, nämlich jenen des Dienstboten aus. Nach einer Untersuchung vom Jahr 1899 waren im Staate Pennsylvania alle bis auf 9 Prozent als Dienstmädchen angestellt.[17] Und noch im Jahre 1940 waren nach einer Volkszählung in den USA 59,8 Prozent der arbeitenden schwarzen Frauen Hausangestellte, weitere 10,4 Prozent arbeiteten im übrigen Dienstleistungsbereich und ungefähr 16 Prozent auf den Feldern. Auch jener geringe Anteil, der sich beruflich qualifizieren konnte, war in den am schlechtesten bezahlten Sparten tätig.[18] Selbst 1947 verdienten schwarze Frauen in den USA um ein Drittel weniger als weiße.[19] Farbige Frauen sind bis heute die am schlechtesten bezahlte Bevölkerungsgruppe in den Vereinigten Staaten, und fast die Hälfte der schwarzen Kinder in Amerika lebt unter der Armutsgrenze.[20]

»Weiße Frau, nenn mich nicht Schwester«

Es ist diese grundsätzliche Schlechterstellung der schwarzen im Vergleich zur weißen Frau, die ein anderes Problembewußtsein geschaffen hat, das erst in jüngster Zeit innerhalb der feministischen Bewegung verstärkt diskutiert wird. Der Begriff »sisterhood«, der die Frauen der ganzen Welt umfassen sollte, vergaß, daß farbige Frauen nicht nur eine andere Geschichte und Kultur haben als weiße, sondern auch mit anderen Formen der Unterdrückung konfrontiert werden. »Weiße Frau, nenn mich nicht Schwester«, fordern schwarze Feministinnen, die inzwischen zu einer starken, eigenständigen Bewegung gefunden haben. Aber auch »Dritte-Welt-Frauen« schließen sich verstärkt zu Interessensgruppen zusammen, die ihre eigenen Anliegen vertreten. Trotzdem wird eine übergreifende Frauensolidarität, die sich nicht auf einer angenommenen Gleichheit, sondern auf dem Akzeptieren der Unterschiede gründet, für wichtig gehalten. Frauen beginnen, aus den bestehenden Dissonanzen zu lernen und sich untereinander besser auf die jeweiligen Bedürfnisse einzustellen.

Die Schwierigkeiten im Umgang zwischen weißen und schwarzen beziehungsweise farbigen Frauen ergeben sich vor allem aus der Tatsache, daß weiße Frauen Nutznießerinnen eines Systems sind, das die farbige Bevölkerung unterdrückt. In der Kolonialzeit sind sie als weiße Herrin für die versklavte Frau oft eine unmittelbarere Bedrohung gewesen als der weiße Herr, und auch heute profitieren sie – häufig unbewußt – von ihrer Zugehörigkeit zur Herrenrasse. Die farbige Frau hingegen stand immer auf der untersten Stufe der Hierarchie. Für sie ist die Ansicht vom Sexismus als übergeordnete Kategorie, der Rassismus als Nebenwiderspruch unterordnet, nicht immer realitätsgerecht, sie findet vielmehr, daß der Feminismus weißer Frauen den Rassismus ebenso wie den Klassismus zu wenig in sein Programm einbindet. Denn farbige Frauen erleben Unterdrückung aufgrund ihrer Rasse mindestens ebenso stark wie aufgrund ihres Geschlechts. Oft empfinden sie ökonomische Ausbeutung, Hunger, Armut, schlechte medizinische Versorgung und rassistische Verfolgung sogar als wesentlich bedrückender. Deshalb ist ihre Solidarität mit den eigenen – ebenfalls unterdrückten – Männern trotz grundsätzlicher Schlechterstellung manchmal größer, als jene mit weißen, wohlhabenden Frauen.

Eine ursprünglich angenommene Solidarität zwischen weißen und schwarzen Frauen im Kampf gegen Sklaverei und für Frauenrechte wurde erstmals empfindlich nach Beendigung des Bürgerkriegs erschüttert, als die schwarzen Männer das Wahlrecht erhielten, während die weißen ebenso wie die schwarzen Frauen leer ausgingen.

Während Angelina Grimke noch 1863 auf einer Versammlung patriotischer Frauen, die den Bürgerkrieg unterstützten, meinte, sie wolle »mit dem Neger gleichgesetzt werden«,[21] schlugen enttäuschte und nach jahrzehntelangem vergeblichem Kampf um das Frauenstimmrecht frustrierte weiße Frauen über 20 Jahre später andere Töne an:

Wir »machen auf die bezeichnende Tatsache aufmerksam, daß es in jedem Staat mehr Frauen gibt, die lesen und schreiben können als die gesamte Zahl der analphabetischen männlichen Wähler; daß es mehr weiße Frauen gibt, die lesen und schreiben können, als alle wahlberechtigten Neger zusammen; daß es mehr amerikanische Frauen gibt, die lesen und schreiben können als alle ausländischen Wähler, so daß die Wahlrechtsverleihung an jene Frauen das ärgerliche Problem der Herrschaft des Analphabetismus lösen würde, sei es nun hausgemacht oder ausländischer Herkunft.«[22]

Dies erklärte Susan B. Anthony, Präsidentin der NAWSA (National American Woman's Suffrage Association) im Jahre 1894. Noch eindeutiger äußerten sich weiße Frauenrechtskämpferinnen am Beginn des 20. Jahrhunderts. 1903 nannte Belle Kearney auf dem Kongreß der NAWSA in New Orleans die schwarze Bevölkerung im Süden geringschätzig »ehemalige Sklaven ... Analphabeten und Halbbarbaren« und meinte, daß der drohenden Gefahr eines Rassenkrieges durch das Frauenstimmrecht begegnet werden könnte, denn dieses

»... würde sofort und dauerhaft die weiße Vorherrschaft auf ehrlichem Wege sichern; denn, wie eine unbestreitbare Autorität festgestellt hat, gibt es in jedem Südstaat, ausgenommen einem, mehr gebildete Frauen als alle die analphabetischen Wähler, weiße, schwarze, einheimische, fremde, zusammen«.[23]

Diese Art der Argumentation unterschied sich kaum von jener männlicher Politiker. Der weiße Herrschaftsanspruch überdeckte die ursprüngliche Solidarität mit den unterdrückten Schwarzen, und damit auch mit den unterdrückten schwarzen Frauen.

Aber auch schwarze Frauen machten ihrem Unmut Luft. Bereits im Jahre 1867 warnte Sojourner Truth hellsichtig:

>»Alles spricht davon, daß die schwarzen Männer jetzt ihre Rechte erhalten sollen, aber man hört kein Wort über die schwarzen Frauen; und wenn die schwarzen Männer ihre Rechte bekommen und nicht die schwarzen Frauen, dann, seht ihr, werden die schwarzen Männer Herren über die Frauen sein, und alles wird beim alten bleiben.«[24]

Diese Entwicklung zeigt deutlich, wie die Diskriminierung der Frauen nicht nur einen zunehmenden Sexismus, sondern auch einen zunehmenden Rassismus zur Folge hatte.

Der Mythos vom schwarzen Vergewaltiger

Ein Zusammenhang von Sexismus und Rassismus ist auch am Beispiel der Lynchmorde auszumachen, die bezeichnenderweise genau zu jener Zeit einsetzten, als die Schwarzen Rechte erhielten und ihnen die Möglichkeit eingeräumt wurde, höhere Schulen zu besuchen und bessere Jobs zu bekommen. Durch diese Kampagne des Terrors und der Einschüchterung gelang es den südstaatlichen Demokraten, die politischen Rechte der Schwarzen wieder zum größten Teil abzuschaffen und das System der Absonderung und Rassendiskriminierung neuerlich durch Gesetze abzusichern.

Wie die prominente Vorkämpferin gegen die Lynchjustiz, die schwarze Feministin Ida D. Wels herausfand, wurden in der Zeit von 1865 bis 1895 über zehntausend Lynchmorde verübt,[25] in denen die Opfer nicht nur getötet, sondern häufig auch noch gefoltert und sexuell verstümmelt wurden. Um diese Taten moralisch zu rechtfertigen, mußte der Mythos vom schwarzen Vergewaltiger erfunden werden, der bis herauf ins 20. Jahrhundert wirksam war. Die Lynchjustiz wurde damit zur ritterlichen Tat des weißen Mannes erklärt, der die brutale Vergewaltigung einer unschuldigen, weißen Frau rächen muß (vgl. Fiegl 1990, S. 66f).

Die Brandmarkung des Schwarzen als Vergewaltiger verfolgte mehrere Ziele. Zum einen wurde er damit gedemütigt und um seinen guten Ruf gebracht, zum anderen war sie ein deutliches Signal an alle

Frauen, sich nicht mit schwarzen Männern einzulassen und statt dessen den »Schutz« eines weißen Mannes zu suchen, der einzig fähig und in der Lage sei, ihre Ehre und ihr Leben zu sichern. Die Tatsache, daß in der Realität vor allem schwarze Frauen die Vergewaltigungsopfer weißer Männer waren, geriet darüber in Vergessenheit. (Noch heute ist das Risiko für schwarze Frauen, vergewaltigt, überfallen oder ermordet zu werden, drei mal so hoch wie das weißer Frauen.)[26] Es gibt in der gesamten Geschichte der Vereinigten Staaten keinen einzigen weißen Mann, der wegen der Vergewaltigung einer schwarzen Frau hingerichtet wurde.[27]

Tatsächlich jedoch fanden die meisten Lynchmorde aus ganz anderen Gründen statt. Eine Studie der »Südstaatlichen Kommission zur Untersuchung der Lynchmorde« von 1931 stellt fest, daß zwischen 1899 und 1929 nur ein Sechstel der Lynchopfer der Vergewaltigung beschuldigt wurden.[28]

Die weiße Frauenbewegung hat damals zu diesen furchtbaren Verbrechen, bei denen im Namen der weißen Frau tausende von schwarzen Männern öffentlich gehenkt oder verbrannt wurden, geschwiegen. Erst 1930 wurde die »Association of Southern Women for the Prevention of Lynching« gegründet, die dann innerhalb von sechs Jahren auf 35.000 Mitglieder anwuchs und sich dezidiert gegen die Behauptung wandte, daß die Lynchjustiz zum Schutz der weißen Frauen in den Südstaaten notwendig sei.[29]

Allerdings wurde die Theorie von der weißen Frau als Statussymbol des schwarzen Mannes, deren Vergewaltigung sein Selbstbewußtsein stärkt, schließlich auch von schwarzen Männern übernommen. Die darin enthaltene Diskriminierung nicht nur der weißen, sondern auch der eigenen, schwarzen Frau kann als ein Resultat von Kolonialismus und Sklaverei und dem damit zusammenhängenden zerstörten Selbstwert des Kolonisierten interpretiert werden (vgl. Fiegl 1990, S. 67ff). Die Ansicht, durch den Besitz einer weißen Frau der rassistischen Abwertung zu entgehen, wie sie selbst von einem so prominenten Befreiungskämpfer wie Eldrige Cleaver vertreten wird,[30] beweist einen ausgeprägten Sexismus gegenüber allen Frauen, durch den der schwarze, gedemütigte Mann seine eigene Diskriminierung aufheben möchte.

Rassismus ebenso wie Sexismus sind auch wesentliche Bestandteile jeder militärischen Ideologie. Die Frauen des besiegten Feindes werden für rassisch minderwertig erklärt und in Militärbordellen zwangsrekrutiert. Auch der Nationalsozialismus hat Jüdinnen und Zigeunerinnen mit Prostituierten gleichgesetzt und eine »Ausmerzung« der Prostituierung der

Liebe als »Verjudung unseres Seelenlebens« gefordert. Gleichzeitig wurden Prostituierte zu »Asozialen« erklärt und in Arbeitshäuser zwangseingewiesen. In den ärztlichen Gutachten, die den Einstieg in die Prostitution erklären sollten, wurde ihnen unter anderem »angeborener Schwachsinn, schwere erbliche Mißbildungen, Alkoholiker in der Familie, Epilepsie und Schizophrenie« bescheinigt.[31] Weshalb auch Gisela Bock einen geradlinigen Weg von diesen rassistisch motivierten Minderwertigkeiten über Sterilisation und Euthanasie bis zum Massenmord nachzeichnet.[32]

Das unterschiedliche Problembewußtsein weißer und farbiger Frauen

Unterschiedliche Probleme der rassistisch verfolgten Frau schafften eine ambivalente Haltung gegenüber dem Feminismus der weißen Herrenrasse.

> »Was empfinden schwarze Frauen gegenüber der Frauenbewegung? Mißtrauen. Sie ist weiß, daher suspekt«,

meint die schwarze Autorin Toni Morrison. Und weiter:

> »Trotz der Tatsache, daß Befreiungsbewegungen in der schwarzen Welt Katalysatoren für den weißen Feminismus waren, haben zu viele Bewegungen und Organisationen bewußt begonnen, Schwarze einzubeziehen mit dem Ergebnis, sie einzuwickeln. Sie wollen nicht schon wieder benutzt werden, jemandem zu helfen, Macht zu gewinnen – eine Macht, die ihnen gezielt vorenthalten wird ... Schwarze Frauen sind verschieden von weißen Frauen, weil sie sich selbst anders sehen, anders gesehen werden und ein anderes Leben geführt haben. Diese Unterschiede zu beschreiben, ist das Ziel sehr vieler Schwarzer Autorinnen und Wissenschafterinnen.«

Und die in London lebende nigerianische Schriftstellerin Buchi Emecheta stellt fest:

> »Ich bin nicht nur Feministin – ich bin eine Feministin plus. Ich glaube an das Konzept des Feminismus, aber wir haben über den Feminismus hinausgehende Probleme, deshalb ist es so schwer, sich 100prozentig damit zu identifizieren.«[33]

Eine Unterschiedlichkeit im Problembewußtsein zeigte sich etwa in der Abtreibungsfrage, die vornehmlich in den siebziger Jahren die feministische Frauenpolitik bestimmte. Denn farbigen Frauen ging – und geht – es nicht nur darum, die Existenz oder die Zahl der Kinder selbst zu bestimmen, sondern auch darum, einen möglichen Kinderwunsch verwirklichen zu dürfen. Das Trauma der Kolonialzeit, während der versklavten Frauen ihre Kinder weggenommen und an andere Sklavenhalter verkauft wurden, sitzt tief. Aber auch nach Abschaffung der Sklaverei wurden an schwarzen Frauen oft ungewollte Abtreibungen und Zwangssterilisationen durchgeführt, um eine unerwünschte Vermehrung der schwarzen Bevölkerung zu verhindern, und selbst heute noch ist die Zahl der überflüssigen Gebärmutterentfernungen und Sterilisationen bei schwarzen Frauen dreimal so hoch wie bei weißen Frauen.[34]

Eine Situation, die in der »Dritten Welt« ihre Fortsetzung findet. Um der Gefahr einer drohenden Überbevölkerung zu begegnen, werden Millionen von Frauen unter Druck gesetzt, sei es durch Zwangssterilisation, der Einführung der Ein-Kind-Ehe oder durch eine Verweigerung der staatlichen Nahrungshilfe für jene Frauen, die sich nicht sterilisieren lassen. Außerdem werden farbige Frauen zum Teil heute noch als Versuchskaninchen für nicht erprobte und verbotene Verhütungsmittel mißbraucht (siehe dazu Kapitel 3.3). Unterschiedliche Erfahrungen spielen auch bei dem oft gehörten Vorwurf eine Rolle, die weiße Frauenbewegung habe bei ihrer Kritik an der Familienideologie die Bedeutung zentraler Familienverbände in den schwarzen Communities der Kolonialzeit ebenso wie in den meisten Ländern der »Dritten Welt« nicht genügend erkannt. Denn obwohl auch hier die Frauen von der Doppelbelastung betroffen sind, war beziehungsweise ist die Familie oft der einzige Ort, an dem sie eine gewisse Autonomie und Eigenständigkeit erfahren. Vor allem in den schwarzen Ghettos hat sich die Familie trotz aller restriktiven Maßnahmen der Kolonialregierung mit einer gewissen Schutzfunktion behauptet. Die relativ angesehene Rolle, die schwarze Frauen innerhalb ihrer Familien ausübten und zum Teil heute noch ausüben, ist einerseits auf die geachtetere Stellung der Frau bei vielen vorkolonialen Völkern zurückzuführen, andererseits aber auch auf die Tatsache, daß die Kinder von Sklavinnen häufig nach der Mutter benannt wurden, weil Sklavenherren sich weigerten, die Vaterschaft anzuerkennen. Daruber hinaus mußten schwarze Frauen stets außerhalb des Hauses arbeiten, was zwar zu schweren Arbeitsüberlastungen führte, aber auch eine große Selbständigkeit bewirkte und einer Entwicklung zur gezähmten, abhängigen Hausfrau, wie sie die weiße Frau erfahren hat, entgegenwirkte.

Toni Morrison hat die Haltung vieler schwarzer Frauen, mit der sie innerhalb der eigenen Familie ihre Unterdrückung ertrugen, ohne dabei an Selbstachtung zu verlieren, so beschrieben:

»Die schwarzen Amerikaner hatten viele Jahre lang niemanden außer ihren schwarzen Frauen, an denen sie ihren Zorn auslassen konnten. Und die schwarzen Frauen erduldeten viele Jahre lang diesen Zorn – betrachteten dieses Dulden sogar als ihre Pflicht, wenn auch als eine unangenehme. Doch nicht selten boten sie den Männern auch die Stirn, und sie scheinen sich nie in dem Maße haben versklaven lassen wie die weißen Frauen ... die schwarzen Frauen haben sich den weißen Frauen immer überlegen gefühlt ...«[35]

Diese gewisse Selbständigkeit, die sich die schwarze Frau bewahrt hatte, nahmen dann weiße Wissenschafter prompt zum Anlaß, von einem schwarzen »Matriarchat« zu sprechen und die schwarzen Frauen zu gefährlichen »Matriarchinnen« zu erklären, die ihre Männer beherrschen und kastrieren.[36] Darüber hinaus war in diesem Zusammenhang von einem Rückschritt die Rede, der dem notwendigen wirtschaftlichen und kulturellen Fortschritt im Wege stünde. »Die Negergemeinschaft«, meint etwa Daniel Moynihan in seinem bekannten »Moynihan-Report« aus dem Jahre 1965, sei in eine

> »matriarchale Struktur gezwungen worden, die, weil sie ganz und gar nicht mit der übrigen amerikanischen Gesellschaft übereinstimmt, den Fortschritt der Gruppe als ganze ernstlich verzögert und dem schwarzen Mann eine erdrückende Last aufbürdet und in der Konsequenz auch einer großen Anzahl von schwarzen Frauen.«

Nachdem der Autor dann unter anderem noch die »pathologische Verwirrung« beschreibt, die durch die Abwesenheit der männlichen Autorität unter den Schwarzen erzeugt worden sei, richtet er einen dringenden Appell an die schwarzen Männer, diese baldmöglichst herzustellen. Eine Ansicht, die zunehmend auch von schwarzen Männern vertreten wurde. So betrachtet der schwarze Soziologe E. Franklin Frazier in seinem 1939 erschienen Buch »The Negro Family« die Selbständigkeit der schwarzen Frau als ein ausgesprochenes Übel und beklagt vehement die Tatsache, daß ihr

> »weder ökonomische Notwendigkeit noch Tradition den Sinn für Unterordnung unter die männliche Autorität eingeflößt hätten«.[37]

Trotz einem, aus anderen Erfahrungen erwachsenen unterschiedlichen Problembewußtsein der schwarzen und der weißen Frau lassen sich aber auch grundsätzliche Gemeinsamkeiten feststellen. So etwa wurde nicht nur die Arbeitskraft der weißen ebenso wie die der schwarzen Frau stets in den Dienst männlichen Hegemonial- und Wirtschaftsstrebens gestellt, sondern auch die Reproduktionsfähigkeit ihrer Körper männlichen Machtinteressen unterworfen. Während weiße Frauen häufig am Machtanspruch ihrer Männer partizipieren, ist das Los der farbigen Frauen stets um ein Vielfaches drückender gewesen.

Wohl aus diesem Grund sind schwarze Frauen in ihren Forderungen sehr oft radikaler als weiße. So hat eine Untersuchung in den USA aus dem Jahre 1972 ergeben, daß 62 Prozent der schwarzen Frauen meinten, die Stellung der Frau müsse verbessert werden – gegenüber nur 45 Prozent der weißen Frauen. Ebenso waren 67 Prozent der schwarzen Frauen überzeugt, Frauenbefreiungsgruppen sollen unterstützt werden, hingegen nur 35 Prozent der weißen Frauen.[38]

Wenn sich also farbige Frauen skeptisch gegenüber dem weißen Feminismus äußern, dann nicht, weil sie seine Forderungen grundsätzlich in Frage stellen, sondern weil sie sich in ihren eigenen Bedürfnissen zu wenig erkannt und darüber hinaus auch von weißen Frauen als Teilhaberinnen an der Macht weißer Männer vereinnahmt fühlen.

Die Freiheit der weißen Frau ist an die Freiheit der farbigen Frau gekettet

Schwarze Feministinnen, für die sich im Kampf gegen ihre Unterdrückung die Notwendigkeit ergibt, sowohl am schwarzen Befreiungskampf als auch an der Frauenbewegung teilzunehmen, fordern daher vom weißen Feminismus, daß er den Rassismus und Klassismus mit gleicher Vehemenz bekämpft wie den Sexismus. Eine wirkliche Kommunikation zwischen weißen und farbigen Frauen erscheint nur möglich, wenn der Kampf gegen die männliche Herrschaft sich in gleicher Weise mit dem Kampf gegen die weiße Herrschaft verbindet. Und nur wenn weiße Frauen den Zusammenhang zwischen ihrer eigenen Unterdrückung und der Unterdrückung von Dritte-Welt-Frauen verstehen, ist die Voraussetzung für den umfassenden Begriff »Schwesterlichkeit« gegeben. Hier liegt ein grundlegendes Problem der Frauenbefreiung, das vor allem farbige Frauen aus einer unmittelbaren Betroffenheit heraus erkannt haben:

> »Die Freiheit der weißen Frau ist an meine Freiheit gekettet, und sie ist erst dann frei, wenn auch ich frei bin«,[39]

meint die schwarze Bürgerrechtskämpferin Frannie Lou Hamer. Antirassismus erscheint heute, im Zeichen des Auflebens eines neuen Fundamentalismus und Antisemitismus und einer weltweiten Migrationsbewegung notwendiger denn je. Für die Frauenbewegung ist es wichtig, ihn neben Antisexismus als gleichwertige Forderung in ihr Programm aufzunehmen. Denn es ist schon so, wie die schwarze Frauenrechtskämpferin Audre Lorde sagt:

>»Nimmt die Frauenbewegung die Herausforderung des antirassistischen Kampfes nicht an, verschwindet sie in der Versenkung politischer Bedeutungslosigkeit.«[40]

Lorde spricht sich gegen eine eurozentrische Sichtweise aus, die auch von Frauen verinnerlicht wurde und dazu führte, daß sich die moderne, weiße Frau als Maßstab in bezug auf Frauenemanzipation begreift und zu wenig die speziellen Freiräume und Wirkungsmöglichkeiten erkennt, die sich auch Frauen anderer Kulturkreise geschaffen haben.

Audre Lorde gehört übrigens zusammen mit June Jordan und Alice Walker zu jener Generation schwarzer Feministinnen, die Gewalt schwarzer Männer an ihren Frauen ausdrücklich thematisieren. Damit scheint die schwarze beziehungsweise farbige Frauenbewegung eine ähnliche Entwicklung durchgemacht zu haben wie jene weißer Sozialdemokratinnen. Haben doch auch diese ursprünglich den Schulterschluß zu ihren – ebenfalls unterdrückten – Männern bewahrt, um anschließend feststellen zu müssen, daß der Patriarch auch im Proletarier steckt. Genauso haben schwarze Feministinnen erkannt, daß sich die Black Power Bewegung in den USA der sechziger Jahre und die Rastamen in England vornehmlich an den Bedürfnissen der Männer orientierte:

>»... Seit dem Aufstieg der Black Power hat der schwarze Mann eine sichtbarere Führungsrolle in unserem Kampf um Gerechtigkeit in diesem Land übernommen. Im großen und ganzen beurteilt er das System richtig und lehnt dessen Wertvorstellungen und Sitten in vielen Punkten ab, aber wenn es um die Frauen geht, scheint er seine Richtlinien aus dem >Ladies' Home Journal< zu beziehen. Bestimmte schwarze Männer stellen sich auf den Standpunkt, daß sie von der Gesellschaft kastriert wurden, aber daß die schwarzen Frauen irgendwie der Verfolgung entgingen und sogar zu dieser Entmannung beitrugen. Ich möchte deshalb hier und jetzt erklären, daß Amerikas schwarze Frau mit vollem Recht die >Sklavin eines Sklaven< zu nennen ist ...«[41]

Um eine gemeinsame Basis zu schaffen, haben Frauen verschiedener Rassen, Klassen und Kulturkreise begonnen, behutsamer aufeinander zuzugehen. Während etwa in den siebziger und Anfang der achtziger Jahre unseres Jahrhunderts westliche Feministinnen mit ihrer – berechtigten, aber Zusammenhänge übersehenden – Empörung über die Verstümmelung weiblicher Geschlechtsorgane auf Widerstand nicht nur der Männer, sondern auch der Frauen in den betroffenen Ländern stießen, haben beide Seiten im letzten Jahrzehnt gelernt, das Problem differenzierter zu betrachten. Die Frauen des Westens wissen inzwischen, daß die Klitorisbeschneidung nicht isoliert, sondern als ein Problem in einem Gesamtkontext zu betrachten ist, und daß ihre Abschaffung eine allgemeine Bewußtseinsänderung voraussetzt. Das heißt also, daß sie erst dann sinnvoll ist, wenn auch genügend Männer unbeschnittene Mädchen heiraten beziehungsweise ein Gesellschaftssystem existiert, das unverheirateten Frauen eine Lebensmöglichkeit bietet. Frauen der »Dritten Welt« hingegen beginnen zunehmend ihre Probleme selbst zu thematisieren. So etwa trafen sich bereits 1984 sechsundzwanzig afrikanische Staaten in Khartum zu einem Workshop »Afrikanische Frauen sprechen sich gegen die Beschneidung von Frauen aus«.[42] Gleichzeitig weisen farbige Frauen darauf hin, daß ihre Prioritäten vielfach anders gelagert sind, als sie aus dem Blickwinkel westlicher Feministinnen erscheinen. Ist doch eines ihrer drückendsten Probleme in ihrer ökonomischen Ausbeutung zu suchen, für die nicht zuletzt das kapitalistische System der Industrieländer verantwortlich ist, an dem auch weiße Frauen partizipieren. Hier liegen die eigentlichen Hindernisse für eine weltübergreifende Frauensolidarität. Weiße Frauen sind zugleich dominant und diskriminiert, sie sind in dieser Gesellschaft Ein- und Ausgeschlossene, und müssen lernen, sich in dieser doppelten Bestimmung zu sehen.

Gefordert wird von Feministinnen der Abbau eines eurozentrischen Denkens, in dem die Erfahrungswerte der eigenen »Dominanzkultur« (Birgit Rommelspacher) generalisiert und als monokausales Erklärungsmuster anderen Kulturen übergestülpt werden. Gefordert wird weiter eine Sichtweise, in der – bei aller grundsätzlichen Verurteilung jedweder Unterdrückungsmechanismen – der eigene Emanzipationsanspruch nicht unhinterfragt auf andere Kulturen übertragen werden kann, sondern mit den jeweiligen kulturellen und wirtschaftlichen Bedingungen in Verbindung gebracht werden muß. Gefordert wird weiter eine kritische Überprüfung eigener, westlicher Emanzipation, die sich nicht unbedingt und immer positiv von jener »Dritter-Welt«-Frauen abheben muß. Andernfalls, so Christina Thürmer-Rohr, gerät

»Der westliche Feminismus ... so selbst in den Verdacht, funktionierender ›alternativer‹ Teil dieser Herrschaft zu sein ... diese neunziger Jahre verlangen eine ›Erneuerung‹, eine tiefgreifende Veränderung west-feministischer Theorie und Praxis, sofern der Feminismus hier mehr sein will als ein therapeutisches Selbstbefreiungsinstrument der weißen Mittelschichtsfrau ... (und) zum auslaufenden Modell wird, das niemanden mehr interessiert, niemanden berührt, keine Brücken herstellen kann.«[43]

Dieser Entwicklung entgegenzuwirken, bemühen sich immer mehr Frauen auf internationalen Konferenzen, Symposien und Workshops. So etwa auf dem von der ARGE »Wiener Ethnologinnen« Ende Oktober 1994 in Wien veranstalteten Symposium »Rassismen und Feminismen«, wo zahlreiche Referentinnen aus Europa und den USA sowie Angehörige von Minderheiten über Differenzen hinweg nach Gemeinsamkeiten suchten. Resümee der Veranstaltung: Grenzüberwindende Frauensolidarität ist nur unter Akzeptanz bestehender Unterschiede möglich.

Einen Fortschritt zeigen in diesem Zusammenhang auch die Weltfrauenkonferenzen. Denn während noch auf der Kopenhagener Frauenkonferenz im Jahre 1980 tief verschleierte, und ständig von männlichen Delegationsmitgliedern begleitete Frauen den Tschador als Antwort auf westliche Dekadenz und Frauenausbeutung verteidigten und die ungarische Delegation Einspruch gegen die Errichtung von Frauenhäusern erhob, weil »in den sozialistischen Staaten Frauen nicht geschlagen würden«[44] – während sich weiters 5 Jahre später in Nairobi westliche Frauen geharnischte Kritiken von »Dritte-Welt«-Frauen wegen ihrer anmaßenden und eurozentrischen Berichterstattung gefallen lassen mußten, war die Weltfrauenkonferenz in Peking 1995 nach allgemeinen Aussagen von weitgehender Übereinstimmung geprägt. Trotz großer Probleme und den schwierigen Bedingungen, unter denen das NGO-Forum (Non-Government Organisation) stattfinden mußte, bezeichneten Menschenrechtsvertreterinnen, Diplomatinnen und Journalistinnen die Konferenz als »Erfolg«.[45] Eine Berichterstatterin beschreibt die

> »Atmosphäre, die die Präsenz von 30.000 Frauen aus aller Welt schafft (als) etwas Unbeschreibliches. Bunt, schön, reich für das Auge, überwältigend berührend, pulsierend für das Herz. Für kurze Zeit eine Welt der Vielfalt leben, als Weiße ausnahmsweise mal nicht in der Mehrheit sein, die einmalige Gelegenheit, mit Frauen aus allen Ländern zu kommunizieren – dabei gewesen sein«.[46]

In diesen Zeilen wird ein wenig von dem vermittelt, was internationale Völkerverständigung anstreben soll.

3.4 Hunger und Überfluß

Ein ungerechtes Wirtschaftssystem, das nach dem Ende des Kolonialismus die Länder der »Dritten Welt« weiter ausbeutet, hat dazu geführt, daß die Schere zwischen Arm und Reich immer weiter auseinanderklafft. Der internationale Kapitalismus hat rund einem Siebentel der Menschheit Reichtum und einem weiteren Siebentel absolute Armut gebracht,[1] und während im Süden Millionen an Hunger sterben, kämpfen die Menschen im Norden mit raffinierten Diäten gegen ihr Übergewicht. In den USA beispielsweise konsumieren 90 Prozent der Bevölkerung Lebensmittel mit reduziertem Fett- oder Cholesteringehalt, was verständlich ist angesichts der Tatsache, daß heute in Amerika jeder dritte Erwachsene und jedes vierte Kind übergewichtig sind.[2] Die ungerechte Verteilung der Güter dieser Welt hat tatsächlich ein erschreckendes Ausmaß erreicht. So verfügt das reichste Fünftel der Erdbevölkerung heute nicht nur über ein Einkommen, das fast 60 mal so hoch ist wie das des ärmsten Fünftels,[3] sondern die Industriestaaten mit ihren knapp 23 Prozent der Weltbevölkerung verbrauchen auch circa 75 Prozent der Weltmetallressourcen, 85 Prozent der Wälder, 60 Prozent der Lebensmittelproduktion, circa 70 Prozent der Energie und sie verursachen 80 Prozent der weltweiten Kohlendioxyd-Emissionen. Allein die USA mit 5 Prozent der Weltbevölkerung konsumieren 40 Prozent aller weltweit geförderten Rohstoffe und 25 Prozent der Energie.[4]

Auf der anderen Seite der Hemisphäre hingegen hat die Zahl der Hungernden und Unterernährten in den letzten 10–15 Jahren rapide zugenommen: von etwa 500 Millionen auf 780 Millionen die Hungernden, von 1,2 Milliarden auf 2 Milliarden die Unterernährten. War vor etwas über 10 Jahren jeder vierte unterernährt, so sind es jetzt ungefähr zwei von fünf Menschen auf der gesamten Welt, und drei von vier in den Entwicklungsländern.[5] Nach einem Bericht der IFAD (International Fund for Agrarian Development, eine Unterorganisation der UNO) hat sich die Zahl der Armen auf dem Land in den letzten 20 Jahren um 40 Prozent erhöht, und fast die Hälfte der Bevölkerung in Lateinamerika lebt unterhalb der Armutsgrenze.[6] Die Weltbank, die es sich in den letzten Jahren zum Ziel gesetzt hat, die Zahl der Armen im Süden um 200 bis 300 Millionen zu verringern, rechnet jetzt mit einem Anstieg der Hunger-Leidenden bis zur Jahrtausendwende um mindestens weitere 50, wahrscheinlich aber um 200 Millionen.[7] Gegenwärtig leben laut »Weltgesundheitsbericht 1995« mehr als ein Fünftel der 5,6 Milliarden Menschen in extremer Armut, und fast ein Drittel der Kinder ist unterernährt.[8] Der UNO-Bericht 1995 spricht von jährlich 13 bis 16 Millionen Hungertoten, die meisten davon in Asien und Afrika.[9] Und der US Geheimdienst CIA nennt 39 Millionen Menschen, die weltweit akut vom Tod durch Hunger bedroht sind.[10]

Zahlen, die in ihrer Ungeheuerlichkeit den Normalbürger restlos überfordern, die kaum mehr wirkliche Betroffenheit auszulösen vermögen, weil sie in ihren Dimensionen unfaßbar geworden sind. Churchill hatte recht mit seiner Bemerkung: Wenn ein Mensch stirbt, ist es eine Tragödie, wenn 100.000 sterben, ist es Statistik. Wir können uns mit tragischen Einzelschicksalen, aber nicht mit einem so ungeheuren Massensterben identifizieren, das übersteigt unsere Vorstellungskraft.

Aber wir wissen heute, daß die Armut der sogenannten Unterentwickelten nicht naturgegeben ist, sondern eine direkte Folge der Überentwicklung in den Industrieländern, und daß das Problem des Südens darin besteht, in einem vom Norden gelenkten Wirtschaftssystem gefangen zu sein und selbst keine Möglichkeiten zu finden, dieses System entsprechend zu beeinflussen. Der Norden braucht den Süden als Rohstofflieferanten, als Abnehmer für seine überschüssigen Waren und Quelle für billige Arbeitskräfte. Aus diesem Grund ist er auch wenig an einer wirklichen Entwicklung des Südens interessiert, denn damit brächte er sich ja um seinen ökonomischen Vorteil.

Trotz Überschuß und Übergewicht können jedoch auch in den reichen Industriestaaten die elementaren Bedürfnisse der Menschen immer weniger befriedigt werden: Reines Wasser, reine Luft und gesunde Nahrungsmittel werden auch hier zur Mangelware. Darüber hinaus vergrößert sich auch in diesen Ländern der Unterschied zwischen arm und reich. Nach UNO Angaben vom Dezember 1994 leben bereits mehr als 15 Prozent der Bevölkerung in den USA und in Westeuropa unter der Armutsgrenze, besitzt London rund 400.000, Frankreich mehr als 500.000 registrierte Obdachlose und wohnten in den vergangenen fünf Jahren fast eine Viertelmillion New Yorker, darunter mehr als acht Prozent der schwarzen Kinder in Notunterkünften.[11]

Das Pendel schlägt also zurück, die Reichen beginnen sich zunehmend selbst das Wasser abzugraben, die Erde, die Böden leiden auch bei uns durch die Überproduktion, die Ausgebeuteten sind immer weniger kreditwürdig, die Schulden der »Dritten Welt« belasten nicht nur diese, sondern zunehmend auch die Industrieländer, das Wirtschaftswachstum findet nicht mehr wie gewohnt statt, Maschinen und Computer ersetzen mehr und mehr die menschliche Arbeitskraft und den Rest besorgen die nötig gewordenen Rationalisierungsmaßnahmen in den Betrieben. Das Ergebnis ist: weltweit ansteigende Arbeitslosigkeit, zunehmende Armut und Verelendung breiter Bevölkerungsschichten.

Christa Wichterich hat fünf Ursachenfelder für Hunger und Ökokrise verantwortlich gemacht: 1) die horrende Staatsverschuldung der Länder des Südens bei gleichzeitig sinkenden Rohstoffpreisen, die einen bedenkenlosen Raubbau an den Ressourcen bewirken. 2) Der Militarismus, der die größte Bedrohung für alles Leben auf unserer Erde darstellt. 3) Wissenschaft und Technik, die zunehmend im Dienste der Zerstörung statt im Dienst des Lebens stehen, 4) Demokratiemangel und Rechtsverletzung und schließlich 5) ein Entwicklungsmodell, das vorrangig auf Wirtschaftswachstum beruht und zu einer rücksichtslosen Ausbeutung der Natur und der Menschen führt.[12]

Keine Erwähnung findet in dieser Aufstellung die ungerechte Verteilung der Nahrung, die nach Ansicht vieler Wirtschaftsexperten Hauptursache des Hungers in der Welt ist. So besagen neuere Schätzungen, daß die Jahresproduktion an Lebensmitteln ausreichen würde, um eine doppelt so große Weltbevölkerung zu ernähren.[13] Schon angesichts der Verteilung der Jahresgetreideproduktion wird ein eklatantes Mißverhältnis deutlich. Beansprucht doch das satte Fünftel der Weltbevölkerung bereits die Hälfte des Getreides, wobei die Tatsache berücksichtigt werden muß, daß diese Hälfte in den reichen Industriestaaten wiederum fast zur Hälfte für Viehfutter verwendet, das heißt also in Fleisch umgewandelt wird – eine Getreidemenge, die ausreichen würde, ungefähr die Hälfte der Menschheit täglich ausreichend mit Nahrung zu versorgen.[13] Weshalb Paul Harrison die »Fleischfresser der westlichen Welt« mit »Kannibalen, Menschenfressern« vergleicht. Denn: »Fleisch frißt Menschen.«[14]
Obwohl zahlreiche Untersuchungen belegen, daß die Fortsetzung und weltweite Verbreitung des westlichen Wachstums- und Überflußmodells über kurz oder lang einen ökologischen Kollaps hervorrufen wird, bleibt das vorherrschende industrielle Fortschrittsmodell nach wie vor unhinterfragt bestehen und wird Entwicklung weiter mit Wachstum gleichgesetzt, und zwar im Norden ebenso wie in den Ländern des Südens. Vertan wurde die Chance, notwendige Strukturreformen vornehmlich in den sogenannten Entwicklungsländern anzugehen, die vielbeschworene Weltwirtschaftsordnung in Angriff zu nehmen. Statt dessen wird nach wie vor in neuen, effizienteren Technologien und in einem weiteren technologischen Fortschritt die allgemeine Lösung gesehen, ungeachtet der negativen ökologischen Auswirkungen und des zunehmenden Hungers

in der Welt. Daß dieser Hunger ein Resultat unseres Überkonsums und nicht eines technologischen Rückstandes ist, und daß er deshalb auch nicht mit technischen Neuerungen zu beseitigen ist, sondern daß es dazu gerechterer sozialer Verhältnisse bedarf, wird immer noch nicht begriffen.[15]

Kolonialismus als Ausgangsbasis für ein ungerechtes Wirtschaftssystem

Die Anfänge dieser ungerechten Verteilung liegen weit zurück in der Geschichte, in den Anfangszeiten des Kolonialismus. Damals wurden die Weichen für jene Entwicklung gestellt, mit deren Auswirkungen wir heute konfrontiert sind. Nahmen doch die europäischen »Entdecker« beziehungsweise Eroberer keinesfalls nur Länder in Besitz, die, auf einer »niederen« Kulturstufe befindlich, zur »höheren«, nämlich europäischen »hinaufentwickelt« werden mußten. Vielmehr trafen sie auf eine große Anzahl hoch entwickelter Kulturen, die von den Eroberern »hinunterentwickelt« (Maria Mies) wurden. Sie verfügten nicht nur über ein beachtliches Kunstverständnis und ausgedehnte Handelsbeziehungen, sondern auch über ein gut funktionierendes Ernährungssystem, und waren den Europäern nur deshalb unterlegen, weil diese die besseren Waffen und größere Skrupellosigkeit besaßen. Erst durch das bedenkenlose – kulturelle, soziale und wirtschaftliche Besonderheiten meist völlig ignorierende – System der Ausbeutung, dem diese Länder unterworfen wurden und das paradoxerweise mit dem Argument einer damit im Zusammenhang stehenden, »höheren« Entwicklung gerechtfertigt wurde, begann der Hunger ein wirkliches Problem zu werden. Natürlich hat es Nahrungsmittelknappheit auch schon in vorkolonialer Zeit gegeben. Doch war diese eher durch Naturkatastrophen, wie Dürreperioden oder Überschwemmungen bedingt. Im großen und ganzen bestand jedoch noch ein ungefähres Gleichgewicht zwischen Natur und Mensch, und damit auch zwischen Nahrungsherstellung und -verbrauch.

Der indische Autor und Sozialwissenschafter Asit Datta, Professor an der Universität Hannover, hat in einer informativen Studie den Zusammenhang zwischen Kolonialismus, Welthandel und Welternährungssystem untersucht.[16] Er beschreibt die Entwicklung folgendermaßen: Zuerst hatten die Portugiesen und Spanier auf der Suche nach Gold, Silber und Edelmetallen die eroberten Gebiete unter sich aufgeteilt. Dann, als die diesbezüglichen Ressourcen erschöpft waren, wurden die wertvollsten Böden enteignet, Teile der Landbevölkerung zur Zwangsarbeit verpflichtet und im großen Stil Plantagen geschaffen. Erwies sich die Landbevölkerung als ungeeignet, wurden Sklaven importiert. Die Produkte der Plantagen konnten in den Mutterländern abgesetzt werden, wobei in dem nun entstehenden regen Handel – der auch Sklavenhandel einschloß (siehe dazu Kapitel 3.2) – die Kolonialherren sowohl die Art der Erzeugnisse als auch deren Menge und Preis bestimmten. Dieser Handel wurde an den Bedürfnissen der Mutterländer ausgerichtet beziehungsweise an dem für diese entstehenden Profit, und nicht an den Bedürfnissen der einheimischen Bevölkerung.

Was von den Spaniern und Portugiesen begonnen worden war, wurde dann später von den Briten, Franzosen, Belgiern, Niederländern und schließlich auch Deutschen weitergeführt. Da jedoch die Deckung des Eigenbedarfs der ansässigen Bevölkerung nicht berücksichtigt wurde, und auch die eigentlichen Produzenten nicht am Gewinn beteiligt waren, mußte es zu einer zunehmenden Verelendung, zu Mangelerscheinungen und Hungersnöten der Bevölkerung kommen. Auch nach der Erlangung der Unabhängigkeit wird der Handel der »Dritten« von der »Ersten« Welt diktiert, ist die »cash-crop« Produktion für den Export bestimmt, und nicht für den Eigenbedarf, werden Devisen benötigt, um die enormen Schulden zurückzuzahlen, in die sich diese Länder inzwischen hineinmanövriert haben, und bleibt die Versorgung der eigenen Bevölkerung mit Grundnahrungsmitteln dabei auf der Strecke.

Hier liegt, auf eine einfache Formel gebracht, auch das Hauptproblem: Um ihre Schulden an die Länder des Nordens zurückzahlen zu können, werden die Länder des Südens gezwungen, eine immer größere Warenflut – vornehmlich Rohstoffe – zu immer niedrigeren Preisen zu produzieren, was zu einer immer größeren Zerstörung ihres Ökosystems und daher zunehmender Verarmung breiter Bevölkerungsschichten führt. Der Anbau von Nahrungsmitteln, die für den Export bestimmt sind, wird forciert, während der Anbau von Grundnahrungsmitteln für die Bevölkerung zurückgeht. Bestehende Manufakturen und Handwerksbetriebe wurden von den Kolonialherren zerschlagen und Neugründungen erfolgreich verhindert, um jede Konkurrenz auszuschalten. Die Einführung von Monokulturen für den Export hatte nicht nur eine weitgehende Vernichtung der Saatgut-Vielfalt und damit im Zusammenhang stehende Vermehrung der Insekten zur Folge – die wiederum mit einem Großeinsatz an Pestiziden bekämpft werden mußte –, sondern sie führte auch zu einer schlechteren Versorgung der Armen mit Nahrungsmitteln und machte die kleinen Bauern land- und arbeitslos.

Die Tatsache, daß immer mehr Kleinbauern ihr Land verlieren, ohne diesen Verlust durch ein entsprechendes Arbeitseinkommen ausgleichen zu können, wird als eine der Hauptursachen für den Hunger in der Welt genannt. In den ländlichen Regionen der Dritten Welt sind nach einem Bericht aus dem Jahre 1986 schätzungsweise 600 Millionen Menschen ohne Land.[17] Eine Entwicklung, die inzwischen auch in den Industriestaaten zu beobachten ist. So gab es in der alten BRD in den achtziger Jahren Untersuchungen, nach denen 1,4 Millionen neue Arbeitsplätze geschaffen werden könnten, wenn Massentierhaltung und Futtermittelimporte verboten, Monokulturen eingeschränkt und eine bedarfsgerechte Produktion sowie biologischer Anbau gefördert würden.[18]

Frauen werden in ihrer nackten Existenz bedroht

Der Eingriff des Westens in die Subsistenzökonomie der »Dritten Welt« hatte katastrophale Folgen – vor allem für die Frauen. Denn während sich Männer an dieses System anzugleichen beginnen, entweder als Betreiber von Monokulturen, die nicht für den unmittelbaren Nahrungsbedarf, sondern für den Export bestimmt sind, oder aber als Lohnarbeiter in den Städten, werden Frauen als traditionelle Bodenbewirtschafterinnen zunehmend für ihr eigenes und das Überleben der Kinder verantwortlich gemacht. Weil diese Frauen direkt vom Land abhängen, das ihnen Nahrung, Wasser und Brennholz liefert, werden sie von der Verschmutzung der Böden, Abholzung und Verringerung des Wassers ebenso wie vom zunehmenden Landverlust in ihrer nackten Existenz bedroht. Eine zunehmende »cash-crop« Produktion verdrängt sie mehr und mehr auf schlechtere, unfruchtbarere Böden, die infolge des Masseneinsatzes von Pestiziden weiter an Qualität verlieren. Gleichzeitig findet die Vertreibung der Frauen aus den Wäldern statt, die mit ihren Wurzeln und Früchten stets ein wichtiges Nahrungsmittelreservoir gewesen sind, das jedoch nur unter Beachtung strenger Regeln genutzt wurde. In vielen Kulturen galten alte Bäume als heilig und wurden Pflanzen, vor allem jene, die Heilzwecken dienten, nur beschränkt verwendet.

Frauen, die immer weitere Strecken bis zur nächsten Quelle zurücklegen müssen, für die es immer schwieriger wird, das nötige Brennholz für den Haushalt zu beschaffen, denen immer weniger und immer schlechtere Böden zur Verfügung stehen, haben zusätzlich zur wirtschaftlichen und sozialen Krise jetzt auch noch die ökologische Krise durch Mehrarbeit zu bewältigen. Eine Mehrarbeit, die ihnen niemand abnimmt, und die ihnen durch nichts vergütet wird.

Der Zusammenhang von zunehmender Armut und Frauendiskriminierung begann den Verantwortlichen erst in den siebziger Jahren bewußt zu werden. Damals mußten Weltbank sowie nicht-staatliche Entwicklungshilfen ein Anwachsen der absoluten Armut und des Hungers in den Ländern der Dritten Welt feststellen. Gleichzeitig jedoch verwies eine erstarkende Frauenbewegung auf die immer drückender werdende wirtschaftliche Lage der Frauen. Mit der 1. Weltfrauenkonferenz in Mexiko im Jahr 1975 wurde erstmals ein internationales Forum für Frauen hergestellt, auf dem viele Süd-Frauen die Armut als ihr dringlichstes Problem bezeichneten. Ein Bericht der UN aus dem Jahr 1995 besagt, daß etwa 60 Prozent der eine Milliarde Armen auf dem Lande Frauen sind. Außerdem hat sich die Zahl der armen Frauen in ländlichen Regionen in den letzten 20 Jahren verdoppelt, während die Zahl armer Männer nur um 30 Prozent zugenommen hat.[19]

Nach Ansicht zahlreicher feministischer Theoretikerinnen und Wissenschafterinnen (u.a. Maria Mies, Christa Wichterich, Veronika Bennholdt-Thomsen, Claudia Werlhof) liegt in der Stigmatisierung der Frau als Hausfrau und »Zuverdienerin« (siehe dazu Kapitel 3.2) die Hauptursache für ihre Benachteiligung. Unter diese unbezahlte Frauenarbeit, die nicht nur den Haushalt, sondern auch jegliche Liebesarbeit von der Erziehungs- und Beziehungs- bis zur Pflegearbeit an Mensch und Natur umfaßt, und die von der UN auf 25 bis 30 Prozent der gesamten menschlichen Produktivität beziffert wird,[20] fällt vor allem in der Dritten Welt auch die sogenannte Subsistenzwirtschaft, die das Überleben ganzer Familien sichert. »Die ökonomische Logik der Hausfrauisierung« so Maria Mies

> »besteht in einer riesigen Einsparung von Arbeitskosten ... Diese Mystifikation, daß Frauen grundsätzlich Hausfrauen seien, ist ... eine notwendige Vorbedingung für ihr reibungsloses Funktionieren: sie macht einen Großteil der Arbeit, die für den Weltmarkt ausgebeutet und überausgebeutet wird, unsichtbar, sie rechtfertigt niedrige Löhne, hindert Frauen an der Organisierung; hält sie vereinzelt; leitet ihre Aufmerksamkeit auf ein sexistisches und patriarchalisches Frauenbild, nämlich das der »wirklichen« Hausfrau, die von einem Mann erhalten wird, was zwar für die Mehrheit der Frauen nicht nur nicht zu verwirklichen ist, sondern auch aus dem Blickwinkel der Frauenbefreiung zerstörerisch wirkt.«[21]

Diese Ideologisierung der Frau als Hausfrau und Mutter rechtfertigt auch die Tatsache, daß in der landwirtschaftlichen Ausbildung und Beratung ebenso wie in der Einführung neuer Agrartechniken und der Erteilung von Zuschüssen nach wie vor Männer bevorzugt werden. Obwohl die landwirtschaftliche Arbeit in der Dritten Welt hauptsächlich Frauenarbeit ist – in Afrika etwa dreiviertel der landwirtschaftlichen Gesamtarbeit, in Asien die Hälfte und auch in Lateinamerika ein beachtlicher Prozentsatz[22] – sind es die Männer, die gefördert werden und Vergünstigungen kassieren. Lediglich fünf Prozent der multilateralen Kredite im Wert von 5,8 Milliarden Dollar, die 1990 in die Agrarwirtschaft und ländliche Entwicklung des Südens flossen, gingen in die Hände von Frauen.[23] Und eine Untersuchung von Kreditprogrammen in fünf afrikanischen Ländern ergab, daß Frauen nur ein Prozent aller landwirtschaftlichen Kredite erhalten und nicht einmal zehn Prozent der speziellen Kredite für Kleinbauern.[24] In Gambia, wo die von Frauen bewirtschafteten Reisfelder, auf denen 84 Prozent der gesamten Reisproduktion des Landes geerntet werden, eine sechsundzwanzigmal so große Anbaufläche wie die von Männern bewirtschafteten Reisfelder einnehmen, werden Frauen trotzdem nur mit dem 26. Teil jener staatlichen Zuschüsse gefördert, die für Männer vorgesehen sind.[25]

Ein ähnliches Defizit nennen die Statistiken über landwirtschaftliche Modernisierungs- und Förderungsmaßnahmen. Sie zeigen unter anderem, daß überwiegend Männer als landwirtschaftliche Berater ausgebildet und eingesetzt werden, und daß diese auch überwiegend Männer beraten. Erhebungen aus 46 afrikanischen Ländern zufolge sind von den eingesetzten Fachberatern nur 3,4 Prozent Frauen, andere Untersuchungen sprechen sogar von nur 2,9 Prozent. Auch in Nepal, wo 66 bis 100 Prozent vieler landwirtschaftlicher Arbeiten von Frauen ausgeführt werden, zeigte eine 1983 durchgeführte Untersuchung, daß sich unter den zur Beratung der Dorfbevölkerung ausgebildeten Fachkräften nur eine einzige Frau befand. Daß männliche Berater auch männliche Ansprechpartner bevorzugen, geht ebenfalls aus Untersuchungen der achtziger Jahre hervor. Danach wurden männliche Landwirte, die für den Verkauf produzierten, fünfmal so oft von Beratern besucht als weibliche Landwirte, die genau dieselbe Tätigkeit ausübten, und unter den kenianischen Landwirten, die noch niemals aufgesucht wurden, befanden sich zehnmal mehr Frauen als Männer.[26]

Daß Frauen zunehmend ins Elend abrutschen, verwundert also keineswegs. Sie müssen unter schlechteren Bedingungen immer mehr um immer weniger arbeiten, das auch deshalb, weil immer mehr Männer infolge von Landverlust in die Städte abwandern und den Frauen zunehmend die Alleinverantwortung für sich und die Kinder überlassen.

Statistiken stellen derzeit weltweit ein Anwachsen von Haushalten fest, die von Frauen geführt werden. Schätzungen aus den achtziger Jahren zufolge tragen weltweit für rund ein Drittel aller Haushalte Frauen die alleinige Verantwortung.[27] In Kenia etwa werden 40 Prozent der Haushalte von Frauen geführt, in Zentralghana 45 Prozent und in

Lesotho gar über 60 Prozent.[28] Die Geldüberweisungen der emigrierten Männer, die allmählich den Kontakt zu ihrer Familie verlieren, werden häufig seltener oder bleiben ganz aus. Die Frauen sind zunehmend auf sich allein angewiesen. In Familien der Unterschichten in Chile unterstützen 42 Prozent der Väter ihre Kinder ab dem sechsten Lebensjahr nicht mehr, und in Ghana wachsen 43 Prozent aller Schulkinder ohne Vater auf.[29] Das aus dem Westen importierte Modell der Kleinfamilie mit dem Mann als Familienerhalter wird zwar nach wie vor favorisiert, ist allerdings zunehmend vom Zerfall bedroht. Weshalb auch die ghanische Journalistin Ajoa Yeboah-Afri auf die Frage: »Wo stünde Afrika ohne seine Frauen?« antwortete: »Stünde Afrika noch?«[30]

Technisierung und Industrialisierung verstärkt die Gewalt gegen Frauen

Die indische Naturwissenschafterin und Trägerin des Alternativnobelpreises Vandana Shiva hat anhand der sogenannten »Grünen Revolution« eindringlich beschrieben, wie wenig die Bemühungen um Ertragssteigerung das eigentliche Problem des Hungers zu lösen vermochten, und wie tief darüber hinaus eine profitorientierte Industrialisierung in den Lebensplan der Menschen eingreift. Sie führt nicht nur zu weiteren Arbeitsbelastungen, sondern auch zu einer Steigerung von Aggression und Gewalt vornehmlich gegen Frauen.[31] Die aggressive Bodenbewirtschaftung hatte ein Absterben der Böden und eine Verdrängung der Kleinbauern zur Folge, sie hat zwar die wenigen Reichen reicher, die Armen hingegen ärmer gemacht. Eine Möglichkeit für die Armen, sich ebenfalls die aus dem Westen vermehrt eingeführten Konsumgüter leisten zu können, bestand in immer höher geschraubten Mitgiftsforderungen, wie sie jetzt auch in den unteren Schichten üblich wurden. Um diesen Forderungen zu entsprechen, werden Frauen beziehungsweise deren Familien unter Druck gesetzt, mißhandelt, geschlagen und häufig sogar ermordet. Eine weitere Folge dieser immer höheren Mitgift ist der zunehmende Genozid weiblichen Lebens. Weil Frauen immer mehr als Belastung erfahren werden und daher unerwünscht sind, ist die Tötung weiblicher Babies und die Abtreibung weiblicher Föten stark im Zunehmen begriffen.

Vandana Shiva zeigt auf, daß im Kerngebiet der Grünen Revolution, im Punjab, die Gewalttaten gegen Frauen im Zusammenhang mit Mitgiftfragen am massivsten angestiegen sind. Auch war diese Region die erste, in der aufgrund der Amniozentese (Fruchtwasserpunktur) massiv weibliche Föten abgetrieben wurden. Die erste Amniozentese-Klinik wurde in Amritsar im Punjab errichtet, und im Zeitraum von 1978 bis 1983 wurden hier 78.000 weibliche Föten abgetrieben.[32] Auch Maria Mies, die in Indien mehrere Forschungsprojekte über Frauen im ländlichen Subsistenzbereich durchgeführt hat, stellt einen Zusammenhang zwischen Profitinteressen einer neuen kapitalistischen Klasse und der Zunahme von Aggression gegen Frauen fest. Sie spricht von einem Anstieg der Gewalttätigkeiten und einer Polarisierung der Geschlechter vor allem in jenen Gebieten, in denen die Landwirtschaft in den vergangenen Jahren modernisiert wurde,[33] und die steigende Produktion von »cash-crops« ebenso wie die Einführung neuer Agrartechnologien zwar einerseits die wirtschaftliche Position weniger reicher Bauern verbesserte, andererseits jedoch auch dazu führte, daß immer mehr Kleinbauern ihr Land durch Verschuldung verloren haben. Diese Situation führt nach Mies zur Schaffung einer neuen Sklaverei unter Landarbeitern, die häufig gezwungen sind, jahrelang – oft sogar lebenslang – ohne Lohn bei dem Großbauern zu arbeiten, der ihnen Geld geliehen hat.[34]

Zunehmende Industrialisierung, neue Technologien und moderne, exportorientierte Bodenbewirtschaftung bringen den Menschen keinesfalls immer jenen Fortschritt, den die – männlichen – Wirtschafts- und Technikexperten ständig in Aussicht stellen. Die Lebenssituation der Menschen dieser Welt, wird sich erst dann verbessern, wenn mit den Naturressourcen freundlicher und schonender umgegangen wird und statt Geld und Profit der Mensch mit seinen eigentlichen, grundlegenden Bedürfnissen im Mittelpunkt der Überlegungen steht. Erst wenn die Ausgebeuteten dieser Welt – und damit vornehmlich die Frauen – nicht nur Lohn, sondern darüber hinaus auch die Produktionsmittel zurückerhalten, ihr Land, ihre Äcker, ihre Häuser, aber auch die Verfügung über ihre Körper, ihr Wissen und ihre Kreativität, wenn sie sich also in ihrer autonomen Existenz begreifen können unabhängig von staatlichen, vornehmlich an Kapitalsteigerung orientierten Eingriffen, erst dann besteht Aussicht, Hunger und Armut wirksam zu bekämpfen.

»Wozu brauchen wir das alles«, fragt daher Maria Mies im Hinblick auf die zunehmende Technisierung und Industrialisierung des Lebens:

> »Wieso meint ihr denn, daß ihr besser miteinander reden könnt, wenn ein Mikrofon, eine Videokamera, ein Computer, ein Satellit zwischen euch steht? Wieso glaubt ihr, daß ihr die Herrschaft der Männer über die Frauen mit der Gen-Technik der Männer abschaffen könnt? ... Nicht wir brauchen diese Technik. Das Kapital braucht sie, die Männer brauchen sie und beide brauchen uns und andere Käufer dieser Technik.«[35]

Frauen arbeiten zum Billigst-Lohn

Wird die Situation von »Dritte-Welt«-Frauen auf dem Land immer kritischer, so ist ihre Lage in den Städten, in die viele Frauen abwandern, auch nicht viel besser. Denn daß die aufstrebenden Produktionsbetriebe »eine überwältigende Vorliebe für junge Arbeiterinnen«[36] zeigen, hat seinen – keinesfalls frauenfreundlichen – Grund: Sind doch junge Frauen nicht nur arbeitswillig und äußerst fügsam (bedingungsloser Gehorsam wird ihnen schon im Elternhaus beigebracht), sie akzeptieren auch Billigstlöhne aus Not oder infolge mangelnder Alternativen. In manchen Ländern wie etwa Brasilien, Kolumbien, Bolivien und Südkorea verdienen sie weniger als 60 Prozent der männlichen Arbeiter. In Tansania waren 47 Prozent der Frauen, aber nur vier Prozent der Männer in der untersten Einkommensgruppe anzutreffen, und in Kenia lagen die Vergleichszahlen bei 41 beziehungsweise 14 Prozent. In Japan hat sich der Einkommensunterschied sogar verstärkt: 1980 bezogen Frauen noch 53,8 Prozent der Männergehälter, 1988 nur noch 50,7 Prozent.[37] Schon früh an diffizile Handarbeiten gewöhnt, gelten Frauen außerdem als geschickt und fingerfertig, darüber hinaus ist es meist nicht nötig, ihnen Zulagen für lange Betriebsangehörigkeit zu bezahlen, weil sie häufig bald ein Kind bekommen und dann kündigen oder aber entlassen werden. In der malaysischen Freihandelszone von Bayan Lepas wurden in den achtziger Jahren zu 85 Prozent Frauen im Alter von 18–24 Jahren beschäftigt, und auch in Mexiko sind 85 Prozent der Arbeitskräfte Frauen unter dreiundzwanzig.[38] Dieses Heer von jungen, armen, gehorsamen, fleißigen und mit niedrigsten Löhnen abgespeisten Frauen des Südens werden oft mit ihrer letzten Leistungskraft ausgebeutet, damit die Konsumenten des reichen und satten Nordens die von ihnen erzeugten Produkte möglichst preiswert kaufen können.

Eine zunehmend schlechtere Bezahlung von Frauen ist jedoch nicht auf sogenannte Entwicklungsländer beschränkt, sie ist ein weltweites Phänomen. Selbst in Skandinavien ist ein leichter Rückwärtstrend zu verzeichnen,[39] und in Österreich verdienten Frauen im Jahr 1980 um 4.794 Schilling, 1991 jedoch bereits um 7.031 Schilling weniger als ihre männlichen Kollegen. Laut Mikrozensus aus dem Jahr 1994 bekommen Männer hier im Durchschnitt um 21 Prozent mehr Geld als Frauen, und zwar gibt es Einkommensvorteile für Männer in fast allen Sparten.[40]

Frauen sind nicht nur schlechter bezahlt als Männer, sie arbeiten auch mehr. Studien über das ländliche Java belegen, daß Frauen ab dem fünfzehnten Lebensjahr pro Tag 11,1 Stunden arbeiten, Männer hingegen nur 8,7 Stunden. Auch für die Philippinen weisen Untersuchungen nach, daß hier Frauen eine größere Gesamtarbeitszeit aufbringen als Männer.[41] Und die Afrikanerinnen leisten 67 Wochenarbeitsstunden gegenüber 53 der Männer: Tendenz steigend![42]

Obwohl jedoch insgesamt 65 Prozent aller geleisteten Arbeit auf das Konto von Frauen geht, und sie weltweit die Haupternährer der Familie sind,[43] haben sie am allerwenigsten zu essen. In vielen Ländern bekommen sie »traditionell« weniger Nahrung, häufig können sie nicht über ihr Einkommen verfügen, und das, was übrig bleibt, wird fast immer für die Kinder aufgewendet, »während Männer ihr Geld für Alkohol, Tabak, Konsumgüter und andere Frauen ausgeben« – wie es in einem Bericht heißt.[44] Aus diesem Grund leiden auch weltweit über die Hälfte aller schwangeren und 47 Prozent der nicht-schwangeren Frauen in den Entwicklungsländern (ohne China) an Anämie. Auch daß jährlich etwa eine halbe Million Frauen in der Dritten Welt im Wochenbett stirbt, ist zu einem großen Teil auf ihre unzureichende Ernährung und einen damit zusammenhängenden schlechten Gesundheitszustand zurückzuführen.

Daß Frauen weltweit die meiste Arbeit leisten, wird allerdings in den Wirtschaftsstatistiken nicht oder nur am Rande erwähnt, weil sie nicht in jener Kategorie meßbar ist, die im Kapitalismus den höchsten Stellenwert besitzt: nämlich in Geld! Ist doch gerade in jenen Wirtschaftsformen und -sektoren, in denen Frauen überwiegend tätig sind, bezahlte mit unbezahlter Arbeit eng verknüpft: in der Landwirtschaft, wo für den Eigenbedarf ebenso wie für den Markt produziert wird, in den kleingewerblichen Familienbetrieben und im sogenannten informellen Sektor des Straßenhandels und der Zu- und Heimarbeit. Der Überlebenskampf dieser Frauen, die meist auch noch Kinder mitzufüttern haben, und deren Zahl im Steigen begriffen ist, interessiert die Wirtschaftsstatistiken wenig, und doch ist es ihre Gratisarbeit – ebenso wie jene der Hausfrau des Nordens –, mit der die gesamte Geld- und Marktwirtschaft permanent subventioniert wird. Weshalb auch die Soziologin Claudia von Werlhof die Ansicht vertritt, daß nicht die – weltweit – etwa 10 Prozent freien Lohnarbeiter, sondern die 90 Prozent unfreien Nichtlohnarbeiter, die endlos Ausgebeuteten, zu niedrigsten Löhnen Arbeitenden die eigentliche »Säule der Akkumulation und des Wachstums« im Kapitalismus sind.[45]

Die Arbeitsüberlastung der Frauen des Südens ist teilweise derart dramatisch, daß sie nicht nur die Nahrungsmittelproduktion, sondern auch die -aufnahme gefährdet. So etwa zeigen Untersuchungen in Sambia, Ghana, Botswana und Gambia, daß die Erntemenge nicht so sehr vom

Bodenertrag abhängt als vielmehr davon, wieviel die Frauen von der Ernte jeden Tag einbringen konnten. Und in Burkina Faso (dem ehemaligen Obervolta) wurde bei ländlichen Familien während der Regenzeit eine Abnahme des Körpergewichts festgestellt, die nicht etwa auf einen Mangel an Nahrungsmitteln zurückzuführen ist, sondern vielmehr auf die Tatsache, daß die von der Feldarbeit vollkommen erschöpften Frauen nicht mehr die Kraft hatten, das Essen zuzubereiten.[46]

Es ist vor diesem Hintergrund verständlich, daß immer mehr und mehr verarmte, ihrer eigentlichen Lebensgrundlage beraubte Frauen das Letzte verkaufen, was ihnen geblieben ist: nämlich ihren Körper. Die Prostitution ist besonders in »Dritte Welt«-Ländern zu einem Riesen-Geschäft geworden, aber auch hier sind Frauen nicht die eigentlichen Nutznießerinnen, sondern Frauenhändler, Agenten, Bordellbesitzer und Zuhälter. An die 800.000 thailändische Frauen arbeiten als Prostituierte im Sextourismus, das sind ungefähr acht Prozent aller Frauen zwischen fünfzehn und vierundzwanzig Jahren. In den achtziger Jahren waren die Einnahmen, die Thailand aus dem Tourismus bezog, doppelt so hoch wie die aus dem traditionellen Reisexport.[47] Dabei ist die Prostitution in Thailand ebenso wie auf den Philippinen offiziell verboten, inoffiziell wird sie allerdings nicht nur geduldet, sondern zum Teil sogar aktiv von Regierung und Reiseveranstaltern gefördert. Ermutigt werden die Frauen teilweise aber auch von den eigenen Familien, die häufig auf diese Unterstützung der Töchter angewiesen sind. Doch ist der Sextourismus und internationale Frauenhandel, der weiter im Zunehmen begriffen ist und in den auch der Heiratshandel integriert werden muß, nicht nur von sexistischen, sondern auch rassistischen Komponenten geprägt: Es sind hauptsächlich weiße Männer aus dem Norden, die sich die gefügige und anspruchslose Frau aus dem Süden kaufen – sei es als Prostituierte oder als Ehefrau.

Frauen wehren sich

Daß der Hunger in der Dritten Welt möglicherweise mit der totalen Überforderung und Ausbeutung der eigentlichen Nahrungsmittellieferantinnen – nämlich der Frauen – zusammenhängen könnte, dämmerte den Verantwortlichen erst in den achtziger Jahre. Damals begannen Frauen, Widerstand zu leisten und mit diversen Fraueninitiativen und Frauenprogrammen ihre Situation zu verbessern.

Die Aktivitäten der Frauen schienen vorerst unerheblich und wurden wenig beachtet. Sie richteten sich gegen industrielle Abholzung und Giftmüll, Staudämme und Atomkraftwerke. Frauen des Südens begannen Wälder aufzuforsten, Haushaltsabfälle zu kompostieren, Solarkocher und Trinkwasserdepots zu bauen. In kleinen Gruppen nutzten sie lokale Gegebenheiten, griffen dabei auf traditionelles Wissen und altherge-brachte ressourcenschonende Technologien zurück. Allerdings mußten sie bald erkennen, daß ihre Basisaktivitäten über den berühmten Tropfen auf dem heißen Stein nicht hinauskamen, weil sie ihnen wohl mehr Arbeit und Verantwortung, aber keinesfalls mehr Entscheidungsmacht in den Schlüsselpositionen einbrachten.

Ein gewisser Durchbruch gelang Frauen dann bei der Weltfrauenkon-ferenz in Nairobi 1985, wo sie erstmals ihre eigenen Positionen einer Weltöffentlichkeit vorstellten. Vorangegangen waren die durch äußeren Druck seit den siebziger Jahren forcierten, speziellen Frauenförderungs-programme der Weltbank, die jedoch neue Strukturansätze vermissen ließen und sämtlich von der Vorstellung ausgingen, daß Frauen als defi-zitäre Mängelwesen durch Eingliederung in das vorherrschende Wirt-schaftssystem eine bislang versäumte Entwicklung »nachzuholen« hätten. Das offerierte »Frauenförderungsprogramm« war daher auch in keinster Weise geeignet, Frauen aus ihren Nischen herauszuführen und ihren Objektstatus zu beenden. Es sprach mit Kursen für Nähen, Stricken und Hauswirtschaft entweder die Hausfrau und Mutter an, oder mobi-lisierte Frauen für die Lohnarbeit in den Plantagen mit »cash-crops« Produktion. Und auch die Unterstützung der Selbsthilfeprojekte für die Armen diente lediglich der Grundbedürfnisbefriedigung. Denn die Welt-bank ist an den armen Frauen der Dritten Welt als Produzentinnen von Waren für den Weltmarkt interessiert, nicht aber an der Verbesserung ihrer Subsistenzwirtschaft zur Selbstversorgung. Würde diese vorrangig in das Programm eingebaut werden, ergäbe dies keinen Nutzen für das Kapital.[48] Aus diesem Grund sind auch viele der Frauenprogramme durch ihre geringe Berücksichtigung der tatsächlichen Situation von Frauen, ihre unrealistische Einschätzung tatsächlicher Bedürfnisse und lokaler Gegebenheiten derart ineffizient, daß diese einkommenschaffen-den Projekte von Frauen in Zimbabwe in »einkommenverlierende« Pro-jekte umbenannt wurden.[49]

Schon bei der Weltfrauenkonferenz in Kopenhagen 1980 hatten führen-de Wissenschafterinnen einem Frauenförderungsprogramm, wie es vor-nehmlich von der Weltbank verfolgt wird, eine Absage erteilt. Aber erst in Nairobi fünf Jahre später wurden entsprechende Alternativen ausge-arbeitet. Hatten doch, wie es die Philippinin Teresa Quintos-Delas aus-drückte, die Frauen inzwischen

»begriffen ... daß aus feministischer Sicht das Ziel für Frauen nicht war, Gleichheit mit Männern in einer von Grund auf ungerechten Welt zu erreichen«.

Statt dessen stellte das Süd-Netzwerk von Wissenschafterinnen und Aktivistinnen DAWN eine Broschüre vor, die als Meilenstein in der internationalen Frauendebatte bezeichnet wird. Besonders betont wurde ein Konzept von »Empowerment«, Machtzuwachs von Frauen vor allem in Bildung und Gesundheit, der es ihnen ermöglichen soll, autonom zu bestehen und in der Folge ihre Vorstellungen auch in die bestehenden Strukturen einzubringen.[50] Frauen müssen nicht nur die Möglichkeit haben, das Land, das sie bearbeiten, auch zu besitzen, sie müssen auch Zugang zu Bankkrediten haben, der ihnen in den meisten Ländern der Dritten Welt verwehrt wird. So sorgen in Asien Erb- und Familienrechte dafür, daß Frauen fast durchweg vom Landbesitz ausgeschlossen sind, und auch in Afrika kommen Frauen meist nur über einen Ehemann zu Land. (Erst auf der Weltfrauenkonferenz in Peking 1995 wurden diesbezüglich für manche Länder Änderungen erreicht.) Sie können oft nicht einmal über die Art der Bewirtschaftung selbst entscheiden, sondern brauchen dazu die Einwilligung ihres Mannes, was sich vor allem dann besonders nachteilig auswirkt, wenn dieser in eine Stadt abgewandert ist.

Ohne Landbesitz oder ein sicheres Einkommen gibt es aber auch keinen Kredit. Doch haben selbst Frauen mit Landbesitz häufig Schwierigkeiten, ein Darlehen zu beschaffen, entweder, weil die von ihnen meist gewünschten Kleinkredite für die Banken uninteressant und zu teuer sind, oder aber ganz einfach aufgrund ihres Geschlechts. In Ghana beispielsweise erhalten nur 7 Prozent der weiblichen gegenüber 27 Prozent der männlichen Landwirte einen Bankkredit.[51]

In den letzten Jahren beginnen sich aber auch hier Änderungen abzuzeichnen. In Bangladesch beispielsweise haben die Frauenförderungsinitiativen der vielen Nicht-Regierungs-Organisationen (NGOs) häufig Kreditvergaben in ihr Programm eingeschlossen.[52] Hier existiert auch seit 1983 die Grameen Bank, die sich auf Kredite an Arme spezialisiert. Heute sind 94 Prozent der inzwischen zwei Millionen Kreditnehmer dieses Unternehmens Frauen, die sich um das Geld eine eigene Existenzbasis schaffen können, indem sie Saatgut oder Vieh kaufen oder auch kleine Geschäfte eröffnen. Ein Drittel dieser Frauen, so der Gründer Mohammed Yunus, lebt aus diesem Grund heute nicht mehr unter der Armutsgrenze. Eine weitere Bank für Frauen, die von Ela Bhatt gegründete sogenannte SEWA (Self-Employed Women's Association) in Indien vergibt nicht nur

Kredite, sondern versorgt ihre Kundinnen auch mit Tips zu Gesundheits-vorsorge und Familienplanung, betreut die Kinder in den Slums oder hilft, Kooperativen zu bilden. Inzwischen hat die Women's World Banking in New York, deren Präsidentin Ela Bhatt jahrelang gewesen ist, in 41 Ländern Banken nach dem SEWA-Vorbild aufgebaut.[53]

Daß der Gründer der Grameen Bank, Mohammed Yunus, vom Anfang an Frauen erreichen wollte, begründet er so:

> »Das Geld, das über eine Frau in eine Familie kommt, bringt so viel mehr. Eine Frau denkt zuerst an die Kinder, deren Ernährung, Bildung. Sie plant längerfristig, und sie weiß um die hohen Risken … ein Mann dagegen lebt im Jetzt, für sich und seinen Genuß.«[54]

Auf das größere Verantwortungsbewußtsein der Frau nimmt auch ein indisches Sprichwort Bezug:

> »Ein Pfennig für eine Frau ist ein Pfennig für ihre Familie; ein Pfennig für einen Mann ist ein Pfennig für den Mann.«

In der Realität findet dieser Ausspruch seine Bestätigung: indische Frauen geben rund 95 Prozent ihres Verdienstes für ihre Kinder aus.[55]

Frauen sind nicht nur die verläßlicheren Ansprechpartner, sie sind auch die besseren Landwirte, wie der Weltfrauenbericht bereits 1986 vermerkt.[56] Sind sie doch nicht nur als Hauptverantwortliche für ihre Kinder besonders motiviert, sondern Ackerbau und Landwirtschaft sind seit vorgeschichtlichen Zeiten ihr eigentliches Arbeitsgebiet. Größten-teils zuständig für die Subsistenzwirtschaft haben sie mehr Erfahrung und auch eine bessere innere Beziehung zu dem Land, das sie bestellen, und sie erleben das Gedeihen der Pflanzen vom Beginn bis zum Stadium der eigentlichen Nahrungsmittelzubereitung, von der wiederum das Ge-deihen ihrer Kinder abhängt.

Trotzdem werden die Erfolge von Frauen in der Landwirtschaft meist wenig beachtet beziehungsweise heruntergespielt, und erst in jüngster Zeit gelegentlich dokumentiert. So erwirtschaften etwa die Bäuerinnen in Kenia, wo 38 Prozent der landwirtschaftlichen Betriebe von ihnen geführt werden, die gleichen Hektarerträge wie Männer, obwohl diese einen wesentlich leichteren Zugang zu Krediten und jeder Form von Fachberatung haben. Dort hingegen, wo Frauen die gleiche Unterstüt-zung erfahren, erreichen sie bessere Ernten als Männer. Auch in Sambia verdienten die Frauen nach einem Bericht aus den achtziger Jahren mit ihren, für den Verkauf angebauten Zwiebeln so viel, daß Männer ihre Zwiebeln auch von ihnen betreut haben wollten – was allerdings von den Frauen abgelehnt wurde.[57]

110

Frauen entwerfen ein Gegenmodell

Durch solche und ähnliche Resultate ebenso wie zunehmende, häufig von Feministinnen aus dem Norden unterstützte Fraueninitiativen zur Verbesserung der wirtschaftlichen und rechtlichen Situation ihrer Geschlechtsgenossinnen im Süden begannen Frauen allmählich in das Blickfeld der Öffentlichkeit zu rücken. Ein beachtlicher Vorstoß gelang auch auf den zwei internationalen Konferenzen im November 1991 in Miami, USA, auf denen neuerliche Forderungskataloge ausgearbeitet wurden. Schon die erste, von der UN-Umweltbehörde UNEP (UN Environment Program) organisierte Konferenz unter dem Titel »Global Assembly: Women and the Environment – Partners in Life« zeigte ein neues Selbstbewußtsein der Frauen. Fand doch die lobende Bemerkung UNEP-Chefs Mostafa Tolba, Frauen würden »das Mißmanagement auf nationaler und lokaler Ebene durch hausgemachte Anstrengungen und mit begrenzten Ressourcen reduzieren«, wenig Zustimmung. Die Vertreterinnen von 218 Erfolgsprojekten wiesen vielmehr die Rolle der Reparateurinnen eines in sich kranken Systems und der »globalen Haushälterinnen« (Bella Abzug) von sich, nannten die eigentlichen Ursachen von Hunger und Umweltzerstörung und forderten mehr Entscheidungsmacht und Verfügungsrechte. Im Zentrum der zweiten Konferenz stand dann die wissenschaftskritische Analyse der »Verflechtung von Wirtschaftssystem, Zerstörung des Planeten und Unterdrückung von Frauen«, wobei die Rednerinnen die »moralische Autorität« für sich beanspruchten, »die Erde zu bemuttern«. In der ausgearbeiteten »Frauen-Agenda 21« wurden drei zentrale Forderungen gestellt:
1) eine neue Ethik im Umgang mit der Natur
2) Gerechtigkeit zwischen Norden und Süden
3) Gerechtigkeit zwischen den Geschlechtern.
Das Ziel dieser Forderungen bestand nicht in der neuerlichen Reparatur eines kaputten Systems, sondern im Entwurf eines Gegenmodells, das die Grundbedürfnisse der Erdbevölkerung unter Wahrung eines respektvollen und partnerschaftlichen Umgangs mit der Natur sichern soll. In dem Text wird unter anderem der Zugang zu sauberer Luft und sauberem Wasser, Nahrungsmitteln, Obdach, Gesundheit und Wohlbefinden als moralisches Grundrecht gefordert.

»Wir setzen den mangelnden politischen und individuellen Willen der Machthabenden dieser Welt, zur großen Mehrheit Männer, gleich mit einem Mangel an grundsätzlicher Moral und spirituellen Werten und mit dem Fehlen jeglichen Verantwortungsgefühls für die künftigen Generationen ... Wir werden Kontrollsysteme organisieren, um Institutionen und Staaten für ihre Handlungen, Produkte und politischen Entscheidungen haftbar zu machen ... Wir empfehlen, daß neue Technologien nicht nur nach Kriterien der Effizienz und Sicherheit, sondern auch nach Maßgabe ihrer sozialen und ökonomischen Folgen zugelassen werden ... Wir wissen, daß die wichtigsten Gründe der Umweltzerstörung bei Wirtschaftssystemen liegen, die Natur und Menschen ausbeuten und mißbrauchen, sowie bei der industriellen und militärtechnologischen Verschmutzung von Abfallproduktion. Wir sind empört über die Unterstellung, die Schuld liege bei der Fruchtbarkeit von Frauen. Wir fordern einander dringend auf, darauf hinzuarbeiten, eine kritische Masse in Entscheidungspositionen in Regierungs- und Nicht-Regierungspolitik zu erreichen ...«[58]

Die Konferenzen in Miami waren entscheidend für eine Entwicklung, in der Frauen nicht mehr lediglich als Opfer eines zerstörerischen Prozesses, sondern zunehmend als Handlungsträgerinnen wahrgenommen werden. Ihre Position verstärkte sich weiter beim Erdgipfel in Rio 1992, bei dem erstmals eine nennenswerte Anzahl von weiblichen Delegierten registriert wurde. Zwar betrug sie auch hier lediglich marginale 15 Prozent, trotzdem waren bislang Frauen bei UN-Konferenzen mit Ausnahme der Weltfrauenkonferenz nicht einmal mit dieser Zahl vertreten gewesen.

Auf der Gegenveranstaltung, dem Global Forum, bot das Frauen-Zelt »Planeta Femea« (»weiblicher Planet«, oder »Planet der Weiblichkeit«) eine Möglichkeit des Informations- und Erfahrungsaustausches, auf dem neuerlich das Konzept des »Empowerment« von Frauen, Verbesserung ihrer Bildung und Gesundheit und Stärkung ihrer wirtschaftlichen Situation erörtert und unter anderem die Abschaffung der Weltbank mit einem verfehlten Entwicklungsprojekt gefordert wurde.[59]

Eine weitere Stärkung erfuhr die Position der Frauen zwei Jahre später bei der Bevölkerungskonferenz in Kairo, wo plötzlich unisono die zentrale Stellung der Frauen beschworen und zu Frauenförderungsprogrammen aufgerufen wurde. Als einen noch größeren Erfolg und einen »Fortschritt gegenüber der Bevölkerungskonferenz von Kairo« bezeichneten Teilnehmerinnen schließlich die Weltfrauenkonferenz in Peking 1995,[60] die trotz aller Probleme über die Ergebnisse früherer UN-Konferenzen hinausging und als Ermutigung für weitere Frauenaktivitäten gegen erstarkende reaktionäre Tendenzen verstanden wurde.

Die bislang unsichtbaren Frauen der Dritten Welt beginnen also existent zu werden. Inwieweit es sich hier um eine allmähliche Beachtung ihrer tatsächlichen Bedürfnisse handelt, oder nur um eine »schein-feministische Läuterung« (Christa Wichterich) bleibt abzuwarten. Die Einwände

Christa Wichterichs, die jahrelang als Korrespondentin in Indien und Afrika gearbeitet hat, sind auf jeden Fall berechtigt: Frauenförderung ist nach wie vor in vielen Fällen Diskriminierungspolitik, die dazu dienen soll, die schlimmsten Auswüchse einer Fehlentwicklung zu beseitigen, ohne wirkliche Strukturreformen herbeizuführen. Frauen wurden zwar – wieder einmal – als Reservearmee entdeckt, als ein zu wenig effizient genutztes Potential, um das Wirtschaftswachstum weiter voran zu treiben, ihre eigenen Interessen jedoch, das, was für sie und das Überleben ihrer Kinder wichtig ist, wird nach wie vor wenig berücksichtigt. Die Weltbank macht daraus auch überhaupt kein Hehl, ihr geht es bis heute vornehmlich um die Nutzung des weiblichen Arbeitspotentials zur Festigung des vorgegebenen Entwicklungsmodells. Die Arbeit der Frauen soll erleichtert werden, »um es ihnen zu ermöglichen, einen noch größeren sozialen und ökonomischen Beitrag zu leisten«, denn »die Produktivität von Frauen zu verbessern, trägt zu Wachstum, Effizienz und Armutsminderung bei«.[61]

Frauen sollen also wieder einmal als Retterinnen mobilisiert werden, nachdem andere Bemühungen fehl geschlagen haben. Sie sollen die Basis- und Drecksarbeit leisten, nachdem die großen Männerbosse nicht mehr weiter wissen, sie werden aufgerufen, den verfahrenen Karren aus dem Dreck zu ziehen, mit möglichst geringem, finanziellem und machtpolitischem Aufwand, aber unter Einsatz aller verfügbaren (Frauen-) Kräfte. Nicht mehr der Opferstatus der Frau wird jetzt betont, sondern die Frau als Krisenmanagerin beschworen. Mit ihren nie versiegenden, heilenden, aufbauenden und regenerierenden Kräften soll sie ein kapitalistisches, patriarchales System vor seiner Zerstörung bewahren, obwohl dieses sich langsam aber sicher ad absurdum führt.

Aber immer mehr Frauen begreifen, daß es so nicht geht, daß Entwicklungsprogramme so lange nicht greifen können, solange sie an den eigentlichen Bedürfnissen vorbeidirigiert werden, daß sie sich in einer unendlich mühsamen, Kräfte zehrenden Sisyphosarbeit verbrauchen und daß diese Entwicklung nicht aufzuhalten ist, solange sie als Handlangerinnen mißbraucht werden für ein System, das grundsätzlich von Frauenfeindlichkeit geprägt ist, und in dem keine neuen Denk- und Strukturansätze sichtbar sind. Die Erkenntnis, daß Hunger, Umweltzerstörung und Überbevölkerung ursächlich mit der Benachteiligung der Frau zusammenhängen, beginnt sich langsam durchzusetzen. Gefordert wird daher in erster Linie eine nationale und regionale Wirtschafts- und Sozialpolitik, die durch eine konsequente Gleichstellungs- und Antidiskriminierungspolitik, durch eine Stärkung von Frauen und ihren gleichberechtigten Zugang zu Produktions- und Fördermitteln bestimmt wird.

Denn daß Frauen andere Prioritäten setzen, ist auch schon EntwicklungshelferInnen und InitiatorInnen von Frauengruppen aufgefallen: Für Frauen sind in erster Linie überlebenswichtige Grundbedürfnisse wie ausreichende Nahrung, gutes Trinkwasser und Gesundheit für sich und ihre Kinder wichtig, während es Männern vornehmlich um effiziente Industrialisierung, Technisierung und ein größeres Geldeinkommen geht.[62]

Die drohende Gefahr einer Vereinnahmung des inzwischen viel strapazierten Begriffs »Empowerment« ist vielen Frauen bewußt. Sie wollen daher

> »Projekte und Organisierungsprozesse von Frauen unterstützen, die das Herrschaftsverhältnis der Geschlechter angreifen (und) ... die auf eine Veränderung der herrschenden, ökonomischen, politischen und sozialen Produktions- und Reproduktionsbedingungen hinarbeiten«.[63]

Diese Art von Machtzuwachs können Frauen allerdings nicht von männerzentrierten Institutionen, Regierungen oder noch so wohlmeinenden Konferenzen erwarten. Den müssen sie sich selbst erarbeiten.

3.5 Bevölkerungsexplosion

Die Frau wurde als Hoffnungsträgerin nicht nur bei der Bekämpfung von Hunger und Armut entdeckt, sondern in einem wahrscheinlich noch viel größeren Ausmaß bei der Bekämpfung der drohenden Überbevölkerung. Mehr und mehr scheint sich die Erkenntnis durchzusetzen, daß Frauen als Gebärende und für die Erziehung Hauptverantwortliche am ehesten geeignet sind, dieses Problem in den Griff zu bekommen.

Auch das allgemeine Rätselraten von SoziologInnen und EthnologInnen, warum die Bevölkerungsdichte während der gesamten Vorgeschichte stabil gehalten wurde, um dann plötzlich in ungeahnte Höhen hinaufzuschnellen, kann nach jüngeren Forschungen mit einem sehr einfachen Hinweis beendet werden: Es waren höchstwahrscheinlich Frauen, die in ihrem eigenen und im Interesse der geborenen und ungeborenen Kinder die Bevölkerungszahl konstant hielten, indem sie immer nur so viele Kinder zur Welt brachten, als sie einerseits ihrer körperlichen Konstitution zumuten konnten, und andererseits aber auch maximale Überlebenschancen für die Kinder gegeben waren. Insoferne ist es auch kein Zufall, daß der Anstieg der Bevölkerung mit der Entstehung des Patriarchats zusammenfällt und daß er stetig zunahm, je rechtloser, ausgelieferter und abhängiger Frauen wurden. Denn, wie es Cillie Rentmeister treffend ausdrückt:

»Bevölkerungsexplosion ist eine Erscheinung, deren Phasen in Korrelation (Wechselbeziehung) zur Entwicklung und Verbreitung patriarchaler Gesellschaftsformen verlaufen. Die patriarchale Ökonomie trat ihren räuberischen Siegeszug unter dem Gesetz der Vatergötter an: ›Wachset und vermehret Euch‹ ... Bevölkerungspolitik ist in erster Linie ein Ausdruck der Geschlechterpolitik – wer verfügt über die Gebärfähigkeit des weiblichen Körpers und wie? Wer verfügt über die weibliche Sexualität und wie?«[1]

So betrug im gesamten Pleistozän (Zeitraum von etwa 1,8 Millionen Jahren bis 10.000 v.u.Z.) die Weltbevölkerung konstante 8–9 Millionen Menschen. In der Jungsteinzeit, einer Phase des Seßhaftwerdens und des Ackerbaus begann sie erstmals anzuwachsen und erreichte nach neuesten Berechnungen etwa 50 Millionen, das bedeutet eine durchschnittliche Wachstumsrate von 0,1 Prozent im Jahr (zum Vergleich: die heutige Wachstumsrate beträgt 2–3 Prozent jährlich).[2]

Um Christi Geburt wird die Zahl der Menschen bereits auf 300 Millionen geschätzt, die dann bis 1650 auf eine halbe Milliarde anwuchs. Schon 170 Jahre später, nämlich 1820 hatte sich diese Zahl auf eine Milliarde verdoppelt, und seit diesem Zeitpunkt begann eine rasante Entwicklung zunehmend bedrohliche Formen anzunehmen: circa 1,65 Milliarden Menschen gab es bereits im Jahr 1900, um 1990 zählte man 5,4 Milliarden, die nach den wahrscheinlichsten Prognosen auf 10 Milliarden im Jahre 2050 angewachsen und 100 Jahre später 11,6 Milliarden erreicht haben werden. Um die Mitte des 21. Jahrhunderts wird ein Höchststand angenommen, der dann langsam wieder abnehmen soll.[3]

Als Folgen werden – bei anhaltender Industrialisierung und Technisierung – ein Ansteigen des Hungers erwartet (zwischen 1980 und dem Jahr 2000 sollen voraussichtlich unvorstellbare 158 Millionen Menschen in der Dritten Welt an Hunger und Seuchen sterben),[4] eine globale Umweltverschmutzung und nicht zuletzt ein Ansteigen der Kriegsgefahr, die mit wachsender Population und damit zusammenhängender Bodenknappheit zunehmen dürfte.

Wissenschaftliche Forschungsergebnisse der letzten Jahre (siehe u.a. Cillie Rentmeister, Evelyn Reed, Heinsohn/Steiger) bestärken die Hypothese, daß die Bevölkerungsdichte in der Altsteinzeit bewußt, und zwar vornehmlich von Frauen, gesteuert wurde. Die Methoden, deren sie sich dabei bedienten, waren äußerst vielfältig, sie bezogen sich nicht nur auf pflanzliche Verhütungsmittel und sexuelle Praktiken. Wie Cillie Rentmeister ausführlich beschreibt, sorgten darüber hinaus eine ganze Anzahl von Faktoren im sozialen und kulturellen Leben dafür, daß die Fruchtbarkeitsrate stets relativ niedrig blieb. Dazu gehört die Vermeidung von Geschlechtsverkehr während ausgedehnter Stillzeiten ebenso wie die bei vielen Indianerstämmen heute noch geförderte Homosexualität bei jagenden oder Kriege führenden Männergruppen. Außerdem wurde männliche Sterilität bei Jäger-Sammlerinnen-Gesellschaften häufig durch gewisse zeremonielle chirurgische Eingriffe herbeigeführt. Nach der Geburt eines Kindes konnte sich bei sogenannten primitiven Völkern die sexuelle Abstinenz über einen Zeitraum von zwei bis zu zwölf Jahren hinziehen. Dazu kam die freiwillige Absonderung der Frauen von den Männern bei Schwangerschaft, Menstruation und Geburt. In Nigeria zum Beispiel färbten sich die Frauen zum Zeichen ihrer Unberührbarkeit den Körper (blut-)rot; interessanterweise sind auch viele der eis- und steinzeitlichen Frauenfiguren mit roter Farbe bestrichen, ebenso weibliche Skelette von Frauen in Begräbnisstätten.[5]

Es ist bezeichnend, daß diese Regeln und Rituale, die ursprünglich die Heiligkeit und Macht von Frauenblut ausdrückten, in patriarchalen Gesellschaften in das Gegenteil verkehrt wurden. Die Absonderung der Frauen, einst ein freiwilliger Akt, wurde jetzt als »Ausgestoßensein« interpretiert, und ihr Blut als »unrein« bezeichnet.

Natürlich ist die Säuglingssterblichkeit damals sehr hoch gewesen. Bei Nahrungsmangel war aber auch Kindestötung bei Stammesgesellschaften ein Mittel der Geburtenregelung, wobei die Entscheidungsfreiheit den Frauen überlassen wurde. Bei den australischen Ureinwohnern beispielsweise liegt es heute noch an der Frau, ob sie ein Kind aufziehen will oder nicht.[6]

Ein gebräuchliches Mittel, um Geburten einzuschränken, war auch immer der coitus interruptus. Und natürlich besaßen Frauen als Sammlerinnen, Pflanzerinnen und Erfinderinnen des Ackerbaus ein umfangreiches Wissen nicht nur über die Heilkraft von Pflanzen und Rauschgetränken, sondern auch über verhütende und abtreibende Mittel. Bei nordamerikanischen Indianern etwa wurden an die 210 Wurzeln und Kräuter mit abortativer oder verhütender Wirkung gefunden, und ein Großteil davon hat sich als weitgehend oder partiell wirksam erwiesen.[7]

Europäische Kolonisatoren zerstörten das Verhütungswissen der Eingeborenen

Als die europäischen Kolonisatoren diese Völker eroberten und unterwarfen, zerstörten sie mit der Kultur und den Bräuchen des Landes auch das Verhütungswissen. Vor allem den Missionaren waren derartige Praktiken ein Dorn im Auge und sie bemühten sich redlich, zusammen mit dem europäischen Familienmodell auch das christlich-abendländische Leitbild »wachset und vermehret euch« den »Wilden« aufzuzwingen. Die Folge davon war, daß trotz Gebärstreik der Frauen, Massenverschiffung und Tod zahlloser Sklaven sowie Ausrottung eines großen Teils der Urbevölkerung die Zahl der Menschen allmählich ähnlich anschwoll wie auf dem alten Kontinent.

Denn hier hatte inzwischen eine bemerkenswerte Entwicklung eingesetzt: Parallel zu ausgedehnten Hexenjagden, bei denen die letzten kräuterkundigen Frauen und Hebammen ermordet wurden und damit das letzte Verhütungswissen vernichtet worden war, wurden die verschiedensten Gesetze, Gebote und Verbote ersonnen, um die Geburtenrate möglichst schnell hinaufzutreiben.

Unter dem Einfluß des Merkantilismus, der einen Anstieg der Bevölkerung als Vorbedingung für steigenden Wohlstand betrachtete, und einer zum Teil drastischen Dezimierung der Bevölkerung durch Seuchen wie Pest und Cholera, wurde für Frauen die Gebärtätigkeit zur absoluten Pflicht erhoben. Verweigerung wurde streng, sehr häufig mit dem Tod bestraft.

Staat und Kirche begannen im 17. Jahrhundert überall in Europa ein lückenloses Überwachungssystem hinsichtlich des Geschlechtslebens der Untertanen aufzubauen. Auf Abtreibung und Kindestötung setzte bereits die Peinliche Gerichtsordnung Kaiser Karl V. (Carolina) die Todesstrafe, ebenso waren Ehebruch und Geschlechtsverkehr außerhalb der Ehe todeswürdige Verbrechen. Aber auch Geschlechtsverkehr innerhalb der Ehe war nur ohne Verhütungsmittel gestattet (woran die Kirche bekanntlich bis zum heutigen Tag festhält). Einer besonders strikten Beaufsichtigung waren schwangere Frauen ausgesetzt: Gerieten sie bloß in Verdacht, heimlich an einer Schwangerschaft manipuliert zu haben, mußten sie sich vor der Strafjustiz verantworten. Die Landesgerichtsordnung Ferdinand III. (1656) etwa bestimmte, daß besonders ledige Frauen auf bloße Verdachtsmomente hin verhaftet, untersucht und sogar gefoltert werden konnten. Dazu kamen verschiedene Bestimmungen, die auch armen, besitzlosen Leuten, die bislang nicht heiraten durften, die Ehe ermöglichten.[8]

Der explosionsartige Bevölkerungsanstieg, wie er sich in der Folge am alten Kontinent ereignete, ist daher keinesfalls auf bessere Nahrung und bessere Gesundheit, also insgesamt mehr Wohlstand zurückzuführen, wie uns Historiker bislang weismachen wollten, sondern auf die bewußte Ankurbelung der Gebärleistung von Frauen unter Androhung rigoroser Zwangsmittel bis zu Folterung und Tod.

Gegen die Annahme, daß Bevölkerungsanstieg mit besserer Nahrung und Gesundheit zusammenhängt, spricht nicht nur die gegenwärtige Situation in der »Dritten Welt«, sondern das zeigen auch die Untersuchungen der Bevölkerungswissenschafter Gunnar Heinsohn und Otto Steiger, die einen rapiden Anstieg der Säuglingssterblichkeit nach der eigentlichen Bevölkerungsexplosion, also in der Periode ab etwa 1750, feststellten. Lag die Säuglingssterblichkeit in Westeuropa zuvor zwischen 15,4 und 28,3 Prozent, kletterte sie danach auf bis zu 38,8 Prozent, und erreichte um die Mitte des 19. Jahrhunderts Spitzenwerte bis zu 50 Prozent.[9]

Die immer kränker werdenden Kinder waren eine Folge der immer kränker werdenden Frauen. Erschöpft durch die vielen, meist knapp aufeinander folgenden Schwangerschaften sowie zahlreiche Frauenkrankheiten (am schlimmsten war wohl das Kindbettfieber), und ausgeliefert unkundigen, dem weiblichen Körper mit Unverständnis gegenüberstehenden Ärzten nach Vertreibung und Ausschaltung der Hebammen, starben Frauen massenhaft aufgrund ihrer Gebärfunktion. Dazu kamen die mißglückten Abtreibungen, die nach Schätzungen allein im Deutschland des 19. Jahrhunderts jährlich etwa 20.000 tote Frauen zur Folge hatten.[10]

Weil der enorme Bevölkerungsdruck in der alten Welt nach einem Ventil verlangte, sind allein zwischen 1820 und 1920, also einem runden Jahrhundert 35 Millionen Europäer in andere Erdteile ausgewandert,[11] und haben dort nicht nur ihr Fortpflanzungsverhalten eingeführt, sondern auch das vorhandene Verhütungswissen ausgerottet. Nach Heinsohn und Steiger ist die Einwohnerschaft im kolonisierten Ozeanien in der ersten Hälfte des 19. Jahrhunderts innerhalb von 125 Jahren auf das Zehnfache angestiegen.[12] Und auf den Kontinenten Australien, Nord- und Südamerika, wo vor Ankunft der Europäer (etwa um 1500) ungefähr 15 Millionen Menschen lebten, existieren heute 670 Millionen.[13]

Die Rechtlosigkeit und Diskriminierung der Frau
als eine Hauptursache der Bevölkerungsexplosion

Die gegenwärtige, diesbezügliche Situation in der »Dritten Welt« ist keineswegs hausgemacht, sie ist importiert, wie so vieles andere auch. Es sind weder alte Sitten, noch ist es Rückständigkeit, die in diesen Ländern die Geburtenraten so rapide ansteigen läßt, sondern es ist die Zerstörung einer alten, ursprünglichen Lebenskultur und die Einführung einer neuen – angeblich besseren – die zu dieser Entwicklung geführt hat. Sie geht einmal mehr auf das Konto von Frauen. Ihre Gebärmutter, ihr Hormonhaushalt, ihre Fruchtbarkeit sind neuerlich Experimentierfeld – männlicher – Wissenschaft. Konnten Frauen im alten Europa nicht genug Kinder bekommen, können es jetzt in der »Dritten Welt« nicht wenig genug sein, während in den Industriestaaten nach wie vor die Angst vor dem »Volkstod« herrscht. Wurden Frauen der alten Welt bei Abtreibung und Verhütung mit dem Tod bedroht, müssen die Frauen in den sogenannten Entwicklungsländern Zwangssterilisationen und gesundheitsschädliche Praktiken über sich ergehen lassen. Es sind nach wie vor Frauen, deren Körper – und Seelen – manipuliert, benutzt und ausgebeutet werden, die als Versuchskaninchen mißbraucht werden, um die neuesten, ovulationshemmenden Mittel zu testen. Es sind Frauen, die den Kinderwunsch ihrer Ehemänner zu befriedigen haben, Frauen, die, vielleicht mit Töchtern gesegnet, solange produzieren müssen, bis der erwünschte Sohn geboren ist, Frauen, die sich über Kinder Rechte, Landbesitz und Altersversorgung sichern müssen.

Wie sehr die Abhängigkeit der Frauen, ihre Rechtlosigkeit und Diskriminierung für die Bevölkerungsexplosion verantwortlich ist, beginnt erst seit wenigen Jahren in das Bewußtsein der Öffentlichkeit zu dringen. Aus diesem Grund wird in jüngster Zeit bei der Ausarbeitung spezieller Frauenförderungsprogramme die Stärkung der ökonomischen und gesellschaftlichen Position der Frau besser berücksichtigt, wenngleich die vollmundig verkündeten Programme der jeweiligen Regierungen, die vor allem die westlichen Geberländer zahlungsfreudig stimmen sollen, in der Realität immer noch dürftig ausfallen.

Daß autonome, ökonomisch und sexuell selbständige Frauen wissen, wieviele Kinder sie in die Welt setzen und ernähren können, haben sie nicht nur in einem Zeitraum von hunderttausenden oder Millionen Jahren bewiese, das zeigt sich auch an Beispielen aus der Gegenwart. So etwa hat sich im indischen Bundesstaat Kerala, in dem die Alphabetisierungsrate sehr hoch ist und relativ viele Frauen über ein eigenes Einkommen verfügen, die Geburtenrate bei 2,1 Kindern pro Frau eingependelt.[14] Auch den Geburtenrückgang in Bangladesch, wo Frauen 1991 durchschnittlich nur noch 5,5 Kinder bekamen im Gegensatz zu 7 Kindern im Jahr 1970, führt Christa Wichterich vornehmlich auf eine stärkere ökonomische Position der Frauen zurück, für die der eigene Verdienst zunehmend wichtiger wird als eine frühe Heirat und Mutterschaft. Während Zwangsmaßnahmen hier ebensowenig wie in Indien bewirkten, und auch sogenannte integrierte Programme, bei denen Nahrungsmittelhilfe von Sterilisation abhängig gemacht wurde, kein merkliches Abnehmen der Geburtenrate herbeiführte, gelang es erst durch zunehmende Bildung und eigene Erwerbstätigkeit, für Frauen andere Lebensperspektiven zu eröffnen, die das Kinder-kriegen nicht mehr so attraktiv erscheinen ließen.

Der Protest der Frauen aus der »Dritten Welt« gegen die Zwangsbewirtschaftung ihrer Körper, wie er etwa von der führenden ägyptischen Feministin, Psychiaterin und Schriftstellerin Nawal el Sadawi geäußert wird, ist aus dieser Perspektive zu verstehen. Gibt es doch von der Nahrungsmittelproduktion her gesehen keinen Grund, warum jährlich 13 bis 18 Millionen Menschen verhungern. Und auch die Umweltprobleme haben nur zu einem sehr geringen Teil ihre Ursachen in dem hohen Bevölkerungswachstum der Ländern der »Dritten Welt«. Immerhin konsumieren die etwa 1,2 Milliarden Menschen im Norden insgesamt 2,8 mal mehr kommerzielle Energie als die etwa vier Milliarden Menschen im Süden.[15] Global gesehen, wären beim gegenwärtigen Verbrauch die Auswirkungen eines drastischen Bevölkerungsrückganges in den armen Regionen von Asien, Afrika und Lateinamerika ganz erheblich geringer als bei einem Rückgang von lediglich fünf Prozent des gegenwärtigen Konsums in den zehn reichsten Ländern.[16]

Wohin eine Entwicklung führen wird, die einerseits den Status quo in den Industrieländern weiter ausbaut, andererseits jedoch auf eine weitere Industrialisierung und Technisierung der sogenannten unterentwickelten Länder setzt, ist leicht vorstellbar: Würde etwa in China jeder zweite Einwohner ein Auto fahren, wie dies in den nördlichen Industriestaaten, zum Beispiel in der ehemaligen BRD üblich ist, würde dies 500 Millionen Autos mehr bedeuten – doppelt so viele, als heute auf der ganzen Welt die Umwelt vergiften. Die Auswirkungen solcher und ähnlicher Belastungen auf das gesamte Ökosystem, wie sie auch in anderen Ländern vorstellbar sind, können noch gar nicht abgeschätzt werden.

Obwohl inzwischen nicht mehr bestritten wird, daß das Hauptproblem unseres Planeten weniger das Bevölkerungswachstum des Südens als vielmehr die erdvernichtende Lebensweise der Menschen des Nordens ist, wird das nördliche Entwicklungsmodell nach wie vor als zukunftsweisend betrachtet und nicht nur von den Gesellschaften des Nordens, sondern auch von jenen des Südens favorisiert. Eine damit zusammenhängende weitere Verelendung der Armen, zu denen immer mehr Frauen gehören, bewirkt aber einen weiteren Bevölkerungsanstieg, weil Kinder als Zuverdiener und Arbeitskräfte sowie zur Altersversorgung benötigt werden.

Der Kampf gegen Hunger, Überbevölkerung und Umweltzerstörung, muß von einem anderen Ansatz aus geführt werden. Nicht weitere Industrialisierung in Ost und West und damit im Zusammenhang exportorientierter Raubbau vor allem in den Ländern der »Dritten Welt«, sondern bessere, und das heißt vor allem schonendere Bodennutzung muß Priorität erlangen, nicht ein Welthandelssystem, das auf Ausbeutung der Armen des Südens und Profit der Reichen des Nordens beruht, darf die Nahrungsversorgung bestimmen, sondern ein ausgewogener, die Not der Armen nicht nur mit dem Gießkannenprinzip lindernder Wirtschaftsplan, und nicht gesundheitsschädliche Praktiken, Zwangssterilisationen und staatliche Zwangsmaßnahmen sollen die Fruchtbarkeit der Frau regeln, sondern sie muß in die Lage versetzt werden, aus einer weitgehend autonomen Position heraus diese Steuerung selbst zu bestimmen. Wobei sich alle diese Faktoren gegenseitig beeinflussen und nicht isoliert betrachtet werden können.

Für die Tatsache, daß die Geburtenrate in der »Dritten Welt« inzwischen ganz allgemein ein wenig zurückgegangen ist, (eine Stagnation im Bevölkerungswachstum ist noch lange nicht in Sicht – siehe oben) machen Experten zu 80 Prozent Verbesserungen der allgemeinen Lebensbedingungen verantwortlich, und nur zu einem geringen Teil Familienplanungsmaßnahmen.[17] Umso erstaunlicher, daß diese Erkenntnis die allgemeinen Fördermaßnahmen wenig beeinflußt. Für den Bildungs- ebenso wie Gesundheitsbereich wird von allen Seiten meist wenig ausgegeben – weder von den betroffenen Ländern noch vom IWF (Internationalen Währungsfonds) noch von der Weltbank. Grundsätzlich wird eher die Bildung der Privilegierten gefördert, weniger die Grundbildung, auf die es in diesem Zusammenhang ankommt. Im Jahr 1990 bezogen sich nur 6,5 Prozent der bilateralen und 10 Prozent der multilateralen öffentlichen Entwicklungshilfe auf Erziehung, Ernährungsberatung, Basis-Gesundheitsdienste, Wasserversorgung und sanitäre Hygiene.[18]

Was zählt, ist die Ausschaltung der Gebärmutter

Christa Wichterich beschreibt die Frustration von Frauen in Siaya unweit der ugandischen Grenze, wo die sogenannten »Vertreterinnen auf Dorfebene« mit einem Koffer voll Drei-Monat-Spritzen von Haus zu Haus gehen, um ihnen dieses Verhütungsmittel geradezu aufzunötigen, während im Provinzkrankenhaus nicht einmal die notwendigsten Medikamente und Geräte vorhanden sind, um kranke Kinder zu behandeln.[19] Die Wut vieler Frauen und ihr Mißtrauen gegenüber Verhütungsmitteln ist unter diesen Umständen verständlich. Während das Gesamtbudget für die medizinische Versorgung schrumpft, lebensgefährliche Infektionskrankheiten von Kindern im Zunehmen begriffen sind und es in vielen Ländern der Dritten Welt an Geldern für Impfkampagnen fehlt, sind die verhütenden Depot-Spritzen und Implantate stets reichlich vorhanden. Was zählt, ist die Ausschaltung der Gebärmutter – Lebensumstände und Gesundheit der Frauen und Kinder sind nebensächlich. Auch die häufig brutalen Methoden, mit denen die Regierungen der jeweiligen Länder Frauen – und Männer – gewaltsam an ihrer Gebärfähigkeit beziehungsweise Zeugungsfunktion hindern oder diese zerstören, haben einen unbefangenen Gebrauch der Kontrazeptiva erschwert.

So wurden zum Beispiel in Indien, das als erstes Land des Südens bereits 1952 das Familienplanungsprogramm eingeführt hat, in den Jahren 1977/78 innerhalb weniger Monate neun Millionen Männer zwangssterilisiert.[20] 1983–1984 hingegen waren 85 Prozent der Sterilisierten Frauen.[21] Zwar wurde die Zwangssterilisation später durch sogenannte integrierte Programme abgelöst – das heißt, die Vergabe von Kleinkrediten oder diversen Zuschüssen wird jetzt von der Sterilisations- oder Verhütungswilligkeit der Frau abhängig gemacht. In der Realität allerdings wird auch diese Methode häufig zur Zwangsmaßnahme, weil vor allem arme Frauen, denen es ums Überleben geht, von diesen Förderungen abhängig sind.

Im indischen Bundesstaat Andhra Prodesh etwa mußten Frauen 1994 nicht nur einen Sterilisationsnachweis erbringen, wenn sie verbessertes Saatgut und Kredite erhalten wollten, sie wurden andernfalls auch am Abernten ihrer Felder gehindert.[22] Und in den Dürregebieten Rajasthans wurden Frauen, die eine Sterilisation verweigerten, in den späten achtziger Jahren von sämtlicher Nahrungsmittelhilfe ausgeschlossen.[23] Auch in Bangladesch wurde Nahrungsmittelhilfe in Notsituationen davon abhängig gemacht, daß sich Frauen sterilisieren ließen, in Thailand erhielten nur jene Frauen Kredite für Schweine, wenn sie verhüteten, und in China werden Frauen noch im achten Monat zur Abtreibung gezwungen.[24] Ehepaare, die sich in China Familienplanung widersetzen, müssen damit rechnen, daß ihr Haus abgerissen wird. Außerdem hat hier die Ein-Kind-Politik die herkömmliche Bevorzugung von Söhnen verstärkt und den Femizid – die Tötung weiblichen Lebens – dramatisch erhöht. Derzeit besteht ein Frauendefizit von 38 Millionen[25] – in der Altersklasse ab dreißig finden sich für eine heiratswillige Chinesin bereits zehn Ehekandidaten.[26]

Wobei allerdings dieser Frauenmangel das Ansehen des weiblichen Geschlechts keinesfalls erhöht. Ganz im Gegenteil haben sich inzwischen Verbrecherbanden auf den Raub und Verkauf dieser neuen Mangelware spezialisiert. Die Opfer werden in entfernte Provinzregionen verschleppt, wo sie entweder in Bordellen zur Prostitution gezwungen oder aber an alleinstehende Bauern als Ehesklavin verschachert werden.[27]

Neben staatlich angeordneten beziehungsweise geförderten Zwangsmaßnahmen zur Reduzierung weiblicher Fruchtbarkeit werden die Körper vornehmlich der ärmsten der armen Frauen des Südens auch zum medizinischen Versuchsfeld gemacht. Verhütungsmittel, die für den allgemeinen Gebrauch im Westen noch keine Lizenz haben, werden an den Frauen der Dritten Welt ausprobiert.

So geschehen mit dem »injizierbaren Kontrazeptiva, IC« NET-OEN (Norethisterone-Oenanthate), einem Langzeitverhütungsmittel (2–3 Monate) das von German Remedies produziert wird, einer Tochterfirma der Firma Schering, Berlin. Nachdem zuvor das ebenfalls injizierbare Deprovera in den USA unter anderem wegen krebserregender Eigenschaften verboten worden war, wurde NET-OEN im Jahr 1984 in Indien getestet. Die Testversuche liefen ein volles Jahr unbeachtet, bis Feministinnen die Sache publik machten und darauf hinwiesen, daß die Testfrauen nicht über mögliche gefährliche Nebenwirkungen aufgeklärt, und damit das Prinzip der »Zustimmung nach Information« verletzt worden war. Die Gesundheitsrisiken, die dabei zur Sprache kamen, waren Brustkrebs, Gebärmutterkrebs, Menstruationsstörungen und Vermännlichung weiblicher Föten.[28]

Langzeit- und Dauerverhütungsmittel, wie sie immer häufiger zur Anwendung kommen, führen auch noch zu anderen Nebenerscheinungen. Sie lösen häufig Blutungen aus, die besonders den Status von Frauen islamischer und hinduistischer Kulturen zusätzlich verschlechtern, weil dort menstruierende Frauen als unrein gelten. In Brasilien litten die Frauen unter starken Beschwerden während des klinischen Tests von

Normaplant, das sind kleine Silikonkapsel, die in den Oberarm eingesetzt werden. Anders als bei dem Gebrauch der Pille können die Frauen
diese Mittel jedoch nicht bei Bedarf absetzen und Ärzte weigern sich oft,
ihnen das Implantat herauszuoperieren. Auch in Indonesien, dem
Haupteinsatzgebiet von Normaplant, litten die Frauen unter schweren
menstruellen Beschwerden.[29]

Dabei beweisen zahlreiche Studien, daß sich Frauen weltweit immer
weniger Kinder wünschen. Auf den Philippinen etwa möchten zwei
Drittel der gebärfähigen Frauen entweder überhaupt keine Kinder mehr
haben, oder doch zumindest eine mehrjährige Pause einlegen. Eine ähnliche Situation ergibt sich im Rest Asiens, in Lateinamerika, Nordafrika
und dem Nahen Osten. Wie eine Untersuchung der renommierten amerikanischen John-Hopkins-Universität zeigt, sänke zum Beispiel in
Asien (ohne China) die Geburtenrate um ein Drittel, wenn sich Frauen
frei entscheiden könnten.[30]

Diese Entscheidungsfreiheit ist aber keinesfalls gegeben. Immer
noch wird die dominierende Rolle des Mannes, werden die Auswirkungen einer frauendiskriminierenden Gesellschaft zu wenig beachtet. Natürlich ist die Verfügbarkeit empfängnisverhütender Mittel von großer
Wichtigkeit, doch darf sich Geburtenregelung nicht darauf beschrän-
ken, sondern muß die gesamte Lebenssituation der Frau und ihr Umfeld
berücksichtigen. Es gibt viele Gründe für Frauen, mehr Kinder zu
gebären, als sie eigentlich wollen, selbst wenn sie zu Verhütungsmitteln
Zugang haben und darüber Bescheid wissen. In Afrika etwa wird der
Geburtenboom, wie er in vielen Ländern in den siebziger und Anfang
der achtziger Jahre stattfand (in Kenia zum Beispiel stieg die Anzahl
der Geburten pro Frau von 5,3 der sechziger Jahre auf 8,1 Ende der
siebziger Jahre)[31] auf das Ende der polygamen Ehe und den Zerfall der
Großfamilie zurückgeführt. Denn in polygamen Familien wurde die Gebärleistung auf mehrere Frauen aufgeteilt, während in monogamen
Ehen eine einzige Frau den Fortpflanzungswunsch des Ehegatten erfüllen muß. Außerdem hatte der Glaube, daß Geschlechtsverkehr die
Muttermilch vergiften oder zum Versiegen bringen würde, für sexuelle
Abstinenz während der Stillzeit gesorgt, die häufig drei bis vier Jahre
dauerte. Ein weiterer Grund, warum Frauen häufig ihre Gebärleistung
überstrapazieren, ist der signifikant höhere Status von Söhnen in patriarchalen Gesellschaften. Werden sie doch durch das Unglück einer
großen Töchterschar zu pausenlosem Weiterproduzieren gezwungen,
und zwar so lange, bis der ersehnte Sohn geboren wird, der ihnen
Ansehen, Existenzberechtigung, vor allem aber die nötige Altersversorgung sichert. Fehlt ein Sohn, wird das meist der Frau zur Schuld

gemacht, und in viele Ländern kann sie aus diesem Grund verstoßen werden.

Häufig ist auch die schlechte, wirtschaftliche Lage der Frauen, die zu einem hohen Prozentsatz aus dem propagierten Idealbild der westlichen Kleinfamilie mit versorgendem Ehemann herausfallen, für eine hohe Geburtenrate verantwortlich: In Kenia werden 40 Prozent der kleinbäuerlichen Haushalte von Frauen geführt, und mindestens 60 Prozent der Haushalte in städtischen Slums. Um ihre ständig wechselnden Lebensgefährten an sich zu binden, in der Hoffnung, irgendwann doch den versorgenden Ehepartner zu finden, entsprechen diese Frauen meist den Wünschen der Männer nach einem eigenen Kind, um dann immer wieder enttäuscht zu werden.[32]

Verhütung ist Frauensache

Geradezu fixiert auf die Gebärleistung der Frau, scheinen Bevölkerungsexperten nach wie vor den Einfluß patriarchaler Systeme und die Rolle der Männer zu unterschätzen. In fast allen Ländern sind es Männer, die sich mehr Kinder als ihre Frauen wünschen, denn Kinderreichtum ist für den Mann immer noch ein Zeichen seiner sexuellen Potenz, für die eine oder auch mehrere Frauen den Beweis zu liefern haben. Weshalb auch Männer häufig ihren Frauen die Anwendung von Verhütungsmitteln verbieten und viele von ihnen gezwungen sind, heimlich davon Gebrauch zu machen.

Eine Untersuchung in Kenia, Ghana und Kamerun zeigte, daß Männer im Alter von 50 Jahren im Durchschnitt acht bis zehn lebende Kinder hatten und sich durchaus bereit zeigten, weitere zu zeugen. Frauen im gleichen Alter hingegen hatten am Ende ihrer Fortpflanzungsperiode nur zwischen fünf und acht Kinder. Trotzdem konzentriert sich das Interesse der Bevölkerungsexperten auf die Frau: 92 Prozent aller Forschungsmittel werden in die Herstellung und Weiterentwicklung von Kontrazeptiva für Frauen gesteckt.[33] Zeigen sich Männer doch im allgemeinen wenig bereit, die Verhütungsprozedur auf sich zu nehmen. So beschreibt der UNFPA Informationsdienst aus dem Jahre 1993 die zahlreichen psychologischen Barrieren, die einer Anwendung der bislang für Männer verfügbaren Methoden entgegenstehen:

»... Ängste vor Potenzverlust, Nebenwirkungen, körperliche Veränderungen, Krankheitsfolgen, Gewichtszunahme, Verlust der Arbeitskraft und des Ansehens ... Gleichfalls ist die Anwendung von Kondomen mit vielen Ressentiments und psychologischen Vorurteilen verbunden. Der Gebrauch wird in Zusammenhang mit außerehelichem Geschlechtsverkehr, ehelicher Untreue, riskanten Sexualpraktiken, Krankheiten, Promiskuität und Prostitution gebracht ... Außerdem bestehen häufig Befürchtungen hinsichtlich Impotenz, Krankheit, Gefühlsbeeinträchtigung und Unzuverlässigkeit ...«[34]

Verhütung ist also weiterhin hauptsächlich Frauen- und kaum Männersache. Der Trend, Frauen besonders dann Verantwortung aufzubürden, wenn damit Nachteile verbunden sind, ist auch hier offensichtlich.

Die Überbewertung des Männlichen hat aber für Frauen auch noch andere, und zwar lebensbedrohende Folgen. Weil weibliches Leben unerwünscht und nichts wert ist, werden nicht nur weibliche Föten massenhaft abgetrieben, Frauen und Mädchen erhalten auch weniger zu essen und eine schlechte medizinische Versorgung.

Nach mehr als 1.000 Fruchtwassertests in Bombay wurden 97 Prozent aller weiblichen Föten, aber kein einziger männlicher Fötus abgetrieben.[35] Insgesamt wird die jährliche Zahl von Geschlechtsbestimmungen in Indien auf 600.000 geschätzt, wobei offizielle staatliche Untersuchungen von mehreren zehntausend Abtreibungen infolge der Tests sprechen.[36] Die Dunkelziffern dürften wesentlich höher liegen. Und obwohl SDT (Sex Determination Tests) seit Anfang 1994 in Indien verboten sind,[37] hat sich das profitable Geschäft lediglich in den Untergrund verlagert, wodurch das gesundheitliche Risiko für Frauen massiv erhöht wird. Ein Beispiel mehr für die Tatsache, daß mit Gesetzen einer Situation, die durch gesellschaftliche Zwänge, eine patriarchale Tradition, Armut und Elend bestimmt wird, nicht beizukommen ist. Auch hier kann einzig ein Abbau patriarchaler Vorstellungen und damit im Zusammenhang eine gesundheitliche und ökonomische Besserstellung der Frau sowie eine Hebung ihres Bildungsniveaus dazu beitragen, die Minderwertigkeit des weiblichen Lebens aufzuheben.

Die Frauen der Welt werden immer weniger

Obwohl dieser Tatbestand bereits ins allgemeine Bewußtsein gedrungen ist, zumindest verbal in Förder- und Hilfsprogrammen Berücksichtigung findet und gelegentlich auch in Ansätzen verwirklicht wurde, ist die eigentliche Realität von einer Besserstellung der Frau noch immer weit entfernt. So zitiert der Weltbevölkerungsbericht der Vereinten Nationen von 1993/94 Untersuchungen in Bangladesch, die ergeben haben, daß bereits Jungen unter fünf Jahren um 16 Prozent mehr zu essen bekommen als Mädchen, und daß Mädchen in Hungerperioden auch wesentlich häufiger unterernährt sind. Auch in Indien ist die Wahrscheinlichkeit, an akuter Unterernährung zu leiden, bei Mädchen viermal höher als bei Jungen, die Chance, bei Krankheit in ein Spital gebracht zu werden, allerdings vierzigmal geringer.[38] In Pakistan sind die zahlreichen Säuglinge, die in den Gassen, vor Haustüren und in Müllhalden ausgesetzt und von Mitarbeitern karitativer Frauenorganisationen aufgelesen werden, fast durchwegs weiblichen Geschlechts. Buben hingegen werden nur dann ausgesetzt, wenn sie behindert sind, weshalb auch die Waisenhäuser reine Mädchenheime sind.[39]

Obwohl Frauen die Nahrung zubereiten, essen in vielen Ländern der Dritten Welt die Männer zuerst und die Frauen und Mädchen das, was übrig bleibt. Die bekannte amerikanische Schrifstellerin und Feministin Marilyn French berichtet von einem Gespräch mit indischen Bauarbeiterinnen, in dem ihr diese flüsternd gestanden, daß sie ein wenig Essen für sich beiseite schafften, bevor sie den Männern das Essen brachten. Die Frauen, die nur aus Haut und Knochen bestanden, hatten deshalb große Schuldgefühle, aber ihre Männer, so meinten sie, würden ihnen nie auch nur das geringste übrig lassen.[40] Und die beiden österreichischen Sozialwissenschafterinnen Cheryl Benard und Edith Schlaffer beschreiben die Zustände in afghanischen Flüchtlingslagern, wo sie anfang der achtziger Jahre Forschungsarbeiten durchführten. Sie schildern die Männer als gut angezogen, wohlgenährt und selbstbewußt, während die Frauen und Mädchen an Unterernährung, Anämie und Proteinmangel leiden und im Winter in ihren dünnen, zerrissenen Tüchern frieren. Weil es Frauen untersagt ist, Eier und Fleisch zu essen, kam die UNO auf die Idee, australische Proteinkekse auszuteilen, die sehr nahrhaft sind, in ihrem Aussehen jedoch an hartes, trockenes Brot erinnern und daher für Frauen und Mädchen gerade geeignet schienen. Ansonsten wurden sämtliche Hilfslieferungen, sogar jene, die für Kinder gedacht waren, von Männern beschlagnahmt. Als geradezu katastrophal bezeichnen die Wissenschafterinnen die gesundheitliche Versorgung der Frauen. Sie würden in ihren Zelten sterben, ohne daß eine Ärztin oder Schwester um Hilfe gebeten wird, denn kein Mann – weder Ehemann, noch Vater oder Sohn – käme auf die Idee, ein Ärzteteam zu rufen, und Frauen dürfen den Familienklan nicht verlassen. Männer und Jungen hingegen würden bereits bei geringen Beschwerden wie Kopfweh, Husten oder Impotenz die Kliniken aufsuchen.[41]

Unterernährte, kranke Frauen bekommen unterernährte, kranke Kinder – und da schließt sich dann der Teufelskreis. Mädchen, die bereits klein und schmächtig geboren werden und in ihrer Kindheit wenig zu essen bekommen, haben häufig ein sehr enges Becken und daher große Schwierigkeiten, ein Kind zur Welt zu bringen. Die Todesrate bei Frauen im gebärfähigen Alter ist aus diesem Grund besonders hoch. In Bangladesch beispielsweise ist ein Achtel der Todesfälle bei Geburten auf mechanische Dystokie oder Gebärmutterriß zurückzuführen, der normalerweise dann entsteht, wenn die Öffnung des Beckens zu eng ist. In Zaire sind 18 Prozent der Krankenhausentbindungen Fälle von Dystokie, im Weltmaßstab liegt die Zahl zwischen fünf und zehn Prozent.[42] Dazu kommt das häufig noch kindliche Alter der verheirateten oder unverheirateten Mütter. Schätzungen zufolge werden 40 Prozent aller heute lebenden vierzehnjährigen Mädchen zumindest einmal schwanger, bevor sie 20 Jahre alt werden. In Bangladesch sind vier von fünf Teenagern Mütter. In Afrika gehen vierzig Prozent aller Geburten bei Teenagern auf das Konto von siebzehnjährigen oder noch jüngeren Frauen, in Lateinamerika sind es 39 Prozent, in Asien 31 Prozent und in Europa immerhin 22 Prozent. Ein Trend, der durch das teilweise sehr niedrige Heiratsalter begünstigt wird. So heiraten die Mädchen in Bangladesch häufig schon mit durchschnittlich 11,6 Jahren. In Pakistan und Sierra Leone liegt das durchschnittliche Heiratsalter bei 15,3 beziehungsweise 15,7 Jahren, und auch in Jordanien sind 58,5 Prozent der weiblichen Teenager verheiratet. Dabei haben Untersuchungen bewiesen, daß eine Geburt für einen Teenager noch fünfmal gefährlicher ist als eine späte Abtreibung. In Bangladesch sterben Mütter unter 15 Jahren fünfmal, in den USA dreimal so oft als Mütter, die 20–24 Jahre alt sind.[43]

Es ist unter diesen Umständen nicht verwunderlich, daß die Frauen dieser Welt immer weniger werden, obwohl sie von der Natur begünstigt sind und bei gleicher Ernährung und medizinischer Versorgung länger leben als Männer. In einem 1991 erschienenen Bericht der Vereinten Nationen mit dem Titel »The World's Women: 1917–1990« wird festgestellt, daß durch die Eliminierung der Frauen in verschiedenen Ländern der Anteil der Männer an der Weltbevölkerung inzwischen um einiges höher ist als jener der Frauen.[44] In Indien beispielsweise hat sich in diesem Jahrhundert die Zahl der Frauen gegenüber jener der Männer konstant verringert. 1901 standen noch 97 Frauen hundert Männern gegenüber, 1971 belief sich das Verhältnis nur noch auf 93 zu 100, um schließlich auf 92 zu 100 im Jahr 1991 zu sinken. In Pakistan kommen nur 94 Frauen auf 100 Männer, und in den Vereinigten Arabischen Emiraten erreicht dieses Verhältnis gar einen Tiefstand von 48,3 zu 100. Auch in China ist dieses Mißverhältnis zum Teil eklatant. 1982 kamen in einem Dorf in der Provinz Hupeio auf 503 Jungen nur 100 Mädchen unter einem

Jahr, und in Wuhan, einer der größten Städte Chinas, standen 154 männliche 100 weibliche Nachkommen gegenüber.[45]

Ein Durchbruch der Frauen?

Es ist diese, lebensbedrohende und zutiefst Menschen-verachtende Situation der Frauen in vielen Teilen der Welt, die auf der Weltbevölkerungskonferenz in Kairo im Jahre 1994 zur Gründung einer Frauen-Allianz führte, deren Aktionsplan erstmals einen wirklichen Durchbruch der Frauen brachte. Er ruft zu einer »grundlegenden Revision in Konzept, Struktur und Durchführung von Bevölkerungspolitik« auf, will Frauen »individuelle Rechte und soziale Verantwortung« sichern, »um darüber zu entscheiden, ob, wie und wann sie Kinder haben wollen und wie viele«.[46] Insgesamt wurde das Programm der Frauenallianz von dem Grundsatz bestimmt, daß Frauen Subjekte und nicht Objekte einer Bevölkerungspolitik zu sein haben, wobei eine politisch gesteuerte Bevölkerungspolitik abgelehnt und eine selbstbestimmte Geburtenkontrolle gefordert wurde. Eine erstarkende Frauenlobby trat für ein breites Gesundheits- und Frauenförderungsprogramm ein – statt einer Fixierung auf Verhütungsmittel – und für eine freie Wahl aus einer breiten Auswahl von Verhütungsangeboten statt Zwangsmaßnahmen.

Der Durchbruch der Frauen, die gegen einen massiven Widerstand des Vatikans und islamischer Fundamentalisten anzukämpfen hatten, ist zumindest zum Teil auf gewisse günstige Umstände zurückzuführen. So sahen die Bevölkerungspolitiker aus aller Herren Länder, die mit einer Reduzierung des Bevölkerungswachstums nicht nur einem drohenden ökologischen Kollaps begegnen wollen, sondern auch in nördlichen Breiten gewaltige Flüchtlingsströme befürchten, hier eine Chance, ihrem Programm einen neuen Anstrich zu geben. Mit welcher Vorsicht die allgemeine Euphorie zu betrachten ist, zeigt der tatsächliche Finanzierungsplan von Kairo, der wiederum 65 Prozent der Mittel für Verhütung und lediglich 30 Prozent für Gesundheit vorgesehen hat. Während die zugesagten Mittel für die Bildung von Frauen, deren Notwendigkeit ständig betont wurde, nicht zusätzlich aufgewendet, sondern aus anderen Ressorts abgezogen werden sollten.[47] Infolge eines allgemeinen »Rückwärts-Trends«, bedingt durch die wirtschaftliche Rezession auch in den Geberländern und die erstarkenden konservativen und fundamentalistischen Kräfte werden sich Frauen sehr anstrengen müssen, nicht hinter das einmal Erreichte zurückzufallen.

3.6 Rüstungswahnsinn

Die Entwicklung immer perfekterer, ausgeklügelterer und effektiverer Tötungsinstrumente bei gleichzeitiger Vernachlässigung der Armen, Schwachen und Hungernden dieser Erde verdeutlicht wohl am eindringlichsten die zutiefst zerstörerischen Tendenzen eines weltweiten, patriarchalen Systems. Die Jäger-Krieger-Mentalität, die sich in der Frühzeit der Menschheitsgeschichte bei dem Versuch einer männlichen, von den Frauen- und Müttergruppen abgelösten Identitätsfindung herausgebildet hat, brachte das in Jagd und Krieg enthaltene, zerstörerische Element mittlerweile zur absoluten Perfektion. Während sich der Mann bis zum Mittelalter noch mit Pfeil und Bogen zufrieden gab, haben die sogenannten Feuerwaffen der Neuzeit hier ungeahnte Möglichkeiten eröffnet, die bis zu den mittelkalibrigen Flugabwehrkanonen der Gegenwart reichen. Inzwischen werden diese vielfältigen, in zahlreichen Kriegen Millionen von Menschenleben zerstörenden Vernichtungsinstrumente bereits als konventionelle Waffen abgetan, denn schon bescherte uns der männliche Forschergeist ein neues, noch wesentlich erfolgversprechenderes Tötungsinstrument, nämlich die Atombombe. Wobei jene, die 1945 auf Hiroshima niederging, geradezu als »Bömbchen« bezeichnet werden kann, besitzen doch heutige, derartige Bomben eine Zerstörungskraft, die das imponierende Ausmaß von mehreren tausend Hiroshimabomben erreicht.[1]

Weil jedoch aufgrund dieser genialen Erfindungen inzwischen nicht nur der Feind, sondern alles Leben – und damit auch das eigene – auf diesem Planeten bedroht erscheint, hat, wenn auch zögerlich, allmählich ein gewisses Umdenken eingesetzt, das zumindest vor einem kollektiven Selbstmord warnt und diesen vermeiden möchte. Aus reinem Selbsterhaltungstrieb und nicht etwa aus Verantwortungsgefühl ist daher auch ein Atom-Krieg bislang ausgeblieben.

Die Logik versagt und jede, den homo sapiens sapiens angeblich auszeichnende Vernunft, wenn wir uns vergegenwärtigen, daß das auf diesem Planeten erzeugte und gelagerte Waffenarsenal ausreichen würde, den Erdball mehrmals in die Luft zu sprengen. Die Sucht zum Experiment, zum endlosen Zerlegen und Zerstückeln wie sie eine Wissenschaft auszeichnet, die von Anbeginn auf Herrschaft über die Natur und einer Mißachtung des Lebens angelegt ist, führte hier zum endgültigen, vernichtungbringenden Ergebnis. Daß das inzwischen auch viele Wissenschafter, und vornehmlich jene, die für die furchtbarsten Waffen verantwortlich sind, begriffen haben, ist ein schwacher Trost. Denn jetzt existiert dieses Wissen bereits in den Köpfen der Menschen, es kann nicht mehr ausgelöscht und von gewissenlosen Machthabern jederzeit mißbraucht werden.

Die Entstehung der Bombe wird als »Geburt« gefeiert

Psychologisch interessant ist dabei die Entstehungsgeschichte der Atombombe, des wirkungsvollsten, die gesamte Menschheit auf eine bislang nicht bekannte Weise bedrohenden Massenvernichtungsinstruments. Sie wurde von den Wissenschaftern wie die Geburt eines – natürlich männlichen – Kindes gefeiert, wie die Erfüllung eines alten, männlichen Schöpfungstraums. Schon nach den ersten erfolgreichen Tests meinten die Wissenschafter erleichtert, daß »das Baby ein Junge und kein Mädchen – das heißt ein Blindgänger« wird, und General Grove telegraphierte dem Kriegsminister Henry Stimson:

> »Der Arzt kehrte soeben begeistert zurück und ist überzeugt, daß der kleine Junge so stämmig wie sein großer Bruder wird. Das Licht in seinen Augen ist von hier bis Highhold zu erkennen, und ich hätte seine Schreie von hier bis zu meiner Farm hören können.«

Worauf Stimson an Churchill schrieb:

> »Die Babies sind zur Zufriedenheit geboren.«[2]

Als die erste Bombe dann tatsächlich über Hiroshima gezündet wurde, und schätzungsweise 100.000 Menschen einen qualvollen Tod starben, jubelte das Wissenschafterteam im amerikanischen Kernforschungszentrum Los Alamos »it's a boy«,[3] und feierte diesen großen »Erfolg« mit einer rauschenden Party. Es bedarf keines besonderen psychologischen Wissens, um hier einen ausgeprägten Gebärneid des Mannes zu erkennen, für den »Geburt« allerdings nicht mit Leben, sondern mit Tod assoziiert wird. Der »Vater der Atombombe«, Robert Oppenheimer, hatte sein »Baby« geboren, und ebenso wurde Edward Tellers Wasserstoffbombe als »Tellers Baby« bezeichnet.[4] Die Wissenschafter, stellt die Psychologin Carola Meier-Seethaler fest,

> »hatten offenbar ihre ganze ›libido‹ in die Bombe investiert und sich mit der Allmacht ihrer Sprengkraft identifiziert«.[5]

Tatsächlich ist die Rakete ein eindeutig phallisches Symbol, weshalb auch der französische Soziologe Raymond Aron kurz vor seinem Tode im Jahre 1983 voll bitterer Ironie feststellte, daß wir »in einer Welt viriler Waffen und impotenter Männer« leben.[6]

Unglaublichen Zynismus und Gleichgültigkeit gegenüber dem Leben, das per Knopfdruck bequem ausgelöscht werden kann, beweisen auch die Kommentare der alliierten Bomberpiloten während des Golf-Kriegs. »Phantastisch, wie Weihnachten ...« kommentierte ein britischer Pilot die erste Bombennacht von Bagdad. Und der US Luftwaffenkommandeur Dick White meinte nach den ersten Luftangriffen auf die irakischen Bodentruppen:

> »Es ist so, wie wenn man nachts das Licht in der Küche anknipst: Die Kakerlaken fangen an zu rennen und wir töten sie.«[7]

Die furchtbaren Folgen ihrer Tod-bringenden Erfindungen wurden so manchen Wissenschaftern erst dann bewußt, als es zu spät war. So etwa soll Oppenheimer das gewaltige nukleare Feuer, das seine Bombe ausgelöst hatte, zu einem Zitat aus der hinduistischen Schrift Bhagavadgita angeregt haben: »Ich bin der Tod geworden, der Zerstörer der Welt.«[8] Und der in Ungarn geborene Physiker Leo Szilard, der einen wesentlichen Beitrag zur Schaffung der Atombombe leistete und Albert Einstein zur Unterschrift unter einen Brief an US Präsident Franklin D. Roosevelt überredete, in dem der Bau dieser Bombe dringend empfohlen wurde, wandte sich später vehement gegen die Atomangriffe auf japanische Städte und gegen die Aufrüstung mit Kernwaffen ganz generell.[9]

Nichtsdestotrotz schritt die »Verbesserung« der großen Bombe in den fünfziger Jahren zügig voran. Bereits 1949 zündeten die Sowjets, denen ein wissenschaftlicher Mitarbeiter des amerikanischen Kernforschungsprogramms, der deutsche Physiker Klaus Fuchs, sämtliche diesbezügliche Geheimnisse verraten hatte, in Kasachstan ihre erste Atombombe. Der Triumph war groß, konnte doch diese Bombe bereits eine sechsmal so starke Wirkungskraft als jene in Hiroshima für sich verbuchen. Der nun einsetzende Wettlauf führte zu immer »wirkungsvolleren«, das heißt zerstörerischeren Waffen, das Wettrüsten hatte eine Eigendynamik entwickelt, die, so schien es, gar nicht mehr aufzuhalten war. Die »Erfolgsmeldungen« überschlugen sich: 1952 zündeten die Amerikaner die erste Wasserstoffbombe mit einer 600fachen Zerstörungskraft der Hiroshimabombe, im selben Jahr ließ Großbritannien im australischen Monte-Belo-Archipel seine erste Kernwaffe hochgehen. 1953 detonierte die erste Wasserstoffbombe der UdSSR, 1960 eine französische Kernwaffe in der algerischen Sahara, und 1961 brachten die Sowjets auf der Nordmeerinsel Nowaja Semlja die bis heute stärkste Ladung mit einer Zerstörungsgewalt von über 4.000 Hiroshimabomben zur Explosion. Das damit weltweit angehäufte Zerstörungspotential hat inzwischen ungeheure Ausmaße erreicht. Während die Explosionskraft aller im Zweiten Weltkrieg eingesetzten Bomben derjenigen von drei Millionen Tonnen TNT (militärischer Sprengstoff Trinitrotoluol) entsprach, betrug die verfügbare Sprengkraft in den achtziger Jahren bereits das 6.000fache dieser Summe, nämlich 18 Milliarden Tonnen TNT. Allein alle amerikanischen Unterseeboote zusammen führten 1.200 mal mehr Sprengkraft mit sich, als im Zweiten Weltkrieg eingesetzt worden ist, wobei bereits ein Zwölftel davon, 300 Megatonnen TNT ausgereicht hätten, alle mittleren und größeren Städte dieser Erde zu vernichten.[10]

Auch während der Ost/West-Konfrontation im Verlauf des Kalten Krieges war das Waffenpotential der einen Seite fünfzigmal größer als notwendig, um die andere Seite auszuschalten. Trotzdem wurde besessen weiter gerüstet. Der Rüstungswahnsinn hatte längst Methode, er wurde zum Geschäft. Der Waffenhandel blüht. Die Rüstungsindustrie entwikkelte Eigendynamik, sie wurde zu einem wichtigen Wirtschaftszweig, der nicht mehr vernachlässigt werden darf, denn sie schafft Arbeitsplätze, wenngleich sich der Vorteil von diesbezüglichen Investitionen in Grenzen hält, wie neuere Untersuchungen ergeben haben.

Der »Wert des Todes« für die Volkswirtschaft

Ökonomen der dreißiger und vierziger Jahren waren hier allerdings noch anderer Ansicht. So etwa vertrat der britische Wirtschaftstheoretiker Milton Gilbert 1943 die Meinung, daß sich der Krieg für die nationale Ökonomie durchaus positiv auswirke, denn er würde die Gesamtproduktion steigern und zwar 1. durch die neue Waffenindustrie, 2. durch einen Rückgang der Arbeitslosigkeit und 3. durch eine Verschiebung der Produktion von zivilen Gütern auf Rohmaterialien und Produkte für den Krieg.[11] Eine Ansicht, die Maria Mies zurecht nicht nur als zynische und inhumane Berechnung eines »Wertes des Todes« für die nationale Volkswirtschaft scharf kritisiert, sondern darüber hinaus ihre Unhaltbarkeit klarmacht, weil darin nicht die Kosten für die Menschen, die Toten und Verwundeten, die Kinder, deren Leben zerstört wurde, die Flüchtlinge und die zerstörte Natur enthalten seien.[12]

Inzwischen jedoch kamen WissenschafterInnen ganz generell zu anderen Ergebnissen.[13] Rüstungsausgaben bringen nämlich nicht nur weniger Arbeitsplätze als andere Formen des industriellen Investments, sie führen auch zu einer Verdrängung der zivilen Produktion, was einen gesamtwirtschaftlich negativen Effekt ergibt.

Länder des Westens, die einen hohen Anteil ihres nationalen Einkommens für das Militär aufwenden, wie etwa die USA und Großbritannien, haben auch das geringste Wirtschaftswachstum, während sich Länder mit geringeren militärischen Aufwendungen wie Japan und die ehemalige BRD gut entwickelten. Ergebnisse, die wohl auch die Abrüstungsverhandlungen nach dem Ende des Kalten Krieges wesentlich beeinflußten. Vor allem die marode Wirtschaft der Sowjetunion kann sich keine weiteren hohen Rüstungsausgaben leisten.

Denn natürlich verursacht dieses gigantische Waffenarsenal auch gigantische Kosten. Seit 1945 stiegen die weltweiten Militärausgaben kontinuierlich. In den vierzig Jahren zwischen 1950 und 1990 stockten die USA ihre Militärausgaben von 13 Milliarden auf 300 Milliarden Dollar auf. Vor den Abrüstungsverhandlungen, im Jahr 1987, gaben die UdSSR mit 303 Milliarden und die USA mit 296,2 Milliarden Dollar am meisten für Waffen aus. Hohe Militärausgaben hatten auch Frankreich (34,8 Mia. $), Westdeutschland (34,1 Mia. $) und Großbritannien (31,6 Mia. $). Aber auch die armen Länder der »Dritten Welt« sparten nicht, wenn es um Ausgaben für Vernichtungswaffen ging. So gaben der Iran, Irak und Saudi Arabien je zwischen 10 und 20 Milliarden Dollar für Waffen aus, was einem Anteil von 11 Prozent des Bruttosozialprodukts entspricht, und selbst in den Ländern Schwarzafrikas machten die Militärausgaben 1987 4,3 Prozent des Bruttosozialproduktes aus, während es 1978 lediglich 3,6 Prozent waren (alle Zahlen beziehen sich auf den Dollarkurs von 1987).[14]

Es bedarf keiner besonderen Phantasie, um sich vorzustellen, wie anders unsere Welt bei einer sinnvolleren Verteilung dieser unermeßlichen Geldmittel aussehen würde, wieviel Elend aufgehoben werden könnte, Hungernde zu essen hätten, Kranke geheilt würden und Armen ein menschenwürdiges Leben möglich wäre. Tatsächlich jedoch wurde in den achtziger Jahren weltweit mehr für Waffen als für Getreideimporte ausgegeben, ein Trend, der auch nach dem Zusammenbruch des Ostblocks Anfang der neunziger Jahre anhält. Allein im Jahr 1983 wurden mehr als fünf Prozent der Weltproduktion in erster Linie von Industrieländern für Militärzwecke aufgewendet, das ist 27mal mehr als für die Entwicklung der »Dritten Welt«.[15]

Darüber hinaus fließt ein großer Teil des Forschungs- und Entwicklungsetats der Regierungen in die Erforschung und Verbesserung militärischer Technologien. Wie eine Studie der Vereinten Nationen über den »militärischen Gebrauch von Forschung und Entwicklung« feststellt, sind allein im Jahr 1983 sechzig Milliarden Dollar in die militärische Forschung geflossen, wobei der amerikanische Anteil an dieser Summe im selben Jahr dem entspricht, was auf der Welt nur fünf Jahre zuvor insgesamt für den gleichen Zweck aufgewendet wurde.[16] Eine Entwicklung, die sich Anfang der neunziger Jahre fortgesetzt hat: So verwendete das EU-Budget für Energieforschung in den Jahren 1990–1994 56 Prozent der Mittel für Forschungen im Bereich der Kernfusion, 24 Prozent für die Sicherheit in der Kernspaltung und nur 19 Prozent für die Erforschung nicht-nuklearer Energien.[17]

Pulverfaß Erde

Die tiefe Irrationalität, die den Rüstungswettlauf auszeichnet, ist nicht nur durch die Angst zu erklären, schwächer als der Gegner zu sein. Hier spielen auch noch andere Faktoren eine Rolle, wie etwa ein nationales Selbstbewußtsein, das nach Bestätigung beziehungsweise Stärkung verlangt. Frankreich etwa wollte sich durch neuerliche Atomtestversuche in seiner Rolle als »grande nation« ebenso bestätigt fühlen wie Großbritannien im Falklandkrieg Erinnerungen an »United Kingdom« aufleben ließ. Auch die sogenannten Entwicklungsländer versuchen ihre, ihnen vom Westen zugefügten Demütigungen mit militärischem Imponiergehabe auszugleichen, wofür nicht nur Iraks Staatschef Saddam Hussein als gutes Beispiel dient. Die Warnrufe zahlreicher Experten, daß militärische Drohgebärden und Aufrüstung stets zu weiteren Eskalationen führen, haben die Entwicklung nicht wesentlich beeinflußt. Zwar hat uns das »Gleichgewicht des Schreckens« bislang vor einem erdvernichtenden Atomkrieg bewahrt, doch kann das »Pulverfaß Erde« mit seinem angereicherten Zerstörungspotential bei ungünstigen Bedingungen immer noch an irgendeiner Stelle explodieren.

Militärexperten und Wissenschaftern sind die Folgen eines derartigen, weltweiten Holocausts durchaus bewußt. Die Horrorszenarien nach einem Atomkrieg wurden inzwischen aufgrund von peniblen Berechnungen und Modellversuchen ausführlich publiziert. Sie reichen von einer Zerstörung der Ozonschicht und anderer, die Erde schützender Schichten über die Verdunkelung des Sonnenlichts durch Rauch und Staub bis zur Möglichkeit eines »nuklearen Winters«, den weder Menschen noch Tiere noch Pflanzen überleben könnten. Aber auch die Gefahren der sogenannten friedlichen Nutzung der Kernenergie wurden aufgezeigt. Wie Wissenschafter erst in jüngster Zeit feststellten, wird der strahlende Abfall erst in 50.000 Jahren (!) voll wirksam werden.[18]

Trotzdem sind die Abrüstungsverhandlungen am Beginn der neunziger Jahre wahrscheinlich gar nicht so sehr auf den gesunden Menschenverstand zurückzuführen als auf den Zerfall der Sowjetunion und der damit verbundenen wirtschaftlichen Misere.

Es wurde dann zwar das Waffenarsenal der beiden Supermächte dezimiert, aber unsere Welt ist insgesamt nicht friedlicher geworden. Vielmehr warnen Experten davor, daß die Gefahr eines mit Nuklearwaffen geführten Krieges in den letzten Jahren ansteigt. Denn inzwischen befinden sich nicht nur die offiziellen fünf Atommächte (USA, Rußland, England, Frankreich und China) im Besitz der Atombombe, sondern es haben insgesamt bereits 20–30 Staaten die technischen Möglichkeiten, Kernwaffen selbst herzustellen.[19] Allein im Nahen Osten bemühen sich sieben Länder um den Besitz von Kernwaffen, oder verfügen schon darüber, nämlich Israel, Irak, Iran, Syrien, Libyen, Algerien und Ägypten. Auch Indien, das ebenso wie Israel und Pakistan bis heute dem Atomsperrvertrag nicht beigetreten ist, verfügt seit 1974 über die Bombe, Israels Kernwaffenarsenal wird auf mindestens 200 Sprengköpfe geschätzt und ebenso besitzt Pakistan nach einhelligen Berichten der Geheimdienste Atomwaffen.[20] Außerdem gelten nach dem Zerfall der Sowjetunion auch die Ukraine, Weißrußland, Kasachstan und andere Ex-Sowjetmächte, auf denen immer noch atomare Waffen lagern, zumindestens inoffiziell als Atommächte. Argentinien und Brasilien beendeten hingegen Anfang der neunziger Jahre ihre Jahrzehnte dauernden nuklearen Rivalitäten und auch Südafrika hat sein bereits fortgeschrittenes Atomwaffenprogramm laut einer Erklärung des ehemaligen Premierministers im Jahr 1994 eingestellt.[21]

Auch Abrüsten kostet Geld und verursacht Schäden an Natur und Umwelt

Als sich Sowjets und Amerikaner während der Entspannungsphase unter Präsident Michael Gorbatschow im Jahre 1988 gemeinsam an einen Verhandlungstisch setzten, um erstmals über eine wirkliche Abrüstung zu verhandeln, schien der Friede näher gerückt zu sein. Und als die Staats- und Regierungschefs der Mitgliedsstaaten der »Konferenz über Sicherheit und Zusammenarbeit in Europa« (KSZE) 1990 im Abschlußkommunique ihres Treffens von Paris erklärten, »das Zeitalter der Konfrontation und der Teilung Europas ist zu Ende gegangen«, und die zwischenstaatlichen Beziehungen würden sich »künftig auf Achtung und Zusammenarbeit gründen«,[22] jubelte die Welt. Der Vertrag zwischen den 16 Staaten der NATO und den sechs Staaten des Ex-Warschauer Paktes sah eine erhebliche Verringerung der Waffenarsenale in Ost und West vor, um Überraschungsangriffe unmöglich zu machen. »Nur« je 20.000 Kampfpanzer, 30.000 gepanzerte Fahrzeuge, 20.000 Artilleriegeschütze, 6.800 Kampfflugzeuge und 2000 Angriffshubschrauber sollte jede Seite behalten dürfen.[23] Die acht Nachfolgestaaten der UdSSR haben dann mit der Unterzeichnung eines Zusatzabkommens vom Juni 1992 diese Verpflichtung übernommen.

Weitere Abmachungen hinsichtlich des Abbaus von Kernwaffen fanden im Start-I-Vertrag im Juli 1991 zwischen den USA und der ehemaligen UdSSR statt. Da jedoch nach Auflösung der Sowjetunion wenige Monate später vier Staaten entstanden, die über Nuklearwaffen verfügten – Rußland, Weißrußland, Ukraine und Kasachstan – komplizierte sich die Einhaltung des Vertrags, der nachträglich durch separate Abmachungen mit den einzelnen Staaten neuerlich bekräftigt werden mußte. Den eigentlichen Durchbruch brachten die Start-II-Verhandlungen im Jänner 1993, bei denen sich beide Staaten verpflichteten, ihren Bestand an Atomsprengköpfen bis zum Jahr 2003 um jeweils zwei Drittel zu verringern. Zwar reicht das – verbliebene – Potential von 3.000 Sprengköpfen in Rußland und 3.500 Sprengköpfen in den USA immer noch aus, um eine unvorstellbare Zerstörung anzurichten, trotzdem schien sich langsam so etwas wie Vernunft durchzusetzen. Zumal kurz darauf, ebenfalls im Jänner 1993, ein weiteres »Abkommen über das Verbot der Entwicklung, der Herstellung, Lagerung und des Einsatzes chemischer Waffen und über die Vernichtung solcher Waffen,« in Paris zustande kam.

Die große Euphorie währte jedoch nicht allzulang, denn schon begannen sich neue Gefahren abzuzeichnen. Nicht nur daß seit dem Zerfall der Sowjetunion nukleares Material zum Bau der Bombe praktisch am freien Markt zu erwerben ist und hochrangige Spezialisten ihr diesbezügliches Know-how in aller Welt anbieten, es wird damit auch vielen ambitionierten Ländern sehr viel leichter gemacht, in den Besitz des begehrten Massenvernichtungsmittels zu kommen. Natürlich gibt es auch hier entsprechende Verträge, der sogenannte Atomwaffen-Sperrvertrag, der den fünf exklusiven Atommächten die Weiterverbreitung von Kernwaffen untersagt, wurde ja bereits im Jahre 1968 abgeschlossen. Allerdings, so wissen wir inzwischen, konnte er keinesfalls lückenlos eingehalten werden, wofür auch die Tatsache verantwortlich ist, daß Atomforschung für friedliche ebenso wie für kriegerische Zwecke betrieben werden kann und eine Unterscheidung infolge Geheimhaltung hier oft nicht möglich ist. Aber auch die Einhaltung anderer Verträge stößt immer wieder auf Schwierigkeiten.

So erklärte Rußland im November 1995, den vor fünf Jahren abgeschlossenen Vertrag über Konventionelle Abrüstung in Europa nicht wie geplant bis zum Jahresende erfüllen zu können. Der Verzug wurde mit »rein ökonomischen Gründen« gerechtfertigt, da die Zerlegung der Waffen, bei denen es sich vor allem um alte Systeme handle, sehr teuer sei. Tatsächlich jedoch dürften hier die neuen Krisenherde in der Kaukasus Region ausschlaggebend gewesen sein. Moskau hat in Tschetschenien mehr Panzer stationiert, als es die im KSZE Vertrag festgelegte Obergrenze erlaubt.[24]

Aber auch der weißrussische Präsident Alexander Lukaschenko erklärte sich im März 1995 außerstande, den Vertrag zu erfüllen, weil er finanziell dazu nicht in der Lage sei.[25]

Während die Vernichtung konventioneller Waffen ungeheure Kosten verursacht, gestaltet sich die Vernichtung von Atomraketen noch wesentlich schwieriger, weil immer noch niemand genau weiß, wohin mit dem strahlenden Material. Während in den USA versucht wird, in einem aufwendigen Recycling-Verfahren mindestens 90 Prozent der Metalle der Atomraketen zu verarbeiten, ist das Problem der Entsorgung des radioaktiven Mülls keinesfalls gelöst. Der Inhalt der Sprengköpfe ebenso wie jene Materialien, die mit angereichertem Uran oder Plutonium in Verbindung gekommen sind, können nicht recycelt werden.[26] Als besonders kompliziert erweist sich die Vernichtung der Atom-U-Boote in Rußland, obwohl auch die führenden westlichen Nuklearmächte – USA, Großbritannien und Frankreich – damit ihre Probleme haben. Zwar ist die Abwrackung dieser U-Boote in Amerika am weitesten entwickelt, doch können in der dafür vorgesehen Anlage in der Nähe von Seattle jährlich höchstens sechs U-Boote für das Endlager vorbereitet werden, wobei eine Endlagerstätte vorläufig nur auf dem Papier existiert. Dabei müssen sich die Amerikaner insgesamt der beachtlichen Zahl von 160 derartiger Reaktoren entledigen, in England sind es einundzwanzig, in Frankreich zehn, in China sechs und in Rußland gar vierhundert. Daß viele dieser strahlenden U-Boote ins Meer versenkt werden, ist ein offenes Geheimnis. Der russische Präsident hat Anfang der neunziger Jahre sogar zugegeben, 20 Reaktoren aus abgewrackten sowjetischen U-Booten vor der Insel Nowaja Semlja in der arktischen Kara-See versenkt zu haben, und auch in dem Bericht des Präsidentenberaters Jaboklow heißt es, daß das Land bis 1997 keine andere Wahl habe, als ausrangierte U-Boote zu versenken, da es erst ab diesem Jahr Aufbereitungskapazitäten gebe.[27]

Zu den furchtbarsten Kriegswaffen mit verheerenden Folgen für Mensch und Umwelt gehören auch die sogenannten Anti-Personen-

Minen, die zu Millionen in den verschiedensten kriegführenden Ländern der Welt ausgestreut und liegengelassen werden und Woche für Woche viele hundert Opfer fordern – hauptsächlich Frauen und Kinder. Abgesehen von den Toten wurden nach einem Bericht aus dem Jahr 1995 in Kambodscha 25.000 Amputationen gezählt, in Afghanistan 20.000 bis 30.000 Amputationen und in Angola mehr als 20.000 Amputationen. Insgesamt schätzen die Vereinten Nationen die Zahl der scharfen Minen auf unserem Planeten auf 100 Millionen. Allein in Kambodscha sollen es zehn Millionen sein.[28]

In vielen Ländern liegen fruchtbare Äcker über Jahrzehnte brach, weil sie die Bauern aus Angst, auf eine Mine zu treten, nicht mehr bestellen können. Die Kosten für die Entschärfung sind unverhältnismäßig hoch. Während der Stückpreis oft nicht mehr als 35 Schilling kostet, kann die gefährliche, und nur manuell mit Hilfe eines Metalldetektors und eines Peilstabes durchzuführende Auffindung und Entschärfung bis zu 10.000 Schilling kosten.[29] Ein Minenräumer kann pro Tag 20–30 Quadratmeter schaffen, wobei durchschnittlich auf 5.000 geborgene Minen ein tödlicher Unfall kommt. Was bedeutet, daß es 4.200 Jahre dauern würde, um lediglich ein Fünftel des afghanischen Landes sicher zu machen.[30]

Als ein geradezu beschämendes Desaster erwies sich in diesem Zusammenhang die UNO Landminenkonferenz in Wien im Oktober 1995, in der in Fragen der Anti-Personen-Minen kein konkretes Ergebnis zustande kam. Vielmehr gestaltete sich die Konferenz nach Berichten von Menschenrechtsvertretern und Minenexperten zu einem Duell »zwischen Militärs und Wirtschaftsleuten ...«, die sich untereinander ausgemacht haben, wie sie es sich am besten richten können«, während anderswo tausende Menschen verbluten. Wobei die Rolle des Gastlandes Österreich ebenfalls keine rühmliche ist: Auch hierzulande werden Anti-Personen-Minen erzeugt und ausgeführt.[31]

Das Absurde einer Situation, die längst jedes »menschliche« Maß verloren hat, ist schon lange als »normal« in unseren Alltag integriert. Wenige zerbrechen sich den Kopf über derlei himmelschreiende Zustände. Es ist in unserer Welt »normal« geworden, die Interessen des Profits über jene der Erhaltung des Lebens zu stellen, und darum ist es auch »normal«, daß zuerst mit einem ungeheuren finanziellen Aufwand Vernichtungswaffen erzeugt werden, die ausreichen, die Menschheit mehrmals auszurotten, und daß diese Waffen später mit einem ähnlichen Aufwand vernichtet werden müssen, weil der Unsinn eines solchen Tuns langsam in das Bewußtsein dringt.

Die »Dritte Welt« rüstet auf

Wobei dieses Bewußtsein nach wie vor eher marginal vorhanden ist, findet doch Abrüstung lediglich im – bereits hochgerüsteten – Westen statt, während in den sogenannten Entwicklungsländern, vor allem in den reichen Golfstaaten das Gegenteil geschieht. Zwar stellt das Stockholmer Friedensforschungsinstitut SIPRI am Beginn der neunziger Jahre einen Abwertstrend bei weltweiten Militärausgaben fest, führt dies jedoch hauptsächlich auf die drastische Senkung der Verteidigungsausgaben der GUS-Staaten (Gemeinschaft unabhängiger Staaten) im Osten zurück, während die Militärausgaben im Nahen und Fernen Osten gestiegen sind.[32]

Auch das Londoner Institut für Strategische Studien spricht in seiner Jahresbilanz »The Military Balance 1994–1995« von Fortschritten bei der nuklearen Abrüstung in Rußland und den USA und beim Abbau der konventionellen Streitkräfte in Europa, zeigt sich jedoch gleichzeitig besorgt über die fortgesetzte Aufrüstung vieler Staaten Asiens und die anhaltenden Konflikte und Kriege in Afrika. Es stellt eine Erhöhung der Verteidigungsausgaben fast aller Staaten Asiens mit Ausnahme Vietnams fest und sieht den Fernen Osten mit einem 15prozentigen Anteil an den weltweiten Rüstungsausgaben an zweiter Stelle nach den Nato-Staaten. Ebenso sei der Aufbau neuer Streitkräfte in Zentralasien, im Kaukasus und im früheren Jugoslawien zu beobachten.[33]

Daneben floriert der Waffenhandel. Hauptsächlich Südostasien wird immer mehr zum Hauptabsatzmarkt der internationalen Waffenindustrie. Vor allem Malaysia, Thailand und die Philippinen erhöhten am Beginn der neunziger Jahre den Kauf von Kampffliegern, U-Booten und Kriegsschiffen. Das Geschäft mit der Vernichtungsindustrie läßt die Waffenbosse jubeln: Die diesbezügliche Kaufkraft der Asiaten soll nach Schätzung von Experten im nächsten Jahrzehnt auf 100 Milliarden Dollar (1,2 Billionen Schilling) steigen.[34]

Der internationale Waffenhandel, angeheizt durch den Abbau der Waffenarsenale nach dem Ende des Kalten Krieges, beunruhigt zunehmend politische Beobachter. Vor allem Rußland und die anderen früheren sozialistischen Republiken versuchen ihre enormen wirtschaftlichen Probleme durch den Verkauf von Waffen aus ihren riesigen Depots zu mildern – immerhin soll die ehemalige Sowjetunion zum Zeitpunkt ihres Zusammenbruchs Waffen und Munition für acht Jahre totalen Krieg gelagert haben.[35] Aber auch die USA hat parallel zur Senkung der eigenen Rüstungsausgaben ihre Position als Waffenexporteur ausgebaut, was den Generalsekretär der Vereinten Nationen Boutros Boutros-Ghali im

Oktober 1992 zu der Bemerkung veranlaßte, das Ende des Kalten Krieges und die erfolgreiche Durchsetzung von Rüstungskontrollen in Europa dürften nicht zu verstärkten Waffenexporten führen.[36] Hauptabnehmer sind die Staaten der Dritten Welt – im Jahre 1993 war der größte Waffenimporteur die Türkei, gefolgt von Indien und Ägypten.

Hauptexporteur ist jedoch nach wie vor die USA mit einem Löwenanteil von 47,9 Prozent, dem gegenüber sich Rußland mit 20,6 Prozent beinahe bescheiden ausnimmt, ebenso wie Deutschland, das mit einem weltweiten Umsatz von 8,34 Prozent im Jahr 1993 bereits an dritter Stelle lag. Einen »Vorsprung«, den es schon 1995 an Frankreich abgeben mußte, dessen Militärexporte von 38 Milliarden Schilling 1993 auf 114 Milliarden Schilling geklettert waren.[37]

Nach Angaben des Internationalen Instituts für Strategische Studien aus dem Jahr 1994 produzieren auch Staaten der Dritten Welt, und dabei vornehmlich etliche ostasiatische Staaten, zunehmend eigene Waffen.[38] Aus diesem Grund soll Entwicklungshilfe in Zukunft auch verstärkt mit Demilitarisierung verknüpft werden. Bereits seit 1989 sind Bestrebungen im Gange, Länder mit Rüstungsbudgets von weniger als 2 Prozent bei der Gewährung von Entwicklungshilfe zu bevorzugen und in den seit 1990 erscheinenden »Human Development Reports« des Entwicklungsprogramms der UN (UNDP) wird vorgeschlagen, Entwicklungshilfe zunehmend von Rüstungsausgaben abhängig zu machen.[39] Schließlich gilt Waffenerzeugung und Waffenexport-nach wie vor als ein Vorrecht der Industriestaaten. Die sogenannten Entwicklungsländer müssen in diesem tödlichen Wettbewerb zurückstehen. Immerhin jedoch gaben auch Dritte-Welt-Länder insgesamt Ende der 80er Jahre im Durchschnitt 1,7 mal so viel für Rüstung aus als für Erziehung und Gesundheit, viele arme afrikanische und asiatische Länder sogar das zwei- bis dreifache.[40]

Die Rüstungsspirale dreht sich, sie hat schon längst selbst die Ärmsten der Armen erfaßt, die meinen, nur dann überleben zu können, wenn sie sich dem hochgerüsteten Westen anzugleichen beginnen. Tatsächlich haben sich die Rüstungsausgaben der Dritten Welt zwischen 1960 und 1990 etwa verfünffacht, und wuchsen damit doppelt so rasch wie das Pro-Kopf-Einkommen. Erst in der zweiten Hälfte der 80er Jahre setzte ein Trend zur Reduzierung ein[41] und zwischen 1987 und 1991 sind dann die Militärausgaben weltweit zurückgegangen: in den Industrieländern um 15 Prozent und in den Entwicklungsländern um 10 Prozent. Trotzdem geben die im Jahresbericht des Entwicklungsprogramms der Vereinten Nationen (UNDP) angegebenen diesbezüglichen Zahlen keinen Anlaß zum Jubeln: Denn danach wurden im Jahr 1992 weltweit umgerechnet

9,6 Billionen Schilling für militärische Zwecke verwendet, das entspricht 49 Prozent des Gesamteinkommens der Weltbevölkerung.[42]

Die ungeheuerliche Tatsache, daß knapp die Hälfte des Einkommens dieser Welt für militärische Zwecke ausgegeben wird, ist bezeichnend für eine globale Situation von Gewalt, Krieg und Brutalität, unter der in erster Linie Frauen und Kinder zu leiden haben. Sie ist bezeichnend für eine Welt, in der Menschen verhungern müssen, damit Waffen erzeugt werden können, mit denen wiederum Männer, Frauen und Kinder getötet und verstümmelt werden. Und es ist bislang – trotz partieller Erfolge – auch kein Ende dieses Wahnsinns abzusehen. Vielmehr beginnen sich die USA auf die neue Gefahr des Südens – zu der sie mit ihren Waffenverkäufen wesentlich beigetragen haben – mit einer geänderten Atomwaffenpolitik einzustellen. Um einen Erstschlag der sich atomar aufrüstenden Entwicklungsländer zu verhindern, sollen effektivere, weil begrenzt anwendbare Atomwaffen mit den Bezeichnungen »Mikro Nukes«, »Mini-Nukes« und »Tiny Nukes« in »regionalen Einsätzen« zur Anwendung kommen, wie es die neue Militärdoktrin der Oberkommandierenden der Armee, Luftwaffe und Marine bereits im April 1993 ausführlich beschreibt. Eine Entwicklung, die inzwischen nicht nur Frankreich weitgehend nachvollzogen hat, sondern die auch von Rußland und England angestrebt wird.[43]

Aber auch im sogenannten atomaren Frieden wird durch Testversuche nukleare Energie freigesetzt, die für Mensch und Natur Zerstörung bedeutet. Bereits die erste atomare Explosion am 16. Juli 1945 verbrannte und verstrahlte in der Wüste von New Mexico weite Teile des Landes, auf dem nur wenige Tiere und Pflanzen überlebten. Insgesamt haben bis Mitte 1993 circa 1900 nukleare Testexplosionen die Erde erschüttert. Dabei wurden in Ost und West hunderttausende Soldaten und Zivilisten entweder absichtlich oder unabsichtlich ungeheuren Strahlenbelastungen ausgesetzt, die zu strahlenbedingtem Krebs, der oft erst nach 20 oder mehr Jahren ausbricht, Mißbildungen und Fehlgeburten führten. Leukämie ist eine der häufigsten Todesursachen, herbeigeführt durch atmosphärische Kernwaffenexplosionen. Und auf den Pazifik Inseln, wo französische und amerikanische Atomexplosionen stattfanden, kam es zu zahlreichen sogenannten Quallengeburten: Kindern, denen bei der Geburt das Knochengerüst oder das Gesicht fehlten und die kaum länger als eine halbe Stunde lebten.[44] Was den französischen Präsidenten Jaques Chirac bekanntlich nicht hinderte, im Herbst 1995 und Winter 1996 trotz weltweiter Proteste, aber gestärkt durch verharmlosende Gutachten von Wissenschafts-Experten weitere Atomversuche auf dem Mururoa Atoll durchzuführen.

Militarismus ist männlich

Männer haben diese zerstörerischen Waffensysteme erfunden, entwickelt und zu einer Perfektion gebracht, die inzwischen das Bestehen der Menschheit bedroht. Frauen, in der gesamten Geschichte des Patriarchats männlicher Gewalt unterworfen, konnten diesem Wahnsinn nichts wirklich Konstruktives entgegensetzen. Sie haben sich an patriarchale Wertvorstellungen angepaßt, nicht selten haben sie auch applaudiert. Sie haben – gemäß ihrer dienenden, versorgenden, pflegenden und Hilfsarbeiten verrichtenden Funktion – in Rüstungsbetrieben gearbeitet, Socken für die Soldaten gestrickt und die Verwundeten gepflegt. Vielfach haben sie auch mit der Waffe in der Hand gekämpft, und neuerdings werden sie zunehmend in Militäraktionen integriert. Aber in den obersten, entscheidenden Gremien von Wissenschaft, Militär und Forschung haben sie noch immer wenig bis nichts zu sagen. Und wenn sie – was selten genug geschieht – diesen Sprung geschafft haben, agieren sie, gezwungen durch äußere Umstände, in den meisten Fällen nach patriarchalen Prinzipien. Frauen, die dem Leben immer näher standen als der Mann, haben trotz einer vieltausendjährigen Geschichte, durch die männliche Kriegs-, Zerstörungs- und Eroberungslust eine nicht enden wollende Blutspur zieht, noch immer zu wenig begriffen, daß sie, jahrhundertelang ausgeschlossen aus wichtigsten gesellschaftlichen Entwicklungen wie Industrialisierung, Wissenschaft und Technik sich hier mit einem eigenen, weiblichen Standpunkt einbringen müssen. Sie müssen erkennen, daß es zu wenig ist, Kinder nach bestem Wissen und Gewissen groß zu ziehen, Bio-Hausgärtlein anzulegen und immer und immer wieder anzutreten, um die Wunden dieser Welt zu heilen, wenn gleichzeitig ein einziges Tschernobyl, ein einziges Bombardement, bei dem sie keine Entscheidungsmöglichkeit haben, ihre Lebensarbeit vernichtet. Von vergifteter Nahrung, verschmutzter Luft, verseuchtem Wasser und den damit zusammenhängenden, zunehmenden Seuchen ganz zu schweigen.

Frauen müssen sich ihrer Verantwortung bewußt werden, es muß ihnen klar werden, daß sie im Grunde sehr viel Macht besitzen, weil ohne sie nichts läuft und sie müssen erkennen, daß ihre – geschlossene – Verweigerung, ihr geschlossener Widerstand sehr wohl etwas gegen die Militärs vermag. Ansätze dazu gibt es bereits. In den Mütteraufständen im ehemaligen Jugoslawien, Argentinien oder auch Rußland beispielsweise besinnen sich Frauen lediglich auf das uralte, matrizentrische Prinzip, das das Leben der Nachkommen, der Blutsverwandten und in der Folge

Leben überhaupt stets höher bewertete als den Gehorsam gegenüber der Obrigkeit, dem Staat (siehe dazu Kapitel 1). Und es ist genau dieses Prinzip, das der Männerstaat am meisten fürchtet, weil die Verantwortlichen genau wissen, daß es die bestehende Ordnung zum Einsturz bringen kann. Daß Mütter – in absolutem Gehorsam gegenüber einem patriarchalen, auf Macht-Zuwachs ausgerichteten und Leben verneinenden *Vater*land – den Heldentod ihrer Söhne feiern, ist der letzte, perverseste Ausdruck einer totalen Ent-Eignung des weiblichen Menschen. Wenn dieser Gehorsam nicht mehr gilt, den der Christengott ebenso fordert wie der Männerstaat, der jedoch der alten Schöpfergöttin als Gebärender des Lebens und Göttin der Wiedergeburt ebenso fremd war wie den um die Mütter zentrierten Sippengesellschaften, wird das Leben auf diesem Planeten friedlicher werden.

Voraussetzung dafür ist eine Überwindung des Nationalismus und eine grenzüberschreitende Zusammenarbeit der Frauen – und Männer – dieser Welt. Am Nationalismus sind bislang sämtliche Friedensfrauen – und es gab ihrer stets mehr als Friedensmänner – noch immer gescheitert. Erst wenn Frauen – und Männer – die Kraft aufbringen, sich über Ethnien und Grenzen hinweg in groß angelegten Aktionen zu vereinigen – erst dann wird der Friede ein Stück näher rücken.

4 Krieg und Christentum

Es ist bezeichnend, daß patriarchale Götter zumeist auch Kriegsgötter sind, müssen sie doch einem Herrschaftssystem, das sie mittragen und repräsentieren und das Gewalt und Krieg als notwendig und sinnvoll erachtet, Berechtigung und Legitimation verleihen. Auch der Christengott ist immer zugleich Kriegsgott gewesen, den stets jede kriegführende Partei für sich vereinnahmt hat, und in dessen Namen die Waffen gesegnet und Kriege heilig gesprochen wurden.

Wobei sich vor allem der Gott des Alten Testaments durch eine besondere Grausamkeit und Gewalttätigkeit auszeichnet. Um sein – auserwähltes – Volk zu schützen, ruft er zum Mord und zur Vertreibung und Ausrottung ganzer Völker und Stämme auf.

> »Ich will meinen Schrecken vor dir hersenden und alles Volk verzagt machen, dahin du kommest ... und ich will dir alle deine Feinde in die Flucht geben. – Ich will Hornissen vor dir hersenden, die vor dir herausjagen die Heviter, Kanaaniter und Hethiter ...« (II. Mos. 23, 27–33)
> »Wenn ihr über den Jordan gegangen seid in das Land Kanaan, so sollt ihr alle Einwohner vertreiben vor eurem Angesicht und alle ihre Säulen und alle ihre gegossenen Bilder zerstören und alle ihre Höhen vertilgen ...« (IV. Mos. 33, 50–53)

Und die Kinder Israels preisen den Herrn für seinen Beistand,

> »denn er hat eine herrliche Tat getan. Roß und Mann hat er ins Meer gestürzt. – Der Herr ist meine Stärke und mein Lobgesang und ist mein Heil. Das ist mein Gott, ich will ihn preisen; er ist meines Vaters Gott, ich will ihn erheben. Der Herr ist der rechte *Kriegsmann* (Hervorhebung der Autorin), Herr ist sein Name ...« (II. Mos. 15, 1–3)

Der Tribut, den Gott, der Herr, für seine Hilfestellung verlangt, ist absoluter Gehorsam. Wurde dieser verweigert, wütet er auch unter den Seinen:

> »Werdet ihr aber mir nicht gehorchen und nicht tun diese Gebote alle – und werdet meine Satzungen verachten, ... und werdet meinen Bund brechen – so will ich euch solches tun: ich will euch heimsuchen mit Schrecken, Dürre und Fieber, daß euch die Angesichter verfallen und der Leib verschmachtet; ... und ich will mein Antlitz wider auch stellen, und sollt geschlagen werden vor euren Feinden; und die euch hassen, sollen über euch herrschen, und sollt fliehen, da euch niemand jagd. So ihr aber über das noch nicht mir gehorcht, so will ich's noch siebenmal mehr machen, euch zu strafen um eure Sünden, daß ich euren Stolz und eure Halsstarrigkeit breche; und will euren Himmel

wie Eisen und eure Erde wie Erz machen ... Und will wilde Tiere unter euch senden, die sollen eure Kinder fressen und euer Vieh zerreißen und euer weniger machen, und eure Straßen sollen wüste werden ... werdet ihr aber dadurch mir noch nicht gehorchen ... so will ich euch im Grimm entgegenwandeln und will euch siebenmal mehr strafen um eurer Sünden – daß ihr sollt eurer Söhne und Töchter Fleisch essen ...« (III. Mos. 26, 14–40)

Der regelrechte Vernichtungs- und Blutrausch, in dem sich ein rächender Gott hier gefällt, ist kaum noch zu überbieten.

Daß sich auch im Alten Testament trotz seiner eindeutig patriarchalen Ausrichtung Spuren einer ursprünglichen, matrizentrischen Ordnung nachweisen lassen, haben feministische Bibelforscherinnen bewiesen (siehe dazu Kapitel 10.2). Als eine verdeckte Beschreibung des Übergangs von alten, matrizentrischen Werten zum neuen Vaterrecht wird häufig die Darstellung der Ermordung Abels durch Kain zitiert.[1] Die Zurückweisung des unblutigen, vegetarischen Opfers Kains durch Gottvater und seine Bevorzugung des tierischen Opfers Abels wird als neues Gesetz eines männlichen Gottes gedeutet, durch das die Eintracht zwischen Mensch und Tier zerstört, und ein friedliches, Pflanzen und Früchte sammelndes oder Ackerbau treibendes durch ein gewalttätiges Menschengeschlecht abgelöst wurde. Auch das Verhalten von Gott, dem Herrn, nach dem Mord Kains an seinem Bruder Abel läßt die Vermutung zu, daß es sich hier um ein neues Verständnis von Schuld und Sühne handelt. Während Brudermord nach matrizentrischem Selbstverständnis ein so großes Verbrechen war, daß es im Grunde gar nicht gesühnt werden konnte – was Kain selbst bewußt ist, wenn er sagt: »Meine Sünde ist zu groß, als daß sie aufzuheben wäre« (I. Mos, 4, 13f), ist die Rache Gottes eine eher schonende: Sie trifft den Sünder nicht wirklich. Zwar stößt Gott Kain aus der Gemeinschaft aus, gleichzeitig jedoch gewährt er ihm auch Schutz und bestraft etwaige Verfolger.

> »... wer Kain totschlägt, das soll siebenfältig gerächt werden. Und der Herr machte ein Zeichen an Kain, daß ihn niemand erschlüge, wer ihn fände.«[2]

Gott macht sich damit zum Verbündeten eines Mörders, dessen Schutz ihm wichtiger scheint als der Schutz des Opfers, und versehen mit diesem grundsätzlichen göttlichen Wohlwollen zieht Kain in ein fernes Land, heiratet dort, gründet eine Stadt und zeugt – natürlich – Söhne, die als Viehzüchter, Metallverarbeiter und Kulturschaffende das eigentliche abendländische Geschlecht begründen. Und tatsächlich hat in der Folge auch stets der Stärkere, der Skrupellose, der Brudermörder nicht nur überlebt – er wurde sogar zum Helden gemacht. Eine Entwicklung, die einen radikalen Bruch mit den alten, matrizentrischen Vorstellungen bedeutet, denen es – auch bedingt durch das mütterliche Prinzip – immer um den Schutz der Schwächeren, Ärmeren und Bedürftigen gegangen war.

Die autoritäre, gewalttätige und grausame Macht des Vatergottes zu lindern, ward dann der »geliebte« Sohn ausersehen. Doch auch dieser wußte, was er seinem Vater schuldig war: nämlich absoluten Gehorsam! Der liebende, versöhnende, barmherzige Jesus wird mit Einwilligung des Vaters für die »Vergebung der Sünden« hingeopfert und sein Kreuzestod fordert vom Gläubigen auf schreckliche Weise ein ständiges Bekenntnis der eigenen Schuld, die eigentlich die Schuld des Gott-Vaters ist. Die feministische Theologin Christa Mulack sieht in der Kreuzesideologie, die in eklatantem Widerspruch zu der Vergebungs- und Heilslehre Christi steht, eine Weiterführung des Kains-Mythos und einen letztendlichen Sieg des patriarchalen Selbstverständnisses.

> »Im Kainsmythos zeigt sich die patriarchale Vorgehensweise beim ›Sieg‹ über älteres Recht: Der Schutz des Gewalttäters war der neuen patriarchalen Priesterkaste, symbolisch dargestellt in der Gestalt Gottes, des HERRN, als Vertreter des neuen Rechtssystems wichtiger als der Schutz der Menschen vor männlicher Gewalt. Gott der HERR wird zum Schutzherrn jener, die im Namen des patriarchalen Systems morden. Mit dem Christus-Mythos gehen die Priester einen Schritt weiter. Hier ist Gott der HERR nicht mehr der Schutzherr der Mörder, sondern er identifiziert sich mit ihnen und zeichnet sozusagen für ihre Tat verantwortlich.«[3]

Tatsächlich ist väterlicher Kindesmord ein beliebtes Thema in der patriarchalen Mythologie. Bekanntlich war auch Stammvater Abraham (historisch angesiedelt in die Zeit zwischen 1200 und 1700 v. Chr.) bereit, seinen Sohn Isaak in absolutem, Gott wohlgefälligem Gehorsam zu opfern. Auch hier sprechen feministische Bibelforscherinnen[4] von einer klaren Verletzung alter, matrizentrischer Ordnung, in der das Leben des eigenen Kindes stets absolute Priorität besaß, und der Übernahme eines abstrakten, »höheren« Rechts, manifestiert im Willen eines grausamen Gottes. Das Alte Testament kennt mehrere Beispiele für Kindsopfer, so etwa den Fall Jephtes, und ganz generell sollen in Palästina Menschenopfer bis ins 7. Jahrhundert v. Chr. verbreitet gewesen sein.[5]

Auch im griechischen Mythos morden Väter ihre Söhne, vornehmlich deshalb, weil sie sich von diesen in ihrem Machtanspruch bedroht fühlen. Am eindringlichsten hat wohl Francisco Goya diesen Sohnes-Mord durch den Vater dargestellt. In dem Bild »Saturn verschlingt seinen Sohn« bezieht er sich auf den legendären Vater aller griechischen und römischen Götter, dem vorausgesagt worden war, daß ihn einer seiner zahlreichen Söhne vom Thron stürzen wird, weshalb er einen nach dem anderen auffressen muß – bis auf Zeus, der von seiner Mutter versteckt wird, und als einziger überlebt. Auch Adonis stirbt durch den Eber, eine verkleidete Vatergestalt, hinter der sich der Kriegsgott Ares verbirgt. Und im Mythos des Ödipus tötet nicht nur der Sohn den Vater, um die Mutter zu heiraten, sondern davor versuchte der Vater, den Sohn zu töten.

Getötete, hingeopferte Söhne sind nicht nur bemerkenswert oft in patriarchalen Mythen anzutreffen, sie sind in einer von Kriegen beherrschten Gesellschaft auch ständige Realität. Die Entmachtung und Eliminierung des weiblichen Prinzips, für das Leben stets heilig war, wirkt sich hier besonders verhängnisvoll aus. »Kinder gebären zu können, war in der alten Ordnung eine wundersame, heilige Fähigkeit der Frauen gewesen«, schreibt Marilyn French.

> »Die Verfechter des Patriarchats konnten die Macht, die diese Fähigkeit mit sich brachte, nicht leugnen, aber die Männer besaßen eine noch größere: sie konnten Leben vernichten. Der Akt des Tötens transzendiert den Akt des Gebärens, indem er ihn zunichte macht, und ist endgültiger als jener.«[6]
> »Der Tod wird zum ewigen Leben, das mehr wert ist als dieses.«[7]

Die Versprechungen eines glücklicheren Jenseits, wodurch sich alle patriarchalen Religionen auszeichnen, waren – und sind nach wie vor – ein gefälliges Instrument in den Händen von Kriegstreibern, die den Helden- und Märtyrertod auch noch als besondere Gnade beschreiben. Während es matrizentrischen Religionen stets um das diesseitige Leben, seine Schönheit, seine Fruchtbarkeit und Sinnlichkeit ging, haben patriarchale Religionen die Überwindung des Diesseits in Askese, Enthaltsamkeit und Sexualfeindlichkeit gepredigt. Der Glaube an das Jenseits, das erst die eigentlichen, wirklichen Glückseligkeiten bietet, schuf jedoch nicht nur willige, freudig in den Tod gehende Krieger. In ihm und seiner implizit vorhandenen Geringschätzung alles Lebendigen ist sicherlich auch eine Wurzel der weltweiten Umweltzerstörung zu suchen. Außerdem war es stets äußerst nützlich, die Armen, Erniedrigten, Versklavten und Rechtlosen solcherart in diesem Zustand zu halten. Sollte sie doch der Lohn im Jenseits für das ausgestandene Leiden im Diesseits entschädigen.

Moderne Theologen haben die Gefahren, die sich aus dem Ausschluß des weiblichen Prinzips ergeben, durchaus erkannt. Eugen Drewermann beispielsweise, der sich ausführlich mit den Zusammenhängen von Krieg und Christentum auseinandersetzt, sieht in der Eliminierung des Weiblichen eine wesentliche Wurzel für die Kriegsbereitschaft des Christentums. Weil der »Nur-Mann in seiner Aggressivität stets kriegsgefährlich« sei, findet er es wichtig, »den männlichen Anteil der Psyche mit den weiblichen Strebungen zu verschmelzen«, als da sind: »Phantasie, Traum, Innerlichkeit, Wärme, Poesie, Empfinden«.[8]

»Das Weibliche« soll also wieder einmal als Ergänzung herhalten, um »dem Männlichen« – unter Wahrung des Führungsanspruchs – aus seiner Selbstisolierung und Selbstzerstörung herauszuhelfen. Feministische Theologinnen sind hier meist radikaler: Sie fordern grundsätzliche Änderungen im religiösen Denken (siehe Kapitel 10.2).

Ein ursprünglich friedliebendes Christentum tötet im Namen Christi

Dabei hat sich das Urchristentum – noch unter einem unmittelbaren Einfluß der Mitleid, Liebe und Frauenfreundlichkeit verkündenden Heilslehre Christi stehend – durchaus dem Frieden verpflichtet gefühlt. Sämtliche Kirchenväter haben sich damals gegen den Krieg ausgesprochen. Tertullian (ca. 160–225 n. Chr.) etwa erscheint der Soldatenberuf völlig unvereinbar mit einem christlichen Leben, er erfordere eine innere Einstellung, »die einem Abfall gleichkommt«. Ebenso vertritt Origines (ca. 185–253/54 n. Chr.) einen unbedingten kirchlichen Pazifismus:

> »Denn wir ergreifen nicht mehr das Schwert gegen ein Volk, und wir lehren nicht mehr die Kriegskunst, da wir Kinder des Friedens geworden sind durch Christus.«

Auch Cyprian (um 200/210–258) überrascht mit der kritischen Feststellung, daß zwar Mord als Verbrechen bezeichnet werde, »Tapferkeit aber nennt man es, wenn das Morden im Namen des Staates geschieht«. Und der römische Bischof Hippolyt verbietet in einer Kirchenordnung aus dem 3. Jahrhundert einem Christen den Eintritt ins Heer:

> »Wenn ein Katechumene oder Getaufter Soldat werden will, soll er abgewiesen werden; denn er hat Gott mißachtet.«

Wie umfassend – auch die Natur und alle Lebewesen miteinschließend – das Tötungsverbot damals aufgefaßt wurde, geht aus einer weiteren Verfügung dieser Kirchenordnung hervor, in der selbst die Jäger aufgefordert wurden, das Jagen aufzugeben, andernfalls sie keine Christen werden könnten.[9] Aber nicht nur theoretische Abhandlungen weisen auf eine konsequente Friedenshaltung des frühen Christentums hin, sondern auch geschichtlich gesicherte Tatsachen. So etwa floh beim Aufstand der Juden gegen die Römer die Urgemeinde kurz vor der Umzingelung Jerusalems geschlossen nach Pella in Peräa, weil sie, wie ein katholischer Theologe schreibt, »nicht zum Schwert greifen wollte«. Auch beim Bar Kochba-Aufstand, dem Kampf der palästinensischen Juden gegen die Römer (132–135 n. Chr.) kämpften die Judenchristen aus Überzeugung nicht, weshalb sie auch von Bar Kochba grausam verfolgt wurden.[10]

Diese Situation änderte sich schlagartig, nachdem Kaiser Konstantin 313 den Christen volle Religionsfreiheit gewährt hatte. Plötzlich bezeichnen dieselben Kirchenväter, die zuvor für eine bedingungslose Friedensliebe eingetreten waren, Kampf und Krieg als gottgefällig. So etwa Kirchenvater Laktanz, der sich noch in seinem 313 verfaßten Hauptwerk, den »Divinae Institutiones«, als dezidierter Pazifist ausgab. In einer späteren, verkürzten Neuausgabe hingegen ließ er nicht nur alle antimilitaristischen Stellen streichen, sondern verherrlichte auch noch den Tod für das Vaterland.[11]

Die Schnelligkeit, mit der sich dieser Wandel vollzog, läßt die Annahme zu, daß sich die Kirchenführer recht schwer mit ihrer konsequenten Friedensliebe taten, was angesichts einer Welt, die rundum von Waffen starrt, durchaus verständlich ist. In der Folge hat das Christentum sein bislang fast 2000jähriges Bestehen auch nur durch einen äußerst wendigen Anpassungskurs ermöglicht, und besonders was den Krieg betrifft gelang diese Anpassung geradezu hervorragend. Eine Religion, die sich ursprünglich der Liebe und Barmherzigkeit verschrieben hatte, entwickelte sich zu einem unduldsamen, Andersdenkende verfolgenden kriegerischen Machtapparat, der sich plötzlich berufen fühlte, im Namen Christi zu töten und zu morden, um die eigene Wahrheit auch anderen aufzuzwingen. Keine religiöse oder weltliche Institution vor der katholischen Kirche hat jemals so rigoros die Anerkennung einer einzigen Wahrheit gefordert und die Vertreter anderer Glaubensrichtungen nicht nur verdammt, sondern auch verfolgt und bestraft. Immer hat es viele Religionen, Götter und Göttinnen nebeneinander gegeben, und daher auch mehr Toleranz.

Karlheinz Deschner, der sich ausführlich mit der Geschichte des Christentums auseinandergesetzt hat, und auf dessen Ausführungen ich mich im folgenden hauptsächlich beziehe, meint, daß auch die Christenverfolgungen so dramatisch nicht gewesen sind, wie immer behauptet wird. Weder die Kaiser im ersten noch im zweiten nachchristlichen Jahrhundert hätten das Christentum verboten, und insgesamt seien in den ersten drei Jahrhunderten nicht mehr als ein paar Dutzend den Märtyrertod gestorben – was Kirchenvater Origines (gest. 254) bestätigt, wenn er meint, die Zahl der christlichen Blutzeugen sei »klein und leicht zu zählen«.[12] Wer sich die Massenverfolgungen durch Christen von Juden, Ketzern und Hexen vor Augen hält, das Blutbad, das organisierte Kriege – wie etwa die Kreuzzüge – bei Andersgläubigen angerichtet hat, wird eine vergleichsweise tolerante Haltung der römischen Kaiser anerkennen. Während jedoch die christlichen Märtyrer heilig gesprochen und mit allen nur erdenklich ehrenden Legenden umgeben wurden, hat die Kirche ihrer Opfer bis in die jüngste Zeit hinein wenig gedacht. Für die Hexenverfolgungen beispielsweise hat sie sich bis heute nicht entschuldigt.

Die Verfolgung der Juden, Heiden und gnostischen Bewegungen

Mit dem Aufstieg des Christentums war die Zeit einer weitgehend religiösen Toleranz vorbei. Ungeachtet der Tatsache, daß Jesus ein Jude war, traf der besondere Haß der Christen von Anbeginn die Juden, an denen schon Paulus kein gutes Haar ließ: Sie würden stehlen, plündern und ehebrechen, außerdem seien sie für den Tod Jesu verantwortlich – ein Vorwurf, der die Jahrhunderte überdauert hat. Daß sich die Juden stets als auserwähltes Volk begriffen, traf die Christen in ihrem Selbstverständnis, waren sie doch ebenso von ihrem auserwählten Status überzeugt. Zwei auserwählte Völker hingegen hatten im christlich-jüdischen Glaubenskanon keinen Platz. Also mußte ein Volk weichen – es traf, wie wir wissen, das jüdische Volk. Während noch Kaiser Julian (361–363) wegen seiner neuplatonischen Gesinnung von den Christen der »Abtrünnige« genannt, eine ausgesprochen judenfreundliche Politik betrieb, haben bereits die christlichen Kaiser des 5. und 6. Jahrhunderts die Juden mehr und mehr entrechtet und beschimpft, und 553 sogar den Talmud verboten. Bereits seit 423 durfte keine Synagoge mehr ohne kirchliche Erlaubnis gebaut werden, aber schon zuvor, nämlich 415 ließ Bischof Kyrill in Ägypten sämtliche Synagogen beschlagnahmen und machte daraus christliche Kirchen.[13]

Gleichzeitig wurden die gnostisch-manichäischen Bewegungen bekämpft. Sie waren zu einer Zeit entstanden, als sich das frühe Christentum noch aus vielen kleinen Gruppen zusammensetzte, die häufig die Lehre eigenständig interpretierten, und sie beeinflußten später die Lehre der in Kleinasien entstandenen dualistischen Sekte der Bogumilen, die wiederum auf die Katharer einwirkte. Die Gnostiker lehnten häufig hierarchische Ordnungen ab, sprachen sich für sexuelle Freiheiten aus und ermöglichten Frauen eine gewisse Teilnahme an den Glaubensritualen, Gründe, die ausreichten sie in Bausch und Bogen zu verdammen.

Bereits Kaiser Konstantin wendet sich im Jahre 331 zum ersten Mal gegen die Anhänger von Valentin, Novatian, Markion, Montanus und Paul von Samosa. Er verbot ihre Gottesdienste, konfiszierte ihr Eigentum und ließ ihre Versammlungshäuser zerstören. In gleicher Weise ging er gegen die Heiden vor, 346 befahl er die sofortige Schließung sämtlicher Tempel, ordnete im Weigerungsfall die Konfiskation des Vermögens an und drohte ein paar Jahre später sogar mit der Todesstrafe.[14] Weiter verschärft wurden die Gesetze durch die nachfolgenden Kaiser Gratian, Valentinian II. und vor allem Theodosius I. Letzterer erließ im Jahr 380 das berühmt-berüchtigte Religionsedikt von Thessalonich, in dem jeder römische Bürger unter Androhung göttlicher und kaiserlicher Strafen zur Annahme des katholischen Glaubens verpflichtet wurde:

>»Wir befehlen, daß diejenigen, welche dies Gesetz befolgen, den Namen ›katholische Christen‹ annehmen sollen; die übrigen dagegen, welche wir für toll und wahnsinnig erklären, haben die Schande zu tragen, Ketzer zu heißen. Ihre Zusammenkünfte dürfen sich nicht als Kirchen bezeichnen. Sie müssen zuerst von der göttlichen Rache getroffen werden, sodann auch von der Strafe unseres Zornes, wozu wir die Vollmacht dem himmlischen Urteil entlehnen.«[15]

Noch radikaler ging Theodosius II. vor, der selbst Kinder hinrichten ließ, weil sie mit zerbrochenen heidnischen Statuen gespielt hatten. Er ließ 416 alle Nichtchristen aus den staatlichen Ämtern entfernen und 418 alles antichristliche Schrifttum verbrennen. Ab 423 wurde die Teilnahme an Opfern mit Verbannung und Gütereinziehung bestraft, und 435 ebenso wie 438 drohte bei Ausübung des heidnischen Kultes sogar die Todesstrafe.[16]

Insgesamt verzeichnet der Codex Theodosianus, das 438 zusammengestellte Reichsgesetzbuch, etwa achtzig Gesetze gegen »Ketzer«, wie ab nun sämtliche »Abtrünnige« als Menschen zweiter Klasse genannt wurden. Es wurden ihnen nicht nur ihr Glauben und ihre Kirchen genommen, sie wurden auch als rechtlos und ehrlos erklärt und schließlich verloren in ausgedehnten Verfolgungen Tausende von ihnen das Leben.

Die Kirche hat aber nicht nur in einer sehr unnachsichtigen und brutalen Weise Andersgläubige verfolgt, sie hat, ganz im Gegensatz zur Lehre Christi, auch nichts dazu beigetragen, das Los der Sklaven zu mildern, sie hat es vielmehr zusätzlich verschärft. Während Sklaven in der ersten Zeit zumindest religiös gleichberechtigt und ämterfähig waren, verbieten

ihnen bereits ab der Mitte des 3. Jahrhunderts Verfügungen das Priester-
amt. Dafür begannen selbst Kirchen – ebenso wie Klöster – eigene
Sklaven zu halten, die allerdings – im Gegensatz zu anderen Sklavenhal-
tern – nicht freigelassen werden konnten, weil sie als »Kirchengut« un-
veräußerlich waren. Ebenso hat im Mittelalter – entgegen landläufigen
Meinungen – die Kirche die Sklaverei nicht aufgehoben, sondern diese
hat in Südeuropa sogar einen Aufschwung genommen. Wie inzwischen
bekannt, waren für das Ende der Sklaverei politische und ökonomische
Verhältnisse verantwortlich, nicht aber ein Verbot der Kirche. Erst im
19. Jahrhundert (!) hat die Kirche durch Papst Gregor XIV. die Verteidigung der Sklaverei ausdrücklich untersagt. Weil nicht nur die Sklaverei,
sondern auch das Feudalsystem des Mittelalters, seine Klassenprivile-
gien und die Leibeigenschaft des Bauern der Kirche bis in die Neuzeit
hinein als gottgewollt galt, gingen Veränderungen in Richtung humanere
Gesellschaft auch nie von ihr, sondern stets von anderen Kreisen aus.
Weshalb der bedeutende Theologe Martin Dibelius von der Kirche als
»Leibwache von Despotismus und Kapitalismus« spricht und nüchtern
feststellt, daß

> »alle, die eine Verbesserung der Zustände dieser Welt wünschten, genötigt
> (gewesen seien), gegen das Christentum zu kämpfen«.[17]

Ketzerkriege und Hexenverfolgung

Das Niedermetzeln Andersgläubiger erreichte in den Ketzerkriegen des
13. Jahrhunderts einen Höhepunkt. Dazu wurde ein eigenes Gericht,
nämlich die Inquisition geschaffen. Bereits in der Karolingerzeit war mit
der Errichtung der bischöflichen Sendegerichte begonnen worden, die
Synode von Verona (1184) verpflichtete dann die Bischöfe zur Fahndung
nach »Ketzern«, und am 4. Laterankonzil im Jahre 1215 wurde ihre Be-
strafung durch weltliche Behörden verlangt. Hartnäckige Ketzer, die sich
weigerten, ihrem Glauben abzuschwören, wurden nach oft tage- oder
wochenlangen Folterungen verbrannt, ihr Vermögen konfisziert und die
Nachkommen in drei Generationen für ehrlos erklärt. Bereuende Häre-
tiker hingegen mußten eine besondere Kleidung tragen – so, wie ja auch
die Juden bis herauf zu Hitler durch spezielle Zeichen gebrandmarkt
wurden – und mit Strafen wie Wallfahrten, Fasten und Geldabgaben
belegt. Die Hinrichtung gestaltete sich zu einem schauerlichen Volksfest,
bei dem die Opfer unter Absingen von Chorgesängen grauenvoll ver-
brannten oder erstickten.

Die Ketzerverfolgungen (1209–1229) eskalierten schließlich in den Albigenserkriegen, die sich vornehmlich gegen die Katharer in Südfrankreich, aber auch viele Waldenser richteten, und den Auftakt zu einer allgemeinen Vernichtungswelle bildeten, die sämtliche häretische Bewegungen umfaßte. Allein die Eroberung der Stadt Beziers soll nach Angaben verschiedener Zeitzeugen 20.000 bis 100.000 Menschen das Leben gekostet haben.[18] Fest steht, daß die gesamte Einwohnerschaft, Katharer ebenso wie Katholiken, hingemetzelt, die Stadt geplündert und dann in Brand gesteckt wurde. Arnold von Citeaux, Oberster Befehlshaber des Heeres, berichtet triumphierend von einem

> »Morden, wie es seit der Sarazenenzeit wohl niemals so wild mehr ist beschlossen worden und ausgeführt; nichts brachte Rettung davor, nicht Kreuz, noch Altar, noch Kruzifix; die tollen Ribautz (gemeine, unbewaffnete Personen, Anm. d. Autorin) schlachteten Priester und Frauen und Kinder«.

Auch der Heldentaten Simon von Montforts, der die Truppen gegen Toulouse befehligte, des »starken Streiters des Herrn und glorreichen Märtyrers Christi« gedenken die Annalen anerkennend: »Alle Ketzer, deren er habhaft werden konnte, ließ er eines grausamen Todes sterben.«[19] Und als die Stadt Lavour erobert und 400 Kartharer verbrannt wurden, notierte der Chronist Peter von Vaux-de-Cernay:

> »Amery und achtzig seiner Ritter wurden aus der Stadt geführt. Der edle Graf entschied, daß sie alle gehängt werden sollen. Sie wurden schneller getötet, als man es erzählen kann. Die Herrin von Lavaur, eine abgefeimte Ketzerin, wurde in einen Brunnen geworfen. Zuletzt verbrannten die Bekreuzten mit größter Freude eine Unzahl von Häretikern.«[20]

Aber auch nach den Albigenserkriegen, die eine blühende Kulturlandschaft in eine Wüste verwandelten, ging das Morden weiter. Die Ketzergerichte wüteten in Norditalien, Deutschland und auch in Österreich, wo Herzog Leopold VI. mit großer Strenge gegen die Patarener oder Gazzari, wie die Katharer noch genannt wurden, vorgegangen sein soll.[21]

Das Inquisitionsverfahren, das bei den Ketzerverfolgungen zur Anwendung kam, wurde dann bei den Hexenverfolgungen weiter ausgebaut und entwickelte sich zu einem der schauderhaftesten Verfolgungs- und Vernichtungsinstrumente, die sich das christliche Abendland ausgedacht hat. Denn Hexe – oder Hexer – hatten jetzt nicht mehr die Möglichkeit, wie sie noch den Ketzern eingeräumt worden war, durch Abschwören ihr Leben zu retten. Ihre Schuld stand vielmehr von Anfang an fest, und mußte lediglich durch das von der Folter erpreßte Geständnis bewiesen werden. Und weil mit der Absicht, möglichst vieler Hexen beziehungs-

weise Hexer habhaft zu werden, die geheime Denunziation als Rechts-
mittel eingeführt wurde, waren einem entsprechenden Mißbrauch Tür
und Tor geöffnet. Die einmal Eingekerkerten, denen im Grunde kein
Mittel zur Verfügung stand, ihre Unschuld zu beweisen, waren so gut
wie überführt.

Die Hexenverfolgungen, die zu etwa 80 bis 90 Prozent Frauen betrafen, haben vor allem eines deutlich gemacht: eine Frauenfeindlichkeit
und einen Frauenhaß, der bereits hysterische Züge angenommen hatte.
Mit diesen Verfolgungen, die hunderttausende oder millionen Opfer
forderten (genauere Angaben können nicht gemacht werden), sollten
letzte Reste verbliebener Frauenmacht wie das Kräuter- und Geburts-
wissen der weisen Frauen ausgerottet, die Sexualität der Frau verteufelt
und die domestizierte, geschlechtslose Hausfrau und Mutter einerseits,
die keusche, »reine« Jungfrau andererseits installiert werden, deren
oberste Pflicht der absolute Gehorsam gegenüber Gott, Staat und
Ehemann war.

Die Hexe, das letzte Sinnbild unkontrollierter, einer gewissen Eigen-
gesetzlichkeit folgenden Kräfte mußte ausgelöscht werden, damit sich
die stramm durchorganisierte Staatsgewalt mit einer ebenso gut organisierten Tötungsindustrie, die den vaterländischen Staat zu verteidigen
und zu vergrößern hatte, voll entwickeln konnte.[22]

Der »Heilige Krieg«

Die Ausrichtung auf das Jenseits, der diesseitiges Leben unwichtig und
der Tod häufig sogar willkommen schien, wenn er im Dienst einer »guten
Sache« wie Gott, Kaiser und Vaterland geschah, spielt auch bei den
Kreuzzügen eine wichtige Rolle, wurde doch dem tapferen Soldaten
Christi, der bei diesem heiligen Unternehmen ums Leben kam, komplet-
te Sündenvergebung in Aussicht gestellt. Der Hl. Bernhard von Clair-
vaux beispielsweise, der es im Auftrag Papst Eugens III. 1147 übernommen hatte, für den Kreuzzug zu predigen, betonte dabei in erster Linie
die Möglichkeit eines Sündennachlasses. Der Gedanke, die Heiligen
Stätten aus den Händen der Heiden zu befreien, schien ihm dabei von
untergeordneter Bedeutung.[23] Albrecht Noth vermutet in seiner Ab-
handlung über den Heiligen Krieg und Heiligen Kampf in Islam und
Christentum, daß der Zisterzienserabt dabei Anregungen aus dem Islam
übernommen hätte.[24] Und tatsächlich ist der »gihad« (»dschihad«, übersetzt am besten mit »Heiliger Kampf«) als Begriff bereits im Koran anzutreffen.

»Gott liebt diejenigen, die für seine Sache kämpfen in Schlachtordnung, als wären sie ein festgefügter Bau.« (Sura LXI, 4)
»Haltet solche, die für die Sache Gottes gefallen sind, nicht für tot, vielmehr sie leben, (gut) versorgt bei ihrem Herrn.« (Sura III, 163)

Prophet Mohammed, Verfasser des Koran unter göttlicher Eingebung, verspricht jenen reichlichen Lohn, die im Kampf für den gerechten Glauben das Diesseits mit dem Jenseits vertauschen:

»Gott kauft von den Gläubigen ihr Leben und Gut zum Preis des Paradieses für sie, indem sie für die Sache Gottes kämpfen ...« (Sura IX, 112)
»Für Gottes Sache sollen kämpfen diejenigen, die das diesseitige für das jenseitige Leben verkaufen wollen; und wer für die Sache Gottes kämpft, falle er oder siege er, dem werden wir gewaltigen Lohn geben.« (Sura IV, 76)

Der ehemalige Kaufmann Mohammed weiß auch, wie dieser Lohn aussieht:

»Er ... vergibt euch (dafür) eure Sünden und gewährt euch den Eintritt in Gärten, durch welche Ströme fließen, dazu gute Wohnungen in den Gärten von Eden; das ist große Glückseligkeit.« (Sura LXI, 10–12)

Eine so direkte Aufforderung zum »Heiligen Kampf« verbunden mit der Verheißung himmlischen Lohns kennen wir im frühen Christentum noch nicht. (Der Koran ist am Beginn des 7. nachchristlichen Jahrhunderts entstanden.) Ob diese Vorstellungen dem Koran entnommen sind oder sich mit den Kreuzzügen selbst entwickelten, Tatsache bleibt, daß sich beide Religionen hier ab einem gewissen Zeitpunkt sehr ähnlich sind. Der »Heilige Krieg« von jeder Seite als solcher verstanden, wurde daher auch mit besonderer Grausamkeit geführt. Wobei die Christenheit eindeutig als Aggressor zu bezeichnen ist, während sich die Anhänger des Islam trotz der radikalen Formulierungen im Koran nach übereinstimmenden Aussagen humaner verhielten.[25]

Bei den insgesamt sechs großen und unzähligen kleinen Kreuzzügen, die in der Zeit vom Ende des 11. bis zum Ende des 13. Jahrhunderts stattfanden, wurden mehr Menschen getötet als in den Kriegen zuvor, Schätzungen zufolge waren es 22 Millionen.[26] Sie starben im Namen Gottes nicht nur durch das Schwert, sondern auch an Hunger, Krankheit und Erschöpfung. Die Kreuzzüge leiteten die Vernichtung des byzantinischen Reiches ein, sie führten zur Bildung mehr oder weniger kurzlebiger, untereinander rivalisierender Kreuzfahrerstaaten im nahen Osten und schufen das Feindbild des »barbarischen Heiden«, dessen Tötung nicht nur erlaubt, sondern sogar gut geheißen wurde.

Bereits ein Jahr, nachdem Papst Urban II. zum ersten Kreuzzug gegen die »Feinde Gottes« aufgerufen hatte, fielen Kreuzfahrer dann über die jüdischen Gemeinden in den aufblühenden rheinischen Städten her. In Speyer, Mainz, Worms und anderen Städten des Rheinlandes wurden insgesamt über 10.000 Juden ermordet,[27] obwohl die durch jüdisches Gold bestochenen Bischöfe versuchten, wenigstens einem Teil von ihnen das Leben zu retten. Ob der Papst Anweisungen zur Judenverfolgung gegeben hat, wissen wir nicht. Ebensowenig sind Anweisungen bekannt, die zu einer Schonung aufriefen.[28]

Jene Juden, die ihrem Glauben abschwören und sich taufen ließen, konnten im allgemeinen ihr Leben retten. Die meisten allerdings, in ihrem Glaubenseifer ebenso fanatisch wie die Christen, zogen den kultischen Massenselbstmord einer Glaubensübertretung vor:

»Und die Frauen gürteten mit Kraft ihre Lenden und schlachteten ihre Söhne und Töchter und dann sich selbst; viele Männer stärkten sich und schlachteten ihre Frauen, ihre Kinder und ihr Gesinde; die zarte und weichliche Mutter schlachtete ihr Lieblingskind; alle erhoben sich, Mann wie Frau, und schlachteten einer den andern ... bis Blut zu Blut zusammenfloß und sich vermischte das Blut der Männer mit dem der Frauen, das Blut der Väter mit dem der Kinder, das Blut der Brüder mit dem der Schwestern; sie wurden getötet und geschlachtet um der Einheit des herrlichen und furchtbaren göttlichen Namens willen.«[29]

Dem grausamen Christengott, in dessen Namen Millionen hingemetzelt wurden, steht hier der mindestens ebenso grausame Judengott gegenüber, der genauso das Opfer fordert. Nirgendwo sonst kommt die Unerbittlichkeit, mit der ein einziger, patriarchaler Gott Gehorsam im Namen der einzigen und alleinigen Wahrheit verlangt, deutlicher zum Ausdruck als in diesen fanatisch geführten Religionskriegen, die bekanntlich bis heute nicht ausgestorben sind. Hat doch der Islam im Kampf gegen den – im übrigen keinesfalls humaner agierenden – Westen seinen traditionellen »dschihad«, den Heiligen Kampf, wieder entdeckt, und schickt fanatisierte, speziell ausgebildete Selbstmordkommandos gegen die verhaßten Anhänger westlicher Kultur und westlichen Glaubens, wobei dem Märtyrer natürlich das ewige Leben in Allahs Himmelsgärten winkt.

Das Gemetzel von Jerusalem

Die Kreuzzüge haben nicht etwa den himmlischen und irdischen Lohn gebracht, den Päpste und Kaiser nicht müde wurden, zu verkünden, sondern Tod, Verwüstung, Elend und unendliches menschliches Leid!

Die Berichte von Zeitzeugen und Chronisten überschlagen sich in der Schilderung von Greueltaten auf beiden Seiten, wobei das »gerechte« Morden stets das eigene ist. Am schlimmsten muß die christliche Soldateska im eroberten Jerusalem gewütet haben.

> »Als sich die Unsrigen schon der Mauern und Türme bemächtigt hatten, konnte man Wunderbares erblicken. Den einen wurden, was leichter war, die Köpfe abgeschlagen, andere wurden mit Pfeilschüssen gezwungen, von den Türmen zu springen. Wieder andere wurden lange mit Feuer gequält und verbrannt. Man sah Haufen von Köpfen, Händen und Füßen in den Häusern und Gassen. Überall liefen Menschen und Pferde auf den Leichen hin und her ...«
>
> »Wir kamen zum Tempel Salomons, wo sie ihren Ritus und ihre Gesänge pflegten. Was aber geschah dort? Wenn ich die Wahrheit sage, wird man mir nicht glauben. Es mag genügen, daß sie im Tempel Salomons und im Vorhof bis zu den Knien und den Zügeln ihrer Pferde im Blut ritten. Wahrlich ein gerechtes Gericht, daß der Ort das Blut derjenigen empfing, deren Gotteslästerung er solange erdulden mußte.«[30]

Erschreckend ist vor allem der offensichtliche Ton der Freude und Genugtuung, der hier mitschwingt. Er bezog sich jedoch nicht nur auf den »gerechten« Tod der Ungläubigen, sondern auch auf die in Aussicht gestellte reiche Beute:

> »Nach dem großen Gemetzel betraten sie die Häuser und ergriffen alles, was sie vorfanden. Es geschah so, daß jeder, der zuerst ein Haus betrat, ob er reich oder arm war, nicht von einem anderen Franken bedroht wurde. Er durfte das Haus oder den Palast, oder was er fand, besetzen und besitzen, als wäre es sein eigen. So einigten sie sich gegenseitig über ihr Recht auf Besitz. Auf diese Weise wurden viele arme Leute reich.«[31]

Nach der allgemeinen Betroffenheit, die das Gemetzel von Jerusalem im späteren christlichen Abendland auslöste (nur wenige Bewohner hatten überlebt, selbst Juden und Christen wurden hingeschlachtet) haben Historiker vielfach die These aufgestellt, die Kreuzfahrer hätten in einer Art religiösem Blutrausch gehandelt und seien daher nicht zurechnungsfähig gewesen. Eine Ansicht, die von jüngeren Forschungsergebnissen widerlegt wird, die eindeutige Beweise dafür liefern, daß die Eroberer durchaus planmäßig und systematisch getötet haben mit dem Ziel einer totalen Besitzergreifung, die keinen Überlebenden duldete.[32]

Wir, die »fortschrittlichen« Zeitgenossen des ausgehenden 20. Jahrhunderts, haben keinen Grund, uns über das blutrünstige »finstere« Mittelalter zu empören. Unsere Tötungsmethoden sind lediglich »sauberer«, das heißt steriler, dafür aber umso effektiver geworden. Und der Zynismus, mit dem heute ein Massenmorden kommentiert wird, steht an Unmenschlichkeit und Gemeinheit dem mordenden und brandschatzenden Siegestaumel unserer Vorfahren in nichts nach. Auch während der jüngsten Greueltaten im ehemaligen Jugoslawien, die einen Vergleich mit jenen des Mittelalters durchaus standhalten, stellte sich die serbisch-orthodoxe Kirche eindeutig auf die Seite der Kriegstreiber. Auf einer Bischofskonferenz im Sommer 1994 erklärten die Bischöfe, das serbische Volk müsse »seine jahrhundertealten Rechte« verteidigen.

> »Unserer Verantwortung bewußt, erklären wir, daß wir lieber damit einverstanden sind, nicht mehr zu leben, als unser Volk zu verraten.«[33]

Und Serbenführer Radovan Karadzic wußte in einer von übelstem pathetischen Nationalismus getränkten Rede Anfang 1994 genau, auf welcher Seite der Allmächtige steht, wenn er Serbien, das »Weltwunder«, das »Vorbild den Ländern und Nationen ... an dem Imperien und Weltordnungen und Weltunordnungen zerbrechen ...« als »Gottes Werk« bezeichnet.[34]

Kirche und Faschismus

Die christlichen Kirchen haben sich aber auch während des schrecklichen Völkermordens im Verlauf der beiden Weltkriege stets auf die Seite der Kriegstreiber, der Herrschenden gestellt. Sie sahen im Krieg nicht nur ein legitimes Mittel zur Erweiterung und Stabilisierung eigener Machtverhältnisse, sondern sie versprachen sich durch ihn auch eine Stärkung des christlichen Glaubens. So etwa meinte der bekannte Theologe Adolf Deißmann beim Ausbruch des Ersten Weltkriegs unmißverständlich:

> »Unser Herr nimmt auf's mächtigste teil an der großen religiösen Erhebung ... Uralte, urchristliche (sic!) Kräfte, die in dem langen Frieden allmählich zum Teil in das Unterbewußtsein unserer Seele gesunken waren, sind jetzt wieder hochgekommen.«

Weitere, von Karlheinz Deschner gesammelte Zitate von Theologen vermitteln sämtlich den Eindruck, als sei der Krieg Voraussetzung dafür, Gott und das Göttliche überhaupt erleben zu können:

> »Es ist, als ob alles Göttliche und Edle im deutschen Wesen jetzt an die Oberfläche käme! Wir siegen wahrhaftig nicht bloß mit unseren Geschützen ... Es ist von oben wie heiliger Geist über das deutsche Land gekommen ...«[35]
> »Selbst die weltgeschichtlichen Folgen eines solchen Krieges, alle die politischen und kulturellen Umwälzungen erbleichen vor dem Glanz der Glaubenssterne, die uns in dieser Kriegsnacht aufleuchten ...«

Ein weiterer Theologe findet gar,

> »daß diese Welt des Kampfes und der Schrecken der Welt Jesu verwandter ist, als das friedliche Europa des zwanzigsten Jahrhunderts war«.

Und noch ein anderer rühmt in diesem Zusammenhang den »Verdienst« der Kirche:

> »Endlich aber sind jene herrlichen (sic!) Kriegsanfänge auch zu danken – und nicht zum geringsten Teil der langjährigen unverdrossen und oft genug entsagungsreichen ... Arbeit der deutschen Katholiken: ihrer Seelsorge ...«[36]

Es erübrigt sich, zu betonen, daß die Christen des Feindes ähnliche Parolen anstimmten.

Daß die Kirchen schließlich auch mit dem Faschismus zusammenarbeiteten, sobald dieser an die Macht gekommen war, ist bekannt. Und auch, daß das Papsttum sich faschistischem Gedankengut immer enger verbunden fühlte als sozialistisch-kommunistischen Ideen. Weshalb die folgende Feststellung des überzeugten Katholiken Franz von Papen, der als deutscher Botschafter in den Jahren von 1934 bis 1938 die nazistische Machtergreifung in Österreich vorbereitet hatte, durchaus ins Schwarze trifft:

> »... die Strukturelemente des Nationalsozialismus sind nicht nur der katholischen Lebensauffassung nicht wesensfremd, sondern sie entsprechen ihr in fast allen Beziehungen.«[37]

Ebenso stellte der führende Theologe Joseph Lortz »grundlegende Verwandtschaften zwischen Nationalsozialismus und Katholizismus« fest.[38]

Vom Anfang an hat der Vatikan Mussolini unterstützt, später kooperierte er mit Hitler-Deutschland. Hatten die deutschen Bischöfe bis zum Jahr 1933 die NSDAP strikt abgelehnt, riefen sie danach unisono zur Zusammenarbeit mit Hitler auf. In einem gemeinsamen Hirtenbrief aller deutschen Bischöfe vom Juni 1933 heißt es unter anderem:

> »... Wir deutschen Bischöfe sind weit davon entfernt, dieses nationale Erwachen zu unterschätzen oder gar zu verhindern ... Auch die Ziele, die die neue Staatsautorität für die Freiheit unseres Volkes erhebt, müssen wir Katholiken begrüßen ... Wir wollen dem Staat um keinen Preis die Kräfte der Kirche entziehen ...«[39]

Aber auch der österreichische Kardinal Innitzer feierte den »Anschluß« mit Glockengeläute und einem Dankgottesdienst. Am 28. März 1938 veröffentlichte die österreichische Presse eine »Feierliche Erklärung« der österreichischen Bischöfe, in der von einer Erfüllung der »tausendjährigen Sehnsucht unseres Volkes« die Rede ist, von den hervorragenden Leistungen der nationalsozialistischen Partei und der Überzeugung,

> »daß durch das Wirken der nationalsozialistischen Bewegung die Gefahr des alles zerstörenden gottlosen Bolschewismus abgewehrt wurde«.[40]

Kein Hinweis auf die Verbrechen, die der Nationalsozialismus damals bereits begangen hatte, den Rassismus und Antisemitismus, die Verfolgung Andersdenkender und den Mord an Tausenden in den Konzentrationslagern. Statt dessen wies Kardinal Innitzer den Wiener Klerus an, deutsche Fahnen an den Kirchen aufzuhängen, und betrat das Wahllokal am Tag der Volksabstimmung mit dem »deutschen Gruß«.

Natürlich dürfen darüber nicht die Geistlichen und Nonnen vergessen werden, die dem Widerstand beitraten und auch teilweise dafür gestorben sind. Die führenden Vertreter beider Kirchen hingegen standen einmütig hinter der Partei, und wenn Klagen laut wurden, dann betrafen sie lediglich Hitlers Religionspolitik und galten der Verletzung katholischer Interessen, keinesfalls jedoch den Greueltaten, für die Nazi-Deutschland verantwortlich ist.

Mindestens ebenso bemerkenswert ist die Wendigkeit, mit der die Kirche nach Kriegsende ihr totales Versagen heuchlerisch zerredete. Diese – neuerliche – Kehrtwendung schien ziemlich problemlos zu verlaufen, wie sich am Beispiel des bayerischen Kardinals Faulhaber zeigt. Obwohl ursprünglich eindeutig Nazi-freundlich gesinnt – nach dem fehlgeschlagenen Attentat auf Hitler zelebrierte er beispielsweise einen Dankgottesdienst – hatte er nach Kriegsende keine Hemmungen, sich als besonderer Nazi-Hasser und Judenfreund zu profilieren.[41]

Die grundlegende Haltung der Kirche zu Krieg, und damit Gewalt und Mord hat sich auch nach 1945 nicht geändert. So beeilten sich führende katholische Theologen der Nachkriegszeit während der Diskussion um eine atomare Aufrüstung festzustellen, daß die Verwendung atomarer Kampfmittel »nicht notwendig der sittlichen Ordnung widerspreche« und »nicht in jedem Fall Sünde« sei.

Die Überlegungen des Jesuiten Gundlach, Professor (und zeitweilig Rektor) der päpstlichen Gregoriana in Rom, beweisen hingegen einmal mehr die grundsätzliche Gleichgültigkeit und daraus resultierende Verantwortungslosigkeit des patriarchalen Christentums dem Leben und damit kommenden Generationen gegenüber. Ihm bedeutet es nämlich wenig, wenn die Welt durch einen Atomkrieg untergeht,

> »Denn wir haben erstens sichere Gewißheit, daß die Welt nicht ewig dauert, und zweitens haben wir nicht die Verantwortung für das Ende der Welt. Wir

können dann sagen, daß Gott der Herr, der uns durch seine Vorsehung in eine solche Situation hineingeführt hat oder hineinkommen ließ, wo wir dieses Treuebekenntnis zu einer Ordnung ablegen müssen, dann auch die Verantwortung übernimmt.«[42]

Die Verantwortung dafür, was auf dieser Welt geschieht dem lieben Herrgott zu überlassen, um die eigenen Hände in Unschuld waschen zu können, ist eine bekannte Haltung autoritätsgläubiger, im Gehorsam erzogener Untertanen.

Der patriarchale Gott des Christentums hat uns dem Frieden nicht näher gebracht. Im Gegenteil – er hat den Krieg stets geschürt. Und wir dürfen uns auch in Hinkunft von ihm keine andere Haltung erwarten. Dieser Gott hat keine Antwort auf die uns bedrängenden Fragen, und er hat auch keine Lösungen anzubieten. Der Christengott als Vertreter eines gewalttätigen, frauenfeindlichen, Mensch und Natur ausbeutenden und Kriege verherrlichenden Systems, wie er uns trotz eines ursprünglich von Jesus geforderten Liebes-Gebots in der gesamten Geschichte des christlichen Abendlandes entgegentritt, ist unzeitgemäß geworden. Neue, religiöse Inhalte, in denen sich nicht nur Frau und Mann in ihrer ganzen Dimension erfahren können, sondern die mit der Aufhebung der Geschlechterhierarchie auch die Aufhebung weiterer Hierarchien und gleichzeitig die Aufhebung von Gewalt und Krieg anstrebt, müssen eingefordert werden.

5   Die militärische Zurichtung des Mannes

Ein System, das auf Herrschaft, Macht, und daher Krieg beruht, muß die Menschen entsprechend zurichten, damit sie dieses System aufrecht erhalten. Männer werden »kriegstauglich« gemacht, Frauen haben sie dabei zu unterstützen. Die Voraussetzungen für dieses geschlechtsspezifische Rollenverhalten werden bereits in der Kindheit gelegt, in der Knaben zu Aggressivität und kriegerischen Spielen, Mädchen jedoch zu Passivität und Nachgeben angehalten werden. In einer Gesellschaft, in der Gewalt (und dabei vornehmlich Gewalt gegen Frauen) mehr oder weniger als Kavaliersdelikt gilt, und Brutalität (des Mannes, nicht der Frau) in Kunst, Kultur, Film und Fernsehen verherrlicht wird, setzt sich dann dieses Rollenmuster fort.

Die Entstehung des Helden, also jenes Mannes, dessen Ruhm und Ehre sich auf möglichst viele getötete Gegner, vergewaltigte oder geraubte Frauen und erbeuteten Reichtum gründet, fällt zusammen mit der Geburtsstunde des Patriarchats. Wir können seinen Werdegang im sumerischen und babylonischen, seine endgültige Ausformung im griechischen und römischen Mythos verfolgen, seine ungebrochene Bedeutung setzt sich in den germanischen Heldensagen fort, prägt die neuzeitliche Kriegsliteratur und ebenso Kunst und Kultur der Gegenwart. »Es ist ein fröhlich Ding um den Krieg« schrieb etwa Jean de Bueil im 15. Jahrhundert.

> »Man liebt einander so sehr im Krieg. Sieht man, die Sache steht gut ... dann steigt einem die Träne ins Auge. Eine süße Freude steigt im Herzen auf ... und wenn man den Freund sieht, der seinen Leib so tapfer der Gefahr aussetzt, um das Gebot unseres Schöpfers zu halten und zu erfüllen, dann nimmt man sich vor, hinzugehen, und zu sterben oder zu leben mit ihm ... Davon kommt einem eine solche Entzückung, jemand, der es nicht erlebt hat, das ist kein Mensch, der sagen kann, wie schön das ist. Denkt ihr vielleicht, jemand, der das tut, fürchtet den Tod? Absolut nicht! ...«[1]

Das hohe Lied vom Krieg und Heldentum wurde in der gesamten patriarchalen Geschichte gesungen, es hat nicht nur die Literatur, sondern auch die bildende Kunst beflügelt, es hat die Maßstäbe für die Mensch-Werdung des Mannes gesetzt, und ist auch heute keinesfalls verstummt. Voraussetzung für die Erringung absoluter (kriegerischer) Männlichkeit ist dabei stets der Ausschluß des Weiblichen, wobei Töten und Zerstören offen als dem Eros verwandt beziehungsweise auch als ihm überlegen und der Krieg als der eigentliche Schöpfer des Lebens bezeichnet wird.

»Leben heißt töten«, schreibt rund 500 Jahre später der ehemalige Fremdenlegionär Ernst Jünger und weiter mit dem ihm eigenen Pathos:

> »Wenn das Blut durch Hirn und Adern wirbelt wie vor ersehnter Liebesnacht und noch viel heißer und toller. Wenn man dem tosenden Lärm da vorn immer näher und näher rückte, die Schläge immer dröhnender, immer hastiger sich jagten ... Die Feuertaufe! Da war die Luft so von überströmender Männlichkeit geladen, daß jeder Atemzug berauschte, daß man hätte weinen mögen, ohne zu wissen, warum. O Männerherzen, die das empfinden können!«

Oder:

> »Das ist die Wollust des Blutes, die über dem Kriege hängt wie ein rotes Sturmsegel über schwarzer Galeere, an grenzenlosem Schwunge nur dem Eros verwandt« ... »Der Kampf ist Lebensform wie die Liebe ... Im Rausch erwachte das Überwindertum, auf den Gipfeln der Schlacht der Rausch, in den Armen der Liebe schmolz ihnen beides zusammen.«[2]

Der Held, die männliche Kultfigur patriarchaler Geschichte und Kultur, hat den Eros besiegt und bezieht seine Legitimation aus dem Kämpfen und Töten. Es verwundert daher auch keinesfalls, daß der Krieg bereits von den alten Griechen zum »Vater aller Dinge« (Heraklit) erklärt wurde, zur eigentlichen, gestaltenden Kraft, die Zerstörung, Tod und unendliches menschliches Leid schaffen muß, damit daraus Neues entstehen kann. Die Zurichtung des Mannes als taugliches Instrument zur Schaffung und Weiterführung endloser Kriege ist also schon ziemlich alt, sie wurde in einem jahrtausendelangen kulturellen Prozeß verinnerlicht und muß im jeweiligen Bedarfsfall lediglich reaktiviert werden, damit ein eingefahrener Mechanismus ablaufen kann.

Wobei die Machtlosigkeit der Frau und ihre Erziehung zur Passivität eine nicht unbedeutende Rolle spielt. Schon dem heranwachsenden Jungen wird die Schwäche seiner Mutter, ihre Unfähigkeit, ihn vor einer gewalttätigen, ausbeuterischen Gesellschaft zu schützen, bewußt. In seiner Kindheit fast ausschließlich von Frauen erzogen, merkt er bald, daß ihr Schutz gegenüber der Gewalt der Männer wirkungslos ist. Im Gegensatz zur Schwester kann er sich jedoch aus der Identifikation mit der ohnmächtigen Mutter befreien und die Identifikation mit dem mächtigen Vater anstreben. »Knaben werden Männer, um dem Schicksal des Opfers zu entgehen«, schreibt Andrea Dworkin, und:

> »Der Knabe muß eine männliche Identität aufbauen, eine Festung mit unüberwindbarem Graben, um unzugänglich zu werden, unverletzbar durch die Erinnerung an seine Ursprünge, durch die traurigen oder wütenden Rufe der

Frauen, die er hinter sich gelassen hat. Egal, für welche Lebensart er sich entscheidet, wird der Knabe in seiner Männlichkeit streitbar, aggressiv, störrisch, rigid, humorlos. Seine Angst vor Männern schlägt um in Aggression gegen Frauen. Er hält den Abstand zwischen sich und den Frauen unüberbrückbar, macht aus Frauen die gefürchtete Sie oder, wie Simone de Beauvoir es ausdrückt, ›die Andere‹.«[3]

Die Negation des Weiblichen als Zeichen von Männlichkeit

Tatsächlich ist Frauenverachtung und Frauenhaß ein wesentliches Merkmal reiner Männerbünde, vor allem des Militärs, das sich auszeichnet durch den Ausschluß der Frau, und gleichzeitig damit durch den Ausschluß von Erotik und Lust. Die Verdrängung des Weiblichen aus den Phantasien der Männer wird erreicht durch schweren körperlichen und seelischen Drill. »Die Anstrengungen«, meint der Freikorpskämpfer Ernst von Salomon,

> »die waren vielleicht besser als Soda. Sie machten einen unzugänglich für erotische Gefühle, diesen Luxus der normalen Bequemlichkeit des Friedens.«[4]

Die Negation des Weiblichen gilt als Zeichen von Männlichkeit, als ein Sieg über die »niederen« Triebe (hier zeigt sich das Soldatentum dem patriarchalischen Christentum verwandt), die durch die »höhere« Disziplin des Tötens ersetzt werden müssen. Aus diesem Grund auch wird die Soldatin nicht so sehr als Konkurrenz, sondern als Angriff auf die Männlichkeit empfunden. Waffen tragen und töten ist ein Vorrecht des Mannes, und zwar nicht nur im Krieg, sondern auch im Frieden. Daraus schöpft er Identität und Selbstbewußtsein.

> »Wir haben mit Soldaten gesprochen, die sagten, daß sie einen Orgasmus hatten, wenn sie feindliches Land bombardierten. Daß sie das lieber taten als mit einer Frau zu schlafen«,

schreibt die Journalistin Phyllis Cronhausen über nordamerikanische Flieger in Vietnam.[5]

Das Gewehr wird zur »Braut« des Soldaten, mit dem er schläft, das er zärtlich streichelt und auf dem er reitet, wie Ernst von Salomon es beschreibt:

> »Ich drückte los – die ganze Dumpfheit dieses Tages wich. Das Gewehr bäumte sich und schnellte wie ein Fisch, ich hielt es fest und zärtlich in der Hand, ich klammerte seine zitternden Flanken zwischen meine Knie und jagte einen Gurt, den zweiten auch, hintereinander durch. Der Dampf stieg zischend aus dem Rohr ...«[6]

Noch deutlicher drückt sich ein Vietnam-Veteran aus:

>Ein Gewehr ist Macht. Für einige Leute war das ständige Tragen eines Gewehres so, als ob sie ständig einen Steifen hätten. Es war jedesmal ein purer sexueller Trip, wenn man abdrücken muß.«[7]

Die Gleichsetzung von Töten und Lieben findet auch noch anderen sprachlichen Ausdruck:

>... morgen muß ich an die Front hinein in die flammende Umarmung der Granaten, entgegen den knarrenden Küssen der Gewehrschüsse unter den glühenden Liebesblicken der Flugzeuge«,

meint der Freikorpsautor H. Schauwecker,[8] während Ernst Jünger seine

>Blicke in die Augen vorüberschreitender Mädchen ... taucht flüchtig und eindringlich wie Pistolenschuß ...«[9]

Die Lust zu lieben wird durch die Lust zu töten ersetzt.

>Ich muß zugeben, ich genoß es, zu töten ... Man hat so einen gewissen Spaß am Töten, eine Erheiterung, die schwer zu erklären ist. Nach einem Kampf waren die Männer richtig elektrisiert. >Whow, Mensch, hast du gesehen, wie sie's dem Typen gegeben haben«,

äußert sich offen ein weiterer ehemaliger Vietnam-Kämpfer.[10]

Die Entstehung des soldatischen »Körperpanzers«

Um Freude am Töten zu empfinden, müssen Männer einem komplizierten, ausgeklügelten Entmenschlichungs-Verfahren unterzogen werden, wie es ein amerikanischer Marinesoldat Ende der siebziger Jahre beschreibt:

>... Sprechen Sie mit irgendjemand, der das Marine Corps Boot Camp durchgemacht hat ... der Prozeß der Entmenschlichung ist kaum zu beschreiben. Ich wünschte, jemand hätte Aufzeichnungen über Selbstmorde, die an diesem Ort begangen werden ... und die Prügel, die es täglich gibt. Jungen werden nicht zu Männern, sondern zu Bestien gemacht – Bestien, die auf einen kurzen Hinweis hin kämpfen und zerstören, ohne je zu bedenken, gegen was sie kämpfen oder warum sie kämpfen, sondern einfach nur kämpfen.«[11]

Dieser »Prozeß der Entmenschlichung« ist in allen Armeen der Welt festzustellen. So schreibt eine deutsche Tageszeitung im Mai 1996 von sadistischen Quälereien, Morden und Selbstmorden, die in der russischen Armee an der Tagesordnung seien. Es herrsche eine grausame

166

Kasteneinteilung, ältere Soldaten würden sich durch Folter und Mißhandlung die Rekruten zu Sklaven machen, häufig mit Duldung und
Mitwirkung von Offizieren und Kommandeuren. Viele Rekruten
müßten tagsüber als Sklaven und nachts als männliche Huren dienen
und Beschwerden bei Vorgesetzten hätten lediglich weitere Mißhandlungen und Einkerkerung zur Folge.[12]

Die Destruktion des Mannes, die Ausschaltung jedes natürlichen
Gefühls wird nach wie vor durch Demütigung und Schindereien erreicht.
Klaus Theweleit hat die Entstehung dieses soldatischen »Körperpan-
zers« anhand der Freikorpsliteratur der Zwischenkriegszeit beschrieben.
Am eindringlichsten schildert wohl Ernst von Salomon, der bereits mit
zwölf Jahren eine Kadettenschule besuchte, diese harte, jede menschliche Regung abtötende Dressur, die aus einem empfindsamen Jüngling
einen den Krieg liebenden und den Krieg suchenden Mann schuf, der
gar nicht mehr zivil- und friedensfähig war.

Die Regeln in dieser Kadettenschule erscheinen barbarisch: Briefe
mußten geöffnet und die Unterschriften vorgezeigt werden. Waren diese
weiblich, wurden die Briefe vom zuständigen Offizier gelesen und dann
meist zerrissen. Lediglich Briefe der Mutter wurden ausgehändigt. Sprechen in den Schlafsälen war verboten, auf die Toilette durfte nur, wer
zuvor den diensthabenden Offizier weckte, was entsprechende Bestra-
fung nach sich zog. Die Betten waren schmal und feucht, wer den Kopf
unter die Decke steckte war ein »Schlappschwanz«, und mußte daher mit
einem »Rapport« rechnen. Rapporte gab es bei den kleinsten Übertre-
tungen, ebenso wie alles, was irgendwie auffällig war, mit einem Verlust
entweder an Essen oder an Ausgang und ähnlichem bezahlt wurde.

Das Erstaunliche daran ist, daß der junge Salomon schon nach relativ
kurzer Zeit eine Art von Befriedigung darüber empfand: »Daß er zum
ersten Male in seinem Leben hier unter einem Gesetze stand, und nicht
unter einer Willkür.« Er gibt sich einen »inneren Ruck« und besteht die
Strafen, die ihm auferlegt werden mit einer gewissen Genugtuung, weil
jede körperliche Anstrengung und jeder Stockhieb ein sofortiges Her-
aufrücken in der Hierarchie bedeutete. Salomon gelingt es, die Prügelstrafen in ein »rauschhaftes Bewußtsein« zu verwandeln, und damit ist
er auf dem richtigen Weg, denn wer das nicht schafft, wird unweigerlich
mit Schimpf und Schande aus dem Kreis der »Erlesenen«, der »Auserwählten« ausgeschlossen.[13]

Und hier liegt wohl auch der eigentliche Angelpunkt, das eigentliche
Schlüsselerlebnis, warum aus Knaben, die ursprünglich mit einem nor-

malen Gefühlsleben ausgestattet sind, harte, entmenschlichte Krieger werden: Strapazen, Askese, Schmerz und schließlich Kampf werden unter dem Druck einer psychologisch ausgeklügelten Dressur als Lust erlebt, womit zugleich eine gewisse innere Notwendigkeit zum Kriege führen, Kämpfen und Töten geschaffen ist. Und tatsächlich bestanden die Freikorps zwischen den Weltkriegen hauptsächlich aus Kämpfern des Ersten Weltkriegs, die sich aus Angst vor einer langweiligen »Bürgerlichkeit«, einem Leben ohne besondere »Ereignisse« und »Sensationen« wieder in den Krieg flüchteten.

> »Die Sensationen sind tot! Das Schlimmste geschieht. Man verschachert uns offen und heimlich, – man verurteilt uns dazu, generationenlang eine Arbeitskolonie zu werden ... Die Sensationen sind tot! Die Zeit rollt – doch die Funken fehlen! Wir alten Frontsoldaten warten auf die Funken – aber die Zeit ist bürgerlich geworden.«[14]

Weil nur der Kampf, und damit das Töten jene inneren »Erlebnistiefen« beschert, die der militärisch zugerichtete Mann braucht, darum müssen weiter Kriege geführt, und darum muß weiter getötet, gefoltert und verkrüppelt werden. Im soldatischen Mann liegt die Wurzel für Kriege, die zum Selbstzweck werden. Ernst Jünger hat es treffend ausgedrückt:

> »Wir stürzten uns wie Taucher ins Erleben ... Träger des Krieges und seine Geschöpfe, Menschen, deren Leben zum Krieg führen mußte.«[15]

Wie wenig sich der militärisch zugerichtete Mann im Zivilleben zurechtfindet, beschreibt auch ein Veteran aus dem Vietnam-Krieg:

> »Ich hatte ein Gefühl für Macht. Ein Gefühl für Zerstörung. Sehen Sie, jetzt, in den Vereinigten Staaten, wird man bevormundet. Es wird einem gesagt, was man zu tun hat. Du kannst kein Gewehr tragen, es sei denn, du willst dafür ins Gefängnis gehen. Wenn du jemanden erschießt, ist es falsch. Du wirst permanent bevormundet, bis ins Grab ... Aber in Vietnam hast du gemerkt, daß du Macht hattest, ein Leben auszulöschen. Du hattest die Macht, eine Frau zu vergewaltigen, und niemand konnte irgendetwas sagen.«[16]

Natürlich sind viele Soldaten durch den Krieg oft für die Zeit ihres weiteren Lebens traumatisiert. Gleichzeitig aber bergen diese Traumata auch eine lustvolle Komponente, die Erlebnisse sind zugleich schrecklich und schön, und das ist das eigentlich Gefährliche daran.

> »Erinnerungen an Kampf und Töten versetzen die Personen in einen Zustand der Erregung, der mit einem Adrenalinhoch vergleichbar ist«,

meint der Wissenschafter Lionel Solursh, der die Nachwirkungen des Krieges bei Vietnam-Veteranen untersuchte. Er spricht davon,

»daß sie süchtig geworden sind nach den außergewöhnlichen intensiven Gefühlen, die in diesem Extremzustand erlebt werden«.[17]

Die Grundlage für diese »Sucht« zu töten wird in den militärischen Ausbildungslagern geschaffen, wo nach der Zerstörung des alten ein neuer Mensch erzeugt werden soll, der sich durch Unempfindlichkeit und Härte auszeichnet, durch

»Gemeinsamkeit (der Männergesellschaft), Zeugung (ohne Frauen), Wiedergeburt, Aufstieg (Härte, Spannung, höhere Ebene, steigender Phallus), Lösung von der verrottenden, versinkenden Welt (weiblicher Sumpf) und die Selbstverschmelzung im Kampf ...«[18]

Die Schaffung des neuen Menschen-Mannes

Die Idee der Selbstzeugung des Menschen-Mannes, von den Philosophen des deutschen Idealismus ausgeführt, wird nirgends so deutlich wie beim Militär, wo Männer andere Männer quasi »gebären«, hervorbringen wollen. Der Rekrut ist vorerst einmal »nichts«, er wird seiner (zivilen) Kleidung, vielfach seiner Haare, seiner Würde, seiner Identität beraubt, und erst langsam in ritualisierten Etappen zu einer neuen Identität zusammengefügt. Jünger beschreibt diese neuen Menschen so:

»Wenn ich beobachte, wie sie (die Soldaten, Anm. d. Autorin) geräuschlos Gassen in das Drahtverhau schneiden, Sturmstufen graben, Leuchtuhren vergleichen, nach den Gestirnen die Nordrichtung bestimmen, erstrahlt mir die Erkenntnis: Das ist der neue Mensch. Die Sturmpioniere, die Auslese Mitteleuropas.«

Diese »Baumeister ... auf den zertrümmerten Fundamenten der Welt« sind nach Jünger »Eine ganz neue Rasse, klug, stark und Willens voll«.[19]

Der neue Mensch muß auch die Funktionsfähigkeit einer Maschine besitzen, jene »in Stahl gegossene Intelligenz eines Volkes«[20], er mußte frei sein von jeden eigenen Regungen, bedingungslos jedem Befehl gehorchen, kleines Rädchen im großen Getriebe, Teil eines Ganzen, wie es wirkungsvoll bei Paraden, beim Aufmarsch der Truppe zur Geltung kommt. Er wird jeder Individualität, jeder Menschlichkeit entkleidet, zum Begriff, zum »reinen Prinzip«.[21]

Auch Michel Foucault, der sich mit der Disziplinierung menschlicher Körper befaßte, meint, daß es »ein militärisches Träumen von der Gesellschaft« gebe, das »sich nicht auf den Naturzustand, sondern auf die sorgfältig montierten Räder einer Maschine« berufe:

»nicht auf einen ursprünglichen Vertrag, sondern auf dauernde Zwangsverhältnisse; nicht auf grundlegende Rechte, sondern auf endlos fortschreitende Abrichtungen; nicht auf den allgemeinen Willen, sondern auf die automatische Gelehrigkeit und Fügsamkeit«.[22]

Dieser Geburt zum neuen, automatisch funktionierenden und von jeder Gefühlsregung freien Menschen muß nicht nur schwerer körperlicher Drill und eine Brutalisierung des Geistes vorausgehen, sondern sie wird auch nur möglich auf der Grundlage einer systematischen Verächtlichmachung alles Weiblichen. In der amerikanischen Armee werden körperliche Schwäche ebenso wie normales menschliches Empfinden lächerlich gemacht mit Ausdrücken wie: »sweetie, ladies, girls und pussies«. Und ein Soldat, der vor dem Ausbilder nicht laut genug die Hacken zusammenschlug, wurde von diesem wie folgt zurechtgewiesen:

> »Wollt ihr auf euren Zehen marschieren, als hättet ihr ein Paar hohe Absätze an? Oh, Ladies, das ist in Ordnung, hebt euren Arm hoch, als ob ihr eine Handtasche haltet. Jetzt stellt euch auf eure Zehenspitzen und sprecht mir nach (in eine hohe Stimmlage wechselnd): ›Wir sind ein Haufen Mädchen und wir können nicht marschieren.‹«[23]

Diese rigide Abwertung des Weiblichen im Militär wäre nicht möglich ohne eine generelle Abwertung des Weiblichen in unserer Gesellschaft, wie sie etwa in der Pornographie zum Ausdruck kommt. Pornographie ebenso wie Prostitution bestimmen das Weiblichkeitsbild des soldatischen Mannes, während ihm die verklärte Frau zu Hause, die es zu »beschützen« gilt, die Legitimation zum Kämpfen und zum Töten liefert. Harte Pornos zeigen vornehmlich gefolterte und gequälte Frauen, wobei dem Betrachter noch suggeriert wird, daß sie bei ihrer Erniedrigung Lust empfinden. Es gibt auch pornographische Darstellungen, in denen detailliert beschriebene Klitorisbeschneidungen den Mann sexuell stimulieren sollen. In den USA wurde ein »Gesellschaftsspiel« verboten, in dem als »Belohnung« eine gefesselte Indianerin vergewaltigt werden darf, und beliebtes Motiv der »Flipper« in den Bade- und Vergnügungsorten Englands sind Frauen, die bei jedem Schuß ein Kleidungsstück fallen lassen.[24] Der Bedarf an derartigen Darstellungen drückt sich in einem steigenden Umsatz aus: Viele Männer empfinden ganz offensichtlich Befriedigung beim Anblick gedemütigter und gequälter Frauen, eine Einstellung, die im Militär verstärkt wird. Die Erniedrigung des Weiblichen fördert die Verachtung und damit den Haß auf die Frau. Die Selbstzeugnisse ehemaliger Vietnam-Soldaten sprechen auch hier eine deutliche Sprache:

> »Die Person, die wir mit elektrischen Stromstößen folterten, war oft eine junge Frau, die vielleicht hübsch war. Es gab jede Art von sexuellen Hinter-

gedanken dabei ... Der Frauenhaß des Krieges wird Frauen gegenüber geleugnet, und dann hast du den einzigen Kontakt zu Frauen aus einer Art unterjochten Position (der Frau, Anm. d. Autorin) heraus.«[25]

Die Beispiele von im Krieg vergewaltigten, gefolterten, getöteten Frauen, bei denen vornehmlich die Geschlechtsteile grausamst verstümmelt werden, sind zahlreich. Frauen werden die Brüste abgeschnitten, wird die Vagina mit Gewehrläufen, Schanzwerkzeugen oder Flaschenhälsen durchbohrt. Häufig wird auch das weibliche Geschlechtsorgan mit Gras vollgestopft oder mit einer Fettspritze, wie sie in Autowerkstätten benutzt wird, mit Schmierfett vollgespritzt, bevor diese Frauen, oft noch halbe Kinder, erschossen werden.[26]

Auch hier sind die Berichte von Vietnam-Veteranen aufschlußreich:

»Die GIs gaben euch Birnen? Ja? Dafür werden wir eure Tochter ficken. Sie weinte. Ich glaube, sie war Jungfrau. Wir zogen ihre Hosen herunter und hielten ein Gewehr an ihren Kopf. Die Jungs wechselten sich ab, sie zu ficken. Es war wie ein Rudel Tiere. ›Hey, er braucht zu lange, um sie zu ficken.‹ Niemand drehte sich um oder so. Wir standen bloß Schlange und wir fickten sie. Ich nahm ihren Körper mit Gewalt. Da standen Typen über ihr mit Gewehren, als ich sie fickte. Sie sagt, ›Warum tust du mir das an? Warum?‹ ... (Sie) weinte. Also hielt ihr ein Typ das Gewehr an den Kopf und drückte ab, bloß, um sie aus dem Bild zu schaffen. Dann begannen wir, sie mit Kugeln vollzupumpen. Nachdem wir sie erschossen hatten, traten wir sie ... Das war der Haß, die Frustration. Nachdem wir sie vergewaltigt hatten, nachdem wir sie in den Kopf schossen, verstehst du, was ich meine, fingen wir buchstäblich an, ihren Körper zu zerstampfen. Und alle lachten darüber. Es ist wie das Bild von den Löwen um ein gerade getötetes Zebra. Was man so sieht auf diesen Tierbildern. Wildes Königreich oder so. Der ganze Stolz kommt heraus und sie weiden sich an dem Körper. Wir traten das Gesicht ein, traten die Rippen und all das. Dann begannen wir, die Ohren abzuschneiden. Wir schnitten ihre Nase ab. Der Captain sagt: ›Wer kriegt die Ohren? Wer kriegt die Nase?‹ ... Wir schnitten eine ihrer Brüste ab und ein Typ bekam die Brust ... Wir ließen die Körper verstümmelt da liegen.«[27]

Verbrechen aus Gehorsam

Was, fragt frau in fassungslosem Entsetzen, geht dabei in Männerhirnen vor? Handelt es sich um einen unkontrollierten Blutrausch, um das Aufbrechen ungeheurer Spannungen, die durch militärischen Drill, körperliche und seelische Strapazen, Entbehrungen und das Zurückdrängen aller Gefühle erzeugt wurden. Aber warum dieser furchtbare Frauenhaß, warum das Abladen dieser Spannungen vornehmlich auf Wehrlose, Ungeschützte, Hilflose – auf Frauen? Ein angeborener Sadismus scheint es nicht zu sein, eher die Folge eines gezielten Trainings, wie auch der Bericht eines ehemaligen Vietnam-Kämpfers zeigt:

> »Ich bin einfach ausgeklinkt. Sobald ich angefangen hatte, kam es einfach raus, alles, das Training, der programmierte Teil des Mordens, es kam einfach. Nachdem ich dieses Kind umgebracht habe, habe ich den Verstand verloren. Und sobald du einmal angefangen hast, ist es sehr leicht weiterzutun. Es wird immer einfacher, du bringst den nächsten um und den nächsten und den nächsten. Ich hatte keine Gefühle, keine Emotionen, nichts. Ich hab' einfach gemordet. Und das kann jedem passieren.«[28]

Der so sprach war einer jener »netten Jungs von nebenan«, von denen Michael Bilton und Kevin Sim in ihren Interviews berichten,[29] im zivilen Alltag ein ganz »normaler« Bürger, und nach einem militärischen Training für den Mord an etwa 25 Menschen in My Lai verantwortlich.

»Crimes of obedience«, Verbrechen aus Gehorsam nennt der Harvard Professor Herbert C. Kelman jene Vergehen, bei denen das moralische Ich ausgeschaltet, die Tötungshemmung überwunden wird und lediglich der Befehl einer Autorität Geltung hat. Immer noch ist das berühmte – und inzwischen mehrmals wiederholte – Experiment von Stanley Milgram aus den frühen sechziger Jahren in Erinnerung, als rund zwei Drittel aller Versuchspersonen im Verlauf eines fingierten Experiments bereit waren, anderen Menschen Elektroschocks bis hin zu einer tödlichen Dosis zu verabreichen, wenn die Autoritätsperson – in diesem Fall der Wissenschafter im weißen Kittel – es verlangte. Daß Menschen, denen Töten und Zerstören unter Androhung des Verlustes ihrer Männlichkeit und sonstiger Sanktionen befohlen wird, noch weit eher die Bereitschaft dazu zeigen, ist leicht einsehbar.

Kelman nennt drei soziale Prozesse, die dazu führen, daß die natürlichen Hemmungen, zu quälen und zu töten ausgeschaltet werden:

- Potentielle Täter werden von öffentlich anerkannten Autoritäten dazu ermächtigt, um den Staat zu schützen.
- Das damit professionalisierte Verbrechen erscheint als alltägliche Routine.
- Die Opfer werden entmenschlicht, indem sie als rassisch, ethnisch minderwertig oder insgesamt zu Staatsfeinden erklärt werden, was ihre Verfolgung zu rechtfertigen scheint.[30]

In den ausführlichen Interviews, die der 22jährige, am 30. März 1993 als erster Kriegsverbrecher in Sarajevo zum Tode verurteilte Serbe Borislav Herak gab, werden alle drei, von Kelman genannten Indoktrinierungsprozesse deutlich, die einen unauffälligen Textilarbeiter, den Psychiater für »gesund und verantwortlich« hielten, zum Massenmörder machten.

Herak erzählte, wie ihn seine Vorgesetzten und eine serbische Greuelpropaganda davon überzeugt hätten, daß die Moslems Feinde aller Serben seien, daß sie serbische Babys den Löwen im Zoo zum Fraß vorwerfen, serbische Mädchen in Bordelle stecken und insgesamt Bosnien in eine islamische Republik verwandeln wollen. Er erzählte weiter, wie er an Schweinen das Schlachten von Moslems üben mußte, und daraufhin selbst etliche Moslems auf diese Art und Weise getötet hat. Auch seien ihm alle drei, vier Tage moslemische Frauen zugeführt worden, die er auf Anordnung seines unmittelbaren Vorgesetzten vergewaltigen mußte, wobei dies als »gut für die Kampfmoral der Truppe« bezeichnet wurde. Anschließend habe er manche der Frauen erschossen, weil der Betreiber des Gefängnis-Motels, in dem diese Frauen untergebracht waren, erklärt habe, daß auf diese Art und Weise Platz für neue Frauen geschaffen werden müsse.[31]

Mit der militärischen Zurichtung und den daraus entstehenden Folgen beschäftigt sich auch der Schweizer Ethnopsychoanalytiker Paul Parin, der zu diesem Zweck den Werdegang des Leutnants William Calley untersuchte, der das Massaker von My Lai kommandierte. Er beschreibt einen »intelligenten und nicht unsensiblen Mann«, der »alle Aussicht gehabt« hätte, »als ordentlich angepaßter kleiner Angestellter ein normales Leben zu führen«, innerhalb der militärischen Ausbildung jedoch einem psychologischen Druck ausgesetzt worden sei, der ihn »zum irrsinnigen Massenmörder« werden ließ.[32]

Diese Massenmörder und Folterer – Männer ebenso wie Frauen – sind in den meisten Fällen keine abnormen, in irgendeiner Weise sadistisch veranlagte Personen, sondern »normale«, vielleicht etwas labile, leicht beeinflußbare Menschen, denen durch Erziehung und Propaganda eine Abtötung beziehungsweise Abspaltung menschlicher Gefühle befohlen worden war. Die Trennung in »erlaubte« und »unerlaubte« Gefühle zeigte sich zum Beispiel deutlich bei KZ-Kommandanten oder »Euthanasie«-Ärzten, die einerseits massenhaft Leben vernichteten, während sie andererseits in ihren Familien den guten Ehemann und Vater betonten.[33]

Die Erkenntnis der Zurichtbarkeit des Menschen birgt eine Chance: nämlich jene der Veränderbarkeit! Die Abkehr vom biologistischen, und damit quasi als »natürlich« festgeschriebenen Modell schafft die Möglichkeit, in einer bestimmten Richtung gesellschaftsverändernd zu wirken.

Männerhaus und Männerbünde als Keimzellen
für kriegerisches Verhalten

Eine Untersuchung ursprünglicher Zusammenschlüsse von Männern, wie es etwa das »Männerhaus« bei sogenannten primitiven Völkern darstellt, führt uns an die Wurzeln dieser Entwicklung. In diesen Männerbünden, die sich durch Ausschluß der Frauen auszeichnen, war männliche Identität, männlicher Stolz und männliches Selbstbewußtsein immer sehr eng mit Krieg und Kriegsbereitschaft verknüpft. Der/die Ethnologe/in und Psychologe/in Mario Erdheim und Brigitte Hug haben Männerhaus und Männerbünde aus ethnopsychoanalytischer Sicht untersucht und dabei festgestellt, daß im vorkolonialen Männerhaus

> »... insbesondere der Krieg und die Jagd die höchste Wertschätzung genießen, während die weiblichen Tätigkeiten als an sich wertlos erachtet werden«.[34]

Das »Männerhaus« ist Versammlungs- und Kultort der Männer, dessen Betreten Frauen verboten ist, bei manchen Stämmen sogar unter Androhung der Todesstrafe. Als besonders gefährlich gilt das weibliche Menstruationsblut, weshalb die im »Männerhaus« aufbewahrten Kultgegenstände streng vor jeder Berührung mit Menstruierenden geschützt werden müssen. Die Männer der Wimbago-Indianer etwa binden das heilige Kriegsbündel, das Macht und Sieg symbolisiert, in Zedernblätter ein, um damit die Kraft des weiblichen Blutes zu immunisieren.[35]

Die Initiationsriten, die jedem Jüngling, der in die Männergemeinschaft eintritt, auferlegt werden, sollen demnach auch den Unterschied zwischen Männern und Frauen betonen und gleichzeitig damit das hierarchische Verhältnis gegenüber den Frauen und die Distanz zu ihnen aufrecht erhalten. Martin Gusinde, der zwischen 1919 und 1923 Feldforschungen bei den Feuerland-Indianern durchführte, berichtet, daß der Höhepunkt der männlichen Initiation darin bestand, den Jünglingen klar zu machen, daß es die Geister, an die sie bislang geglaubt und vor denen sie sich gefürchtet hatten, gar nicht gibt, sondern daß sie eine Erfindung seien, um Frauen und Kinder zu ängstigen, und damit unter Kontrolle zu halten. Gleichzeitig wurden die angehenden Männer aufgefordert, dieses Geheimnis keiner Frau zu verraten, sondern darüber zu schweigen bis in den Tod.[36] In anderen Gesellschaften wiederum versuchen Männer Frauen in den ihnen als gefährlich und mysteriös erscheinenden Menstruationsvorgängen nachzuahmen. So etwa inzisieren die Wogeon Männer Neu Guineas periodisch ihren Penis bis er blutet, was als »Menstruation des Mannes« bezeichnet wird. Der Psychologe Bruno Bettelheim erkennt in solchen Handlungen einen Neid der Männer auf die Frauen, der zu einer vernichtenden Entwertung alles Weiblichen führen kann.[37]

Im Männerhaus entstand auch jene Ideologie, die besagt, daß lediglich die hier zelebrierten Rituale, Tänze und Feste, die sehr oft mit dem Krieg im Zusammenhang standen, sakralen, und damit eigentlichen Sinngehalt besitzen. Die Herstellung überlebensnotwendiger Dinge, also tägliche Subsistenzarbeit hingegen wurde als zwar nützlich und notwendig, aber untergeordnet und als nicht wirklich sinnvoll definiert. Wie bekannt, gehört diese – als untergeordnet betrachtete – Subsistenzarbeit nach wie vor zum Aufgabenbereich der Frau, während Männer ihren Lebenssinn im Außergewöhnlichen, »Heldischen« und damit auch Kriegerischen suchen. Erdmann und Hug beschreiben in ihren Analysen, wie sehr die Rituale der Männer mit Beutezügen, Trophäen und daher mit Krieg und Töten verbunden waren.

> »Sinnvoll – sakral – das waren die heiligen Rituale, der Tanz, die Musik und die Feste, die im Männerhaus gefeiert wurden. Dieser Sinn speiste sich aber nicht aus der Arbeit, sondern oft genug nur aus dem Krieg. Männer mußten in den Krieg, um dort die Trophäen zu holen, die für den Fortbestand der Kraft, welche die Fruchtbarkeit in der Natur und Gesellschaft gewährleistet, notwendig waren. Man kann es auch so sagen: Die Kraft ist nicht die Arbeit, sondern etwas, das sich der Mann durch Töten aneignen kann. Erst dank dieser Kraft wird die Arbeit, auch die der Frauen, Früchte tragen. Das heißt aber auch, daß die Arbeit an sich kraft- und sinnlos ist. Es muß etwas hinzutreten, um aus der Arbeit eine Produktivkraft zu machen. Und dieses Etwas ist merkwürdigerweise etwas Destruktives, nämlich der ritualisierte Krieg, der gar nicht auf einen unmittelbaren ökonomischen Gewinn ausgerichtet ist.«[38]

Die Tradition des Männerhauses mit seiner kriegsbetonten Ideologie und seinem auf Verachtung beruhendem Ausschluß des Weiblichen prägt im folgenden die gesamte patriarchale Geschichte. Eine Wiedergeburt besonderer Art erlebte sie zu Beginn unseres Jahrhunderts im sogenannten »Männerbund«, einem Begriff des Ethnologen Heinrich Schurtz, den er mit seinem 1902 erschienenen Buch »Altersklassen und Männerbunde« in die deutsche Kulturdebatte einbrachte. Schurtz argumentiert hier im Sinne der Vorstellungen der bürgerlichen Gesellschaft des 19. Jahrhunderts, wenn er im »Weib« den Hort von Ehe und Familie, im Mann hingegen den »Vertreter aller Arten des rein geselligen Zusammenschlusses und damit der höheren sozialen Verbände« sieht, woraus er den naheliegenden Schluß zieht, daß sich die Männerbünde »als die eigentlichen Träger fast aller höheren gesellschaftlichen Entwicklung« erweisen.[39] Der Begriff des »Männerbundes« verbreitete sich rasch: von Hans Blüher, der ihn in die Wandervogelbewegung einbrachte über den Stefan-George-Kreis bis zu Johann Plenge, der im Gegensatz zu Blühers Ansicht von der männlichen Erotik als eigentlicher Triebkraft des Männerbundes, in der »Kameradschaft, Solidarität und Bruderschaft, und im Verhältnis zum Führer wie ähnlich zum Lehrer, in echtem Gefolgschaftsgeist und Treue« die konstituierenden Elemente der Männergesellschaft sah.[40]

Der Weg zum Nationalsozialismus war also nicht mehr weit, und tatsächlich war das männerbündlerische Ideengut in der Zwischenkriegszeit äußerst populär. Erst im Männerbund, den Blüher »das geschärfteste Organ der Vergeistigung des Volkes« nennt, könne der Mann seine Fähigkeiten voll entfalten und der charismatische Männerheld so richtig gedeihen, während im liberalen Kultur-Zeitalter durch die Gleichsetzung von Mann und Weib ein »gemischtes Publikum« entstanden sei, das dieser Männerherrlichkeit entgegenwirke.[41]

Es ist nicht verwunderlich, daß gerade die NSDAP diese Ideen freudigst aufgegriffen hat. Die perfekteste Inszenierung eines Männerbundes gelang dabei sicherlich Heinrich Himmler mit seiner Schutzstaffel (SS), die schon im äußeren Erscheinungsbild – schwarze Uniform, schwarze Uniformmütze mit silbernem Totenkopf, weißes Hemd mit schwarzer Krawatte und hohe schwarze Lederstiefel – an einen bedrohlich wirkenden Orden erinnert. Tatsächlich war das Ritual, die magische Bruderschaft ebenso wichtig wie die absolute Kampfbereitschaft und die bedingungslose Treue zum Führer. Die Initiationsriten besaßen kultischen Charakter, die Kandidaten hatten bei ihrer endgültigen Aufnahme der »Blutfahne« ihren Respekt zu erweisen, außerdem bekamen sie den SS-Dolch, der meist die Inschrift »In herzlicher Kameradschaft H. H.« trug, und selbstverständlich mußten sie einen Gehorsam schwören, »der nicht überlegt, bedenkt, fragt«. Offizieren wurde häufig der »SS Ring« verliehen als Zeichen dafür, daß sie »der Schutzstaffel als Organisation und Weltanschauung gegenüber größte Ergebenheit bezeugt hatten«. Die höchste Auszeichnung bedeutete die Verleihung des Ehrendegens, durch ihn gelangte der SS-Mann in den »inneren Kreis«, der in der mittelalterlichen Wewelsburg bei Paderborn tagte. Dort wurde jedes Jahr im Rahmen »geheimer Konsistorien, okkulter Übungen und Meditationen« in einem speziellen Weiheraum der SS-Totenkult zelebriert. Es wird angenommen, daß hier in einer steinernen Schale, die von zwölf steinernen Sockeln umgeben war, die Wappen verstorbener SS-Führer verbrannt wurden. Auch die Ringe verstorbener SS-Führer wurden in einem speziellen Schrein gesammelt.

Initiator und Schöpfer dieses ganzen Brimboriums war Heinrich Himmler, der nicht nur das SS-Forschungsinstitut »Ahnenerbe« beauftragt hatte, nach Hinweisen auf Männerbünde, arische Herrenmenschen und religiöse Orden zu suchen, sondern der sich auch selbst für rassistisch-esoterische Lehren interessiert hatte und jahrelang Mitglied der Thulegesellschaft, einer esoterisch-rechtsradikalen Terrororganisation gewesen war.[42]

Auch wenn die SS mit ihrer speziellen Grausamkeit und menschenverachtenden Brutalität eine Sonderstellung innerhalb der Männerbünde einnimmt, so ist die Bereitschaft zu Krieg, zu Kampf, zu einem hochstilisierten männlichen Heldentum fast allen Männerbünden eigen. Und grundsätzlich alle beanspruchen für sich das Signum des Außergewöhnlichen, des Besonderen und Bedeutsamen, in dem sich eine männliche Identität finden muß und das nicht zuletzt durch Ausschluß beziehungsweise Distanz und gleichzeitige Abwertung des Weiblichen erreicht werden soll.

Weshalb auch die Bemerkung des einschlägig bewanderten Schriftstellers Klaus Theweleit auf die Frage nach seiner männlichen Identität im Zusammenhang mit den Kriegsgreueln seiner Geschlechtsgenossen auf dem Balkan durchaus erfrischend wirkt:

> »Identität? Wer will denn so was haben! Das einzige Vergnügen für halbwegs bewegliche Leute besteht darin, unidentisch zu sein. Mit männlicher Identität ist es wie mit der »deutschen«. Wer sie nicht loszuwerden oder mindestens zu mildern trachtet, ist für den Zivilisationsprozeß verloren.«[43]

177

6 Die systemstabilisierende Funktion der Frau

Während Männer Kriege führen, müssen Frauen diese Kriege ermöglichen. Dazu ist es vor allem und in erster Linie notwendig, genügend Kinder zu bekommen, weil Söhne als Soldaten und Töchter zur weiteren Gebärleistung benötigt werden. Frauen, die sich dieser Gebärpflicht entziehen, gelten als staatsgefährdend. So etwa bemerkte der Sprecher des israelischen Gesundheitsministeriums, Dr. Haim Sadan, während der Debatte in der Knesseth über die Verschärfung der Abtreibung, daß »... seit der Gründung des Staates Abtreibungen zu einem Verlust von 20 (Armee) Divisionen geführt haben«. Gleichzeitig jedoch wurden arabische Frauen in den besetzten Gebieten zur Abtreibung und der Einnahme von Verhütungsmitteln ermutigt.[1] Ein Beispiel, das anschaulich die jeweilige Einplanung von Frauen in die Bedürfnisse des Militärs beschreibt. Frauen müssen nützlich, aber möglichst unsichtbar und ohne persönlichen Einfluß bleiben. Sie sollen zwar die Armee mit Nahrung, Kleidung und schließlich auch Waffen versorgen – ihre Arbeit in der Rüstungsindustrie ist von größter Wichtigkeit –, aber die großen Entscheidungen bleiben Männern vorbehalten. Sie sollen auch die Verwundeten pflegen, um sie neuerlich »kriegstauglich« zu machen, verstörte Helden seelisch aufrichten und insgesamt die »Heimatfront« verwalten, während Männer Kriegspläne ausarbeiten und »draußen« an der Front kämpfen. »Es würde ihnen besser anstehen, für die Soldaten Kuchen zu backen«, lautete der Kommentar von Umstehenden, als israelische Frauen gegen die Besetzung des Libanon demonstrierten.

> »... es war offensichtlich, daß die allgemeine Haltung ist, daß es die Pflicht einer Frau ist die Männer im Krieg zu unterstützen, und wenn irgendetwas gesagt oder getan werden müßte, dieses die Männer tun sollen«,[2]

schrieben diese Frauen später.

Frauen sind mit ihrer unterstützenden und häufig kostenlosen Zu- und Liebesarbeit das Rückgrat jeder militärischen Institution, die bei ihrer Verweigerung hoffnungslos in sich zusammenbrechen würde. Sie sind damit aber auch das Rückgrat unseres gesamten, patriarchalen Systems.
Wenn die französische Philosophin Luce Irigaray in ihrer »Genealogie der Geschlechter« feststellt, daß Frauen mehr Möglichkeiten hätten, diese Kultur zu interpretieren, weil sie weniger in sie eingebunden sind, und daher auch weniger Nutzen aus ihr ziehen als Männer,[3] so ist dem

lediglich bedingt beizustimmen. Denn natürlich sind Frauen genauso abhängig von dieser Gesellschaft, auch sie existieren in dieser Kultur und haben teil an ihr, auch sie brauchen ein Gefühl der Zugehörigkeit, der Anerkennung und des Eingebundenseins, und ein Herausfallen, ein Außenseitertum kann für sie oft bedrohlichere Folgen haben als für einen Mann, eben weil sie in einem patriarchalen System die Schwächeren sind. Aus diesem Grund auch waren Frauen – mit Ausnahme weniger Widerstandskämpferinnen und Radikalfeministinnen – stets dem Nationalismus verhaftet, und haben sich für ein *Vater*land eingesetzt, das nie ihre eigentlichen Interessen vertrat, sondern diese im Gegenteil massiv unterschlug.

Die erzwungene »Mit-Täterschaft« der Frau

Und trotzdem ist es problematisch, in diesem Zusammenhang von »Mitschuld« oder »Mittäterschaft« zu sprechen, wie es in jüngsten, feministischen Diskussionen üblich wurde. Denn beides setzt Eigenverantwortlichkeit voraus, und diese war Frauen über die Jahrhunderte hinweg genommen. Sie waren über lange Zeit nicht rechtsfähig, nicht vermögensfähig und nicht befugt, die Vormundschaft über ihre Kinder zu übernehmen. Noch im 19. Jahrhundert war die Ehefrau ein unmündiges Anhängsel ihres Mannes, der über ihre Arbeitskraft und ihr Vermögen verfügen konnte. Unmündige, ihrer Rechte und der Verantwortung über ihr eigenes Leben enthobene Personen können für ihr Tun nicht zur Rechenschaft gezogen werden. Wenn diese Frage jetzt dennoch gestellt wird, so zeugt sie von einem zunehmenden Selbstbewußtsein der Frau, die sich imstande und fähig fühlt, Eigenverantwortlichkeit zu übernehmen.

Vorsicht ist nach wir vor geboten, weil von einer wirklichen Gleichberechtigung immer noch nicht gesprochen werden kann. Andererseits kann jedoch gerade aus diesem Grund die Mittäterschaftsthese auch als durchaus positiv verstanden werden, weil sie Frauen aktiviert, sich als mitgestaltender und mitbestimmender Teil dieser Gesellschaft zu begreifen und ihren Opferstatus abzulegen. Voraussetzung ist jedoch, daß dieser historische Opferstatus als solcher erkannt und auch akzeptiert wurde und Frauen gelernt haben, mit dieser Erkenntnis und der daraus resultierenden Wut, Empörung und Aggressivität konstruktiv umzugehen. Denn natürlich haben Frauen das Patriarchat inzwischen ebenso internalisiert wie Männer, sie haben häufig ihren Unterwerfungsstatus akzeptiert, empfinden ihn als »normal«, haben sich darin eingerichtet. Manchmal wissen sie auch mit einer neuen Freiheit wenig anzufangen, die immer noch vielfach Außenseitertum bedeutet, Liebesentzug, oft auch Existenzangst und finanzielle Not. Die »Fröste der Freiheit«, von denen Marieluise Fleißer sprach, wirken immer noch.

Auch die feministische Theologin Mary Daly spricht von einer »erzwungenen Mittäterschaft« der Frau, die es abzulegen gilt. Sie plädiert in diesem Zusammenhang für eine »Selbst-Befreiung« der Frauen, mit der sie »den wirkungsvollsten Schritt überhaupt zu einer universalen, menschlichen Befreiung tun, indem sie den Menschen die Vollständigkeit des menschlichen Seins zugänglich machen, die durch die sexistische Hierarchie verlorengegangen ist«. Daly ortet vier Folgen dieser »Mittäterschaft«: Erstens eine »psychologische Lähmung«, die aus einem allgemeinen Gefühl der Hoffnungslosigkeit und Angst vor gesellschaftlicher Verurteilung entsteht, die ja auch prompt eintritt, sobald frau gegen herrschende Machtmechanismen revoltiert und ein neues Bewußtsein zum Ausdruck bringen möchte. Zweitens ein »weiblicher Antifeminismus«, der die Geschlechtsgenossin, die solches anstrebt, mit Mißbilligung bestraft, weil Frauen, die sich mit bestehenden Machtstrukturen identifizieren natürlich ähnlich reagieren wie Männer: Sie empfinden andere Frauen, die diese Strukturen in Frage stellen, als Bedrohung. Drittens nennt Daly eine »falsche Demut«, die das Negativbild der Frau in einer patriarchalen Gesellschaft verinnerlicht hat und zu einer fatalen Selbstentwertung führt. Und eine vierte Auswirkung der »Mittäterschaft« von Frauen sieht sie in einer »emotionalen Abhängigkeit«, die mit Selbstentwertung eng verbunden ist, in Ängstlichkeit und Zukunftsangst mündet und freies Denken ebenso wie Kreativität behindern kann. Daly plädiert daher für die Entwicklung eines weiblichen Stolzes und im Zusammenhang damit den Aufbau weiblicher Leitbilder. Sie möchte Frauen ermutigen, die notwendigen Risiken zu ihrer Befreiung auf sich zu nehmen, was soviel bedeutet wie: sich dem Anspruch des Patriarchats zu verweigern, keine Energien für die Stärkung seiner Strukturen und Ideologien einzusetzen.[4]

Es wird also Zeit den Unterwerfungsstatus, in dem sich Frauen häufig immer noch über den Mann und männliche Werte definieren und der einst Überlebensstrategie bedeutete, abzulegen, und sich zu einem eigenen Weltbild zu entschließen. Es wird Zeit für Frauen, ihre tragende Rolle zu begreifen, die sie in diesem ausbeuterischen, zerstörerischen und kriegerischen System spielen. Daß es nur ihre ständige Dienstleistungs-, Beziehungs- und Liebesarbeit ist, ihre häufig kritiklose Akzeptanz männlichen Tuns, die den Mann befähigte, diese Welt zu schaffen. Denn der Beitrag der Frau, so Christina Thürmer-Rohr, Professorin am Studienschwerpunkt »Frauenforschung« der TU Berlin:

»als Hausgenossin und Liebhaberin des Mannes, als Teilhaberin und Zuarbeiterin, als Mit-Funktionierende und Männer-Tat-Bejahende, als Protektorin männlicher Vorhaben, Muse männlicher Entwicklung, sorgende Stütze, akzeptierende Mitdenkerin oder Schweigerin, als Dulderin und damit auch Trägerin männlicher Überbewertung und eigener Ich-Losigkeit macht sie zu einem ebenso ausgegrenzten wie zugehörigen Teil des Subjekts der Geschichte; einen Teil, dessen fragwürdiges Gewicht hinter dem Schwergewicht des Mannes verschwunden erscheint. Und dies nicht nur im selbstherrlich ignoranten Blick des Mannes, sondern auch in der Neigung der Frau zur ungenauen Sicht auf sich selbst«.[5]

Die Nicht-Bejahung des Mannes, den Entzug der von ihm als so selbstverständlich empfundenen weiblichen Unterstützung nennt Thürmer-Rohr

»die wohl gefährlichste Bedrohung seiner persönlichen und gesellschaftlichen Existenz, eine Bedrohung, die so an die Grundfesten des männlichen Selbstbewußtseins und der männlichen Selbstdefinition rührt, daß sie möglichst unbesprochen bleiben soll ...«[6]

Ähnlich drückt es Virginia Woolf aus, wenn sie meint:

»Frauen haben über Jahrhunderte hinweg als Spiegel gedient, mit der magischen und köstlichen Kraft, das Bild des Mannes in doppelter Größe wiederzugeben ... deshalb bestehen (Männer) ... so nachdrücklich auf der Unterlegenheit der Frauen, denn wenn sie nicht unterlegen wären, würden sie aufhören, zu vergrößern ... Das Spiegelbild ist von äußerster Wichtigkeit, weil es die Lebenskraft auflädt: es stimuliert das Nervensystem. Nimm es ihnen weg, und die Männer sterben wie der Drogenabhängige, dem man sein Kokain entzieht.«[7]

Es ist die Angst vor dem Verlust dieser bejahenden Bestätigung die Männer dazu treibt, Frauen zu domestizieren und passiv zu halten, als die »Wunscherfüllerinnen« von denen Brigitte Schwaiger spricht,[8] die »Ja-Sagerinnen« und nicht »Nein-Sagerinnen« in Marlen Haushofers Romanen, die kritiklos männliche Werte übernehmen und in dieser Haltung auch endlos ausbeutbar sind.

Frauen stärken ein System, das niemals ihre eigenen Interessen vertrat

Natürlich gab es immer auch Frauen, die sich gewehrt haben, Opposition gewesen sind und eine eigene Meinung vertreten haben. Aber ihr Rahmen war stets eng gesteckt – wirkliche Alternativen auszuarbeiten, wirkliche Gegenpositionen zu beziehen, war ihnen nie möglich. Blieben sie doch von einer gleichberechtigten Mitgestaltung des Weltgeschehens, von einer Mitwirkung an neuen Entwicklungen und Erfindungen stets ausgeschlossen. Eingesperrt in ihre Häuser zu ihren Kindern, haben sie kaum gelernt, die großen Zusammenhänge zu sehen, und wenn, dann vor allem durch die Brille des Mannes. Häufig beschränkt sich das Engagement der Frau auf das Wohl der Familie, vielleicht kauft sie »gesunde« Nahrung im Bio-Laden, während ihr Mann im Labor neue Emulgatoren, Geschmacksverstärker und Farbzusätze erfindet, vielleicht ersteht sie Waren in Dritte-Welt-Läden, während er die ungleichen und ausbeuterischen Bedingungen des Welthandels diktiert, und vielleicht sorgt sie sich um die Sicherheit und Gesundheit ihrer Kinder, während er den Kredit für ein neues Atomkraftwerk vergibt. Und natürlich arbeitet sie auch in all diesen Labors, Fabriken und Atomkraftwerken, allerdings zumeist in der untergeordneten, dienenden Position einer Befehls-Empfängerin. Für Jahrtausende haben Frauen diese Funktion ausgefüllt und damit ein System gestärkt, das niemals ihre eigenen, weiblichen Interessen vertreten hat. Und ihr größter Feind war immer der Militarismus. Frauen wurden im Ersten Weltkrieg für die Ziele von Volk und Vaterland ebenso ausgenutzt wie im Zweiten. Auch nach Beendigung sämtlicher Partisanen- und Befreiungskriege, an denen stets relativ viele Frauen beteiligt waren, wurden sie nach einer Phase relativer Gleichberechtigung an der Seite kämpfender Männer immer wieder zurückgeschickt an den Herd, in die Familie, und damit in die Abhängigkeit.

Im Sommer 1980 fand in Den Haag am Institute of Social Studies ein Workshop statt, der unter dem Titel »Women's Struggles and Research« die Gründe untersuchte, warum Frauen während nationaler Befreiungskämpfe zuerst mobilisiert, und dann wieder in den häuslichen Bereich, und damit zur unbezahlten Hausarbeit zurückbeordert werden. Maria Mies hat die Ergebnisse dieses Workshops zusammengefaßt. Sie stellt in sämtlichen Ländern, in denen Befreiungskriege stattgefunden haben, wie etwa Vietnam, Zimbabwe, Jugoslawien zur Zeit des Faschismus und auch China eine ähnliche Entwicklung fest: Nachdem diverse patriarchale Einrichtungen, wie etwa die geschlechtliche Arbeitsteilung, aufgehoben wurden, Männer also zum Beispiel ebenso selbstverständlich Babies hüteten wie Frauen zu den Gewehren griffen, stellten sich nach Beendigung der Kriege, wenn es um den Wiederaufbau einer zerstörten Wirtschaft ging, regelmäßig die alten Verhältnisse wieder ein. Die – besser bezahlte – Lohnarbeit wurde neuerlich den Männern übertragen, während der Beitrag der Frau in einer – schlechter bezahlten – Zuarbeit bestand, die sie neben ihrer Rolle als Hausfrau und Mutter zu leisten hatte. Die Gründe für diese regelmäßig einsetzende Entwicklung ortet Mies in einem Wirtschaftssystem, das auch in den Entwicklungsländern auf dem Prinzip der Erzeugung eines möglichst hohen Mehrwerts basiert, der dann in eine weitere industrielle Entwicklung gesteckt wird. Zur Erzeugung dieses Mehrwerts, so Mies, bedarf es jedoch der Ausbeutung bestimmter Teile der Bevölkerung, und das sind die Frauen und die Bauern. Denn würden alle Menschen – also etwa auch die Hausfrauen – einen ihrer Arbeitsleistung entsprechenden Lohn erhalten, würde die Akkumulation des Kapitals wesentlich längere Zeit in Anspruch nehmen.[9]

Wie wenig es Frauen gelingt, aus ihren Leistungen politisches Kapital zu schlagen, zeigte sich auch nach dem Ende des Zweiten Weltkriegs. Daß es im eigentlichen Frauen waren, die den Wiederaufbau leisteten, haben lediglich ein paar feministische Historikerinnen ans Tageslicht gebracht. Die sogenannten »Trümmerfrauen«, die für ihre toten, verstümmelten, kranken oder in Kriegsgefangenschaft geratenen Männer Schwerstarbeit verrichteten, dachten jedoch nicht an damit verbundene Macht, Prestige, Einfluß oder sonstigen Zugewinn, sondern sie wollten lediglich für sich und ihre Kinder, ihre Familien und Verwandten ein menschenwürdiges Dasein schaffen. Darum haben Frauen es auch verabsäumt, aus diesen großen Leistungen politischen Gewinn zu ziehen, und darum haben sie relativ widerstandslos nach getaner Arbeit den zurückkehrenden Männern neuerlich die Führungspositionen eingeräumt und die Chance zu Veränderungen nicht genutzt.

Die Erkenntnis, daß es frau nichts bringt, wenn sie sich für ein ausbeuterisches, patriarchales System einsetzt, ist Frauen immer noch nicht geläufig. Das Neuland, das zu betreten wäre, zeigt vorerst sehr schwache Konturen und Frauen wissen sehr gut, daß dieses System Ausbrecherinnen auf verschiedenste Art und Weise oft hart bestraft. Wir können nicht so einfach ein Beziehungsgeflecht durchschneiden, das uns trotz aller Zweitrangigkeit ein Gefühl von Sicherheit und Sinnhaftigkeit verleiht. Und trotzdem sollten sich Frauen allmählich als ewige Steigbügelhalterinnen der Männer verabschieden und eigenen Vorstellungen zum Durchbruch verhelfen. Sie sollten die unter patriarchalen Verhältnissen verinnerlichten Vorstellungen, ständiger und meist höchst einseitig sprudelnder Liebesquell für den Mann zu sein, aufgeben, weil sie damit nur ein patriarchales System stützen und perpetuieren, statt es in Frage zu stellen und damit die Voraussetzungen für Veränderungen zu schaffen. Denn es ist klar, so Thürmer-Rohr,

»daß die Verquickung von friedfertig-gläubiger Unterstützung seitens der Frauen und unterstützungsbedürftiger Machtausdehnung seitens der Männer ein offensichtlich perfekter – fast perfekter – Weg war, den Mann freizusetzen für eine selbstverständliche Entscheidung nach der anderen, die im Ergebnis die Zerstörung dieser Erde, Stumpfsinn der Menschen und Unlebbarkeit dieses Lebens bedeuten kann«.[10]

Unterstützungsverweigerinnen müssen Gegenstrategien entwickeln und damit den unmittelbaren Eintritt in eine Gesellschaft wagen, in der sie im eigentlichen immer noch Fremde, Unbehauste sind, die ihnen immer noch nicht wirklich Heimat ist. Denn das, was Frauen seit Jahrtausenden als Heimstatt zugebilligt wurde, ist lediglich das Haus, die Ehe und die Familie. Und diese Heimstatt war immer gleichzeitig auch Kerker, der ihre Unfreiheit, und ihren Dienstleistungsstatus garantiert. In der Ehe und in der Familie wird das Abhängigkeitsverhältnis zementiert, werden Frauen dazu gebracht, »aus Liebe« unentgeltliche Arbeit zu tun, und sich mit ihrer Kreativität, ihrer Leistung, ihrer Liebesfähigkeit für zerstörerische Entwicklungen mißbrauchen zu lassen, deren Drahtzieher nach wie vor Männer sind, und deren wirkliche Dimensionen Frauen häufig nicht durchschauen. Wenn von einer »Schuld« der Frau gesprochen werden kann, dann liegt sie hier, in einem trägen Beharrungsvermögen, einer angezüchteten Sklavenmentalität, die die Bequemlichkeit höher schätzt als die Freiheit, in Furcht vor den neuen Möglichkeiten und Angst, Verantwortung zu übernehmen, die immer noch meist lieber den Männern überlassen wird. Solange Frauen nicht verstärkt daran gehen, ihren eigenen Standpunkt – der sich von jenem der Männer sehr häufig unterscheidet – in die politische, gesellschaftliche, kulturelle Realität und auch in die Religion einzubringen, solange sie eingebettet bleiben in einem System, das von Männern geschaffen und immer noch kontrolliert wird, solange wird es keine wirkliche Freiheit der Frau geben. Solange ist sie eine patriarchale Frau, die genau so funktioniert wie der patriarchale Mann es wünscht, und wie es uns nicht nur diese »Wunscherfüllerinnen«, sondern zumeist auch jene Frauen vorführen, die höchste Macht verkörpern.

Frauen werden zu Mitakteurinnen von Kriegen gemacht

Wie sehr Frauen als stützende, unterstützende Kraft in Kriegszeiten vereinnahmt wurden – und weiter werden – zeigt Christina Thürmer-Rohr exemplarisch am Beispiel der Briefe ihres Vaters, die dieser ihr und ihrer Schwester im Zweiten Weltkrieg schrieb. Sie waren in einem liebevollen, väterlichen Ton gehalten und banden die kleinen Mädchen mit ständigen Appellen an ihre Liebe, ihre Opferbereitschaft, ihr Durchhaltevermögen in das Konzept des totalen Krieges ein. Aus den Analysen Thürmer-Rohrs wird klar ersichtlich, daß die Motivation, zu kämpfen, von der Zustimmung der Zurückgebliebenen, also vornehmlich der Frauen und Kinder, abhängig war.

>Die Produktion des Gefühls Stolz auf das *männliche* Soldatentum war nur über die Beziehung Mädchen-Mann, Frau-Mann zu erreichen ... Wir wurden aufgewertet dadurch, daß Männer für uns kämpften und starben. Unsere Gegenleistung bestand im Annehmen des Beziehungsangebots beziehungsweise der Beziehungsforderung: – Seid uns dankbar, seid stolz auf uns, denn wir machen das alles für euch! ... mann hat das Gefühl, jemanden zu lieben; mann *braucht* das Gefühl, jemanden zu lieben; die, die mann liebt, *wollen* von ihm geliebt werden; mann *braucht* die Gewißheit, daß sie ihn lieben.«[11]

Als das eigentlich Gefährliche an diesen Briefen des Vaters bezeichnet Thürmer-Rohr die Untrennbarkeit von Liebe und Lüge. Denn da wird den Kindern in den Briefen des Vaters der Krieg natürlich nicht so geschildert, wie er wirklich ist, in seiner entsetzlichen Brutalität und Grausamkeit, sondern er wird verniedlicht und beschönigt, und die eigenen, die deutschen Soldaten werden im günstigsten Licht dargestellt.

Auf diese Art und Weise wurde die Kampfmoral der Truppen zu allen Zeiten gestärkt, so wurden – und werden – Frauen stets zu Mitakteuerinnen von Kriegen gemacht. Wie absurd es jedoch ist, von einem angeblichen Schutz der Zivilbevölkerung zu sprechen, hat sich in den letzten Kriegen gezeigt, in denen die unbewaffneten Frauen und Kinder stets die Hauptleidtragenden waren. Der Mythos von Männern, die ihre Familien beschützen müssen, ist längst obsolet geworden. Vernichtung, Zerstörung, Folter, Vergewaltigung und Tod treffen jetzt besonders jene, die es eigentlich zu verteidigen gilt.

Wie nützlich diese Geschlechterpolarität, diese strikte Trennung in den weiblichen Intimbereich des harmonischen Familienglücks und den männlichen Bereich des Kämpfens und Tötens für das NS-Regime gewesen ist, zeigt zum Beispiel die Tatsache, daß die SS mit den Massentötungen in den Konzentrationslagern vornehmlich solche Männer betraute, die besonders an ihren Frauen und Kindern hingen. Wir verfügen über zahlreiche Berichte von Lagerkommandanten und Aufsehern, die bezeugen, daß sie ihren furchtbaren Job nur deshalb durchhielten, weil sie sich bei ihren Familien – die häufig auf dem Lagergelände lebten – regenerieren konnten. Die Frau ermöglichte durch ihre ständige

Hilfeleistung, ihre liebende, sorgende Zuwendung ein mörderisches Regime. Eine Konstellation, an der sich bis heute wenig geändert hat. Auch heute holen sich die Atombombenbauer, die Naturzerstörer, die Weltbankbosse, die Umweltverschmutzer und die Waffenkonstrukteure ihre Kraft dazu bei fürsorglichen Frauen.

Frauen stützen Krieg und Militarismus allerdings nicht nur mit ihren fürsorgerischen Tätigkeiten – sie kämpfen auch mit der Waffe in der Hand. Russische Frauen etwa waren seit Beginn des Zweiten Weltkriegs direkt in das Kampfgeschehen integriert und während Hitler, der seine »Wehrmachtshelferinnen« durchaus schätzte, einem Frauenbataillon erst in allerletzter Minute zugestimmt hat, haben Russinnen als Soldatinnen genau dieselben Kriegserfahrungen gemacht wie Männer. 800.000 Frauen sollen an der Front gekämpft haben, sie waren Gefreite, Obergefreite, Sergeant und Obersergeant, Leutnant und Oberleutnant, Flakschützin, Sanitätsinstrukteurin, Flakartilleristin und Waffentechnikerin. Nur eine Generalin sucht man/frau in dem Buch von Swetlana Alexijewitsch mit dem Titel »Der Krieg hat kein weibliches Gesicht«[12], das die Erinnerungen russischer Kriegsveteraninnen aufzeichnet, vergeblich.

Doch unterscheiden sich diese Erlebnisberichte auch noch in anderer Hinsicht von einer vergleichbaren Männerliteratur: Wohl ziehen diese Frauen und Mädchen mit der gleichen Begeisterung in den Krieg, wollen mit gleicher Begeisterung das Ihre dazu beitragen, sie gewöhnen sich auch ebenso wie die männlichen Soldaten an die Strapazen – und an das Töten! Und doch sind diese Augenzeugenberichte anders eingefärbt, es fehlt die Betonung eines Heldentums, wie es häufig die faschistische Literatur auszeichnet, es fehlt der Kult, mit dem Krieg als Leben-erneuernde, Menschen-erneuernde Kraft gefeiert wird, die Glorie des eiskalten Übermenschen, der sich in diesen Eigenschaften bewundert und bestaunt. Statt dessen überwiegt das Entsetzen und das Mitleid mit den Verwundeten und Getöteten. Diese Frauen zogen nicht in den Krieg, weil sie sich Ruhm und Ehre für ihr späteres Leben erhofften, sondern weil sie es als eine Notwendigkeit empfanden, in gleicher Weise das Vaterland zu verteidigen. Und tatsächlich blieben diese Soldatinnen in der Nachkriegszeit von Ruhm und Ehre ausgespart. Nur Wenige erhielten Verdienst- und Ehrenabzeichen, und jene, die damit ausgezeichnet wurden, haben sie bald versteckt und verleugnet. Denn es war zwar ehrenhaft, als Frau im Feld zu stehen – viele Frauen berichten voll Begeisterung, welche Anerkennung, Achtung und auch Fürsorglichkeit ihnen von den – männlichen – Soldaten während des Krieges zuteil wurde – eine Anerkennung, die umso schwerer wiegt, als Frauen in dieser Hinsicht nicht gerade verwöhnt sind. Aber nach Kriegsende wendete sich das Blatt, da wurden sie mit Skepsis und Ablehnung behandelt. Denn jetzt war auch in der Sowjetunion wieder die (weibliche) Frau gefragt, die stützt, aufrichtet und tröstet, nicht die verkrüppelte Kriegsversehrte, die geschundene Kriegsveteranin, die selbst der Stütze bedarf. Ein neuerliches Beispiel dafür, wie sehr Frauen nach ihrem Nutzwert eingestuft werden unter Vernachlässigung ihrer eigentlichen Bedürfnisse. Die Berichte dieser Kriegsveteraninnen, die nach dem Krieg sehr oft vergessen, krank, einsam und häufig ohne Pension ein kümmerliches Leben fristeten, sprechen eine deutliche Sprache.

Die in vielen Ländern zu beobachtende, steigende Tendenz, Frauen aktiv als Soldatinnen in das Kriegsgeschehen einzubeziehen, ist kaum als Weg zu einer wirklichen Gleichberechtigung zu verstehen, und sie erfolgt auch nicht vornehmlich unter diesem Aspekt. Vielmehr sollen Frauen jetzt die vermehrt kriegsunwilligen Männer ergänzen. Die Militarisierung der Frau ist ein weiterer, bedrohlicher Versuch, Frauen in das zerstörerische, lebensfeindliche patriarchale System einzubinden, die Zuarbeiterinnen-, Krankenpflegerinnen-, Sozialarbeiterinnen- und Fürsorgerinnen-Funktion, die Frauen schon längst innerhalb des Militärapparats ausüben, durch eine letzte, entscheidende Beteiligung zu erweitern. Die feministische Theologin Dorothee Sölle, die sich sehr in der Friedensbewegung engagiert, hat es treffend ausgedrückt:

>»Die Frauenbewegung hat ihre Kraft dort, wo sie eine andere Vision vom Leben hat als die derzeit herrschende. Frauen werden stark, wenn sie die goldenen Kälber der Männer, wie ungebremstes wirtschaftliches Wachstum, nationale Sicherheit und das Gleichgewicht des Terrors nicht mehr länger anbeten. Es macht mich nicht freier, Soldat werden zu dürfen und meinen Beitrag zur Militarisierung der Gesellschaft zu leisten. Frei werden wir erst, wenn wir die Schwerter zu Pflugscharen umschmieden, wie der Prophet Jesaja sagt ...«[13]

Liebe pervertiert, wird ihrer eigentlichen Bedeutung entkleidet, wenn sie für zerstörerische Zwecke mißbraucht wird. Und genau das geschieht mit der Liebe von Frauen seit Jahrtausenden. Aber Frauen arbeiten an dieser Pervertierung auch selbst aktiv mit, wenn sie »Liebe« für ein Tauschgeschäft einsetzen: Liebe gegen die Partizipation an – männlicher – Macht, männlichem Prestige und männlichem Geld. Wenn daher Shulamit Firestone meint, daß die (männliche) Kultur parasitär sei, »denn sie bezieht ihre Kraft aus der emotionalen Stärke der Frauen, ohne etwas dafür zu geben«,[14] hat sie nur teilweise recht. Denn Männer verhelfen Frauen in einer patriarchalen Gesellschaft via Tauschgeschäft sehr wohl oft zu dem, was diese als Benachteiligte nicht haben. Die Pervertierung der Liebe ist daher ein Ergebnis ungleicher Machtverhältnisse. Und die den Frauen zugeschriebene größere Liebesfähigkeit ist möglicherweise nichts anderes als ein Produkt ihrer Unterdrückung, eine mühsam erworbene Strategie, ihr Überleben zu sichern. Sind sie doch in einer Gesellschaft, die Frauen als untergeordnet und minderwertig definiert, verloren, wenn sie sich nicht in irgendeiner Form die Bestätigung des männlichen, »höherwertigen« Geschlechts sichern. Am offensten und brutalsten äußert sich diese Pervertierung, wenn Mütter dazu gebracht werden, den »Heldentod« ihrer Söhne als ruhmreich zu feiern, als positiven Beitrag für die Erhaltung des »Vater«landes! (Es ist bezeichnend, daß es ein »Mutter«land nie gegeben hat.) Weil die Beziehung einer Mutter zu ihrem Kind vielleicht die tiefste und beständigste Beziehung überhaupt ist, bedeutet es auch den tiefsten Eingriff in das Selbstverständnis der Frau, von ihr die Opferung dieser Beziehung für eine weitgehend abstrakte Größe wie »Staat« und »Gesellschaft« zu fordern. In dem – gerechtfertigten und glorifizierten – Anspruch auf dieses Opfer manifestiert sich der größte Triumph des Patriarchats über matrizentrische Vorstellungen, er bedeutet die endgültige Kapitulation der Frau und ihre Unterwerfung unter das Männerrecht. Daß selbst Frauen aus der Frauenbewegung derartige Vorstellungen übernommen haben, zeigen Bemerkungen wie jene Gertrud Bäumers, die sich am Beginn des Ersten Weltkriegs zu der Behauptung verstieg, es sei

> »ein mütterliches Grunderlebnis, daß Leben und Kraft hingeopfert werden muß, damit neues Leben um so schöner erblühen kann … (Die Mutter) versteht es von innerstem Herzen, daß es einer Generation beschieden ist, mit ihrem Blut den kommenden ein reiches und wertvolles Leben zu erkaufen«.[15]

Inzwischen beginnt jedoch der Mann als omnipotenter Werteträger und Wertesetzer abzudanken und wird die letztendliche Zerstörungs- und Vernichtungskraft eines Systems sichtbar und durchschaubar, das auf Herrschaft, Ausbeutung und Krieg beruht. Wie Christina Thürmer-Rohr richtig feststellt, hat dieser moralische Bankrott des Mannes nicht die unmittelbare Befreiung der Frau zur Folge, sondern diese fällt im Gegenteil in eine beängstigende, weil vorläufig durch kein wirkliches Gegenkonzept zu füllende Leere. Schließlich war der Mann durch viele Jahrtausende hindurch Maßstab und Orientierungspunkt, nicht nur in der persönlichen Lebensgestaltung, sondern weit darüber hinaus im gesamten kulturellen, religiösen und gesellschaftlichen Bereich. Trotzdem greift Thürmer-Rohr meines Erachtens mit dieser einseitigen Fixierung auf den Mann und ihrem damit im Zusammenhang stehenden, grundsätzlichen Pessimismus in bezug auf eigenschöpferische Fähigkeiten von Frauen zu kurz. Denn wohl hat die Verunsicherung des Mannes auch eine Verunsicherung der Frau zur Folge, sind doch beide Geschlechter in einem Beziehungsgeflecht miteinander verwoben, aber sie birgt gleichzeitig auch eine Chance für Neuerungen und Änderungen. Denn es ist ja keinesfalls so, daß es keinen Veränderungswillen, und damit im Zusammenhang keine eigenen Ideen von Frauen gibt, sie sind lediglich im gegenwärtigen Machtgefüge, das trotz Verunsicherung nach wie vor vom Mann bestimmt wird, vornehmlich an der Basis anzutreffen und haben den Sprung an die Spitze noch nicht geschafft. Diese »Leere«, von der Thürmer-Rohr spricht, bietet also für Frauen die Chance, selbst aktiv zu werden, auch wenn von einem, in wenigen Jahrzehnten gewachsenen feministischen Gegenkonzept nicht erwartet werden kann, daß es ein jahrtausendealtes, kultur- und gesellschaftspolitisches Wertesystem auf Anhieb sprengt. Und natürlich kann es darum auch überhaupt nicht gehen, sondern um eine langsame Entwicklung, die von Frauen und Männern gemeinsam vollzogen werden muß. Frauen wie Männer müssen ihre Kreativität, ihre Wertvorstellungen, ihre Liebe neu entdecken, frei von den zersetzenden, zerstörenden, verfälschenden Manipulationen, denen beide in einer patriarchalen Gesellschaft unterworfen sind. Darin liegt die Chance einer Leere, die es neu zu füllen gilt.

7 Die Mittäterschaft der Frau
am Beispiel des Nationalsozialismus

Die Mittäterschaftsthese, wie sie in den letzten Jahren in die feministische Diskussion eingebracht wurde, läßt sich am besten anhand der
bislang durchgeführten, umfangreichen Aufarbeitung der Rolle der Frau
im Nationalsozialismus belegen. Dabei stellte sich nämlich heraus, daß
Frauen, sofern sie die Möglichkeit hatten, Macht auszuüben, vielfach
genauso brutal und grausam handelten wie Männer. Sie führten als Fürsorgerinnen und Krankenpflegerinnen nicht nur Zwangssterilisationen
durch, sondern waren auch an der Einweisung in Konzentrationslager,
am Euthanasie-Programm und Versuchen an Menschen beteiligt, sie fer-
tigten in der Verwaltung als Büropersonal Transportlisten für die Todes-
kandidaten an und erledigten die Korrespondenz in Euthanasie- und
Vernichtungsanstalten. Und schließlich haben sie auch als KZ-Aufseherinnen die Häftlinge ebenso bestialisch gequält wie ihre männlichen Kollegen. Sie haben sich diese Ideologie nicht ausgedacht, denn Faschismus
und Nationalsozialismus sind das Ergebnis einer typisch männlichen
Weltauffassung. Aber sie haben dort, wo sie hingestellt wurden, in den
meisten Fällen ihre »Pflicht« erfüllt, sie haben sich durch keine nennens-
wert größere Menschlichkeit ausgezeichnet. Manche Zeitgenossen
meinen sogar, sie seien schlimmer als Männer gewesen. Ob diese Be-
hauptungen aus dem Schock zu erklären sind, daß Frauen das Weiblich-
keitsklischee so fundamental verletzten, oder ob Frauen tatsächlich noch
grausamer verfuhren, möglicherweise in dienendem Übereifer, oder weil
sie, die ewig Machtlosen, ihre Macht so richtig ausschöpfen wollten, muß
offen bleiben.

Die Mittäterschaftsdebatte, wie sie dann vornehmlich in den achtziger
Jahren innerhalb der feministischen Bewegung durchgeführt wurde,
verlief äußerst kontrovers und zielte teilweise in die Richtung einer
gleichwertigen Mitschuld der Frauen. So wichtig es nun einerseits ist,
sich auch mit diesem dunklen, verdrängten Teil einer Frauengeschichte
auseinanderzusetzen, so deutlich muß andererseits festgestellt werden,
daß von einer gleichberechtigten Mitschuld der Frau an den Greueln des
Nationalsozialismus (und damit an den Auswüchsen einer patriarchalen
Gesellschaft ingesamt) nicht gesprochen werden kann. Damit sollen die
Taten dieser Frauen keinesfalls entschuldigt werden, doch sind hier Un-
terscheidungen zu treffen, insofern, als sie wohl für ihr Tun, nicht jedoch
für die Ideologien des Nationalsozialismus mit all den schrecklichen

Folgen verantwortlich zu machen sind. Frauen haben diese Gesetze und Tötungsfabriken nicht erfunden, sie haben weder die Pläne für die »Endlösung« ausgearbeitet noch jene für das »lebensunwerte Leben«. Ein Grundsatz der Nazis hieß:

> »Es gibt in der geistigen Welt des Nationalsozialismus für die Frau in der Politik keinen Platz ... Die Geisteshaltung der Bewegung steht ihr in dieser Hinsicht entgegen ... Die Wiedererweckung Deutschlands ist eine Angelegenheit der Männer.«[1]

Es überrascht daher auch keinesfalls, daß unter den über 1400 führenden Parteigrößen im Jahr 1944 nur neun Frauen waren, also weniger als ein Prozent. Auch die Anzahl der KZ-Wärterinnen und Krankenschwestern, die Euthanasie-Handlungen vorgenommen haben, war marginal im Vergleich zu jener der Männer.[2] Die Ausgrenzung der Frauen aus den Bereichen der Macht darf auch deshalb nicht ignoriert werden, weil Ohnmächtige und Unterprivilegierte meist einem wesentlich stärkeren Druck ausgesetzt sind. Wie leicht Unterdrückte dazu neigen, Weltanschauungen und Lebensweisen ihrer Unterdrücker zu übernehmen, und wie sehr es hier gleichzeitig zu Identitätskrisen kommt, kann anschaulich am Beispiel der Kolonialvölker (und in der Folge an den Staaten der sogenannten Dritten Welt) beobachtet werden.

Häufig ist es auch Existenzangst und Not, die zu Gehorsam zwingt. Und Gehorsam ist genau jene Eigenschaft, die von Frauen über die Jahrhunderte hindurch erwartet wurde. Die Frau wird als »Gehilfin des Mannes« bereits in der Bibel festgeschrieben, und sie hatte sich als solche in den kommenden Jahrhunderten beziehungsweise Jahrtausenden zu bewähren. Daß ein Zipfelchen von (männlicher) Macht über Gehorsam erlangt werden kann, ist Frauen bis zum heutigen Tag bewußt. Das Gehorsamsgebot des Nationalsozialismus mußte also besonders bei Frauen auf gut vorbereiteten Boden fallen.

Der Opfer/Täterinnen-Status, wie er für Frauen im gesamten Patriarchat zutrifft, erhält im Nationalsozialismus eine besondere Dimension. Frauen waren als Opfer dieses Regimes in besonderem Maße von jeder Macht Ausgegrenzte, Ausgeschlossene, die einen Wert lediglich im Hinblick auf ihren Nutzen für die Nazi-Diktatur besaßen. Sie waren aber gleichzeitig eben in dieser Position der Machtlosigkeit häufig auch besonders willfährige Mittäterinnen, die sich in der von den Nationalsozialisten propagierten Ideologie vom »Wesen der Frau« bestätigt fühlten.

> »Die deutschen Frauen haben mit heißem Herzen und selbstlosem Wollen dieser Erneuerung (der faschistischen, Anm. d. Autorin) selber die Wege be-

reitet; ihrem Wesen zutiefst entsprechend ist der Wille zu wahrhafter Einigkeit, zu wahrhaft sozialer Arbeit am Volksganzen, zur größeren Lebensnähe und Abkehr von steril gewordenem Intellektualismus, zur Aufrufung der vergessenen Mächte der Seele, des deutschen Bluts, der heimischen Erde, der religiösen Vertiefung ...«,[3]

schrieb die Verfasserin eines Artikels, der im Juni 1933 anläßlich der Machtergreifung Hitlers in der von Gertrud Bäumer herausgegebenen Zeitschrift *Die Frau* erschien.

Trotzdem ist die oft geäußerte Ansicht, vor allem Frauen hätten Hitler zur Macht verholfen, falsch. Sie ist ein Mythos – von Hitler selbst in die Welt gesetzt, um sich die Dienstbarkeit und Gefügigkeit der Frauen zu sichern – und später von Historikern übernommen. Der Ausspruch des bekannten Hitler Biographen Joachim Fest: »Die Frauen haben (Hitler) – vereinfacht ausgedrückt – entdeckt, gewählt, vergöttert«,[4] ist zumindest übertrieben. Tatsächlich haben Frauen bis 1930 sogar zu einem etwas geringeren Prozentsatz als Männer zu den spektakulären Siegen der NSDAP beigetragen, und obwohl sich ab 1930 der weibliche Stimmenanteil vergrößerte, votierten noch 1932 rund 2 Prozent weniger Frauen als Männer für Hitler, bis sich das Verhältnis schließlich auf etwa 50 zu 50 Prozent einpendelte, also ungefähr gleich viel Frauen wie Männer die NSDAP wählten.[5]

Die Einbindung der Frau als Handlangerin und Zuarbeiterin

Dieser hohe Frauenanteil ist trotzdem erstaunlich angesichts der Tatsache, daß nach der Machtübernahme im Jahr 1933 Frauen systematisch aus sämtlichen Machtpositionen ausgeschlossen wurden. Von den 74 Frauen, die politische Ämter innehatten, durfte keine einzige ihren Posten behalten, ebensowenig die 19.000 weiblichen Amtsinhaberinnen. Außerdem ging die Zahl der Lehrerinnen aller Schulstufen um 15 Prozent zurück, und Anfang 1934 wurden alle verheirateten Frauen innerhalb der preußischen Behörden um ihre Arbeitsplätze gebracht.[6] Als dann 1935 auch Ärztinnen (ebenso wie jüdische Ärzte) ihre Kassenzulassung verloren, weiters nach 1936 Frauen, selbst wenn sie der NSDAPO angehörten unter Berufung auf ihre Unfähigkeit »logisch und sachlich zu denken« nicht mehr als Richterinnen oder Staatsanwältinnen amtieren durften,[7] und schließlich auch die Zahl der Studentinnen an den Universitäten infolge eines geschlechtsspezifischen Numerus Clausus sowie der schlechten Berufsaussichten für Akademikerinnen von knapp 20.000 im Jahr 1933 auf 5.500 im Jahr 1939 fiel,[8] wurde das selbst überzeugten Nationalsozialistinnen zu viel. So etwa kritisierten Lydia Gottschewski und Margarete Adams öffentlich diese Art von Frauenpolitik, wurden jedoch durch beruhigende Stellungnahmen Innenminister Fricks sowie Goebbels rasch wieder in ihre Schranken zurückverwiesen.[9] Die Absicht hinter diesen Maßnahmen ist leicht zu durchschauen. Frauen mußten alle Macht- und Einflußbereiche genommen werden, damit sie als willige Werkzeuge jener treuen, im Bedarfsfall vielseitig verwendbaren Reservearmee eingegliederten werden konnten, deren vorrangiger Zweck darin bestand, die jeweiligen Bedürfnisse des NS-Staates zu befriedigen. So wurden Frauen als Hausfrauen hochgejubelt, solange sie als solche nützlich waren, doch hatte das Hausfrauenideal in dem Augenblick ausgespielt, als Frauen infolge eines größeren Waffen-Bedarfs zum Arbeitseinsatz in der Rüstungsindustrie benötigt wurden. Sie waren als Mütter eines »erbgesunden« Nachwuchses geehrt, weil der Staat Beamte und Soldaten brauchte. Als nicht-arische Mütter hingegen und solche, die kranke Kinder geboren hatten, wurden sie zur Sterilisation gezwungen. Und schließlich wurden Frauen gegen Ende des Krieges für den »totalen Kriegseinsatz« in einem eigenen Frauenbataillon auch noch im Waffengebrauch ausgebildet,[10] nachdem sie schon zuvor als »Wehrmachtshelferinnen« ihren Dienst tun mußten. Frauen, meine »treuesten, fanatischsten Mitkämpferinnen«, wie Hitler sie nannte, haben durch ihre Arbeit, ihre Hingabe, ihren »selbstlosen Einsatz«, wie sie häufig gerühmt wurden, dieses grauenhafte Regime gestützt. Sie haben in »freiwilligen« Arbeitseinsätzen Nähstubenarbeit, Haushaltshilfe in kinderreichen Familien, bei überlasteten Bäuerinnen geleistet und bei der Ernte sowie bei Aufräumungsarbeiten nach Bombenangriffen mitgearbeitet. Und obwohl sich auch Männer dem nationalsozialistischen Staat unterzuordnen hatten, galt das in einem frauenfeindlichen Klima in noch weit größerem Ausmaß für Frauen. Doch waren diese durch eine lange, patriarchale Geschichte daran gewöhnt, und jetzt erfuhren sie – insofern linientreu – wenigstens eine gewisse Aufwertung und Beachtung. Spezielle Programme, Publikationen, Radiosendungen und öffentliche Ehrungen gaben ihnen das Gefühl, ernst genommen zu werden. Die menschenverachtende und -vernichtende Ideologie des Regimes hat die breite Masse der Frauen allerdings ebensowenig gestört wie die breite Masse der Männer. Wenn Frauen öffentlich protestierten, was – wie festgestellt – vorgekommen ist, dann gegen ihre geschlechtsspezifische Diskriminierung, nicht jedoch gegen die Greuel des Nazi-Regimes (daß letzteres wohl ihre Liquidation zur Folge gehabt hätte und daher nur im geheimen Widerstand möglich war, muß angemerkt werden).

Wahrscheinlich ist Frauen – aufgrund ihrer gesamten Sozialisation – das Gehorchen noch leichter gefallen als Männern. In den Gerichtsprotokollen der Fürsorgerinnen, die beim Töten »unwerten« Lebens behilflich waren, der Beamtinnen, die an die Angehörigen die sogenannten »Trostbriefe« schrieben und sogar der KZ-Aufseherinnen, die ihre Häftlinge schlugen, quälten und töteten, wird immer wieder beteuert, aus Gehorsam gehandelt, Gesetze befolgt und dem Befehl des »Führers« in der Überzeugung gehorcht zu haben, das Richtige zu tun.

Faschistinnen

Frauen waren aber nicht nur Mitläuferinnen und Befehlsempfängerinnen, viele von ihnen haben diese Ideologie auch vollinhaltlich vertreten. Es gab überzeugte Faschistinnen, die Hitlers Machtübernahme als »eine Hochzeit höchster Begeisterung, die das ganze Volk erfaßt hatte«, begrüßten.[11]

Als erste weibliche Führergestalt gilt die ehemalige Hauswirtschaftslehrerin Elsbeth Zander, die 1923 eine Organisation »Frauenorden Rotes Hakenkreuz« gründete, eine Zeitschrift *Opferdienst der deutschen Frau* herausbrachte und Redetourneen im Dienst von Mutterschaft und Adolf Hitler veranstaltete. 1927 erhielt sie die offizielle Erlaubnis, sich als Führerin aller nationalsozialistischen Frauen zu betrachten.[12]

Eine weitere, etwas bizarre Erscheinung dieser Zeit war Guida Diehl,[13] die bereits 1914 ihre »Neulandbewegung« gründete, aber erst 1930 der nationalsozialistischen Partei beigetreten war. Diehl, die insgesamt 200.000 Anhängerinnen für sich reklamierte, sammelte in ihrem »Neulandhaus« in Eisenach/Sachsen einen konservativen, gebildeten, dem protestantischen Bürgertum angehörenden Frauenkreis um sich, dem zeitweise so bekannte Mitglieder wie die Schriftstellerin Marie Diers, die Reichstagsabgeordnete Margarete Behm, die Politikerin Käthe Schirmacher und die Pädagogin Martha Voss-Zietz angehörten. Auch sie trat ganz im Sinne konservativer, später nationalsozialistischer Ideen für eine strikte Geschlechtertrennung ein, die durch biologische Veranlagung festgelegt und daher »natürlich« sei, was auf die altbekannte einfache Formel gebracht wurde, daß Technik, Logik, Wissenschaft dem männlichen Geschlecht zuzuordnen sind, während Instinkt, Gefühl und Mütterlichkeit als weiblich angesehen werden müssen. Die wichtigste Aufgabe der Frau sieht auch Diehl in ihrer Verantwortung als »Trägerin rassischen Erbgutes«, aber dann kommt gleich an zweiter Stelle ihre Erziehung zur Mütterlichkeit, denn der Mutterschoß ist der »Quell der Volkskraft«, und daher »heilig zu halten«. Wobei die »geistige Mütterlichkeit« als Ersatz jenen Frauen angeboten wird, die keine Kinder geboren hatten:

> »Die berufstätige unverheiratete Frau muß mütterlichen Berufen zugeführt und zur Mutter im Volksganzen werden. Auch geistige Mütter haben Mutterpflichten und Mutterrechte.«[14]

Diehl, die intellektuelle, linke Frauen verabscheute, weiß genau, wo die wahre Bestimmung der Frau zu suchen ist:

> »Im Verlieren ihres Lebens findet sie *sich*, ihre wahre Würde, ihren eigensten Menschen. So ist die Frau als Mutter berufen, der ganzen Menschheit das *eine Grosse* vorzuleben: ›*Wer sein Leben verliert, der wird's finden*‹ ... Sie wird Mutter und damit Vollmensch auf dem Weg der Selbst*verleugnung*, nicht auf dem der Selbst*behauptung*.«[15]

Dieses neue beziehungsweise alte Ideal der Selbstverleugnung bedeutete einen wesentlichen Rückschritt hinter die Ziele der Frauenbewegung des 19. Jahrhunderts, die von den nationalsozialistischen Frauen auch als liberalistisch, individualistisch, »antinational« und »undeutsch« angeprangert wurden. Sie hätten die Frau in den »Kampf gegen die eigenen Volksgenossen« gedrängt, und sie zum Widerstand gegen die »Versklavung durch den Mann« aufgerufen, statt sie über die »noch viel unwürdigere Versklavung des Vaterlandes aufzuklären«. Außerdem, so wurde weiter argumentiert, habe die Frauenbewegung an keinem »deutschen Frauenideal« gearbeitet und sich auch nicht für »völkisches Kulturgut« eingesetzt.

Diese massive Kritik, eingebracht von einer Bertha Braun (biographische Daten fehlen) in ihrem Aufsatz »Die Frauenbewegung am Scheidewege«[16] schafft einen guten Einblick in das ideologische Programm dieser NS-Frauen, das natürlich völlig auf jenes der männlichen Parteikollegen abgestimmt war.

Ähnliche Ansichten vertritt Lydia Gottschewski in ihrer 1934 erschienenen Schrift »Männerbund und Frauenfrage«. Gottschewski war kurze Zeit, nämlich vom April bis August 1933 Reichsleiterin der NS-Frauenschaft und gilt als herausragende Repräsentantin der »neuen«, faschistischen Frauenbewegung. Auch sie betont die Unterschiede zwischen »alter« und »neuer« Frauenbewegung. Das »Ursprungserlebnis« ersterer sei Freiheit und Glück der Einzelpersönlichkeit, während für die »neue« Frauenbewegung Volk und Gemeinschaft den höchsten Stellenwert besitzt.

Eine interessante Gruppe von Faschistinnen ist jene um die Anthropologin und Schriftstellerin Sophie Rogge-Börner, Herausgeberin der seit 1933 erscheinenden Zeitschrift *Die Deutsche Kämpferin*, in der die recht eigenwilligen Ansichten dieser Frauen publiziert wurden. Denn im Gegensatz zu den übrigen Faschistinnen hielten sie nicht am proklamierten Weiblichkeitsbild fest, sondern forderte für die Frauen einen gleichberechtigten Zugang zu »allen Bezirken des Volkslebens«, also auch in höhere berufliche Positionen. Diese bemerkenswerten Ansichten wurden im Jahr 1933 im Rahmen einer Denkschrift an den »Kanzler des Deutschen Reiches, Herrn Adolf Hitler und den Vize-Kanzler Herrn Franz von Papen« geschickt mit der eindringlichen Warnung, den Staat nicht neuerlich als einen »Staat des Mannes« aufzubauen.[17] Zum Vorbild nahmen sich diese Frauen ganz im Sinne nationalsozialistischer Ideologien das Germanentum, in dem Mann und Frau eine »Lebens-, Schaffens- und Kampfgemeinschaft« gebildet hätten,[18] und auf dessen Untergang auch das Ende der Gleichberechtigung zurückzuführen sei. Daß »der unaufhörlichen Mißwirtschaft des Mannes« auch der »nationale und biologische Verfall«, die »furchtbaren sozialen Krämpfe«, die »wachsende Zerstörung der Familie« die »Judenherrschaft« und der Sozialismus angelastet wurde, dürfte den nationalsozialistischen Herren nicht besonders in ihr Konzept gepaßt haben.

> »So liegen auch die letzten Ursachen der Weltkrise nicht im Materialismus oder Überintellektualismus, nicht im Unsegen der Zivilisation, nicht in der Vormacht des Judentums, der Konkurrenz der Maschine, nicht im Irrwahn des Sozialismus, der Demokratie, des Liberalismus – all das ist schon sekundär! Primär aber ist die Überreife der reinen Männerherrschaft, die alle diese Erscheinungen hervorrief«,[19]

schrieb Irmgard Reichenau. Derart scharfe Formulierungen sorgten sicherlich für Mißtöne im geordneten Orchester allgemeiner Gleichschaltung, weshalb *Die deutsche Kämpferin*, die aufgrund ihrer kritischen Äußerungen auch bei der Emigrantenpresse im Ausland starke Beachtung fand, bereits 1937 von der Gestapo verboten wurde. Gleichzeitig damit verliert sich die Spur dieser oppositionellen Faschistinnen, die vielfach dem Akademikerstand angehörten und öffentliche Positionen bekleidet hatten.

Der Beruf der Fürsorgerin wird in den Dienst des Todes gestellt

Vor dem Hintergrund eines faschistischen Weltbildes, das Frauen einerseits aus Führungspositionen ausschloß, sie aber andererseits als Mitarbeiterinnen, Zuträgerinnen, Helferinnen in das Regime einband, ist auch ihre Beteiligung an den Nazi-Greueln zu verstehen, wie sie die Prozesse und Untersuchungen der Nachkriegszeit ans Licht der Öffentlichkeit brachten.

Anhand von bislang zum Teil unveröffentlichten Dokumenten hat Angelika Ebbinghaus besonders die Rolle der Fürsorgerinnen und des Pflegepersonals im Dritten Reich untersucht,[20] und sich dabei um eine Gegenüberstellung von Opfer und Täterinnen bemüht. Sie zeichnet das Bild von Frauen, die zwar meist in untergeordneten Positionen tätig waren, als kleine Rädchen, die das Funktionieren der nationalsozialistischen Vernichtungsindustrie gewährleisteten, die sich aber gleichzeitig durch hohe Arbeitsidentifikation und Pflichterfüllung auszeichneten, und sich auch mit der stereotypen Rede, sie hätten aus Gehorsam und im guten Glauben gehandelt, zu rechtfertigen suchten. Als auffallend beschreibt Ebbinghaus das Bemühen vieler Frauen, ihre Arbeit selbst noch im Dienst des Todes als mütterlich und fürsorglich hinzustellen, sie hätten Mitleid mit den kranken Frauen gehabt, in der Euthanasie eine »Erlösung« gesehen und alles getan, um ihnen einen »guten Tod« zu bereiten. Selbst die Ärztin Herta Oberheuser, die an polnischen Häftlingsfrauen im Konzentrationslager Ravensbrück grauenhafte medizinische Versuche mitorganisiert hatte, betonte 1946 im Nürnberger Ärzteprozeß, daß sie »als Frau in meiner schwierigen Lage alles getan« habe, »was ich tun konnte«.[21]

Daß ausgerechnet der Beruf der Fürsorgerin, der dem Pflegen, Heilen und damit dem Leben verpflichtet ist, von den Nationalsozialisten in einer so zynischen Art und Weise in den Dienst des Tötens gestellt wurde, ist eine der furchtbaren Ironien der Geschichte.

Frauen, die in diesem Bereich tätig waren, oblag die Erfassung und Beurteilung bestimmter Personen, die zur Entmündigung, Sterilisation, Einweisung in »Jugendschutzlager«, Konzentrationslager und sogenannte »Bewahranstalten«, in denen das Euthanasie-Programm praktiziert wurde, führen konnte. Nach dem »Gesetz zur Verhütung erbkranken Nachwuchses« vom 14. Juli 1933 waren die im Sozial- und Gesundheitswesen Tätigen verpflichtet, »genetisch minderwertige« Personen bei den Gesundheitsämtern zu melden. Betroffen davon waren geistig zurückgebliebene Menschen, also »Schwachsinnige«, psychisch Kranke, Menschen, die aus erblichen Gründen blind oder taub waren, an Epilepsie oder Veitstanz litten und körperliche Mißbildungen aufwiesen, zu denen Klumpfuß, Wolfsrachen und Hasenscharten gezählt wurden. Bedroht von Zwangssterilisation waren auch Alkoholiker, Prostituierte und ganz generell Menschen mit abweichendem sexuellen Verhalten, außerdem solche, die wegen »moralischen Schwachsinns« angezeigt wurden. Insgesamt wird die Zahl jener, die von 1934 bis 1945 zwangssterilisiert wurden, auf etwa 360.000 geschätzt.[22]

Die »erbbiologische Erfassung« der Bevölkerung gehörte zum Aufgabenbereich der Gesundheits- und Sozialämter, in denen hauptsächlich Frauen beschäftigt waren. Diese hatten den Auftrag, in die Familien zu gehen und entsprechende Berichte anzufertigen, auf deren Grundlage dann die erbbiologisch »minderwertigen« Familien erfaßt werden konnten. Außerdem hatten sie auch nach eigenem Urteil Sterilisationsvorschläge zu machen.

Ihre Beteiligung am Euthanasie-Programm vollzog sich auf verschiedene Art und Weise, Sie leisteten Beihilfe zur Selektion, waren als Transportbegleiterinnen und Verwaltungsbeamtinnen tätig, hatten aber als Ärztinnen und Krankenschwestern auch direkten Anteil an den Massentötungen. Einen besonderen Schock erlitt die Öffentlichkeit der Nachkriegszeit, nachdem bekannt geworden war, daß Frauen auch bei der »Kindereuthanasie« mitgearbeitet hatten, die 1939 gegründet wurde. Betroffen waren Kinder die an Mongolismus, Mißbildungen und Lähmungen litten, »schwachsinnig« waren, aber auch leichtere Behinderungen aufwiesen. Später wurden sogar jugendliche Kriminelle und sogenannte »Asoziale« umgebracht. Insgesamt werden 30 Tötungsanstalten in Deutschland, Österreich und Polen genannt. Meist wurden die Kinder mit Tabletten und Spritzen getötet, und das daran beteiligte weibliche Pflegepersonal erhielt vom Reichsausschuß in der Regel eine Sonderzuwendung. Die Zahl der getöteten Kinder wird auf 5.000 geschätzt, dürfte aber wahrscheinlich um einiges höher liegen.[23]

Das Euthanasie-Programm, mit dem im Sommer 1939 der Leiter der Kanzlei Hitlers, Bouhler und sein Begleitarzt Dr. Brandt beauftragt worden war, beabsichtigte keinesfalls primär die »Erlösung« schwer kranker oder behinderter Patienten von ihrem Leiden, wie sich die daran beteiligten Frauen vielfach zur Beruhigung ihres Gewissens einredeten, sondern es sollte unproduktive Esser und »Sozialschmarotzer«, die selbst nicht in der Lage waren, ihren Beitrag zum »gesunden Volksganzen« zu leisten, eliminieren. Es erscheint unwahrscheinlich, daß diese Brutalität gegenüber den Schwachen und Hilflosen Frauen nicht bewußt gewesen ist.

Wie Claudia Heyne in ihrem Buch »Täterinnen« ausführt, sind die Frauen auch nicht zu diesen Tätigkeiten gezwungen worden. Allerdings hatten sie bei Verweigerung mit Gehaltseinbußen oder Verlust des

Postens zu rechnen – Alternativen, die so manche Pflegerin auch gewählt hat.[24] Die besonders schwierige wirtschaftliche Lage vieler Frauen, denen ein breites Berufsangebot verwehrt blieb, und die häufig noch Familienmitglieder zu versorgen hatten, muß in diesem Zusammenhang erwähnt werden, wenn sie auch nicht als Entschuldigung dienen kann.

Wieviele Ärztinnen und Krankenschwestern an den Massentötungen im Rahmen des Euthanasie-Programms beteiligt waren beziehungsweise eigenhändig töteten, ist nicht bekannt, weil nur ein kleiner Teil des dafür zuständigen Personenkreises angezeigt wurde.[25]

Ausführlich untersucht und dokumentiert sind beispielsweise die Verbrechen des Pflegepersonals in der Anstalt Hadamar, wo bereits in der ersten Mordphase bis 1941 mehr als 10.000 Menschen umkamen.[26] Aber auch nach 1941 wurden hier Tausende, die zum Teil gar keine psychiatrische Diagnose hatten – wie etwa TBC-kranke Zwangsarbeiter aus Polen oder der Sowjetunion – von Ärzten und Pflegern, wie auch von Krankenschwestern und Ärztinnen getötet. Angeklagt war hier etwa die Krankenschwester Pauline Kneissler, die in einer eidesstattlichen Erklärung vom 6. November 1945 versicherte, seit dem Jahre 1940 in den Krankenanstalten Hadamar, Grafenek und Kaufbeuren »auf Anweisung des Innenministeriums Tausende von geisteskranken Deutschen und Ausländern zu Tode gebracht« zu haben.[27] Sie gab an, in dieser Hinsicht kein schlechtes Gewissen zu haben, berief sich auf ihre Gehorsamspflicht und war darüber hinaus überzeugt, »daß das Leben für viele nichts mehr bedeutete und daß der Tod für sie eine Erlösung sei«. Eine ähnliche Einstellung vertrat Edith Korsch, die in mindestens 20 Fällen des Mordes schuldig gesprochen wurde, und von einer »Erlösung« der Kranken sprach, hingegen Minna Zachow sich auf das Gesetz berief:

> »... es war für mich ein Gesetz des Führers und ich war an Gehorsam gewöhnt. Innerlich habe ich mir keine Vorwürfe gemacht ... Ich habe mir über die Sache wenig Gedanken gemacht, ich dachte, ich muß gehorchen.«[28]

Ausführliche Angaben existieren auch über die Verbrechen im Lager Meseritz-Obrawalde in Pommern, die in einem Prozeß im Jahre 1965 in München abgeurteilt wurden.[29] Danach kamen hier allein in der zweiten Phase des Euthanasie-Programms nach Schätzungen etwa 18.000 Menschen zu Tode. Die Oberärztin Dr. Hilde Wernicke war für die Selektion der für die Tötung bestimmten Kranken zuständig, die Oberpflegerin Helene Wieczorek assistierte bei mindestens 100 Tötungen und tötete später auch selbst. Die Hauptangeklagte, Luise Erdmann war in mindestens 120 Fällen an Tötungen beteiligt und tötete zwei Drittel selbst.

Außerdem wurden weitere sieben Frauen der Beihilfe zu Mord (zweimal in je 150 Fällen, dann je einmal in 100 Fällen, 20 Fällen, 35 Fällen, 3 Fällen und 2 Fällen) und des Mordes (in 50 Fällen, 10 Fällen, dreimal in je drei Fällen und zweimal in je einem Fall) schuldig gesprochen. Alle beriefen sich auf ihre »Pflicht« oder auf die These von der »Erlösung«. Lediglich die stellvertretende Stationspflegerin Berta Koslowski bekannte sich zu einem Unrecht und beging Selbstmord. Hunderte von Menschen wurden auch in Klagenfurt ermordet. Hier fällte das Volksgericht Graz in seinem Urteil vom 3. April 1946 vier Todesurteile, unter anderen gegen die Oberschwestern Antonie Pachner und Ottilie Schellander. Weitere Urteile verkündeten Zeitstrafen.[30]

Dieses Heer von Krankenschwestern und Fürsorgerinnen, die in den meisten Fällen gar nicht angezeigt wurden, waren keine Bestien, keine abartig veranlagten Persönlichkeiten, sondern ganz »normale« Frauen, die aus Pflichtbewußtsein und Gehorsam handelten und sich einredeten, Kranke von ihren Qualen zu befreien. Daß diese »Erlösung« eine verordnete war und kaum je dem Wunsch eines/er Patienten/in entsprach, störte sie dabei nicht.

Und genau diese »Normalität« ist auch das eigentlich Erschreckende daran! Es ist erschreckend, sich klar zu machen, wie schnell das Gewissen eines Menschen eingeschläfert werden kann, wie rasch er/sie sich zu Verbrechen bis hin zum Mord überreden läßt.

Von KZ-Aufseherinnen wurde mehr Menschlichkeit erwartet

Ungeschminkter und unverschleierter treten uns die Verbrechen der KZ-Aufseherinnen entgegen, die so sehr jeder Vorstellung von »Weiblichkeit« widersprechen, daß nicht nur Frauen, sondern auch Männer Schwierigkeiten hatten, sie zur Kenntnis zu nehmen. Denn daß Männer morden, foltern, quälen ist ein bekanntes Faktum quer durch die Geschichte, das als bedauernswert und empörend, im Grunde aber als unabänderlich akzeptiert wird. Daß Frauen unter bestimmten Bedingungen imstande sind, ähnliches zu tun, wirkt in einem viel größeren Ausmaß verstörend. Wenn Frauen nicht mehr als »bessere Menschen« betrachtet werden können und gleichzeitig damit als Projektionsfläche für das »Gute«, das dem »Bösen« (häufig identifiziert mit Mann) ein notwendiges Gegengewicht bietet, so löst dies Ängste aus. Hier liegen meiner Ansicht nach die tieferen Wurzeln für den großen Aufschrei, der regelmäßig nach Aufdeckung weiblicher Brutalität erfolgt. Werden Frauen doch in diesem Fall ungleich stärker als gesellschaftsgefährdend empfunden als Männer, deren Aggressivität in gewisser Weise als »normal« betrachtet wird. (Daß brutale Frauen die allgemeinen Moralvorstellungen stärker verletzen als brutale Männer birgt die Gefahr eines Freibriefs für männliche Aggressivität und weibliche, passive Duldung.) Wenn also in dem sogenannten »Majdanek-Prozeß« der Jahre 1975–1982 der für die Frauen zuständige Staatsanwalt Dieter Ambach verwundert feststellt, daß sich in den letzten drei bis vier Jahren der Prozeß zu 90 Prozent auf die beiden angeklagten Frauen Hermine Ryan-Braunsteiner und Hildegard Lärchert konzentrierte,[31] so sind die Gründe wohl in diesen Zusammenhängen zu suchen. Darauf lassen auch Äußerungen von Lagerhäftlingen schließen, die sich sehr bestürzt darüber zeigten, daß eine so schöne Frau wie die Kommandantin des Frauenteils, Elsa Ehrich, derartiger Brutalitäten fähig sei. Vor allem weibliche Häftlinge meinten auch häufig, daß sie sich wenigstens von Geschlechtsgenossinnen ein Minimum an Menschlichkeit erhofft hätten.[32]

Angeklagt in diesem Prozeß am Düsseldorfer Landesgericht waren neun Männer und sechs Frauen aus dem ehemaligen Kommandanturstab des Konzentrationslagers Majdanek in Polen. (Insgesamt befanden sich nach Angabe des Staatsanwaltes in dem Lager 18 SS-Frauen, und »Hunderte von SS-Männern«[33]

Die Frauen arbeiteten in einer gesonderten Abteilung, in der weibliche Häftlinge und Kinder untergebracht waren. Trotz einer ursprünglich schweren Anklage (Lärchert und Braunsteiner wurden Mord und Beihilfe zu Mord an jeweils zwischen 1.000 und 2.000 Menschen angelastet) fiel das Urteil nach sieben Jahren Prozeßdauer aufgrund von Verjährung und damit verbundenen Gedächtnislücken noch lebender Zeugen sensationell milde aus: Drei Aufseherinnen wurden überhaupt freigesprochen, und Hildegard Lärchert, die laut Anklage Kinder geschlagen und gefoltert, Häftlinge mit ihren eisenbeschlagenen Stiefeln und einer durch Eisenstücke an den Spitzen verstärkten Peitsche zu Tode gequält und einen Schäferhund auf eine schwangere Polin gehetzt haben soll, kam mit 12 Jahren Gefängnis davon. Lediglich Hermine Ryan Braunsteiner wurde – wegen erwiesenen gemeinschaftlichen Mordes in zwei Fällen, ihrer Beteiligung am Abtransport von etwa 100 Kindern und einigen Müttern sowie wegen Beteiligung an der Selektion von mindestens achtzig jüdischen Frauen zur Gaskammer – zu lebenslanger Haft verurteilt.[34] Die sechste Angeklagte war inzwischen verstorben und die Lagerkommandantin Elsa Ehrich bereits 1948 von einem polnischen Kriegsgericht zum Tode verurteilt worden.

Ehemalige Gefangene berichteten auch von Aufseherinnen, die sich von Brutalitäten ferngehalten, von bestimmten Einsätzen gedrückt, hartes Durchgreifen lediglich simuliert und Maßnahmen, die andere eingeleitet haben, wieder aufgehoben hätten.[35]

Interessant ist das aus der Lebensgeschichte und dem Verhalten während des Prozesses sich ergebende Persönlichkeitsprofil dieser zwei Frauen. Beide stammen aus ärmlichen Verhältnissen und hatten keinen richtigen Beruf erlernt, beiden wird also wohl die Möglichkeit eines guten Verdienstes vorläufig einmal als große Chance erschienen sein. So wie fast alle übrigen Lagerangestellten traten sie die Stelle eher unvorbereitet und schlecht informiert an, fügten sich allerdings schnell ins Lagerleben und waren bald bei den Häftlingen als besonders grausam und brutal verhaßt. Braunsteiner stieg innerhalb kürzester Zeit sogar zur Stellvertreterin der Oberaufseherin Elsa Ehrich auf, während Lärchert in den unteren Rängen verblieb. Bemerkenswert ist auch das normale, durchaus unauffällige Leben, das beide nach dem Zusammenbruch des Dritten Reichs führten. Braunsteiner nach dreijähriger Haftstrafe als brave Ehe- und Hausfrau des Amerikaners Russel Ryan, den sie Mitte der fünfziger Jahre in Österreich kennengelernt hatte und dem sie in die USA nachgefolgt war. Und Lärchert nach zehnjähriger Haftstrafe in polnischen Gefängnissen als Arbeiterin und Putzfrau. Von der Gerichtsreporterin Müller-Münch wird auch beiden ein unscheinbares, eher gutmütiges Aussehen bescheinigt. Lärchert, von den Häftlingen im Lager »blutige Brygida« genannt, habe wie eine »freundliche ältere Dame« ausgesehen, eine »eher gutmütig wirkende ältliche Frau, die beim geringsten Anlaß in Tränen ausbrechen konnte« und »ein durch und durch angepaßtes, kleinbürgerliches Leben führte«.[36] Braunsteiner hingegen wird als »beliebte Hausfrau aus Queens« beschrieben, »über die Nachbarn gesagt hatten, sie sei eine ›nice lady‹und eine ›charming person‹«.[37] Ein einziges Detail scheint dem hausbackenen Auftreten einer dieser Frauen, die bestialisch und sadistisch mordeten, doch noch so etwas wie eine gewisse Dramatik zu verleihen: In den letzten Jahren des Prozesses litt Hildegard Lärchert an einer unerklärbaren Hautkrankheit, bei der sich die Haut handtellergroß von ihrem Körper löste und aus offenen Wunden Eiter und Blut herausquoll. Diese Krankheit verschlechterte sich zusehends, bis bei Prozeßende ihr ganzer Körper von eitrigen Schwären bedeckt war, und sie zu den Sitzungen häufig von oben bis unten in Mullbänder eingewickelt kam – schauderhafter Ausdruck eines Menschen, der zu viel verdrängt und nichts aufgearbeitet hat, und jetzt von innen her zerfressen wurde.

Natürlich haben auch in den anderen Konzentrationslagern Frauen gearbeitet. Im Frauenkonzentrationslager Ravensbrück sollen allein in der

Zeit vom November 1942 bis April 1945 3.500 Aufseherinnen ausgebildet worden sein.[38] Sie haben sich – mit wenigen Ausnahmen – derselben brutalen Methoden bedient wie Männer. Zu den etwas freundlicheren Personen gehörte Hermine Böttcher, liebevoll »Perelka«, das Perlchen, oder »Myska«, Mäuschen genannt, die Ende 1943 im Alter von 24 Jahren von Ravensbrück nach Majdanek versetzt worden war. Sie hatte sich durch fehlenden Sadismus, relativ seltenen Gebrauch der Peitsche und Spuren von Menschlichkeit ausgezeichnet, was ihr bei den Häftlingen eine gewisse Beliebtheit einbrachte und schließlich zu einem Freispruch geführt hatte.[39]

In Ravensbrück arbeitete auch die Ärztin Herta Oberheuser, die sich als einzige Frau zusammen mit 23 Männern im Nürnberger Ärzteprozeß 1947 vor Gericht verantworten mußte. Sie hatte sich freiwillig für diesen Posten, und damit die Beteiligung an Menschenversuchen gemeldet, und soll sich bei Durchführung dieser Versuche durch eine besondere Eiseskälte und Korrektheit ausgezeichnet haben. Die Versuchspersonen, die sie »unsere Meerschweinchen« nannte, wurden zuerst künstlich verwundet und anschließend mit Sulfonamiden behandelt oder auch unter kriegschirurgischen Bedingungen operiert. Diese qualvollen Versuche, die auffallend häufig an jungen Frauen aus der polnischen Widerstandsbewegung praktiziert wurden, sollten Kenntnisse darüber verschaffen, wie die verwundeten deutschen Soldaten nach dem »Endsieg« wieder in das Berufsleben eingegliedert werden könnten. Waren die Versuche nicht »erfolgreich«, das heißt, konnten sich die Personen nach erfolgtem Eingriff nicht mehr erholen, wurden sie mit Evipan- oder Benzolspritzen getötet.

Oberheuser wählte die Versuchskandidatinnen aus, assistierte bei den Eingriffen und überwachte die Nachversorgung. Nach Zeugenaussagen hat sie dabei besonders mit schmerzstillenden Mitteln gespart, um die Schmerzempfindung besser beobachten zu können. Außerdem tötete sie mehrere Personen mittels Benzininjektionen, die einen besonders qualvollen Tod verursachen. In führender Position war sie trotzdem nicht tätig, und wollte das offenbar auch nicht. Im Verlauf des Prozesses wurde deutlich, daß ihr der Dienst am Mann eine Selbstverständlichkeit war, und daß sie sich stets bemüht hatte, diesen Diensteifer besonders unter Beweis zu stellen. Auch Ehrungen und Beförderungen, wie sie ihren männlichen Kollegen zuteil wurden, blieben ihr versagt.

Das Urteil im Prozeß von 1947 lautete auf 20 Jahre Gefängnis, doch wurde sie wegen »guter Führung« frühzeitig aus der Haft entlassen. Kurz darauf eröffnete sie in Stocksee in Holstein eine Ärztepraxis, die sie jedoch infolge von Protesten in der Bevölkerung bald wieder schließen mußte.[40]

Was können Frauen nun am Beispiel dieser Mittäterinnen, also jener Frauen, die sich willig männlichen Ideologien, männlicher Moral und männlichen Wertvorstellungen anpaßten, lernen? Vor allem eines: daß sich das nicht lohnt, und in der gesamten Geschichte des Patriarchats noch nie gelohnt hat. Frauen haben dieses System nicht geschaffen, sie sind nicht die Konstrukteurinnen einer ungerechten, zerstörerischen, kriegerischen Gesellschaft. Und trotzdem haben sie als Mitarbeiterinnen das System immer mitgetragen, und sie hatten auch lange Zeit als Unmündige und Unterdrückte nicht die Möglichkeit, tragfähige Alternativen zu schaffen. Jetzt, am Ende des 20. Jahrhunderts und nach über 100 Jahren Frauenkampf gelingt es immer besser, konstruktive Programme, Gegenstrategien und Utopien auszuarbeiten, die dieses patriarchale System in Frage stellen. Utopien sind notwendig als geistige Nahrung und Inspiration. Es ist an der Zeit, daß Frauen ihre Zu- und Mitarbeit für ein System, das ihre eigenen Bedürfnisse so wenig berücksichtigt, aufkündigen und an eigenen Konzepten arbeiten. Was in zunehmendem Maße ja auch geschieht. Konzepte, die den Gleichberechtigungsanspruch nicht nur im Munde führen, sondern auch die Möglichkeit bieten, danach zu leben. Denn die Gleichberechtigung der Geschlechter – das wurde bereits mehrmals gesagt – ist eine der grundlegenden Voraussetzungen für ein gleichberechtigtes Zusammenleben von Rassen, Ethnien und Klassen. Und vielleicht sollten wir uns auch gar nicht so sehr den Kopf darüber zerbrechen, ob Frauen bessere, friedliebendere Menschen sind. Einigen wir uns auf die Formel, daß sie weder besser noch friedliebender, aber benachteiligt sind. Und daß ihre Benachteiligung und Ausbeutung – und in der Folge die Benachteiligung und Ausbeutung anderer Menschen – Verhältnisse schaffen, die dieses System mit all seinen Auswüchsen ermöglichen. Wenn sich Frauen diesen Auswüchsen nicht mit jenen Mitteln, die ihnen individuell zur Verfügung stehen, zunehmend den Kriegen, der Naturzerstörung, vor allem aber der eigenen Ausbeutung verweigern, werden sie kommende Generationen genauso schuldig sprechen, wie wir es jetzt mit Geschlechtsgenossinnen vergangener Generationen tun.

8 Vergewaltigung und Prostitution als kriegsfördernde Mittel

Vergewaltigung ist Teil des Kriegsalltags! Die Frau als Opfer – Beute steht dem Sieger zu – sie ist der Lohn für Strapazen und harten Kampf, an ihrer Erniedrigung und Demütigung baut sich das männliche Selbstbewußtsein auf, ihr schutzloser Körper ist dazu da, Rache zu nehmen, den Triumph auszukosten, entschädigt zu werden für erlittene, eigene Schmach. Vergewaltigung ist, wie wir wissen, nicht nur eine »normale« Begleiterscheinung des Krieges, sondern ebenfalls, wenngleich nicht ganz so brutal und massenhaft, in Friedenszeiten anzutreffen. Wäre dem nicht so, würde auch in Kriegen die diesbezügliche Hemmschwelle nicht so leicht und problemlos überschritten werden.

Diese Realität, mit der wir in allen vergangenen und gegenwärtigen Kriegen konfrontiert sind, steht in einem krassen Gegensatz zum sogenannten IV. Haager Abkommen aus dem Jahr 1907, in dem es unter anderem heißt, daß die »meuchlerische Tötung oder Verwundung von Angehörigen des feindlichen Volkes oder Heeres« verboten, und »die Ehre und die Rechte der Familie, das Leben der Bürger und das Privateigentum sowie die religiösen Überzeugungen zu achten« seien.

Nach den zwei Weltkriegen, in denen sich bekanntlich keine der Kriegsparteien daran hielt, wurden im August 1949 mit den vier »Genfer Rotkreuzabkommen« diese Bestimmungen erweitert und vertieft. »Die Frauen«, heißt es hier unter anderem, »werden besonders vor jedem Angriff auf ihre Ehre und namentlich vor Vergewaltigung, Nötigung zur gewerbsmäßigen Unzucht und jede unzüchtigen Handlung geschützt«. Schließlich wurde im Juni 1977 neuerlich das humanitäre Völkerrecht an die veränderte Kriegstechnik und die veränderten Formen der Kriegführung im Guerillakrieg angepaßt, wobei noch einmal »grundlegend« garantiert wird, daß Folter jeder Art, entwürdigende und erniedrigende Behandlung, Vergewaltigung, Nötigung zur Prostitution und unzüchtige Handlungen jeder Art verboten sind.[1] Diese Regeln des humanitären Völkerrechts wurden in allen Kriegen davor und danach verletzt, weil sie der dem Krieg immanenten Logik widersprechen, die an einer Schwächung und Demütigung des Gegners mit allen Mitteln, und einer Stärkung und Bestätigung der eigenen Soldaten interessiert ist.

Susan Brownmiller hat in ihrem inzwischen klassischen Werk über Vergewaltigung nachgewiesen, wie sehr die Schändung von Frauen in Kriegen zu allen Zeiten als ein Mittel eingesetzt wurde, um einerseits

Soldaten für ihren Einsatz zu belohnen, andererseits aber auch, den Gegner zu entehren und zur Zerstörung der gegnerischen Kultur beizutragen. Am Beispiel einer der wenigen, detailliert beschriebenen historischen Vergewaltigungen in Kriegszeiten, die uns von einem Zeitzeugen überliefert sind – sie fanden während der grausamen Niederschlagung der schottischen Klans durch König Georg II. im Jahr 1746 statt – stellt sie fest, daß auch schon damals ähnliche Methoden angewendet wurden, um ähnliche Ziele zu erreichen: Frauen wurden wahllos, gleichgültig, ob es sich dabei um Schwangere, junge Mädchen oder Behinderte handelte, von den Siegern vergewaltigt, wobei die Männer häufig zusehen mußten, um dann vor den Augen ihrer Frauen erschossen zu werden. Der Zeitzeuge Laird von Glenmoriston berichtet außerdem, die Frauen hätten anschließend geschworen, mit ihren Männern neun Monate nicht mehr zu schlafen. Brownmiller vermutet, daß dieser Entschluß nicht so ganz freiwillig gewesen sei. Abscheu der Männer vor ihren geschändeten Frauen erscheint wahrscheinlicher.[2] Fast 200 Jahre, also bis zum Ersten Weltkrieg, haben dann nach Brownmiller die Quellen geschwiegen. Vergewaltigung erschien nicht interessant und spektakulär genug, um dokumentiert zu werden, sie bedeutete vielmehr Schande und Schmach, die besser verschwiegen wurde. Das spezielle Leid von Frauen hat die patriarchale Geschichtsschreibung stets wenig interessiert.

So wie Vergewaltigung vom Sieger als Lohn für die erlittenen Strapazen beansprucht wird, soll Prostitution die Soldaten bei Laune und wehrfähig halten.

Als die Amerikaner in den sechziger Jahren ihre Militärbordelle in Vietnam errichteten – wobei sie lediglich auf eine, bereits von den Franzosen geschaffene, diesbezügliche Infrastruktur zurückgreifen mußten –, die Deutschen im Zweiten Weltkrieg für Angehörige der Wehrmacht ebenso wie für das KZ-Lagerpersonal und die KZ-Häftlinge ähnliches unternahmen und schließlich im ehemaligen Jugoslawien regelrechte Vergewaltigungslager eingerichtet wurden, ging es in erster Linie darum, Frust und Langeweile der Soldaten zu bekämpfen und für ihr »Vergnügen« zu sorgen.

In den sogenannten »Rest and Recreation (R & R) Center« die nach Saigoner Muster auch in Thailand und auf den Philippinen entstanden, wo sich wichtige Truppenstützpunkte der USA befanden, gehörten Frauen zum unverzichtbaren Bestandteil eines allgemeinen Entspannungs- und Erholungsprogramms der Soldaten. Und weil der Vietnam-Krieg als besonders sinnlos erfahren wurde, war das Bedürfnis nach Zerstreuung und Ablenkung auch besonders groß. Mit den etwa 40.000 US-

Soldaten die ständig in Thailand stationiert waren, entwickelte sich Bangkok zum führenden R & R-Zentrum. Während des Vietnam-Krieges stammten die Einnahmen der Stadt bis zu 25 Prozent von den amerikanischen Soldaten, die hier ihren Kriegsurlaub verbrachten. Die *Far Eastern Economic Review* schätzte die Lage richtig ein, wenn hier die Frage gestellt wurde, ob die »US Intervention in Indochina solange gedauert hätte, wäre nicht jedem Soldaten selbstverständlich seine exotische weibliche Beute und Trösterin zuteil geworden«.[3]

Frauen, in Kriegen ohnedies die eigentlichen Opfer, müssen mit ihren geschundenen Körpern auch noch dazu beitragen, daß Kriege ausgedehnt und die Kampfmoral der Truppe gestärkt wird.

Der propagandistische Nutzwert von Vergewaltigung

Als die Massenvergewaltigungen im ehemaligen Jugoslawien publik wurden, sprach eine empörte Öffentlichkeit über ein besonderes, quasi einmaliges schockierendes Ereignis. Aber dieses Ereignis ist weder besonders, noch in seiner unsäglichen Brutalität einmalig, sondern es hat sich in allen Kriegen gleichermaßen wiederholt. Als ungewöhnlich erscheint hier einzig das relativ breite Medieninteresse, und dieses ist das Ergebnis einerseits einer gewissen, durch die Aufklärungsarbeit der Frauenbewegung hervorgerufenen Bewußtseinsveränderung und andererseits ökonomischer Interessen am Medienmarkt. Als Drittes kommt die Bereitschaft kriegführender Staaten hinzu, Frauenschändung als propagandistisches Mittel einzusetzen. Sie macht sich gut, wenn »mann« den Gegner bloßstellen will.

Der propagandistische Nutzwert von Vergewaltigung wurde so eigentlich im Ersten Weltkrieg entdeckt, als sich eine von Experten ausgeklügelte Propaganda zur neuen Art der Kriegführung entwickelte. Die Vergewaltigungen der Deutschen bei ihrem Einmarsch in Belgien im August 1914 wurden ebenso ausgeschlachtet wie jene bei der Eroberung Frankreichs. Und weil die Alliierten hier wesentlich geschickter agierten als die Deutschen, wurde Vergewaltigung in den Augen der Weltöffentlichkeit in Kürze zu einem typisch deutschen Verbrechen. Vergewaltigung, primär ein Verbrechen an Frauen, eine Verletzung ihres Körpers, ihrer Würde, ihrer seelisch-geistig-körperlichen Integrität, wird damit ein Verbrechen an der Nation, am Staat, und damit am eigentlichen Vertreter dieses Staates, nämlich am Mann. Männer mußten nicht nur mit »ihrer« Scham fertig werden, »ihre« Frauen zu wenig geschützt zu haben, sondern auch mit »ihrem« Zorn, »ihrer« Empörung, und »ihrer« Wut! Nach der Scham, der Wut und der Empörung von Frauen als den eigentlichen Opfern wurde wenig gefragt. Ein gutes Beispiel dafür bietet das Buch des Geistlichen Newell Dwight Hillis aus Brooklyn, das 1918 in England, Amerika und Kanada erschien, und sich unter dem Titel »German Atrocities; Their Nature and Philosophy« (Deutsche Kriegsgreuel; Ihre Natur und Philosophie) ausführlich den Leiden der Ehemänner vergewaltigter Frauen und ihrer damit im Zusammenhang stehenden abnehmenden Kampfmoral widmet, während das Leiden der Frauen eher aus dem Blickwinkel seiner propagandistischen Verwertbarkeit Beachtung findet. So etwa wird die Klage eines französischen Soldaten über die Vergewaltigung seiner jungen Frau und kleinen Tochter mit dem Aufruf nach einer bedingungslosen Kapitulation verbunden, und die Beschreibung eines Mädchens, das nach einer Vergewaltigung durch die Deutschen wahnsinnig geworden ist, schließt mit folgender Feststellung:

> Da »blitzen die Augen der alliierten Soldaten vor Zorn, wenn man einen Verhandlungsfrieden oder einen Frieden ohne Sieg auch nur erwähnt«.[4]

Vergewaltigung wird also hier als kriegstreibendes und kriegsförderndes Mittel eingesetzt, das die Kampfbereitschaft anheizen soll.

Ebenso schnell – wie die Auswertung von Vergewaltigung zu Propagandazwecken – fand nach dem Krieg die Konstruktion eines Gegenbildes statt, in dem von »Greuelpropaganda« gesprochen und die Tatsache der Vergewaltigung überhaupt abgestritten wurde. In der Untersuchung der *Yale University Press* aus dem Jahre 1941 etwa werden die französischen Berichte über Vergewaltigung als Übertreibung, und die wenigen, zitierten Zeugenaussagen als unglaubwürdig abgetan.[5] Es wurde also wieder auf die eigentliche, in Friedens- wie in Kriegszeiten übliche Haltung eingeschwenkt, die besagt, daß Vergewaltigung, wiewohl ein Vergehen, so doch keiner besonderen Aufmerksamkeit bedarf. Weil das »Nehmen« von Frauen in einem patriarchalen Kulturverständnis zur »Normalität« gehört, wird die damit verbundene graduelle Gewalt im historischen Kontext selten erwähnt. Das ist einer der Gründe, warum wir über wenig diesbezügliche Berichte verfügen. Ein weiterer ist darin zu suchen, daß die Schändung der Frau stets ihr selbst zur Schuld gemacht wurde, daß sie also nicht nur an dem ihr zugefügten Trauma zu tragen hat, sondern gleichzeitig auch noch an der »Schande«. Die solcherart »entehrten« Opfer haben natürlich wenig Interesse daran, ihre »Schmach« öffentlich zu machen.

Die Methode, Frauen für das, was ihnen angetan wird, auch noch schuldig zu sprechen, während die eigentlichen Täter ungeschoren davonkommen, ist in allen patriarchalen Gesellschaften anzutreffen. (So etwa sind die gegenwärtigen Gesetze gegen Frauenhandel und Prostitution primär gegen die eigentlichen Opfer, nämlich die Frauen gerichtet, hingegen die Frauenhändler, Schlepper, Zuhälter und Vergewaltiger, die das große Geld kassieren, entweder straffrei bleiben, weil die Justiz ihrer nicht habhaft werden kann, oder aber mit relativ milden Strafen rechnen können.)

Während Vergewaltigungen im Ersten Weltkrieg vor allem als Propagandamittel eingesetzt wurden und die eigentlichen Fakten nur noch schwer zu eruieren sind, liegen für den Zweiten Weltkrieg bereits seriösere Berichte vor. Vergewaltigungen der Deutschen kamen schon während der Nürnberger Prozesse zur Sprache und später im Zusammenhang mit der historischen Aufarbeitung des Faschismus. Auch die Vergewaltigungen der Roten Armee wurden teilweise dokumentiert, zuletzt in dem Film von Helke Sander »Befreier und Befreite: Krieg, Vergewaltigungen, Kinder« (1992). Wobei die Konzentration auf Deutsche und Sowjets neuerlich den Eindruck vermittelt, als handle es sich dabei um ein Verbrechen, das spezifisch sei für bestimmte Nationen und nicht generell für eine patriarchale Kultur.

Die Massenvergewaltigungen in Nanking

In dem Kriegsverbrecherprozeß des Jahres 1946 in Tokio wurden dann auch die Japaner für die schrecklichen Vergewaltigungen während des japanisch-chinesischen Krieges 1937 in Nanking zur Verantwortung gezogen. Auch hier war die Öffentlichkeit bis dato weitgehend uninformiert geblieben, weil das Ausmaß der Tragödie von internationalen Reportern heruntergespielt worden war. Zwar legte bereits im Juni 1938 ein »Internationales Hilfskomitee« von Nanking, das von Missionaren in der eingenommenen Stadt gebildet worden war, einen detaillierten, über sechzig Seiten umfassenden Bericht vor, in dem nicht nur Verletzungen und Morde an der chinesischen Zivilbevölkerung angegeben werden, sondern auch Verluste an Lasttieren und Erntebeständen. Der Tatbestand »Vergewaltigung« hingegen wird lediglich in einem Nebensatz erwähnt. Erst während des Prozesses in Tokio wurden nähere Einzelheiten bekannt, wobei wiederum Missionare als Hauptzeugen vernommen wurden – die eigentlich Betroffenen, nämlich die vergewaltigten Frauen, waren nicht geladen. Die Greueltaten der Japaner unterschieden sich dabei in nichts von jenen, die vorher und nachher in den verschiedensten Kriegen begangen wurden. Da werden Frauen und zum Teil minderjährige oder ganz kleine Mädchen massenhaft vergewaltigt, anschließend gefoltert und getötet. Da werden Müttern im Beisein ihrer Kinder nach der Vergewaltigung Stöcke in die Vagina gerammt oder Gras in das Geschlecht gestopft, die Brüste zerstochen und der Kopf abgeschnitten. Wenn die Kinder weinen oder schreien, werden sie ebenfalls – oft auf bestialische Art und Weise – getötet. Da werden Väter gezwungen, ihre eigenen Töchter zu vergewaltigen und Ehemänner gezwungen, bei der Vergewaltigung ihrer Frauen zuzusehen.[6] Die Einzelheiten sind so grauenhaft, daß das Entsetzen die Sprache verschlägt: »Noch nie habe ich von solcher Brutalität gehört oder gelesen«, schrieb der amerikanische Missionar James McCallum in sein Tagebuch.

> »Vergewaltigung! Vergewaltigung! Vergewaltigung! Unserer Schätzung nach gibt es allnächtlich mindestens tausend Fälle, und tagsüber auch sehr viele. Wenn Widerstand geleistet wird ... Bajonett oder Kugel. Wir könnten täglich Hunderte von Fällen schriftlich festhalten.«

Die Beweislage war so erdrückend, daß sich das Militärgericht in Tokio auf die abschließende Feststellung einigte, daß

> »Im ersten Monat der Besetzung der Stadt ... ungefähr zwanzigtausend Fälle von Vergewaltigungen vorgekommen« sind. »Der geringste Widerstand des Opfers oder eines Angehörigen, der die angegriffene Frau beschützen wollte, wurde häufig mit dem Tode bestraft. Überall in der Stadt wurden massenweise auch ganz junge Mädchen und alte Frauen vergewaltigt; viele Fälle von Vergewaltigung waren von abnormen und sadistischen Handlungen begleitet. Viele Frauen wurden nach der Tat getötet und verstümmelt ...«[7]

Vergewaltigung ist nicht spezifisch für bestimmte Nationen, sondern für eine patriarchale Kultur

Relativ ausführlich dokumentiert sind auch Vergewaltigung und (Militär-)Prostitution der Deutschen im Zweiten Weltkrieg. Die doppelte patriarchale Moral, die Prostitution stets einerseits verteufelt, andererseits aber auch gefördert hat, wird hier besonders deutlich. Denn obwohl Prostitution als »Verjudung unseres Seelenlebens« verfolgt und geächtet war, wurde sie gleichzeitig in speziellen Bordellen mit Amüsierbetrieb für die sexuelle Versorgung der Militärs und der SS unterstützt. Sogar in den KZs mußten extra zu diesem Zweck herausgefütterte

Frauen nicht nur dem Lagerpersonal, sondern auch den Häftlingen als »Antriebsmittel für höhere Leistungen« zu Verfügung stehen. Die Frauen, die aus dem Frauenlager Ravensbrück selektiert wurden, sollen sich in der Hoffnung, damit ein etwas besseres Dasein einzutauschen, regelrecht um diesen »Job« gestritten haben. Zurück kamen sie allerdings »als Wracks«, wie eine österreichische ehemalige politische Gefangene aus Ravensbrück berichtet. Viele von ihnen wurden für medizinische Experimente mißbraucht oder kamen überhaupt in die Vernichtungslager.[8]

Eine ähnliche Doppelmoral zeigte sich bei Vergewaltigungen. Die Vergewaltigung einer Jüdin beispielsweise galt nach den Nürnberger Rassengesetzen von 1935 als »Rassenschande« und war daher verboten, andererseits jedoch wurden Jüdinnen ebenso wie Zigeunerinnen, Polinnen oder weitere Angehörige »minderwertiger« Rassen massenhaft vergewaltigt, wie wir aus zahlreichen Dokumentarberichten wissen.[9] Besonders eindringliche ZeugInnen-Aussagen sind hier über Massenvergewaltigungen im Warschauer Ghetto bekannt. Ebenso gibt es Berichte der Sowjets über Vergewaltigungen während des deutschen Vormarsches nach Osten. Beschlagnahmte deutsche Dokumente, die 1946 bei den Nürnberger Prozessen vorgelegt wurden, liefern darüber hinaus den Beweis, daß systematisch vergewaltigt wurde, um Terror zu verbreiten und die Bevölkerung zu verunsichern.[10] In Smolensk richtete die deutsche Heeresführung außerdem ein Bordell für Offiziere ein, in dem hunderte Mädchen zur Prostitution gezwungen wurden. Die gewöhnlichen Soldaten hingegen suchten sich ihre Opfer in der Stadt.[11] Ein russischer Diplomat berichtet über Frauen und Mädchen in und um Smolensk, die vor den Augen ihrer Angehörigen vergewaltigt und verhöhnt wurden. Weiter schreibt er:

> »In der Nähe von Borissow in Weißrußland versuchten fünfundsiebzig Frauen und Mädchen bei der Annäherung deutscher Truppen zu fliehen, fielen ihnen aber in die Hände. Sechsunddreißig Frauen wurden vergewaltigt und grausam ermordet. Auf Befehl eines deutschen Offiziers namens Hummer schleppten Soldaten die sechzehnjährige L. I. Melschukowa in den Wald und schändeten sie. Kurz darauf sahen andere Frauen, die auch in den Wald geschleppt worden waren, das sterbende Mädchen, das die Deutschen auf Bretter genagelt hatten. Die Frauen, unter ihnen V. I. Alperenko und V. H. Beresnikowa, mußten zusehen, wie sie dem Mädchen die Brüste abschnitten ...«[12]

Als die Sowjets dann 1945 in Berlin einmarschierten, nahmen sie ihrerseits Rache an den wehrlosen Frauen der Besiegten. Nach Helke Sanders Untersuchungen wurden damals 60–70 Prozent der in Berlin lebenden Frauen vergewaltigt.[13] Auch Hildegard Knef berichtet in ihrer Autobiographie »Der geschenkte Gaul« über Massenvergewaltigungen in Berlin durch die Rote Armee. Sie selbst zog damals aus diesem Grund eine Uniform an, andere Frauen machten sich mit Kohlenstaub, Jod und Bandagen so alt, krank und häßlich wie nur möglich. Der Historiker Cornelius Ryan erwähnt in seinem gründlich recherchierten Buch »Der letzte Kampf« (1966) zahlreiche Selbstmorde, die Berlinerinnen aus Angst vor Vergewaltigung oder aus Scham nach der Tat verübt hätten.[14] Interessant ist in diesem Zusammenhang ein Kommentar in einer im Jahr 1951 vom damaligen Bundesministerium für Vertriebene in Köln herausgegebenen Dokumentation, in dem die Vergewaltigungen der Sowjets in Berlin durch eine spezielle »Verhaltensweise und Mentalität« begründet werden:

> »die für europäische Begriffe fremd und abstoßend wirkte. Man wird sie teilweise auf jene, besonders in den asiatischen Gebieten Rußlands noch nachwirkenden Traditionen und Vorstellungen zurückführen müssen, nach denen die Frauen im gleichen Maße eine dem Sieger zustehende Beute sind, wie Schmuckstücke, Wertgegenstände und die Sachgüter in Wohnungen und Magazinen … Die Tatsache, daß sowjetische Soldaten asiatischer Herkunft sich dabei durch besondere Maßlosigkeit und Wildheit hervortaten, bestätigt, daß gewisse Züge asiatischer Mentalität wesentlich zu jenen Ausschreitungen beigetragen haben.«[15]

Die häufig vertretene Ansicht, Vergewaltigung sei als spezifisches Verbrechen bestimmter Völker, Rassen oder Gruppen anzusehen, kommt hier ungeschminkt zum Ausdruck. Sie lenkt von eigenen Schuldfragen ab und macht Vergewaltigung zu einem exotischen Phänomen unzivilisierter Völker, mit dem der zivilisierte Mann bestenfalls am Rande zu tun hat. Damit wird die weltweit von allen Völkern praktizierte Schändung und Mißhandlung von Frauen zu einem marginalen Problem, dem Aufmerksamkeit lediglich am Rande zukommt. Daß nicht nur Russen und Deutsche, sondern auch Briten, Franzosen und Amerikaner in diesem Krieg vergewaltigten, steht außer Zweifel. Aber vielleicht vergewaltigten sie nicht grausam und massenhaft genug, weshalb uns hier nicht genügend spektakuläre Berichte zur Verfügung stehen. Dafür richteten sich nach dem Vietnamkrieg die Scheinwerfer der Öffentlichkeit auf die Amerikaner, wobei in den damals stattfindenden Militärprozessen neuerlich grauenhafte Details enthüllt wurden. Während des Krieges hatten auch diesmal sehr wenige ausländische Korrespondenten Vergewaltigung für berichtenswert gehalten. In dieser Einschätzung trafen sie sich mit den Militärs, deren diesbezügliche Ansichten am besten von einem Truppenführer namens John Smail im Zusammenhang mit dem Massaker von My Lai geäußert wurden.

214

»Das (Vergewaltigung, Anm. d. Autorin) ist doch eine ganz alltägliche Angelegenheit. Darauf kann man doch fast jeden festnageln – mindestens einmal. Die Leute sind auch nur Menschen, Mann.«[16]

Auch der langjährige Korrespondent für die *Associated Press* (*AP*), Peter Arnett, der mit dem Pulitzer Preis ausgezeichnet wurde, schrieb keinen einzigen Bericht über Vergewaltigungen, obwohl er selbstverständlich davon wußte. Sein Schweigen begründete er damit, daß »Vergewaltigung schwer zu beweisen sei«, womit er sich mit den meisten Journalisten einer Meinung wußte. Die Berichte vergewaltigter Frauen gelten offenbar als unglaubwürdig, denn auch Arnett hatte davon nicht nur über Dritte gehört, sondern auch von unmittelbar Betroffenen. Darüber hinaus war er informiert, daß »gegen Ende des Krieges alle Frauen, die aus Militärgefängnissen entlassen wurden, erklärten, daß sie vergewaltigt worden waren«.[17]

Die Tendenz, die Darstellungen der eigentlichen Vergewaltigungsopfer für unglaubwürdig zu halten, setzt sich auch im Krieg in Ex-Jugoslawien fort. Susanne Kappeler hat recht, wenn sie die diesbezügliche Medienberichterstattung anprangert, der es nicht um die Realität der Vergewaltigungen gehe, sondern um die Interpretation der Bedeutung von Vergewaltigung.[18] Nicht die Erzählungen der vergewaltigten Frauen, so meint sie, würden zur Wahrheitsfindung herangezogen, sondern erst die wissenschaftliche Untersuchung ihres Körpers und ihrer Seele durch ÄrztInnen und PsychologInnen. Die unmittelbar geschändete, die vergewaltigte Frau wird wieder einmal zum Objekt der Geschichte, während sich interpretierende WissenschafterInnen als Subjekt begreifen. Erst wenn diese ihr Statement abgegeben haben, scheint die Glaubwürdigkeit einigermaßen gesichert.

Die grauenhaften Vergewaltigungen in Vietnam, die während der Militärprozesse zur Sprache kamen, zeigten unter anderem zweierlei: Zum einen, wie sehr die Schändung von Frauen als Beweis wahrer Männlichkeit und männlicher Sexualität aufgefaßt wird, und zum anderen, daß die Existenz von Militärbordellen in keinster Weise dazu beiträgt, die Zahl der Vergewaltigungen zu senken. Womit wieder einmal die alte Ansicht, Prostitution würde die »ehrbare« Frau vor den sexuellen Angriffen der Männer schützen, ad absurdum geführt wird. War es doch ganz im Gegenteil stets so, daß Prostitution die Gewaltbereitschaft des Mannes gegenüber der Frau und ihre generelle Mißachtung gefördert hat. Aufschlußreich sind hier etwa die Aussagen von vier angeklagten amerikanischen Soldaten während des Militärgerichtsverfahrens vom Winter 1967, in dem die Vergewaltigung und anschließende Ermordung der etwa zwanzigjährigen Vietnamesin Phan Thi Mao abgeurteilt wurde.

Als sich einer der Männer, der Gefreite Sven Erikson, nicht an tagelangen Quälereien und Vergewaltigungen des Mädchens, das brutal aus ihrer Familie gerissen worden war, beteiligen wollte, wurde er vom Einsatzleiter, Feldwebel Tony Meserve, als Schwuler und Schwächling verhöhnt. Und als er anschließend das Verbrechen strafrechtlich verfolgen lassen wollte, stieß er nicht nur bei seinen Vorgesetzten auf Widerstand, sondern wurde auch von den Leuten seiner Einheit als Denunziant und Unruhestifter bezeichnet. Während des Prozesses, der durch die Anklage eines Mormonenpfarrers zustande kam, dem Erikson von diesem Vorfall erzählt hatte, glaubte der Verteidiger in jedem der vier, gesondert durchgeführten Verhandlungen Eriksons Männlichkeit anzweifeln zu müssen, weil er sich der Vergewaltigung und Mißhandlung des Opfers enthalten hatte.[19]

Militärbordelle sollen Soldaten bei Laune halten

Dieser Männlichkeitswahn, der sich an vergewaltigten Frauen aufbauen muß, wird auch durch die Existenz von Militärbordellen nicht abgeschafft. Um den Aufenthalt der frustrierten, sich langweilenden Soldaten erträglicher zu gestalten, erklärten sich die US-Militärbehörden bereit, in Vietnam militärisch überwachte und gelenkte Bordelle einzurichten. Bald war der Stützpunkt der Marineinfanterie in Danang umgeben von einer Wellblechstadt mit Massagesalons, Bordellen und Vergnügungsetablissements, in denen auch Rauschgift gehandelt wurde. Auch Einheiten der US-Armee verfügten im Umkreis ihrer Stützpunkte über offizielle Militärbordelle.[20]

Prostitution hat in Vietnam eine lange Tradition. Sie war bereits bevor die Amerikaner hier ihre Stützpunkte errichteten ein Gewerbe der Armen, und mobile Feldbordelle hatte auch schon die französische Kolonialmacht errichtet. Der Vietnam-Krieg hat die vietnamesische Gesellschaft jedoch in einem Ausmaß zerstört, daß es gar nicht mehr nötig war, Frauen aus der Umgebung zwangszuprostituieren. Jetzt kamen sie von selbst, bot Prostitution doch oft die einzige Möglichkeit, zu überleben. Dieser Trend setzte sich nach dem Ende des Zweiten Weltkriegs auch in anderen Ländern der sogenannten »Dritten Welt« fort und mündete allmählich in Prostitutionstourismus und internationalen Frauenhandel. Wie bereits festgestellt, ist eine wesentliche Ursache für diese Entwicklung in der zunehmenden Verarmung der Frauen dieser Länder zu suchen, denen die Hauptlast eines neokolonialistischen, ausbeuterischen Wirtschaftssystems aufgebürdet wird. In den Militärbordellen, die »Sündenbabel«, »Disneyland« oder »Bums-Bums-Salon« genannt wurden, arbeiteten Mädchen, die Heim und Familie im Krieg verloren hatten, Flüchtlinge waren oder aber schon zuvor in diesem Gewerbe ihr Geld verdienten. Vermittelt wurden sie durch Landsleute, die das große Geld machten, während den Mädchen stets der geringere Teil der Einnahmen zukam. Viele starben – trotz regelmäßiger Kontrollen – an Geschlechtskrankheiten oder Tuberkulose.

Daß Frauen aller Rassen, Klassen und Völker vergewaltigt werden, sobald sie zu den Besiegten gehören, zeigen auch die Vergewaltigungen belgischer Frauen durch kongolesische Streitkräfte während der Unabhängigkeitsfeiern im Juli 1960. Natürlich wurden diese Vergewaltigungen wiederum von der einen Seite als unglaubwürdig, da rassistisch motiviert, bezeichnet, während sie die andere Seite als Beweis für die brutale »Unzivilisiertheit« der »Wilden« propagandistisch auszuschlachten versuchte. Ausgetragen wurde dieser Meinungsstreit neuerlich auf den Körpern der Frauen, die, wenngleich die eigentlich Betroffenen, wieder als wenig kompetent für die Wahrheitsfindung betrachtet wurden. Wohl zum Schutz der »geschändeten« und »entehrten« Frauen blieben auch die insgesamt 794 vergewaltigten Opfer anonym, deren gründlich recherchierte Vergewaltigungen in einem von König Baudoin herausgegebenen Weißbuch unter dem Titel »Kongo, Juli 1960; Beweismaterial« aufgelistet sind. Auch der im Juli 1960 von der American Universities Field Staff als Beobachter nach Leopoldville (dem heutigen Kinshasa in Zaire) geschickte Beobachter Edwin S. Munger sprach mit keiner einzigen der vergewaltigten Frauen, sondern beschränkte seine Nachforschungen ausschließlich auf Interviews mit Regierungsbeamten, Ärzten und Missionaren.[21]

 Die Sprachlosigkeit der Frauen, die sich über das an ihnen begangene Verbrechen lediglich im engen Familien- oder Freundeskreis zu äußern wagten, ist verständlich angesichts der Tatsache, daß sie – obwohl Opfer – von der Gesellschaft auch noch gebrandmarkt und diffamiert werden. So berichten Helke Sander und Barbara Johr aufgrund ihrer Recherchen zu dem Film »Befreier und Befreite«, daß Opfer von Kriegsvergewaltigungen im Deutschland des Jahres 1945 von ihren Ehemännern für die Tat verantwortlich gemacht, und aus diesem Grund die Beziehung abgebrochen wurde.[22] Aus solchen und ähnlichen Gründen besitzen auch heute noch relativ wenig Frauen den Mut, damit an die Öffentlichkeit zu gehen, um auf diese Art und Weise den Täter bloßzustellen. Ein Verhalten, das zum Teil sogar von der Psychologie unterstützt wird. So etwa empfiehlt der namhafte Psychoanalytiker Leupold Löwenthal, der sich in einer an und für sich sehr einfühlsamen Weise mit den Problemen von traumatisierten Kriegsflüchtlingen auseinandersetzt, im speziellen Fall der Vergewaltigung besser zu schweigen, die Erlebnisse in sich zu verschließen und eventuell erst nach Jahren im Zuge einer Psychotherapie zu verarbeiten. Psychologinnen, die sich der vergewaltigten Frauen im ehemaligen Jugoslawien angenommen haben, halten hingegen eine sofortige therapeutische Behandlung für sehr wichtig, und beklagen einen aus dieser Haltung resultierenden Mangel an Informationsmaterial und Forschungsergebnissen über die psychoanalytische Aufarbeitung von Vergewaltigungsopfern in Kriegsgebieten. Sie sprechen von Todesängsten dieser Frauen, Ekelgefühlen und Panik, die in späterer Folge neben gynäkologischen Beschwerden zu zahlreichen psychischen und physischen Probleme führen können: den verschiedensten Ängsten, Konzentrations- und Schlafstörungen, Gefühlsverlust, Kopfschmerzen, Selbsthaß sowie Scham- und Schuldgefühlen.[23]

Erste internationale Hilfsaktionen für vergewaltigte Frauen in Kriegsgebieten

Als nach dem Einmarsch pakistanischer Truppen in Bangladesch im Jahre 1971 während des neunmonatigen Kampfes schätzungsweise 200.000 bis 400.000 bengalische Frauen vergewaltigt wurden,[24] kam es erstmals zu internationalen Hilfsaktionen für die Betroffenen. Empört und schockiert, riefen Frauenorganisationen auf der ganzen Welt zu den längst fälligen Hilfsmaßnahmen auf, die vom Londoner Büro der »International Planned Parenthood Federation (Internationaler Verband für Familienplanung) koordiniert wurden. Aber auch im Land selbst wurden Frauen aktiv. Die wenigen bengalischen Akademikerinnen gründeten eine »Zentrale Organisation zur Rehabilitation von Frauen«, die in Zusammenarbeit mit »Planned Parenthood« etliche Kliniken in Dacca und auch außerhalb eröffneten, wo sich Frauen ihres unerwünschten Nachwuchses entledigen konnten.[25]

Die Lage der vergewaltigten Frauen war entsetzlich. Ihrem Bevölkerungsanteil entsprechend waren etwa 80 Prozent Moslems, der Rest Hindus und Christen.[26] Vor allem moslemische Frauen hatten dabei nicht nur das Trauma der Vergewaltigung zu verkraften, sondern sie wurden auch noch von ihren Ehemännern als »entehrt« verstoßen. Umsonst ernannten die neuen Behörden von Bangladesch diese Frauen zu »Nationalheldinnen« und forderten die Männer auf, sich ihrer mißhandelten und verstörten Frauen anzunehmen. Traditionelle und religiöse Vorstellungen wirkten hier zu stark, um einen plötzlichen Gesinnungswandel zuzulassen, weshalb auch nur wenige Männer diesem Aufruf Folge leisteten.

Auch hier bemühten sich Sozialarbeiterinnen in Basis- und Selbsthilfegruppen den verstoßenen, traumatisierten Frauen seelische Hilfe zu geben. Außerdem wurden Kurse in Stenographie, Maschinschreiben und Nähen eingerichtet, um ihnen einen eigenen Lebensunterhalt zu ermöglichen.[27]

Wie immer in Kriegszeiten wurde wahllos vergewaltigt. Es waren Frauen von über siebzig Jahren und kleine, sieben oder achtjährige Mädchen darunter. Zahllose Frauen wurden entführt und in Militärlagern für sadistische Sexspiele der Soldaten gefangengehalten und zwar nackt, damit sie nicht fliehen konnten. Wie ein indischer Schriftsteller berichtet, wurden zur sexuellen Stimulation der Soldaten auch Pornofilme vorgeführt.[28]

Viele der Frauen, die dieses Martyrium überlebten, fanden nicht mehr den Weg zurück in die Gesellschaft, begingen Selbstmord oder landeten in Bordellen. Etwa 25.000 von ihnen sollen schwanger geworden sein.[29] Wohlhabende Familien schickten ihre Töchter zu Abtreibungsspezialisten nach Kalkutta, arme Frauen hingegen versuchten selbst abzutreiben, wobei viele von ihnen starben. Dr. Geoffrey Davis vom Londoner »International Abortion Research and Training Center«, der monatelang in ländlichen Gebieten Bangladeschs gearbeitet hat, berichtete von zahllosen Selbsttötungen und Kindesmorden, vor allem mit Rattengift und durch Ertränken. Er meinte, daß mindestens 5.000 Frauen mit traditionellen Methoden abgetrieben hätten. Und nach Angaben eines australischen Arztes, der im Auftrag von »International Planned Parenthood« in Bangladesch tätig war, hatte fast jedes der untersuchten Vergewaltigungsopfer Geschlechtskrankheiten.[30]

Ähnlich wie in Bangladesch reagierte die Weltöffentlichkeit auf die Massenvergewaltigungen im ehemaligen Jugoslawien. Außerdem wurde jetzt erstmals Vergewaltigung als gezielte, geplante Demütigung und Schwächung des Gegners und wirksames Mittel zur Hebung der Kampfmoral eigener Truppen auch in einer breiten Öffentlichkeit diskutiert.

»Der Besitz des weiblichen Körpers ist eine Metapher für die Eroberung von Land«, meint treffend die Philosophin Kathrin Heinzel.[31] Denn daß Krieg immer auch ein Krieg gegen Frauen ist, wurde in der allgemeinen Kriegsterminologie bislang ausgespart. Ein angeblicher Ehrenkodex, der befiehlt, die – wehrlosen – Frauen und Kinder zu schützen, wurde noch in jedem Krieg verletzt.

In eine ähnliche Richtung gehen die Interpretationen Ruth Seiferts, nach denen »der weibliche Körper als symbolische Repräsentation des Volkskörpers fungiert« und daher Vergewaltigung von Frauen einer Gemeinschaft als symbolische Vergewaltigung des Körpers dieser Gemeinschaft gilt. Woraus folgt, daß Vergewaltigung im Krieg niemals als sinnlose Brutalität, sondern als ein geplanter, kulturzerstörerischer Akt zu betrachten ist.[32]

Allerdings haben auch die Vergewaltigungen in Ex-Jugoslawien relativ spät zu entsprechenden Konsequenzen geführt. Immerhin hatten bereits im Juni 1992 die ersten Flüchtlinge, die aus Bosnien-Herzegowina nach Kroatien flohen von Vergewaltigungen berichtet, worauf dann im August der amerikanische Journalist Roy Gutman die ersten umfassenden Berichte über Vergewaltigungen moslemischer Frauen durch serbische Soldaten schrieb. Aber erst Mitte Dezember begannen sich das UNO-Flüchtlings-Kommissariat ebenso wie das Internationale Rote Kreuz und die UNO-Menschenrechtskommission damit zu befassen, obwohl die Tatsache der Vergewaltigungen auch dort schon längst bekannt gewesen ist.[33]

Frauen helfen Frauen

Ausschlaggebend dafür war ein etwa Mitte November 1992 einsetzendes, gewaltiges Medienecho sowie die internationale Einmischung von Frauen. Feministinnen, Politikerinnen und weitere Frauen des öffentlichen Lebens riefen zu Demonstrationen und Spendenaktionen auf und boten ihre Hilfe bei der Einrichtung von Beratungs- und Frauenhäusern an. Frauen aus den Kriegsgebieten kamen vornehmlich nach Österreich oder Deutschland, um sich in Einführungskursen spezielle Kenntnisse für eine psychologische und soziale Beratung von Vergewaltigungsopfern anzueignen. Teilweise wurden auch Sozialarbeiterinnen, Ärztinnen und Psychologinnen in die Flüchtlingslager geschickt, wie etwa von der Wiener Frauenberatungsstelle, die sich einerseits durch Finanzierung, andererseits durch die Verschickung von Trainerinnen an Hilfsprojekten für vergewaltigte Frauen in Split beteiligte.[34]

Außerdem wurde vom österreichischen Frauenministerium gemeinsam mit dem Familienministerium und der Caritas ein Fond »Kriegsopfer: Vergewaltigte Frauen« angelegt, aus dem Spendengelder vornehmlich in die zahlreichen Hilfsprojekte für vergewaltigte und mißhandelte Frauen floß, die sich in Zagreb gebildet hatten. Die Psychologin Marion

Breiter, die zusammen mit Christa Weschke in Juli 1993 in Split ein Workshop mit Flüchtlingsbetreuerinnen abhielt, beschreibt die trotz Spendengeldern völlig unzureichenden Hilfsmaßnahmen, die angesichts des Ausmaßes an seelischem und körperlichem Leid, an Zerstörung und entsetzlicher Brutalität marginal erscheinen mußten. Sie berichtet weiter über die psychische Streßsituation der Sozialarbeiterinnen, die ständig Gefahr liefen, vom Leid der Betreuten innerlich überflutet zu werden, von der finanziellen Notlage und dem Ankämpfen gegen Resignation, aber auch über ihre zunehmende Wut auf Männer, die Machthaber und Drahtzieher dieses Krieges.

»Denn auch wenn viele Frauen inzwischen das zerstörerische Nationalismus-Spiel mitmachen – erfunden und organisiert haben sie es nicht! Organisiert haben sie vor allem den Widerstand. Und das Überleben ... Mit allen unseren, letztlich unzureichenden Hilfsaktionen versuchen wir Frauen wieder einmal, zu reparieren, was Männer kaputt gemacht haben. Frauen helfen Frauen ... ein Zirkel ohne Ende?«[35]

Aber auch WissenschafterInnen, KünstlerInnen und JournalistInnen reisten in das Kriegsgebiet, um einer geschockten Öffentlichkeit über das Geschehen zu berichten. Was bedauerlicherweise nicht nur im Sinne einer notwendigen Information geschah, sondern auch die Gefahr einer subjektiven, verzerrten Sensationsberichterstattung in sich barg. Susanne Kappeler hat westlichen Journalistinnen den Vorwurf gemacht, sich für eine patriarchale Form der Berichterstattung, geleitet von patriarchalen Motiven mißbrauchen zu lassen.[36] Wie JournalistInnen eine Weltöffentlichkeit informieren sollen, ohne sich an die, den Journalismus beherrschenden Gesetze anzugleichen, sagt sie allerdings nicht. (Feministische Publikationen verfügen meist nicht über die nötige Breitenwirkung.) Tatsächlich jedoch hat die ursprüngliche Bereitschaft so mancher vergewaltigter Frauen, vor laufenden Kameras und eingeschalteten Tonbandgeräten auszusagen, spürbar nachgelassen, nachdem ihnen bewußt geworden war, daß ihre Berichte einerseits der Auflagensteigerung dienten, andererseits aber auch dazu benutzt wurden, die Kriegsatmosphäre weiter anzuheizen, während sie selbst, abgesehen von etlichen Fraueninitiativen, mit ihrem Leid und ihren Problemen weitgehend allein gelassen wurden. Die Zagreber Frauenlobby schrieb deshalb im Dezember 1992 folgenden Brief an die westlichen Frauen:

»... Wir befürchten, daß die Frauen, die vergewaltigt wurden, zu politischen Propagandazwecken mißbraucht werden könnten, um Haß und Rache zu schüren, die zu noch mehr Gewalt gegen Frauen und zu einer weiteren Viktimisierung der Überlebenden führen. ... Einige Frauen, die vergewaltigt wurden, haben öffentlich Zeugnis abgelegt über ihre tragischen Erfahrungen, in der Hoffnung, mehr Verständnis und mehr Unterstützung zu erhalten; sie sind inzwischen enttäuscht, da sie immer noch nicht die notwendige Unterstützung erhalten. Wir glauben, daß dieser sensationelle Journalismus diese betroffenen Frauen noch mehr ängstigt und bestürzt hat.«[37]

Die Vergewaltigung von Frauen aus Ex-Jugoslawien wurde inzwischen auch noch auf eine andere entsetzliche Art und Weise vermarktet. So etwa erschien im August 1993 ein Bericht in einer österreichischen Tageszeitung, demzufolge eine internationale Video-Mafia das große Geschäft mit Streifen über die Vergewaltigung bosnischer Frauen mache. Die meisten dieser Filme würden die Verbrechen in allen Einzelheiten zeigen und mit der Ermordung der Opfer enden. Auf einem der Bänder, die von der Polizei in Los Angeles sichergestellt worden waren, werde das Opfer mit einem Messer zerstückelt, wobei die Gesichter der Täter nicht sichtbar sind. Daß es sich bei den Käufern dieser Videos nicht um einige wenige, abartig veranlagte Sadisten handeln kann, wird durch den Hinweis auf die breite Käuferschicht deutlich.[38]

Trotz dieses Mißbrauchs und dieser Auswüchse ist die mediale Berichterstattung wichtig gewesen und hat viel dazu beigetragen, Spendenfreudigkeit und Hilfsbereitschaft des Auslandes zu fördern.

»Sie haben meine Jasminka genommen«

Für Österreich recherchierten unter anderen die beiden Sozialwissenschafterinnen Cheryl Benard und Edit Schlaffer. Sie haben in den Jahren 1990–1992 Bosnien bereist, mit den Menschen dort gesprochen und darüber ein Buch geschrieben.[39] Edit Schlaffer bezeichnete in einem Gespräch diese Jahre der Recherchen und Ausarbeitung »als die schlimmste Zeit meines Lebens«[40] – die Betroffenheit, die Wut und das Entsetzen der Autorinnen ist auch aus jeder Zeile zu spüren. Ebenso die Fassungslosigkeit angesichts der Lethargie des Westens, repräsentiert durch UNO-»Beobachter«, die zusehen, wenn nicht nur Männer, sondern auch unbewaffnete Frauen, Kinder und Alte mißhandelt und getötet, Schulen, Kindergärten und Spitäler bombardiert werden und Menschen zu Hunderttausenden ihre Heimat und Häuser verlieren. Spürbar ist der – hilflose – Versuch, durch Sprache auszudrücken, was durch Sprache nicht mehr auszudrücken ist, weil Wörter, Begriffe zu abgenutzt erscheinen, auch nicht weiter steigerungsfähig sind für die Beschreibung von Greueltaten, von denen sich das zivilisierte Europa nach dem Morden im Zweiten Weltkrieg glaubte verabschiedet zu haben. Benard und Schlaf-

fer widmen sich insbesondere dem Schicksal der Wehrlosen und Unbewaffneten, also der Frauen, Kinder und Alten. Da ist Alma, sie berichtet
aus dem Lager Prijedor:

> »In der Nacht haben sie sich Frauen genommen. Die jungen Frauen haben
> versucht, sich unter den alten Frauen zu verstecken. Die alten Frauen haben
> sich auf die jungen Frauen gelegt, damit man sie in der Dunkelheit nicht
> sieht. Meine Freundin hat unter ihrer Schwiegermutter gelegen. Aber es hat
> nicht viel geholfen. Tagsüber haben sie sich die Mädchen angesehen, und
> nachts sind sie dann gekommen, um sich die schönsten zu suchen. Sie haben
> hauptsächlich die ganz jungen Mädchen mitgenommen, die nicht älter waren
> als 15 … Manche Mädchen wurden am nächsten Tag zurückgebracht, andere
> nicht. Diejenigen, die zurückkamen sagten, daß 20 Männer sie in einer Nacht
> vergewaltigt hätten. Manche haben so geweint, sie standen unter Schock, sie
> waren ganz verloren.«[41]

Da ist Fahma, 38, die mit ihrer Tochter im Lager Trnopolje eingesperrt
war:

> »Ich wurde von der Lagerbaracke weggeschleppt und vergewaltigt und ge-
> schlagen, danach waren meine Beine ganz schwarz von den Schlägen. Die
> Soldaten waren sehr grob, sie haben uns verflucht. Am selben Tag haben sie
> viele Leute getötet, sie haben ihnen den Hals aufgeschlitzt, und die Men-
> schen sind tot aufeinandergepurzelt, einer auf den anderen. Dann haben die
> Tschetniks meine Jasminka genommen, meine Vierzehnjährige. Ich stand mit
> Jasminka da, und ein Tschetnik kam, er war vollbehängt mit Waffen, er hat
> meine Jasminka genommen. Er hat mich weggestoßen, und ich bin auf den
> Boden gefallen. Ich habe geschrien, bringt mich um, erschießt mich, aber
> trennt mich nicht von meinem Kind, wozu braucht ihr sie, sie ist ein Kind, sie
> ist nichts für Soldaten. Aber er hat sein Gewehr auf mich gerichtet und mich
> weggestoßen. Seine Freunde haben anfangs versucht, ihn davon abzuhalten,
> und sie haben gestritten. Doch dann haben sie sich alle daran beteiligt, sie
> haben meine Jasminka auf einen Lastwagen geworfen, und alle haben sie
> angefaßt, und danach sind sie mit ihr weggefahren. Die Soldaten sind später
> wiedergekommen, aber mein Kind haben sie nicht zurückgebracht, und ich
> weiß nicht, wo es ist.«[42]

Da ist weiter Dina aus dem Flüchtlingslager in Zagreb:

> »Als die Soldaten kamen, sind alle Dorfbewohner davongelaufen. Die Sol-
> daten haben ein paar kleinere Kinder eingefangen und uns zugerufen, daß
> wir sofort stehenbleiben sollen, daß sie sonst die Kinder erschießen. Die
> meisten von uns aber sind weitergelaufen. Wir haben sie nicht ernst genom-
> men, denn wer erschießt schon ein kleines Kind? Aber sie haben sie erschos-
> sen, sie haben sie wirklich erschossen, die Kinder meiner Schwägerin, zehn,
> acht und drei Jahre alt.«[43]

Asmira hat einen dreijährigen Sohn, der von den Soldaten zu grausamen Spielen benutzt wurde:

>»Sollen wir ihm den Hals aufschlitzen?‹ fragten sie und legten die Messerklinge an seinen Hals. ›Oder erwürgen wir ihn lieber?‹ schlug ein anderer vor und wickelte die Kordel des kleinen Anoraks um seine Kehle. Am Schluß feuerten sie ihr Gewehr knapp über seinem Kopf ab.«[44]

Hier kann nicht mehr von Zwang gesprochen werden, von einem Befehl, der auszuführen ist, von blindem Gehorsam! Hier zeigt sich blanke Lust am Quälen und am Töten! Es handelt sich dabei lediglich um einige wenige Beispiele, herausgegriffen aus Tausenden, an die sich die Welt bald gewöhnt hat, von denen bald nicht mehr allzuviel Aufhebens gemacht wurde. Frauen, Kinder, deren weiteres Schicksal unbekannt ist: wie – und ob – sie überhaupt mit diesem Trauma fertig wurden, wie und ob sie weiter damit leben können. Der Wahnsinn des Krieges macht nicht einmal vor den Ungeschütztesten, den Kindern halt.

Einen Beweis für die Ansicht, muslimische Männer würden ihre Frauen nach einer Vergewaltigung verstoßen, konnten Benard und Schlaffer jedoch nicht finden. Dazu sei, so meinen sie, die Europäisierung zu weit fortgeschritten. Man sei im Gegenteil empört über Angebote arabischer Religionsführer, die in ihren Predigten junge Männer animieren wollten, aus islamischer Solidarität die entehrten bosnischen Vergewaltigungsopfer zu heiraten. Allerdings, so die Autorinnen, seien auch bosnische Männer häufig den Belastungen, die durch die Vergewaltigung ihrer Frauen entstanden sind, nicht gewachsen.[45]

Die Psychologin Vera Folnegović-Smalic, die bei ihrer klinisch-therapeutischen Arbeit mit 29 Vergewaltigungsopfern in der psychiatrischen Klinik Vrapce bei Zagreb einschlägige Erfahrungen gesammelt hat, formuliert hier präziser: »Eine vergewaltigte Frau« gilt »als geschändet«, und stellt »für ihre Familie und ihre (nationale, religiöse, politische) Gemeinschaft eine Schmach« dar.[46]

Natürlich wurden in diesem Krieg nicht nur Bosnierinnen vergewaltigt. Sie wurden in größerer Zahl vergewaltigt als Serbinnen und Kroatinnen, weil Vergewaltigung von Frauen immer als »Vorrecht« des Siegers betrachtet wird, und das waren vor allem zu Beginn der Kampfhandlungen die Serben. Wie wenig Vergewaltigung allerdings als spezifisches Verbrechen einer bestimmten Nation betrachtet werden kann, sondern als Bestandteil einer patriarchalen Kultur, hat sich auch bei der Rückeroberung der Krajina durch die Kroaten gezeigt, als ähnlich geplündert, gemordet und vergewaltigt wurde wie zuvor durch die Serben.

Daß Serbinnen ebenso vergewaltigt wurden, beschreibt auch die deutsche Journalistin Alexandra Stiglmayer,[47] wobei sie sich auf die Arbeiten der Belgrader Journalistin Šeska Stanislovic und der Deutschen Heidi Hecht bezieht, die Ende 1992 mit diesbezüglichen Recherchen begannen. Gleichzeitig setzte die serbische Propaganda ein, denn obwohl zu Beginn des Krieges das Thema »Vergewaltigung« auch auf dieser Seite keines war, änderte sich diese Nicht-Beachtung schlagartig, als die Massenvergewaltigungen an Musliminnen und Kroatinnen zu weltweiter Empörung führten. Angesichts einer relativ dürftigen Beweislage hatten die diesbezüglichen Bemühungen der zuständigen Stellen jedoch wenig Erfolg. Serbische Gynäkologen berichteten jedoch von hohen Dunkelziffern, weil die Frauen aus Scham und aufgrund ihrer patriarchalen Erziehung geschwiegen oder sich nur nachts zu ihnen getraut hätten.[48]

Auch der Lagebericht der (rest-)jugoslawischen »Regierungskommission zur Untersuchung von Kriegsverbrechen« spricht von 16 Örtlichkeiten in sechs bosnischen Städten, wo Zwangsbordelle eingerichtet wurden, in denen etwa 800 serbische Frauen von Moslems und Kroaten vergewaltigt wurden.[49]

Für die vergewaltigten Frauen, seien sie nun Musliminnen, Serbinnen oder Kroatinnen, sind derartige politische Machtspiele unerheblich. Denn ihre Schmerzen, Ängste und Traumen unterscheiden sich in nichts voneinander, welcher Nation, welchem Volk sie auch immer angehören.

Stiglmayer setzt sich auch mit den Motiven und Beweggründen der Täter auseinander. Die drei befragten serbischen Männer sind Gefangene der Kroaten beziehungsweise Moslems, und haben sich schon aus diesem Grund wahrscheinlich in einem eher günstigen Licht dargestellt. Trotzdem sind ihre Aussagen, die in manchen Punkten Ähnlichkeiten aufweisen, aufschlußreich und interessant. So etwa behaupten alle drei Soldaten, auf Befehl gehandelt und Angst vor Schikanen im Falle einer Weigerung gehabt zu haben. Einem der Befragten sei mit dem Tode gedroht worden. Alle meinten außerdem, wenig bis keine Lust dabei verspürt zu haben. Zwei von ihnen, die zögerten, seien verspottet und in ihrer Männlichkeit angezweifelt worden.[50]

Daß zumindest teilweise auf Befehl vergewaltigt wurde, haben auch Frauen bestätigt. Ebenso überzeugt davon ist Dr. Mladen Lončar, der für das kroatische Gesundheitsministerium die Massenvergewaltigungen in Bosnien-Herzegowina untersucht hat. Er meint, daß Serben zu Vergewaltigungen an ehemaligen Nachbarinnen und Freundinnen gezwungen werden, um alle freundschaftlichen Gefühle zu zerstören, und damit eine Art »serbische Solidargemeinschaft« aufzubauen.[51]

Vergewaltigungslager

Nach Stiglmayer besteht auch kein Zweifel, daß es die Vergewaltigungslager, von denen so viele Frauen berichteten, tatsächlich gab, obwohl ihre Existenz vom Internationalen Rotem Kreuz oder anderen Hilfsorganisationen nicht mit Sicherheit festgestellt werden konnte. Sie befanden sich in versteckten, allgemein unzugänglichen Gebieten, wurden von den Verantwortlichen geheimgehalten und bei Entdeckung sofort aufgelöst.[52]

Stiglmayer nennt zwei Vergewaltigungslager, von denen ihr jeweils mindestens zwei Frauen berichteten. Das eine, in dem etwa 2.000 Frauen, Musliminnen und Kroatinnen sowie einige Kinder gefangengehalten worden waren, befand sich in der nordbosnischen Stadt Doboj. Das andere war im Hotel Vilina Vlas, einem großen Kurhotel in Višegrad in Ostbosnien untergebracht. Dorthin hatte man etwa 200 bis 300 junge Musliminnen verschleppt. Sie sind bis heute verschwunden. Flüchtlinge aus Višegrad behaupten, daß sie nach der Vergewaltigung ermordet wurden. Andere meinen, sie seien geschwängert und dann nach Serbien verschleppt worden, um dort ihre Kinder auszutragen. Die bosnische »Regierungskommission zur Untersuchung von Kriegsverbrechen« führt in ihrem Bericht vom Oktober 1992 an, daß die Gefangenen aus Vilina Vlas getötet und in dem nahegelegenen Dorf Sase in den Fluß geworfen wurden.[53]

Die drei Frauen, die zu Doboj interviewt wurden, berichten von einer fensterlosen Halle, in der sie eng aneinander gepfercht untergebracht waren, ohne Licht, so daß sie kaum wußten, ob es Tag oder Nacht gewesen ist. Alle paar Tage seien ihnen ein paar Brotscheiben hingeworfen worden, Wasser habe in schmutzigen Eimern herumgestanden, leere Eimer dienten als Toiletten, die jedoch meist Löcher hatten. Regelmäßig hätten sich die Soldaten Frauen zum Vergewaltigen geholt.

> »Das Lager war für sie wie ein Früchtestand … oder – besser gesagt – ein Viehstand. Jeder konnte vorbeigehen und sich nehmen, was er wollte, machen, was er wollte«,

meinte die 26jährige Ifeta. Sie wurde durchschnittlich jeden zweiten Tag von zwei bis drei Männern vergewaltigt, immer gemeinschaftlich, dabei zum oralen und analen Verkehr gezwungen und gleichzeitig beschimpft und gedemütigt. Die vierzigjährige Kadira berichtet, daß den Frauen Flaschenhälse, die teilweise zerbrochen oder zersplittert waren, in das Geschlechtsteil gedrückt worden waren, manchmal auch Gewehre.

> »Und dann weißt du nicht, ob er abfeuern wird, du stirbst vor Angst, alles andere, das Vergewaltigen, wird nebensächlich, das Vergewaltigen kommt dir gar nicht mehr so schrecklich vor.«

Kadira wurde gezwungen, auf den Koran zu urinieren, für die serbischen Wächter nackt zu tanzen und serbische Lieder zu singen. Auch dämpften die Vergewaltiger glühende Zigaretten in ihrem Haar aus. Sie erzählte außerdem, daß Frauen, die schwanger wurden, privilegiert waren, besseres Essen bekamen und von Gynäkologen untersucht wurden. Im siebten oder achten Schwangerschaftsmonat wurden sie dann freigelassen und nach Serbien gebracht, um dort »Tschetniks« zu gebären. (Bezeichnend, daß die Geburt eines Sohnes vorausgesetzt wurde, und dessen Abstammung vom Vater, nicht jedoch von der Mutter wichtig war.)

Fassungslos erzählt Kadira, daß viele der Vergewaltiger Nachbarn und ehemalige Freunde gewesen seien, viele hätten auf Befehl gehandelt, viele hätten es genossen, einige wenige seien getötet worden, weil sie nicht mitgemacht haben.[54]

Ein Krieg, der in einer derart hemmungslosen Weise zu Brutalitäten führt, wie sie unter normalen Gegebenheiten schwer vorstellbar sind, verändert menschliche Beziehungen ganz generell. Von zunehmender Gewalt besonders gegen Frauen auch im eigenen Land berichtet Neva Tölle, Mitbegründerin des zu diesem Zeitpunkt einzigen Frauen-Fluchtpunktes im ehemaligen »Ost-Block«, dem Frauenhaus in Zagreb.

> »Der Krieg hat das Patriarchat extrem gestärkt und die Frauenfeindlichkeit verschärft. Es wurde immer gefährlicher, sich für Frauenrechte einzusetzen. Einzelne Mitfrauen von Frauengruppen wurden öffentlich denunziert und in Massenmedien attackiert.«[55]

Auch Lepa Mlajcnovic vom Belgrader Notruf für vergewaltigte Frauen beschrieb im November 1992 im Rahmen einer Wiener Tagung zum Thema »Geschlechterdemokratie und Gewalt« ein neuartiges Phänomen, das die »Notruf-Frauen« das »Post-TV-Gewalt-Syndrom« nannten:

> »Tag für Tag schürt das Fernsehen nationalistischen Haß gegen den Feind. Zunehmend rufen Frauen an, die zum Beispiel folgende Geschichte erzählen: ›Mein Mann hat die TV-Nachrichten angeschaut und danach hat er mich zum ersten Mal geschlagen. Wir leben seit 12 Jahren zusammen, und noch

nie hat er so etwas getan.‹ Oder: ›Er stand einfach auf und suchte die Pistole aus dem Schrank, die sein Vater seit dem zweiten Weltkrieg dort aufbewahrte.‹ Weil der Mann im ›Hinterland‹ nicht einfach einen Menschen auf der Straße umbringen kann, ist seine Ehefrau im Haus ein geeigneter Feindersatz.«[56]

Verstärkte Frauenfeindlichkeit ist eine regelmäßige Begleiterscheinung aller Kriege. Auch in Israel hat während des Golf-Krieges 1991 die Zahl der Vergewaltigungen deutlich zugenommen,[57] und ebenso war im Irak während dieser Zeit eine Verschärfung der Restriktionen gegen Frauen zu beobachten.

9 Friede im Patriarchat ist Krieg gegen die Frauen

Nach einem Bericht von Amnesty International (AI) aus dem Jahr 1995 sterben tagtäglich mehr Frauen und Mädchen an den Folgen geschlechtsspezifischer Diskriminierung und Gewalt als an sonstigen Menschenrechtsverletzungen. Sie werden nicht nur gefoltert, hingerichtet, ins Gefängnis geworfen und ermordet, wie ihre männlichen Mitbürger, sondern sie erleiden darüber hinaus »Grausamkeiten, denen sie wegen ihres Geschlechts besonders schutzlos ausgeliefert sind«. Laut AI werden unzählige Frauen Jahr für Jahr von ihren Ehemännern zu Tode geprügelt, in Konflikt- oder Kriegssituationen vergewaltigt oder bei lebendigem Leibe verbrannt. Außerdem leiden mehr als 100 Millionen Frauen an Geschlechtsverstümmelungen.[1]

Eine Frau hat gelernt, mit der Angst zu leben. Diese Angst schränkt ihre Bewegungsfreiheit ein, legt den Rückzug nahe, die innere Immigration. Und genau das wird damit auch bezweckt. Frauen sollen bescheiden bleiben und wenn möglich im Hintergrund, in vielen Ländern sind sie überhaupt unsichtbar, hinter dem Schleier oder im Haus. Gewalt gegen Frauen dient ihrer Einschüchterung, ihrer Verunsicherung, sie wird weltweit praktiziert, und meist sind die Opfer die Schuldigen. Frau geht nicht in der Nacht allein im Park spazieren, und wenn sie dabei überfallen wird, hat sie es sich selbst zuzuschreiben. In vielen Ländern hat sie mit niemandem als dem Ehemann zu schlafen, und wenn sie dieses, sein Besitzrecht verletzt, ist es »gerecht«, sie zu steinigen. Sie hat keine aufreizende Kleidung zu tragen, denn damit provoziert sie ihre Vergewaltigung. Und wenn sie sich scheiden läßt oder wenn sie eine Trennung herbeiführt, muß sie eben mit Gewalttätigkeiten rechnen, denn derartige Initiativen haben ihren Preis. Der Täter bleibt bei all diesen Überlegungen im Hintergrund, Gewalttätigkeiten gehören in gewisser Weise zum männlichen Verhaltenskodex, er handelt also sozusagen reflexartig. Eigentlich, so wird suggeriert, kann er gar nicht anders.

Ist das Opfer aber an der an ihm begangenen Gewalttat nicht gerade schuld, so hat es doch zumindest seine Einwilligung dazu gegeben. Eine umfangreiche Medienanalyse britischer Zeitungen ergab, daß die medienwirksamsten »sex und crime«-Fälle, über die am ausführlichsten berichtet wurden, jene waren, die sich mit der angeblichen Zustimmung der Frau zu sexueller Gewalt oder Mord beschäftigten. Zu einem ähnlichen Ergebnis kam die »Projektgruppe feministischer Medienanalyse«, die in den auflagenstarken Wiener Zeitungen *Kurier* und *Kronenzeitung* im Untersuchungszeitraum von 1970–1994 jeweils in den Monaten Jänner und Juli circa 4.000 Artikel zu Vergewaltigung und Frauenmorden untersuchte.[2]

Diese angebliche »Zustimmung« ist entscheidend dafür, ob der Sexualakt von Justiz, Polizei und Medien als Vergewaltigung eingestuft wird oder lediglich als Geschlechtsverkehr. Nicht berücksichtigt wird dabei die Frage, inwieweit die Frau überhaupt eine Möglichkeit hatte, sich dafür oder dagegen zu entscheiden.

Die »Schuld« beziehungsweise »Einwilligung« des Opfers entlastet den Täter und führt zur Verharmlosung der Tat. Eine im Jahr 1995 erschienene Studie der Psychologin und Sozialforscherin Marion Breiter[3] stellt anhand der Auswertung einschlägiger Akten am Wiener Landesgericht fest, daß schätzungsweise nur jeder zehnte Vergewaltiger angezeigt wird, weil die Opfer aus Angst vor den quälenden, hauptsächlich von Männern durchgeführten Polizei- und Gerichtsvernehmungen meist lieber schweigen. Wird doch dem Opfer zumindest unterschwellig Unglaubwürdigkeit unterstellt, weshalb auch in den Verhören auf detaillierteste Schilderungen des traumatischen Erlebnisses Wert gelegt wird, was die vergewaltigte Frau als demütigend und verletzend erlebt und eine Retraumatisierung zur Folge haben kann.

Trotzdem führt auch eine erstattete Anzeige nicht automatisch zu einer gerichtlichen Verfolgung. Nach Marion Breiter wurde im Untersuchungszeitraum 1990 nur etwa jede zweite polizeiliche Anzeige gegen Sexualattentäter von der Staatsanwaltschaft weiterverfolgt, jeder dritte Angeklagte wurde freigesprochen, und nur jeder Fünfte zu einer Haftstrafe oder Bewährung verurteilt, wobei der Strafrahmen kein einziges Mal ausgeschöpft wurde.

Männliche Gewalt ist gesellschaftsfähig

Kein Wunder, daß sich angesichts einer derart wohlwollenden Gerichtsbarkeit Sexualattentäter relativ sicher fühlen. Und das trifft natürlich keinesfalls nur auf Österreich zu, diese Angaben dürften zumindest innerhalb von Europa und den USA keine signifikanten Unterschiede aufweisen. Die Vereinigten Staaten haben übrigens eine der höchsten Vergewaltigungsraten der Welt, selbst wenn nur von den Fällen ausgegangen wird, die zur Anzeige kommen.[4] Wobei die Wahrscheinlichkeit einer Vergewaltigung für schwarze Frauen 12 mal höher ist als für weiße Frauen.[5]

230

Wohl aufgrund der besonderen Häufigkeit von Vergewaltigungen in den USA führten die Aufklärungskampagnen engagierter Feministinnen hier zu einer besonders sensibilisierten Öffentlichkeit, und die Frage, ob es sich im speziellen Fall um Vergewaltigung gehandelt hat oder nicht, wurde zu einem überstrapazierten öffentlichen Thema. Daß Vergewaltigung im besonderen und Gewalt gegen Frauen im allgemeinen in den USA so besonders häufig anzutreffen sind, hat seinen Grund möglicherweise in einer relativ starken Frauenlobby, die auf diese Art und Weise eingeschüchtert werden soll. Denn daß feministische Bestrebungen stets zu entsprechenden Gegenreaktionen der Männer führen, hat sich bereits nach Entstehung der Ersten Frauenbewegung gezeigt, als nicht nur Frauenhasser wie Otto Weininger oder Arthur Schopenhauer eine allgemeine Frauenfeindlichkeit schürten, sondern gleichzeitig auch die Wissenschaft aufgeboten wurde, um den »physiologischen Schwachsinn des Weibes« (Paul Möbius) zu beweisen. 1,8 Millionen Ehemänner, so schätzen amerikanische SozialwissenschafterInnen, mißhandeln ihre Frauen, andere ForscherInnen glauben, daß der wirkliche Anteil der Männer, die ihre Frauen oder Geliebten schlagen, bei 50 Prozent der Gesamtbevölkerung liegt. Alle zwölf Sekunden, so meint eine weitere Studie, schlägt in den USA ein Mann eine Frau, und jeden Tag führen vier dieser Mißhandlungen zu ihrem Tod.[6] Untersuchungen aus anderen Ländern kommen zu ähnlichen Ergebnissen. So etwa werden in Bangkok, Thailand, die Hälfte der verheirateten Frauen von ihren Männern regelmäßig geprügelt, in Nicaragua geben 44 Prozent der Männer zu, ihre Frauen und Freundinnen zu schlagen, und in Quito in Ecuador berichten gar 80 Prozent der befragten Frauen über Schläge ihrer Männer. In Papua-Neuguinea schließlich bezeichnete ein Minister in einer Parlamentsdebatte über ein mögliches Verbot von Frauenmißhandlung diese als einen »anerkannten Brauch«, über den es nichts zu diskutieren gäbe.[7] Männliche Gewalt wird aber nicht nur im engen Familien- und Freundeskreis toleriert, sie ist auch darüber hinaus gesellschaftsfähig. In Literatur, Kunst, Film, Fernsehen und Pornographie feiert sie ungebrochene Triumphe, wobei die Gewalt gegen Frauen ein bevorzugtes Motiv darstellt: das Opfer in Kriminalfilmen beispielsweise ist meist weiblich. Hier, in einem patriarchalen Kulturverständnis, das männliche Gewaltausübung verherrlicht und glorifiziert, liegt wohl die eigentliche Wurzel zu dem in unserer Gesellschaft angehäuften Gewaltpotential. Gewalt ist dem Image vom »echten« Mann nicht nur im Krieg, sondern auch in Friedenszeiten zuträglich. »In dieser Gesellschaft ist immer Krieg. Es gibt nicht Krieg und Frieden. Es gibt nur Krieg«,[8] meinte Ingeborg Bachmann. Und die feministische Theologin Dorothee Sölle stellt fest:

»Wir leben ... in einem Krieg gegen das wirkliche Leben. Wir leben im Krieg mit der Natur, die wir ausplündern. Wir leben im Krieg mit unseren eigenen Bedürfnissen nach einem einfacheren Leben, die wir verdrängen oder verschieben müssen. Wir leben in dem Kalten Krieg, der zwischen den Reichen und den Armen stattfindet und bei dem die Armen auf der Strecke bleiben.«[9]

Es ist sicherlich kein Zufall, daß diese Zitate von Frauen stammen, denn Frauen erleben diesen »Alltagskrieg« am unmittelbarsten und intensivsten, ob er sich nun gegen die Natur, die Armen, die Ausgegrenzten, gegen Minderheiten, Behinderte, Angehörige anderer Rassen und Ethnien richtet: Frauen sind aufgrund ihres Geschlechts in der Regel die am stärksten Betroffenen.

Denn der weltweite Krieg gegen die Frauen äußert sich nicht nur in Vergewaltigungen, Schlägen und Mord, er nimmt auch subtilere Formen an. In der Trennung in einen minderwertigen (überwiegend weiblichen) Hausfrauenbereich beispielsweise und einen hochwertigen (überwiegend männlichen) beruflichen Bereich. In den geringeren beruflichen Aufstiegsmöglichkeiten von Frauen, in der ihnen aufgebürdeten Doppelbelastung, in der Ideologie vom schwächeren und dümmeren Geschlecht und in der Vorstellung von ihrer sexuellen Verfügbarkeit und Ausbeutbarkeit. In Österreich verdienen nach einer im Rahmen des Mikrozensus 1993 durchgeführten Untersuchung des Statistischen Zentralamtes Frauen bei gleicher Qualifikation um ein Viertel weniger als Männer. Weibliche Absolventinnen berufsbildender höherer Schulen müssen sich mit rund drei Viertel des männlichen Einkommens begnügen. Umgekehrt erhalten die schlechter qualifizierten männlichen Absolventen einer berufsbildenden mittleren Schule im Schnitt nur um 300 Schilling weniger als AkademikerInnen. Hingegen die Gehaltsdifferenz zwischen männlichen und weiblichen Akademikerinnen 5.300 Schilling beträgt. Weibliche Hochschulabsolventinnen verdienen etwa soviel wie Männer, die eine mittlere berufsbildende Schule absolviert haben, und weibliche Angestellte mit mittlerer Tätigkeit, zum Beispiel eine Verkaufsleiterin im Kaufhaus, wird auf dasselbe Gehaltsniveau eingestuft wie männliche Angestellte mit Hilfstätigkeit.[10]

Ein überwiegender Teil der Frauenarbeitszeit bleibt überhaupt unbezahlt. Wie eine Untersuchung des Statistischen Zentralamtes und des Bundesministerium für Jugend und Familie in Wien im Jahr 1995 herausfand, arbeiten die österreichischen Männer rund sieben Stunden pro Tag, davon 70 Prozent für Erwerbstätigkeit. Frauen hingegen sind um eine dreiviertel Stunde länger beschäftigt und verbringen 69 Prozent davon mit unbezahlter Hausarbeit.[11]

Eine ähnliche Situation besteht weltweit. In den USA lag das mittlere Jahreseinkommen nach einer vom Arbeitsministerium veröffentlichen Untersuchung im Jahr 1989 bei weißen Frauen zwischen 45 und 54 Jahren bei 20.466 Dollar, das ist nur 59 Prozent des mittleren Jahreseinkommens (34.684 Dollar) von Männern im selben Alter. Noch weniger verdienen schwarze Frauen, deren Arbeitslosenquote doppelt so hoch ist wie jene von weißen Frauen. Außerdem besetzen Frauen in den vom Wirtschaftsmagazin *Fortune* erfaßten Gesellschaften nur 3 Prozent der fünf Spitzenpositionen unterhalb der Vorstandsebene und weniger als ein halbes Prozent der höchsten Geschäftsführungspositionen. Sogar in Norwegen und Australien gibt es dreimal so viele männliche wie weibliche Manager und in Bangladesch und Indonesien nehmen Frauen sogar nur ein Prozent der Führungspositionen ein.[12]

Das Gewerbe der Prostitution steht Frauen immer offen

Nur ein Gewerbe steht Frauen immer offen: die Prostitution! Prostitutionstourismus und Frauenhandel sind stark im Steigen begriffen, das Geschäft mit Frauenkörpern blüht. Nutznießer sind allerdings wieder nicht die Frauen, sondern die Agenten und Vermittler, die Bar-, Club- und Bordellbesitzer oder die Zuhälter. In den Sex-Zentren Bangkok und Manila »bedienen« Millionen Prostituierte vornehmlich ausländische Touristen (das »Center for Protection of Child rights of the Foundation for Children« spricht von etwa 2 Millionen allein in Thailand)[13] – obwohl offiziell verboten, gehört Prostitution für das Land zu den lukrativsten Einnahmequellen. Dritte-Welt-Frauen, die als Migrantinnen im Ausland im Sex-Geschäft oder im Dienstleistungssektor arbeiten, sind außerdem begehrte Devisenbringerinnen. Auf den Philippinen beispielsweise stammt ein beträchtlicher Teil der rund 2,5 US-Dollar, die ins Ausland abgewanderte MigrantInnen jährlich überweisen von Frauen, die als Sexarbeiterinnen ihren Lebensunterhalt verdienen. Auch in der Dominikanischen Republik sollen die Deviseneinnahmen durch die Geldsendungen der MigrantInnen etwa so hoch sein wie die Einnahmen aus dem Hauptexportprodukt, dem Zucker.[14] Weshalb auch der Sextourismus bereits von internationalen Hilfsorganisationen als Mittel der Entwicklungsförderung (sic!) vorgeschlagen wurde. Maria Mies berichtet, daß das Geschäft mit dem Sex sowohl durch die Weltbank, als auch den IWF (Internationalen Währungsfond) als auch die AID (Association of International Development) gefördert wurde.[15]

Nach dem Fallen des Eisernen Vorhangs hat sich auch der Frauenhandel aus den Ländern des ehemaligen Ostblocks zu einem blühenden Geschäfszweig entwickelt. Immer mehr Frauen versuchen ihren unzureichenden Verdienst durch Prostitution im Westen aufzubessern, oder werden durch gewissenlose Händler und Zuhälter, die sich an dem Elend dieser Frauen auch noch bereichern, verschleppt und zur Prostitution gezwungen. Aber auch im eigenen Land hat der Verkauf des weiblichen Körpers Hochkonjunktur: quer durch Ungarn, Rumänien und Bulgarien bis an die türkische Grenze zieht sich der längste Straßenstrich Europas, auf dem tausende von Frauen ihre Dienste zu Spottpreisen – oft schon um 5 DM – anbieten. Die Polizei berichtet von Mord und Totschlag, brutalen Gewaltakten der Zuhälter, die den ganzen Handel unter Kontrolle haben und ihren Mädchen, die unter sklavenähnlichen Zuständen arbeiten, lediglich zehn Prozent ihrer Einkünfte lassen.[16]

Während Frauen also der Verkauf des eigenen Körpers um den Preis ihres gesundheitlichen Verfalls, gesellschaftlichen Abstiegs und häufig minimalen Verdienstes stets zugebilligt wurde, ist die Chance, in anderen Berufen Karriere zu machen, sehr viel geringer. In vielen Ländern dürfen Frauen überhaupt keinen auch nur halbwegs angesehenen Beruf ausüben, sie dürfen nicht über eigenes Geld verfügen, kein Land erben, nicht allein das Haus verlassen oder nur vermummt von Kopf bis Fuß und somit unsichtbar.

In weiten Teilen der Dritten Welt, vornehmlich in Afrika, aber auch bei Muslimen in Asien werden ihre Geschlechtsorgane verstümmelt, was verharmlosend »Beschneidung« heißt. Bei der sogenannten Circumcision, der mildesten Form wird dabei lediglich die Vorhaut der Klitoris entfernt, bei der Klitoridektomie werden bereits die Klitoris und die kleinen Schamlippen teilweise oder ganz herausgeschnitten, und bei der Infibulation schließlich werden Klitoris, kleine und große Schamlippen beseitigt und daraufhin die Vulva bis auf eine kleine Öffnung für den Austritt von Harn und Menstruationsblut zugenäht. In der Hochzeitsnacht wird die Naht häufig vom Ehemann selbst geöffnet, um den Geschlechtsverkehr zu ermöglichen. Bei der Geburt eines Kindes wird sie weiter aufgetrennt, anschließend jedoch wieder zugenäht. Diese grausamen Praktiken, die in den Dörfern immer noch unter unzureichenden hygienischen Vorkehrungen durchgeführt werden (in den Städten findet diese »Operation« oft bereits in Krankenhäusern statt) – und Schmerzen beim Geschlechtsverkehr, schwere gesundheitliche Schäden oder auch den Tod der oft erst acht- bis zehnjährigen Mädchen zur Folge haben können – sollen Frauen als Besitz des Mannes sichern; ihrer eigenen

Sexualität auf diese Art und Weise beraubt, werden sie geringes Interesse verspüren, sich einem anderen Mann zuzuwenden.[17]

Frauen sind nicht erwünscht

Auf der ganzen Welt werden Frauen als Minderjährige sexuell mißbraucht, oft von den Vätern oder nahen Verwandten, sie werden in pornographischen Darstellungen gedemütigt und gequält, was Bezieher derartiger Schriften und Videos zu ähnlichen Gewalttaten geradezu animiert. In vielen Ländern bekommen sie weniger zu essen und obwohl sie die Haupternährerinnen ihrer Familien sind, müssen sie sich mit dem zufrieden geben, was übrig bleibt. Über die Hälfte aller schwangeren und 47 Prozent der nicht-schwangeren Frauen in den sogenannten Entwicklungsländern (ohne China) leiden an Anämie, und jährlich sterben etwa eine halbe Million Frauen in der Dritten Welt im Wochenbett, eine weitere Million an Schwangerschaftskomplikationen, Abtreibungen und durch den unsachgemäßen Gebrauch von Verhütungsmitteln. Noch einmal 100 Millionen sind aus diesem Grunde krank.[18]

In Indien werden Frauen in sogenannten »Mitgiftmorden« zu Tausenden verbrannt (siehe dazu Kap. 3.4) und schließlich und endlich werden sie auch noch massenhaft entweder im Mutterleib oder kurz nach Verlassen desselben umgebracht, oder aber sie sterben als Kleinkind wesentlich häufiger als Knaben, weil sie schlechter ernährt und unzureichender medizinisch versorgt werden.

Frauen sind auf dieser Welt nicht erwünscht, sie sind das überflüssige Geschlecht, und infolge steigender Überbevölkerung sind sie es aufgrund ihrer Gebärfunktion heute mehr denn je. Die Fähigkeit der Frau, kommende Generationen zu gebären, die hunderttausende von Jahren als immer wieder neues Wunder betrachtet, als immer wieder neuer Akt der Schöpfung gefeiert wurde, hat sich in wenigen tausend Jahren patriarchaler Herrschaft in einen Makel verkehrt. In vielen Teilen der Welt werden Frauen inzwischen für ihre Gebärfunktion bestraft, und sie werden doppelt bestraft, wenn sie Töchter zur Welt bringen, denn die will niemand haben.

Der weltweite Krieg gegen die Frauen wird dort am erbittertsten geführt, wo Männer andere Männer demütigen, also vornehmlich in den Ländern der sogenannten Dritten Welt, die immer noch vom Kolonialismus gezeichnet sind und unter einem neokolonialistischen Wirtschaftssystem leiden, das sie in die Abhängigkeit der Industrieländer zwingt. Weil für männliches Selbstwertgefühl die Unterdrückung anderer wichtig ist (es deutet alles darauf hin, daß das weibliche Selbstwertgefühl sehr viel eher darauf verzichten kann), bedarf das gedemütigte männliche Selbstbewußtsein eines noch tiefer gedemütigten weiblichen Selbstbewußtseins, um sich daran aufzurichten. Als besonders auffallendes Beispiel gelten dabei die Länder der arabischen Welt, in denen Frauen unter einem aufkommenden, radikalen Fundamentalismus am meisten leiden.

Die marokkanische Soziologin Fatima Mernissi, eine der wichtigsten feministischen Theoretikerinnen des Maghreb (zu dem Marokko, Algerien und Tunesien gehören), beschreibt eindringlich, wie sehr diese Männer für ihren Nationalstolz die verschleierte Frau brauchen, und wie sehr sich ihre Wut und ihr Haß gegen die gebildeten, selbständigen Frauen richten, während die proletarische Frauen – die übrigens nie verschleiert waren – sehr wohl gelitten sind als ausgebeutetes und daher nützliches Arbeitspotential. Von diesen armen, in bitterster Not lebenden Frauen ist auch kein Widerstand zu fürchten, weil ihre gesamte Lebensenergie vom Kampf ums Überleben aufgezehrt wird.

> »Der Angriff auf die unverschleierten Frauen gilt nicht diesen Sprachlosen. Er gilt den Frauen, die endlich Worte gefunden haben. Den Lehrerinnen, Journalistinnen und Künstlerinnen – sie sollen sich verschleiern! Sie sollen endlich wieder den Mund halten, sollen wieder unsichtbar werden ... die Feministinnen ... sind die einzigen, welche die Hierarchie und die Machtverhältnisse in Familie und Staat wirklich hinterfragen (und die wissen, daß beides zusammengehört). Die Frauen, die in Algier auf der Straße für »Menschenwürde« demonstrieren, sind einmalige Stimmen, denn sie reden von etwas, was bisher für »Hchouma«, für obszön gehalten wurde.«[19]

Daß der Kampf gegen Unterdrückung und männliche Gewalt besonders heftig in Algerien geführt wird, hat seinen Grund unter anderem darin, daß die an den Befreiungskriegen häufig aktiv beteiligten algerischen Frauen, die bereits 1947 die erste Frauenorganisation gründeten, den Verlust ihrer Freiheit als besonders schmerzlich empfinden müssen. Daß die Kämpferinnen, die im 19. und der ersten Hälfte des 20. Jahrhunderts zusammen mit den Männern für die Unabhängigkeit ihres Landes eintraten, heute noch als Heldinnen verehrt werden, hinderte die Regierung nicht, Frauen ihre, in den sechziger Jahren zumindest im Gesetz garantierte Gleichberechtigung bereits in den siebziger Jahren wieder zu nehmen. Als Folge entstand eine neue, unabhängige Frauenbewegung, die vehement gegen das 1979 zur Verabschiedung vorgelegte Gesetz auftrat, in dem Frauen neuerlich zu Unmündigen gemacht und in vielen Belangen einem Vormund unterstellt werden. Eine Berufstätigkeit beispielsweise ist jetzt nur noch mit Erlaubnis des Ehemannes gestattet und

Scheidung praktisch unmöglich, es sei denn, die Frau kann sich ihre Freiheit erkaufen. Anfang der neunziger Jahre wurden derartige Bestimmungen verschärft, ab nun ist es Ehemännern, Brüdern oder Vätern erlaubt, per Vollmacht für ihre Frau mitzuwählen, was einem Verbot des Frauenstimmrechts gleichkommt.[20] Außerdem spioniert eine Art »Sittenpolizei« Frauen nach und verklagt sie wegen »Sittlichkeitsvergehen«, wenn sie allein in einem Cafe angetroffen werden, ein Hotelzimmer mieten oder sich am Strand aufhalten.[21]

Der tägliche Terror gegen Frauen

Am schlimmsten aber sind die Angriffe auf Leib und Leben, denen algerische Frauen tagtäglich durch die Fundamentalisten ausgesetzt sind, Angriffe, die geschürt werden durch die haßerfüllten Tiraden der Imane, die in ihren Gebeten und Predigten Frauen für alles Böse in dieser Welt verantwortlich machen. Da wird ein Haus, in dem eine geschiedene Frau mit ihren sieben Kindern lebt, angezündet, ein dreijähriger, behinderter Sohn erstickt in den Flammen, aber die festgenommenen Täter müssen nach Demonstrationen der Nachbarn wieder freigelassen werden. Da werden auf offener Straße mehrere Studentinnen mitten am Tag mit Lederriemen krankenhausreif geprügelt, weil sie auf einer Studentenversammlung unbequeme Meinungen vertraten. Die Polizei sieht zu, ohne einzuschreiten. Da dringt eine Gruppe von Männern in die Wohnungen von alleinlebenden Frauen, Witwen und Geschiedenen ein, vertreibt die Frauen zusammen mit ihren Kindern und besetzt die Wohnungen. In der Stadt Mascara wird im Jahr 1990 eine junge Frau von ihrem Bruder bei lebendigem Leibe verbrannt, weil sie sich geweigert hatte, ihren Beruf aufzugeben, und ein Studentinnen-Wohnheim in Oran wird von einem »Sicherheitsgürtel« von Fundamentalisten umgeben, die verhindern wollen, daß Studentinnen abends ausgehen oder Männer das Gelände betreten. Tun sie es dennoch, werden sie zusammengeschlagen.[22]

Auch im Iran sind Frauen einem täglichen Terror ausgesetzt. Frauen werden auf offener Straße verhaftet, weil sie islamische Kleidungsvorschriften nicht beachtet haben, andere werden zu Tode gesteinigt, weil sie angeblich einem internationalen Prostituiertenring angehören, Wissenschafterinnen und Journalistinnen werden wegen ihrer Mitarbeit bei Frauenorganisationen und diverser politischer Betätigung eingekerkert und gefoltert.[23] Die ehemalige Literaturwissenschafterin und Universitätsdozentin Alifa Sadeghi (Name wurde geändert), die heute in Deutschland als Asylberechtigte von Arbeitslosenunterstützung lebt, wurde nach der Machtergreifung Khomeinis auf die verschiedenste Art bedroht, verhöhnt und verspottet, ehe sie aufgrund ihrer Weigerung, ihren Universitätsposten gegen die Stelle einer Lehrerin an einer Grundschule einzutauschen, in das berüchtigte »Evin« Gefängnis eingeliefert wurde. In diesem Gefängnis wurden seit Beginn der islamischen Revolution Tausende, auch Kinder und Greise, gefoltert und ermordet. Elf Tage lang wurde Alifa dort verhört und gefoltert, ehe sie von ihrer Mutter, die das Haus ihres verstorbenen Mannes verpfändet hatte, durch die Zahlung einer hohen Kaution befreit werden konnte. Anschließend wurde ihr der Aufenthalt im eigenen Land endgültig unmöglich gemacht, die Flucht gelang ihr wie durch »ein Wunder«. Aber Alifa Sadeghi, die ungeheuer mutig allen Schikanen in ihrem Heimatland getrotzt hatte, ist eine gebrochene Frau, die nicht einmal unter ihrem richtigen Namen auftreten kann, um die Mutter, die in Teheran geblieben war, und dort nach der Flucht ihrer Tochter körperlich mißhandelt wurde, vor weiteren Verfolgungen zu schützen.[24]

So wie die Algerierinnen mußten auch die Iranerinnen erfahren, daß ihnen ihre Beteiligung am heldenhaften Befreiungskampf gar nichts bringt. Denn auch die iranischen Frauen hatten zusammen mit den Männern gegen das Schah-Regime gekämpft, und als an jenem berüchtigten »Schwarzen Freitag«, dem 8. November 1978 etwa 4000 Schah-Gegner auf der Straße erschossen wurden, befanden sich darunter immerhin ungefähr 700 Frauen.[25] Aber das neue Regime dankte ihnen diesen Märtyrerinnentod wenig. Gleich nach der Machtergreifung der neuen Herren wurden sie neuerlich auf »ihren« Platz zurückgeschickt und ihre Rechte weiter eingeschränkt. Die Koedukation und ein Familiengesetz, das Frauen bislang zumindest Teilgeständnisse gemacht hatte, wurde aufgehoben, statt dessen verfügte ein neues Gesetz Steinigung bei Ehebruch und staatliche Prügelstrafe. Der Schleier, von vielen Iranerinnen als Zeichen des Kampfes gegen die Verwestlichung freiwillig getragen, wird jetzt zum Zwang. Nichtverschleierte Frauen gelten als Huren, Freiwild, den Belästigungen und der Gewalt von Männern (und Frauen) schutzlos ausgeliefert. Bald wurde tausenden von jungen, unverschleierten Frauen der Zugang zum Arbeitsplatz verweigert. Dann kam es noch schlimmer: Frauen, denen der Tschador verrutscht war, so daß Haar sichtbar wurde, bekamen gleich bis zu 100 Peitschenhiebe und ein paar Tage Gefängnis. Einigen wurde der Schleier mit Nägeln in den Kopf geschlagen.[26]

Proteste der Frauen

Alice Schwarzer, zusammen mit anderen europäischen und amerikanischen Feministinnen von Iranerinnen zu Hilfe gerufen, ist wenige Wochen nach dem Umsturz des Jahres 1979 nach Teheran gereist. In ihrem Erlebnisbericht[27] beschreibt sie die wütenden Proteste tausender Frauen, die sich so sehr um ihre Erwartungen betrogen sahen: Sie berichtet von 20.000 bis 30.000 Frauen, die durch die Straßen Teherans zogen und skandierten: »Wir sind Iranerinnen und lassen uns nicht länger an die Kette legen« und: »Ohne die Frauenbefreiung ist die Revolution sinnlos gewesen« und »Wir haben nicht gegen die alte Diktatur gekämpft, um uns einer neuen Diktatur zu beugen«. Sie beschreibt, wie diese Frauen von einzelnen Männern angegriffen, geschlagen und an den Haaren gezerrt wurden, und dennoch ihren Protest nicht aufgaben. Denn in den nächsten Tagen demonstrierten wiederum bis zu 50.000 Frauen am Universitätsgelände. Schließlich, nachdem die Frauenproteste auch die Provinzstädte erreicht hatten, vergaßen die neuen – männlichen – Machthaber ihre Differenzen untereinander, um sich unisono gegen die Frauen zu verbünden. Mit dem Argument, daß diese Proteste der islamischen Revolution schaden und SAVAK (Geheimdienst unter dem Schah) sowie CIA nützen werden, haben sie Frauen wieder einmal mundtot gemacht und ihre Widerstandskraft gebrochen.

Viele waren verzweifelt, einige wanderten aus, die Mehrheit, tief verwurzelt im iranischen Glauben, schickte sich. Alice Schwarzer beschreibt diese tschador-gewandeten, in der Islamischen Frauenunion zusammengefaßten Frauen nicht ohne Respekt. Viele von ihnen wurden in den Kerkern des Schah gefoltert, nicht wenige von ihnen sind berufstätig, die meisten waren beseelt von einem tiefen Glauben an eine bessere, klassenfreie Gesellschaft im Iran, an das Ende von Unterdrückung, Ausbeutung, Elend und Not ...!

Auch in Pakistan, einem weiteren islamischen Land, bestimmt seit Anfang der neunziger Jahre das sogenannte Schariat-Gesetz, das sich ausschließlich an Koran und Sunna (zweite Glaubensquelle nach dem Koran) orientiert, das öffentliche und gesellschaftliche Geschehen. Wie die pakistanische Menschenrechtskommission berichtet, ist seit diesem Zeitpunkt ein deutliches Anwachsen der Gewalt gegen Frauen und Minderheiten festzustellen.[28] Auch hier gibt es immer noch eine relativ einflußreiche Frauenbewegung, die auf die starke Stellung von Frauen aus der gebildeten Schicht während des Unabhängigkeitskampfes gegen England zurückzuführen ist. Sie konnte zumindest bislang in den meisten Fällen verhindern, daß Frauen wegen Ehebruch gesteinigt werden, aber sie konnte nicht verhindern, daß tausende Frauen deswegen eingekerkert wurden mit sehr geringer Chance, jemals wieder die Freiheit zu erlangen, weil die von den Mullahs geforderte Kautionssumme in der astronomischen Höhe von 30.000 bis 40.000 Rupien von den wenigsten bezahlt werden kann. Im Gefängnis sitzen auch Frauen, die vergewaltigt wurden und nicht die nach dem Gesetz notwendigen vier männlichen Zeugen herbeischaffen können, die den Tatbestand der Vergewaltigung beschwören müssen. Auch auf sie haben sich die religiösen Eiferer eingeschworen, für die Frauen die Quelle allen Übels sind, und deshalb an ihrer Vergewaltigung selbst schuld. Möglicherweise haben sie sich nicht ausreichend unter dem Tschador oder der Burqa, einem unförmigen, bis an den Boden reichenden Umhang mit lediglich zwei winzigen Sehschlitzen versteckt oder sonstwie die Männer herausgefordert. Außerdem sind Frauen so minderwertig, daß ihnen bei Mordfällen nur halb so viel »Blutgeld« zusteht wie Männern, daß zwei weibliche Zeuginnen gefordert werden, wo ein Mann genügt sowie daß auf amtlichen Fragebogen nicht ihr Name wichtig ist, sondern jener ihres Mannes, Bruders oder Sohnes. Diese Minderwertigkeit und Nichtigkeit macht sie nicht nur problemlos zum allgemeinen Sündenbock, sie führt auch dazu, daß sich niemand außer ein paar Feministinnen über die tägliche Gewalt ihrer Ehemänner besonders aufregt, ebensowenig über die Tatsache, daß sie selbst in Polizeigewahrsam von den Hütern des Gesetzes zu etwa 80 Prozent vergewaltigt werden.[29]

Die Journalistin Gabriele Venzky schreibt, daß auch in Pakistan nach dem Golf-Krieg eine Renaissance der »alten Werte« des Islam festzustellen war, die vornehmlich von Frauen verkörpert werden mußten. Sie berichtet von einem der wenigen Widerstandszentren, das Frauen gegen die zunehmende Gewalt der Männer aufgebaut haben. Es wird geführt von den Jilani-Schwestern, Anwältinnen am Obersten Gericht in Lahore, denen es aufgrund eines beträchtlichen Erbes ihres Vaters, eines bekannten Widerstandskämpfers gegen die britische Kolonialherrschaft, möglich ist, sich für Menschen- und Frauenrechte einzusetzen. Denn die Frauen, die sich bei ihnen Rat und Hilfe holen wollen, weil sie von ihren Ehemännern verprügelt, die gemeinsamen Töchter vergewaltigt oder sie sonst in irgendeiner Weise mißhandelt werden, können selten etwas bezahlen. Selbst aus abgelegenen Dörfern kommen verzweifelte Frauen zu den Jilani-Schwestern, denen sich inzwischen weitere Juristinnen und Juristen mit meist kostenloser Hilfe angeschlossen haben.[30]

Der Krieg gegen die Frauen findet weltweit statt

Daß arabische Länder gegenwärtig wegen eines erstarkenden Fundamentalismus auch in bezug auf Frauendiskriminierung im Blickpunkt der Öffentlichkeit stehen, bedeutet nicht, daß es Frauen in anderen Ländern besser geht. Über die ungeheure Ausbeutung und Arbeitsüberlastung vornehmlich indischer und afrikanischer Bäuerinnen, die täglich zehn bis fünfzehn Stunden arbeiten müssen, nur um ihr eigenes und das Überleben ihrer Kinder zu sichern, wurde bereits berichtet (siehe Kap. 3.4). In Schwarzafrika leisten Frauen 80 Prozent aller Landarbeit, produzieren 70 Prozent der Nahrungsmittel – und haben trotzdem am allerwenigsten zu essen.[31]

Aber auch Frauen in den übrigen Ländern der Dritten Welt arbeiten häufig bis an die äußersten Grenzen ihrer physischen und psychischen Belastbarkeit, weil sie von den Männern, die infolge einer zunehmenden wirtschaftlichen Notlage in die Städte abwandern, mit ihren Kindern allein gelassen werden. In China etwa, das als Beispiel für ein Umschlagen einstiger, auf Gleichberechtigung angelegter Reformideen in eine krasse Frauendiskriminierung angeführt werden kann, schuften die Frauen auf dem Land wie Sklavinnen, denen das Ein-Kind-System, das die Geburt von Söhnen begünstigt, auch noch die weibliche Hilfe im Haushalt nimmt. Ebenso hat der, infolge von Abtreibung weiblicher Föten und praktiziertem Mädchenmord bereits eingetretene akute Frauenmangel nicht etwa zu einer Anhebung des weiblichen Prestiges, sondern ganz im Gegenteil zur Praxis eines organisierten Frauenraubes geführt (siehe dazu Kap. 3.5). Aber auch in den Ländern des ehemaligen Ostblocks leiden besonders die Frauen unter den immer schlechter werdenden Lebensbedingungen. Sie stellen 48 Prozent der Industriearbeitskräfte, arbeiten überproportional viele Nachtschichten, erledigen geschätzte 44 Prozent aller als »gefährlich« eingestuften Jobs und verdienen dabei um ein Drittel weniger als Männer. Darüber hinaus obliegt ihnen die meist äußerst schwierige Nahrungsbeschaffung. Sie sind es auch, die in den riesigen Kündigungswellen nach der Wende als erste ihren Arbeitsplatz verlieren. Kein Wunder, daß sie durchschnittlich um rund fünf Jahre kürzer leben als die Frauen im Westen. Während Männer den Frust über ihre Situation in zunehmender Gewalttätigkeit abreagieren, die wieder die Schwächsten, nämlich Frauen und Kinder trifft.[32]

Wie bereits festgestellt, ist Zufriedenheit in den westlichen Industriestaaten hier allerdings fehl am Platz. Der rechtfertigende Hinweis auf die noch unglücklichere Situation von Frauen in anderen Ländern geht am eigentlichen Problem vorbei. Denn der Krieg gegen die Frauen ist ja kein besonderes Spezifikum eines bestimmten Landes, sondern eines – weltweiten – patriarchalen Systems. Er mag in verschiedenen Ländern auf verschiedene Art und Weise geführt werden, das Grundkonzept hingegen ist überall das gleiche. Auch im sogenannten Westen schlagen und vergewaltigen die Männer ihre Frauen, werden Frauen ausgebeutet, benachteiligt und unterbezahlt. Denn daß es Frauen in den Industriestaaten ein wenig besser geht, ist hauptsächlich darauf zurückzuführen, daß es uns generell besser geht! Vorläufig! Die Selbstgefälligkeit, mit der häufig das »frauenfreundliche« Klima unserer Breiten betont wird, verschleiert die Tatsache, daß es das westliche, das europäische Patriarchat gewesen ist, das nicht nur durch Unterdrückung und Ausbeutung die Armut der Länder der sogenannten Dritten Welt herbeigeführt, sondern dort auch die letzten Reste matrizentrischer Spuren getilgt hat. Gleichzeitig damit wurde ein zum Teil noch animistisches, naturbezogenes Denken durch ein profitorientiertes, ausbeuterisches und mechanistisches Denksystem ersetzt.

Während sich etwa die Frauen vieler arabischer Länder von Kopf bis Fuß in den Schleier hüllen müssen, findet bei uns ein Ausverkauf ihrer Körper statt. Werbung, Film und Fernsehen bedienen sich ausgiebigst nackten, weiblichen Fleisches, um die Einschaltquoten zu steigern, und ein Blick auf jeden x-beliebigen Zeitschriften-Kiosk genügt, um sich den propagierten Stellenwert der Frau in unseren Breiten klar zu machen: jenen des verfügbaren, mit wenig Hirn aber dafür viel Busen ausgestatteten Sex-Trutscherls, das lediglich eines herbeisehnt: den Mann! Der reißende Absatz derartiger Publikationen, die nimmermüde Darstellung dieser Klischees in den Medien weisen auf die tiefsitzenden diesbezüglichen Wunschvorstellungen einer breiten männlichen Schicht, der sich Frauen immer noch sehr häufig fügen. In eine ähnliche Richtung gehen Soft-Pornos, während in harten Pornos die Erniedrigung der Frau nicht mehr in das »harmlose« Mäntelchen irgendwelcher Sex-Spiele gekleidet wird, sondern sehr unmittelbar, in sadistischer und haßerfüllter Weise stattfindet. Daß diese Pornos zu Gewalt an Frauen animieren, wissen nicht nur die Militärs, die sie extra für diese Zwecke einsetzen (siehe Kap. 5), das beweisen auch zahlreiche Beispiele aus dem Alltag.[33]

Während der Schleier die Körperlichkeit der Frau verhüllen muß, wird sie bei uns öffentlich zum Kauf angeboten. Das, was an Motivation dahinter steht, ist allerdings sehr ähnlich: Es zielt auf einen Besitzanspruch des Mannes und eine Erniedrigung der Frau.

10 Feministische Gegenpositionen

Die Antwort der Frauen auf patriarchale Zustände erschöpft sich inzwischen nicht in einer reinen Patriarchatskritik, sondern findet ihren Niederschlag in vielfältigsten Aktivitäten, in denen konstruktive eigene Positionen bezogen werden. Diese zielen sämtlich in Richtung einer Gesellschaft, in der der Anspruch auf Herrschaft – über die Natur, die Frau, Rassen, Klassen und Ethnien – in Frage gestellt beziehungsweise aufgehoben und ein herrschaftsloses Verhältnis angestrebt wird.[1] Gleichzeitig damit werden patriarchale Verhältnisse, die sich in Gewalt, Hierarchie, ungleiche Machtverteilung, Akkumulation von Kapital, Unterdrückung des Schwächeren und ähnliche manifestieren einer fundamentalen Kritik unterzogen.

Der Feminismus erkennt die eigentliche, tiefe Wurzel für eine ungleiche, ausbeuterische Gesellschaft in einem ungleichen Geschlechterverhältnis. Die Behebung dieser Ungleichheit erscheint demnach als besonders wichtig, weshalb sich Frauenforschung, ursprünglich vornehmlich mit den Formen weiblicher Unterdrückung, mit weiblichen Kulturen und der Präsenz von Frauen in Geschichte und Gegenwart befaßt, gegenwärtig vor allem auf das Verhältnis zwischen den Geschlechtern konzentriert. Der aus der angloamerikanischen Terminologie übernommene Begriff »gender«, das soziale Geschlecht, wird dem Begriff »sex«, das biologische Geschlecht, gegenübergestellt, um damit die sozialen Dimensionen der Geschlechterdifferenz deutlich zu machen. Das »soziale Geschlecht« wird dabei als das Gewordene betrachtet, das geschichtlich und gesellschaftlich Geformte, eine Konstruktion von Rollen und Eigenschaften, die als geschlechtsspezifisch bezeichnet werden und auf die Festlegung von »Weiblichkeit« und »Männlichkeit« als Produkt gesellschaftlicher (Macht-)Mechanismen hinweist. Diese Unterscheidung zwischen biologischem und sozialem Geschlecht ist wichtig angesichts der Tatsache, daß die Unterdrückung der Frau stets biologistisch, also durch ihre »Natur« gerechtfertigt wurde.

Der Slogan »Das Private ist politisch« zeigt auf, daß sogenannte private Angelegenheiten, wie sie sich etwa innerhalb einer konservativ-patriarchalen Familie abspielen, von eminent politischer Bedeutung sind. Wenn Gewalt im sogenannten rechtsfreien Raum der Familie aufgedeckt wird, so werden damit wichtige, in unserer Gesellschaft unterschlagene Zentren von Gewalt thematisiert, die zu weiterer Gewaltausübung zukünftiger Generationen führen würde. Die Analyse geschlechtsspezifischer Arbeitsverhältnisse und die Erarbeitung einer kritischen Theorie der Hausarbeit unter patriarchalen Bedingungen macht diese als die eigentliche materielle Ursache weiblicher Armut, Rechtlosigkeit und politischer Bedeutungslosigkeit bewußt.

Daß der Feminismus kein spezielles Programm vertritt, wird ihm häufig zum Vorwurf gemacht. In der flexiblen Haltung feministischer Theorien, die sich den jeweiligen menschlichen Bedürfnissen anpassen, liegt aber gerade seine Stärke. Ein starres Programm uniformiert und reglementiert, es stellt den Menschen in einen Raster und läßt individuellen Spielräumen wenig Raum. Es ist aber gerade der Mensch als das Maß aller Dinge, der im gegenwärtigen Gesellschaftssystem kein wirklicher Orientierungspunkt mehr ist. Im folgenden soll aufgezeigt werden, daß feministische Grundlagenforschung Gegenstrategien in Bezogenheit und Vernetzung aller Bereiche gesellschaftlichen Lebens anstrebt.

10.1 Ökofeminismus

Der Ökofeminismus entstand in den späten siebziger und frühen achtziger Jahren aus verschiedenen sozialen Bewegungen – der Frauen-, Friedens- und Ökologiebewegung – und durchdrang mit gründlichen Systemanalysen bald zahlreiche Bereiche des politischen, gesellschaftlichen und religiösen Lebens. Der Begriff wurde bereits von Françoise d'Eaubonne im Jahre 1974 verwendet,[1] blieb damals allerdings weitgehend unbeachtet, und gewann erst im Zusammenhang mit zahlreichen Umwelt- und Anti-Atom-Protesten an Popularität.

Es ist sicherlich kein Zufall, daß die Ökologiebewegung von Anfang an mehrheitlich von Frauen getragen wurde. Der Zusammenhang zwischen Naturzerstörung und Frauenunterdrückung und eine daraus resultierende größere Betroffenheit hat bei ihnen schon immer ein größeres, diesbezügliches Problembewußtsein geschaffen. Bereits das erste, aufsehenerregende Buch, das zu diesem Thema verfaßt wurde, stammt von einer Frau. Rachel Carson setzte sich schon 1962 in »Der stumme Frühling« mit dem Problem zunehmender Umweltverschmutzung auseinander – vornehmlich durch die Anwendung von Pestiziden, die in die Nahrungskette eingehen und das »Netz des Lebens« zerstören.[2]

Heutigen Schätzungen zufolge sind mehr als zwei Drittel aller Mitglieder von Umweltschutzorganisationen Frauen.[3] Eine Umfrage des Umweltbundesamtes aus dem Jahr 1993 in Deutschland ergab, daß Frauen derzeit ein höheres ökologisches Problembewußtsein haben als

Männer.[4] Sie sind auch nicht mehr nur an der Basis anzutreffen, sondern besetzen zunehmend Führungspositionen. In Österreich beispielsweise werden zur Zeit (Stand Dez. 1995) die drei großen Umweltorganisationen (Green Peace, WWF und Global 2000) von Frauen geleitet. Ebenso stehen dem Öko-Büro und dem Ökologie-Institut Frauen vor.

Frauen sind jedoch nicht nur aufgrund einer historisch gewachsenen Situation, in der sie durch ihre Gleichsetzung mit Natur ähnlichen ausbeuterischen Praktiken unterworfen werden wie diese, für ökologische Fragen besonders empfänglich, sondern infolge ihrer Alltagssituation, in der ihnen die Hauptverantwortung für das Leben sowohl kommender Generationen als auch Alter, Kranker und Hilfsbedürftiger übertragen wird. Ein Leben, das in einer Gesellschaft, die von Profitinteressen, Gewalt, Ausbeutung sowie Vernichtung von Mensch und Natur beherrscht wird, wenig gilt, soll von Frauen geschützt und gehütet werden, die in dieser Gesellschaft wenig zu sagen haben. Der Aufstand der Frauen, ihr Suchen nach neuen Lösungsansätzen und Gegenstrategien und ihr Bemühen um Durchsetzung auf höchster kommunaler und politischer Ebene ist aus ihren speziellen Lebensverhältnissen zu erklären.

Der Ökofeminismus will nicht nur begrenzt wirksam werden, er versucht vielmehr globale Zusammenhänge zu verstehen und mit seinem Konzept zu durchdringen. Er fordert eine grundlegende, weltweite Erneuerung beziehungsweise Veränderung politischer, ökonomischer Strukturen sowie kultureller, philosophischer und religiöser Denksysteme, die sämtlich auf dem Prinzip von Herrschaft, Ausbeutung, Hierarchien und dualistischem Denken beruhen, und vertritt statt dessen einen Grundsatz der Gleichheit: zwischen Frau und Mann, Klassen und Rassen, Mensch und Natur. Er fordert Achtung vor allem Lebendigen, Berücksichtigung spezieller Lebenszusammenhänge und eine umfassende Umgestaltung von Beziehungen, die von Vorherrschaft und Ausbeutung geprägt sind.

Die Verbindung zwischen patriarchaler Gewalt gegen Frauen, die Natur und fremden Völkern drückt Ynestra King, eine der Organisatorinnen der ersten ökofeministischen Konferenz im Jahr 1980 in Amherst in den USA so aus:

»Wir sind eine frauenidentifizierte Bewegung und glauben, in diesen gefährlichen Zeiten eine besondere Aufgabe erfüllen zu müssen. Wir halten die Verwüstungen der Erde und ihrer Lebewesen durch die Industrie-Krieger und die Drohungen einer atomaren Vernichtung durch die Militär-Krieger für feministische Anliegen. Das ist die gleiche maskulinistische Mentalität, die uns das Recht auf unseren eigenen Körper und unsere eigene Sexualität abspricht und die von multiplen Systemen der Herrschaft und Staatsmacht abhängt, um sich durchzusetzen.«[5]

Inzwischen wurden auch die Gefahren einer frauenzentrierten Ökologie-Bewegung thematisiert. Denn die Verbindung von Frau und »Mutter Erde«, die seit Jahrhunderten einen Rechtfertigungsgrund für die Ausbeutung weiblicher Sexualität und Arbeitskraft liefert, könnte auch zum Bumerang werden. Hat doch diese angebliche »natürliche« Verbundenheit, die durch die biologische Fähigkeit, Kinder zu gebären, erklärt wird, stets dazu gedient, patriarchale Herrschaftsinteressen aufrecht zu erhalten. Wie berechtigt die Sorge vieler Frauen ist, neuerdings aufgrund einer »natürlichen« Veranlagung mit der Verantwortung für die katastrophalen Folgen patriarchaler Herrschaft belastet zu werden, beweisen nicht nur so manche Äußerungen sich wohlwollend gebender Politiker, die Frauen – vornehmlich jene der »Dritten Welt« – plötzlich als Retterinnen einer verfahrenen Situation herbeirufen wollen. Das zeigt sich auch in den Industriestaaten, wo die ganze Problematik auf die Haushalte abgewälzt wird und besonders Hausfrauen durch die Mehrarbeit der Müll-Trennung das schlechte Gewissen der Nation beruhigen sollen, während die eigentlichen Verursacher der Misere ihre – meist höchst lukrativen – Geschäfte unbehelligt weitertreiben. Wie schamlos dabei Frauen häufig in einer sexistischen Werbung mit der Verantwortung auch gleich die Schuld für das Desaster aufgehalst wird, zeigte jene skandalöse Werbekampagne der österreichischen Initiative »Grüne Augen« im Winter 1994, in der eine Frau mit nacktem Oberkörper und offenem Hosenbund mit dem Slogan »Ich bin kein Miststück« zur Mülltrennung animieren sollte.[6]

Daß das besondere Interesse von Frauen am Schutz von Leben und Natur weniger biologisch, sondern eher das Ergebnis eines jahrhundertelangen Prozesses der Sozialisation bedingt ist, wissen wir inzwischen. Die geschlechtliche Arbeitsteilung, die Frauen für das »Drinnen«, den Bereich der Familie, die Aufzucht der Kinder und die Pflege der Alten und Kranken verantwortlich macht, hat sie für die Bedürfnisse alles Lebendigen besonders sensibilisiert. Männer hingegen haben durch ihre Ausrichtung auf das »Draußen«, die Welt eines profitorientierten Berufes, einer auf die Trennung von Lebenszusammenhängen ausgerichteten Wissenschaft, einer naturzerstörerischen Ökonomie und nicht zuletzt auf Kampf und Krieg diese Beziehung zum Leben weitgehend verloren. Woraus nicht nur folgt, daß die zerstörerische und ausbeuterische Hälfte der Menschheit nur mit Unterstützung der fürsorgerischen Hälfte funktionieren kann, sondern auch, daß Männer genauso wie Frauen mit einigem guten Willen und entsprechendem Training die notwendige Beziehung und das notwendige Verantwortungsbewußtsein dem Leben und der Natur gegenüber entwickeln können. Eine Feststellung, die angesichts der Tatsache wichtig erscheint, daß jahrhundertelang unterdrückte und aus gesellschaftlichen Prozessen ausgeschlossene Frauen nicht imstande sind – und dies auch als Zumutung von sich weisen – im Alleingang einen eingefahrenen Karren aus dem Dreck zu ziehen. Christa Wichterich stellt zu Recht die Frage, ob Frauen, wenn sie diese gesellschaftliche Rollenzuweisung als »Retterin der Erde« annehmen, nicht wieder »die Dummen« sind,

»deren Verzicht und Opferfähigkeit ausgenutzt werden? ... Denn von Frauen Auto- und Konsumbefreiung, Wiedergewinnung naturverbundener Arbeit und Wiederaneignung von Raum und Zeit zu fordern, läßt das Geschlechterverhältnis unberührt und auch unser wachstumsfixiertes Wirtschaftsmodell«.[7]

Frauen wollen sich nicht als »Retterinnen der Erde« sehen, sondern sie sind – weltweit – von der Naturzerstörung am härtesten betroffen. Und hier liegt das eigentliche Problem: die Selbstorganisation so vieler Frauen besonders in Dritte-Welt-Ländern ist als Selbstschutz zu verstehen, weil ihre durch Raubbau an der Natur bedingte Ausbeutung ein unerträgliches Ausmaß erreicht hat. Ein weiteres Problem liegt in der Ohnmacht dieser Frauen, die mit ihren »Graswurzeltheorien« zwar den richtigen Weg beschreiten, von den Multis und Geschäftemachern im Agrar-business aber gnadenlos niedergewalzt werden, wenn es um die großen Gewinne geht.

Trotzdem sind die zahlreichen Aktivitäten von Frauen in aller Welt nicht gering zu achten. Sie haben auch bereits zu einem gewissen Umdenken geführt, wie es sich etwa auf der Weltbevölkerungskonferenz in Kairo im Jahre 1994 zeigte, als zum ersten Mal den Anliegen der Frauen eine größere Beachtung geschenkt wurde – nach dem Grundsatz, daß bei ihnen, bei einer Verbesserung ihrer Situation anzusetzen sei, um eine Verbesserung der Situation der Kinder bei gleichzeitigem Bevölkerungsrückgang zu erreichen.

Der Ökofeminismus stützt sich auf Arbeiten wie jene von Carolyn Merchant und Evelyn Fox-Keller, in denen die Unterdrückung der Frau in einen ursächlichen Zusammenhang mit einem naturwissenschaftlichen Weltbild gestellt wird, wie es sich im 16. und 17. Jahrhundert entwickelt hat (siehe dazu Kap. 3.1). Gleichzeitig wird die Zerstörung der Natur auf den hierarchischen Dualismus Natur/Kultur, Mann/Frau, Geist/Körper, Materialismus/Spiritualität zurückgeführt. Ein Dualismus, der zur Entstehung einer eindimensionalen (höher bewerteten) Welt des Mannes, repräsentiert durch Kultur, Geist, Wissenschaft, Verstand und Materialismus geführt hat, während die – ebenso eindimensionale, allerdings niedriger bewertete – Welt der Frau mit Natur, Körperlichkeit, Gefühl und Spiritualität identifiziert wird. In dieser Spaltung – und damit im Verlust des ganzheitlichen Menschen – sieht der Ökofeminismus die Wurzel für jene unkontrollierte Entwicklung von Wissenschaft und Technik, Industrie und Militarismus, mit der wir gegenwärtig konfrontiert sind, und die zu einer Verschärfung destruktiven Verhaltens und steigender Aggressionen geführt hat. Ökofeministinnen wollen diese falschen Trennungen überwinden. Sie wollen eine andere, ganzheitliche Welt schaffen, in der die ineinandergreifenden, zusammenhängenden Lebensprozesse gesehen und geachtet, statt auseinandergerissen und zerstört werden. Ökofeministinnen wollen dem Leben und allem Lebendigen absolute Priorität einräumen – und sie wissen, daß sie sich mit dieser Forderung im Gegensatz zu gängigen Wertbegriffen befinden.

>Die grundlegende Perversion der modernen kapitalistischen und sozialistischen Gesellschaft ist die Wertschätzung des Toten – Sachen, Dinge, Gegenstände, Maschinen – und die Geringschätzung des Lebendigen«,[8]

meint die Soziologin und Anthropologin Veronika Bennholdt-Thomsen. Weshalb auch vor allem jene Arbeit geachtet ist, die tote Dinge erzeugt und Geld einbringt, während die Arbeit mit Menschen, das Gebären und Aufziehen von Kindern, das Versorgen der Alten und Kranken sowie jede, den Frauen zugeschriebene Beziehungsarbeit gering eingeschätzt wird. Eine Geringschätzung, die nicht nur Frauen, sondern all jene trifft, die für die Grundbedürfnisse des Lebens zuständig sind wie etwa Bauern, Handwerker und die Völker der »Dritten Welt«, die in der Subsistenzwirtschaft tätig sind.

Spiritueller Ökofeminismus

Neben dem sogenannten sozialen Ökofeminismus, der das Verhältnis Frau/Natur ebenso wie Mann/Natur als soziale Konstruktion und daher als veränderbar betrachtet, gibt es noch den spirituellen Ökofeminismus, der die Erde als lebendigen Organismus auffaßt und die Heiligkeit alles Lebens betont. Der spirituelle Ökofeminismus ist durch seine Nähe zu New-Age und einer biologisch begründeten Affinität von Frau und Natur etwas in Verruf geraten. Vertreterinnen des spirituellen Ökofeminismus wird vorgehalten, die körperliche Verbundenheit von Frauen und

Natur und ihre Hinwendung zu Mystizismen zu sehr zu betonen und darüber die politische Bedeutung der ökofeministischen Bewegung zu vernachlässigen. Das mag teilweise zutreffend sein. Jedoch ist weibliche Spiritualität, die sich auf Energien bezieht, die teilweise mit einer Göttin in Zusammenhang gebracht werden, in einer von patriarchalen Religionen beherrschten Welt, die das Weibliche aus ihren religiösen Systemen weitgehend ausgeschlossen hat, von großer Wichtigkeit. Im Unterschied zu Männerreligionen wird weibliche Sinnlichkeit im religiösen Denken nicht gebrandmarkt und verworfen, sondern als sexuelle Energie betrachtet, als Lebenskraft, die Frauen untereinander und mit anderen Lebensformen verbindet. Indem diese sinnliche, sexuelle und gleichzeitig spirituelle Energie als diesseitig und nicht jenseitig gedacht wird, schafft sie den Gegensatz zwischen Geist und Materie, Transzendenz und Immanenz ab. Immanenz ist wichtig, jedoch nicht verstanden als leblose, passive und daher auch manipulierbare Materie, sondern erfüllt von Leben und Geist. Wichtig ist daher auch unser tägliches, in patriarchalen Gesellschaften häufig so verachtetes Tun, die tägliche Lebens- und Überlebensarbeit. Heilig ist im spirituellen Ökofeminismus nicht eine über allen Dingen stehende, transzendente Gottheit, sondern Heiligkeit ist in den Dingen selbst, in unserer Liebes- und Beziehungsarbeit, in unserem Umgang mit der Natur und in einer Achtung vor allem Lebendigen.

Während etwa im Christentum Liebe in die hohe, reine Gottes- und Nächstenliebe (agape) und den niederen und zu verwerfenden Sexus aufgespalten wird, will weibliche Spiritualität das Körperliche nicht vom Geistigen trennen: Der Geist beseelt alles, unsere sinnlichen Erfahrungen ebenso wie die »niedere« Materie.

Daß das Interesse an Spiritualität, Esoterik, an verschiedensten fernöstlichen Praktiken und damit im Zusammenhang auch an Sekten gegenwärtig einen regelrechten Boom erlebt, ist auf eine tiefe Krise der westlichen, patriarchal-kapitalistischen Zivilisation zurückzuführen, die mehr und mehr alles Sinnlich-Geistige, und damit auch Freude, Lust und Befriedigung aus dem täglichen Tun ausgeklammert hat. Die Sehnsucht der Menschen in Industriegesellschaften nach jener umfassenden Lebensfülle, die uns weitgehend verloren ging, ist offenbar so groß, daß sie zu einem Modetrend geführt hat, der uns mit Yoga, Tai Chi und den verschiedensten Meditationsmethoden geradezu überschwemmt. Maria Mies und Vandana Shiva, zwei der bedeutendsten Vertreterinnen des Ökofeminismus, nennen diese bei uns im Augenblick so beliebten orientalischen Praktiken angesichts des Hungers, des Leidens und des Überlebenskampfes in der »Dritten Welt« eine »Luxusspiritualität«, und zitieren in diesem Zusammenhang Saral Sarkar, der von einem »idealistischen Zuckerguß auf dem materialistischen Kuchen des westlichen Lebensstandards« spricht.[9] Denn der Gegensatz von Geist und Materie, Ökonomie und Ökologie kann solange nicht aufgehoben werden, solange die Suche nach Ganzheit nicht mit einer Kritik am herrschenden, ausbeuterischen Wirtschaftssystem und an zerstörerischen Technologien verbunden ist. Jedoch ist eine Fixierung auf ein rein sozialkritisches, politisches Engagement, das den spirituellen Faktor ausklammert, auch nicht geeignet, wirklich tragfähige Ergebnisse zu erzielen.

Subsistenzproduktion als Grundlage ökofeministischer Position

Mies und Shiva sehen in der Subsistenzproduktion, wie sie immer noch von den meisten Frauen dieser Erde betrieben wird, die Voraussetzung für einen praktizierenden Ökofeminismus. Beide Wissenschafterinnen fordern in einer sehr radikalen Position die Überwindung der Industriegesellschaft und die Rückkehr zu selbstgenügsamen, subsistenzwirtschaftlichen Produktionsformen. Weil Subsistenzbäuerinnen, so Shiva und Mies, die Erde ganz selbstverständlich als ein Lebewesen betrachten, das ihr eigenes und das Überleben ihrer Mitmenschen sichert, ist ihnen die Trennung des Spirituellen vom Materiellen ebenso unverständlich wie unser mühsamer Versuch, beides wieder zusammen zu fügen. Mies/Shiva nennen diese Art von Materialismus, von Immanenz, die mit einer Art »jenseitiger Spiritualität« nichts zu tun hat, die eigentliche Grundlage ökofeministischer Position. Sie gehen über die Forderungen der GRÜNEN hinaus, die sich zwar auch für die Notwendigkeit der Regionalisierung und Dezentralisierung der Wirtschaft aussprechen, aber im Rahmen der Industriegesellschaft. Im Programm der GRÜNEN geht es nicht um die Überwindung der Industriegesellschaft, sondern um ihren ökologischen Umbau. Während Mies/Shiva sehr konsequent eine Umgestaltung des heutigen Stadt/Land-Verhältnisses fordern, weil sich urbane Zentren auf Kosten des Landes und der Ökologie entwickeln und daher das Land die Basis für eine Veränderung der Wirtschaft sei, halten die GRÜNEN an einer urbanen Perspektive fest, die lediglich verändert werden müsse.

Die Theorien von Mies und Shiva sind vielfach als unrealistisch kritisiert worden. Andere meinen, daß die unbezahlten Arbeitsleistungen der autonomen Subsistenzproduzenten von einer kapitalistischen Gesellschaft neuerlich ausgebeutet und Frauen damit wiederum Ausraubungsverhältnissen zum Opfer fallen könnten.[10] Trotz solcher und ähnlicher Einwände treffen die Ausführungen von Maria Mies und der indischen Alternativnobelpreisträgerin Vandana Shiva gerade in ihrer radikalen Position den Kern des Problems. Die Schwierigkeiten liegen in der realpolitischen Durchsetzbarkeit eines Programms, das gegenwärtigen Denkmustern diametral entgegenläuft. So sehen sie durchaus richtig in der allgemein vertretenen These von der »nachholenden Entwicklung« – also einer Angleichung der sogenannten unterentwickelten Länder an den Status der Industriestaaten – einen Mythos, der auf der Vorstellung einer allgemeinen Entwicklung hin zum »besseren Leben« beruht, das einige Kategorien von Menschen, wie etwa die Weißen, die Männer, die Städter etc. bereits geschafft haben, während es andere wie die »Entwicklungsländer«, die Farbigen und die Frauen schon noch schaffen werden. Wie allerdings die gegenwärtige Situation zeigt, ist diese nachholende Entwicklung nicht nur nicht möglich, sondern das Gefälle zwischen arm und reich hat sich im Gegenteil noch vertieft. Mies/Shiva fordern daher dazu auf, unsere Vorstellungen vom »guten Leben«, das auf einem grenzenlosen Wachstum und damit im Zusammenhang auf einer grenzenlosen Ausbeutung der Natur, der Armen und der Frauen beruht zu überdenken. Den Preis für diese Entwicklung zahlen nämlich inzwischen nicht nur die Armen, sondern auch die Reichen, die mit einer zunehmend verschmutzten Umwelt mit zunehmender Arbeitslosigkeit und damit verbundener Armut konfrontiert sind. Nach Untersuchungen in den USA sank auch dort die Lebensqualität bereits in Vergleich zu den siebziger Jahren.[11]

Die allgemeine Verarmung unseres Lebens geht aber über diese unmittelbaren Bedürfnisse hinaus. Sie bezieht sich auch auf das psychische Elend, die zunehmende Vereinsamung, Süchte, Abhängigkeiten, entfremdete Arbeit und den Verlust an Identität, womit die reichen Industrieländer ihren wachsenden Wohlstand bezahlen. Der Begriff »arm«, so die Autorinnen, müsse neu definiert werden, denn »arm« bedeutet nicht unbedingt, in selbstgebauten Häusern aus natürlichen Materialien zu leben und selbst-angebaute Nahrung zu essen, während »reich« auch nicht unbedingt mit dem Wohnen in Betonbauten und der Möglichkeit eines Überkonsums assoziiert werden muß. Die Aufforderung an die »reichen« Länder des Nordens zum Konsumverzicht (Die globalen Folgen des Industrie- und Wachstumsmodells werden zu 80 Prozent von den Industriestaaten verursacht.[12]) wird daher begleitet von der Aufforderung, an die »armen« Länder, nicht an die »nachholende Entwicklung« zu glauben, sondern eigene, alternative Lebensformen zu entwickeln. Denn auch für die ehemals kommunistischen Länder Osteuropas und der ehemaligen Sowjetunion ist die Erreichung des westlichen Lebensstandards mit all seinen katastrophalen Folgen für Mensch und Umwelt vorrangig anzustrebendes Ziel. Auch sie haben zu keiner eigenen, sinnstiftenden Lebensform gefunden und verlangen nach der Konsumwelt des Westens, auch wenn sie von diesen aufgesogen und um ihre eigene Identität, ihre eigene Kultur gebracht werden.

Die Möglichkeit zur Schaffung alternativer Lebensformen müßte mit einer Bereitschaft zum freiwilligen Konsumverzicht vor allem in den reichen Ländern einhergehen. Davon jedoch ist in den Industriestaaten trotz steigender Müllberge, rasanter Erschöpfung der Ressourcen, Zerstörung der Umwelt und wirtschaftlicher Probleme vorläufig ebenso wenig zu bemerken wie in den sogenannten »unterentwickelten« Ländern von der Einsicht, daß ihre »Entwicklung« mit einem wachstumsorientierten Industrie- und Marktsystem gar nicht zu vereinbaren ist, weil der Reichtum des Nordens auf der Ausbeutung des Südens basiert. Ganz abgesehen davon, daß ein – weltweiter – Lebensstandard ähnlich jenem der Industrieländer ökologisch überhaupt nicht verkraftbar wäre. Daher würde erst die Herausbildung autonomer Wirtschaftsregionen im Norden, die sich selbst versorgen und damit vom Weltmarkt abkoppeln könnten, die Länder der Dritten Welt von der sie ruinierenden Exportwirtschaft befreien und es ihnen ermöglichen, zu jener Subsistenzwirtschaft zurückzukehren, die ihnen vor ihrer Kolonialisierung eine ausreichende Nahrungsversorgung ermöglicht hat.

Weil an einer derartigen Entwicklung, die auf innerer Einsicht basiert, gezweifelt werden darf, ist die wahrscheinlichere Alternative jene, die sich bereits jetzt abzuzeichnen beginnt: nämlich, daß wir im Norden infolge zunehmender Einsparungsmaßnahmen, Budgetnot, Arbeitslosigkeit und weiter wachsenden Flüchtlingsströmen aus den armen Ländern zu Einschränkungen und Konsumverzicht gezwungen werden. Während im Süden ausufernde Schuldenkrisen, ausgelaugte Böden als Folge einer exportorientierten Monokultur und damit verbunden ständig wachsender Hunger und zunehmendes Elend ebenfalls zu einem Umdenken führen müssen.

Der Ökofeminismus fordert daher die Schaffung regionaler, sozial kontrollierbarer Wirtschaftsräume, in denen im Einklang mit der Natur das produziert wird, was den Grundbedürfnissen der Menschen entspricht. Produktion und Konsum ließen sich dann koordinieren, die Produktion könnte mit den Konsumbedürfnissen konform gehen, was nicht nur eine echte Teilnahme der Menschen an den Produktionsentscheidungen bedeutet, sondern auch den Bedürfnissen von Frauen und Kindern entgegenkommt.

Derartige Vorstellungen mögen heute noch utopisch erscheinen, doch könnten Notsituationen und ein weltweiter Zusammenbruch von Wirtschaftssystemen automatisch in diese Richtung führen. Sie könnten allerdings auch umgekehrt die wenigen Reichen dazu bringen, die vielen Armen (und das sind überwiegend Frauen) noch mehr auszubeuten, um den eigenen Lebensstandard aufrecht zu erhalten.

Natürlich ist gegen einen sinnvollen und Natur-schonenden Einsatz von Technik, etwa zur Erzeugung von Alternativ-Energie nichts einzuwenden. Dieser sinnvolle Einsatz bedarf eines radikalen Umdenkens, menschliche Bedürfnisse – und dabei vor allem die bislang vernachlässigten Bedürfnisse von Frauen und Kindern – müssen dabei Priorität genießen, und damit auch die Lebenden vor den toten Dingen.

Ökofeministinnen kritisieren Reproduktionstechnologien

Wie Maria Mies deutlich macht, wurden die gegenwärtigen Technologien nicht entwickelt, um das Glück der Menschen zu fördern, sondern sie sollen den auf wachsendem Warenkonsum beruhenden Lebensstil sichern, das Modell des unbegrenzten Wachstums aufrechterhalten und die weitere Akkumulation des Kapitals gewährleisten.[13] Das bezieht sich auch auf die neuen Fortpflanzungstechniken (Retortenerzeugung, Technik der künstlichen Befruchtung, Technik des Embryonentransfers, moderne Genetik, Technologie der pränatalen Diagnose, Leihmutterschaft), die vom Ökofeminismus fast durchgehend einer massiven Kritik unterzogen werden. Auch diese Techniken, so meinen Ökofeministinnen (unter anderem beim Kongreß: »Frauen gegen Gen- und Reproduktionstechnik«, der 1985 in der alten BRD stattfand) wurden nicht entwickelt, weil Frauen sie brauchen, sondern weil Wissenschaft und Wirtschaft die Frauen für das Weiterbestehen ihres Modells von Wachstum und Fortschritt brauchen. Wobei auf die gleiche Art und Weise vorgegangen wird, wie in den Naturwissenschaften generell: lebende Organismen werden gewaltsam in immer kleinere Partikel gespalten: Moleküle, Zellen, Zellkerne, und Gene. Worauf die erwünschten Elemente selektiert, und die unerwünschten Elemente eliminiert werden. Auch die Fortpflanzungstechnik beruht auf einer Selektion fruchtbarer Elemente (Spermen, Eier) und ihrer Kombination außerhalb des weiblichen Körpers. Schwangerschaft und weibliche Gebärfähigkeit werden dabei von einem kreativen Prozeß in einen industriellen Produktionsprozeß verwandelt. Die Mutter-Kind-Symbiose wird zerrissen, und die Frau endgültig zum kontrollierten und verplanten Objekt. Ihre Würde und Integrität als unteilbare Person wird zerstört, sie gerät zum Experimentierfeld der Wissenschaft, das beliebig untersucht, manipuliert, auseinandergenommen und wieder zusammengefügt werden darf.

Reproduktionstechniken sollen unter anderem unfruchtbaren Paaren helfen, Kinder zu bekommen. Aber diese fortschreitende Unfruchtbarkeit ist vor allem eine Folge zunehmender Umweltvergiftung. Das männliche Sperma hat heute um 40 Prozent weniger lebensfähige Samenzellen als vor 20 Jahren, und auch die Unfruchtbarkeit der Frauen ist angestiegen.[14] Statt jedoch die Ursache an ihrer Wurzel zu packen und für eine sauberere Umwelt und gesündere Lebensweise zu sorgen, werden Frauen demütigenden, und für viele traumatischen IVF-(In-Vitro-Fertilisation)Prozeduren unterzogen, deren Erfolgsquote gering ist (höchstens 8 Prozent)[15] und an denen manche Frauen sogar sterben.[16]

Ökofeministinnen wenden sich gegen die gewaltsamen Zerstückelungen von Lebensvorgängen in Wissenschaft und Technik. Sie fordern die Wiederherstellung nicht-hierarchischer Beziehungen zwischen den einzelnen Teilen unseres Körpers, zwischen Frau und Mann, Mensch und Natur, und den verschiedenen Rassen und Klassen. Ihr Ziel ist nicht die Anhäufung von Kapital und permanent wachsender Lebensstandard, sondern Freiheit, Kreativität, warme, liebevolle Beziehungen unter den Mitmenschen, ein partnerschaftliches Verhältnis zur Natur und eine sinnerfüllte statt entfremdete Arbeit.

Fraueninitiativen des Südens

Fraueninitiativen, wie sie vor allem in den letzten Jahren zum Schutz der Umwelt insbesondere in Dritte-Welt-Ländern beobachtet werden können, entstehen meist aus einer tiefen, inneren Betroffenheit und dienen dem Kampf ums Überleben. Sie sind als umfassender Widerstand gegen die herrschenden, die notwendigsten Lebensgrundlagen zerstörenden Entwicklungs- und Wirtschaftsmodelle zu verstehen, denen Frauen ein eigenes Konzept von Wirtschaften und Überleben entgegensetzen. Diese neuen Visionen einer Gesellschaft, die weder patriarchal noch ausbeuterisch ist, wurden nicht in wissenschaftlichen Instituten, noch in Regierungsorganisationen, der UNO oder wirtschaftlichen Vereinigungen ausgedacht, sondern in den Graswurzelbewegungen des Südens, die meist von Frauen getragen werden. Frauen kämpfen gegen die fortschreitende Waldvernichtung und forsten selbst auf, sie protestieren gegen Staudammprojekte, Atomkraftwerke und Giftmülldepots, und sie setzen sich für eine bessere Wasserversorgung, Bodenerhaltung

und Landnutzung ein. In Japan kämpfen sie gegen Lebensmittelverseu-
chung durch kommerzielle Landwirtschaft und für selbständige Netz-
werke zwischen Produzenten und VerbraucherInnen und in Ecuador für
die Erhaltung der Mangrovenwälder als Laichplätze für Fische und Gar-
nelen.[17]

Eine der bekanntesten Initiativen ist die Chipko-Bewegung in
Indien, die 1974 zum ersten Mal öffentliche Aufmerksamkeit erregte,
deren Entstehungsgeschichte jedoch weiter zurückreicht. Bereits in den
vierziger Jahren unseres Jahrhunderts ließ sich eine Frau, Mira Behn,
im Himalaya nieder und begann dort, die Ökologie der Gegend zu stu-
dieren. Andere Frauen folgten und gründeten Ashrams. Eine umfangreiche Bewegung entstand dann nach der Philosophie Ghandis in den
sechziger Jahren, als sich organisierter Widerstand gegen die kommerzielle Abholzung der Wälder entwickelte. Obwohl auch viele Männer
an dieser Bewegung teilnehmen, waren Frauen von Anbeginn die eigentliche Basis und tragende Kraft. In den siebziger Jahren umarmten
sie in organisierten Aktionen die Bäume, um sie vor dem Fällen zu
retten. Damit zeigten sie ihre Verbundenheit mit einer als lebendig empfundenen Natur, die ihnen Feuerholz und Futter für das Vieh lieferte,
was für ihr Überleben notwendig ist. Die Aktionen der Chipko-Bewegung erregten nicht nur weltweites Aufsehen, sie wurden auch ange-
feindet und bestraft, und viele der beteiligten Frauen mußten dafür ins
Gefängnis. Die Erfolge waren trotzdem beachtlich. So konnten große
Teile der Himalaya-Wälder vor der Abholzung gerettet werden, und
damit die Lebensgrundlage vieler BergbewohnerInnen erhalten
bleiben. Darüber hinaus sensibilisierten die Chipko-Aktionen die indische Öffentlichkeit und wurden auch in anderen Landesteilen nachgea-
ahmt. Außerdem veränderte diese Bewegung die Stellung der Frau, die
jetzt Mitspracherecht in traditionell nur aus Männern bestehenden
Dorfräten forderte.[18]

Eine andere, erfolgreiche Initiative zur Wiederherstellung gesunden
Bodens und für Neubewaldung ist die sogenannte Green-Belt-Bewe-
gung in Kenia. Auch diese, 1977 von der ersten Professorin Kenias,
Wangari Mathaai, gegründete umfangreiche Baumpflanzungsaktion
wird vor allem von Frauen getragen. Inzwischen wurden mit geringen
finanziellen Mitteln 1500 Frauengruppen aufgebaut, Millionen von
Bäumen gepflanzt und zusammen mit einem ökologischen Bewußtsein
auch eine Aufwertung der Frauen als eigentliche Landwirtinnen und
Waldbewirtschafterinnen erreicht.[19]

Zahlreiche weitere, nicht so spektakuläre aber in ihrer Summe doch
wirksame Fraueninitiativen in der »Dritten Welt« beginnen vermehrt

das wirkliche Problem deutlich zu machen: nämlich die Rechtlosigkeit, die Ausbeutung und zunehmende Verarmung von Frauen, die als eigentliche Subsistenzbäuerinnen das Überleben ihrer Familie, ihrer Kinder sichern sollen, gleichzeitig aber durch ein natur- und menschenfeindliches Wirtschaftssystem, das auf Raubbau und Zerstörung natürlicher Ressourcen ausgerichtet ist, ihre grundlegenden Bedürfnisse immer weniger befriedigen können. So etwa arbeitet in Brasilien die Acao Democratica Feminina Gaucha (ADFG) gegen Strukturanpassungsprogramme und für eine subsistenzsichernde Landwirtschaft,[20] in Kenia gründete Margaret Mwagola für die in der Maseno-Region von Fischfang, Landwirtschaft und Viehzucht lebende Bevölkerung 1973 die NGO »Kenya Water für Health Organisation« (KWAHO), um die Eigeninitiativen der Frauen zur Verbesserung der Wasserqualität verschmutzter See- und Flußgewässer zu unterstützen. Auch diese Initiative hatte eine Stärkung der Frauen zur Folge, die in Entscheidungsprozessen auch Mitverantwortung übernahmen, so etwa die Wartung und Instandhaltung der Pumpen. In Gambia hingegen versuchen Frauen, mit Dämmen das Eindringen von Salzwasser auf ihre Reisfelder zu verhindern. Außerdem verteilte das nationale Frauenbüro in Gambia Obstgartenparzellen an dörfliche Frauengruppen, um damit die Ernährung durch Obst zu verbessern, die Versorgung mit Feuerholz sicher zu stellen und für Schatten zu sorgen. In Tzotzil im Hochland von Chiapas in S-Mexiko wiederum gründete 1981 eine Gruppe von Frauen, die generell von Entscheidungsfindung ausgeschlossen sind, ein Kollektiv zur Überwindung ihrer Diskriminierung. Nach jahrelangen Anstrengungen erreichten sie den Kauf von Land, das die Frauen gemeinsam bearbeiten können. Nach einem Bericht aus dem Jahre 1990 bauen dort 30 Bäuerinnen zusammen Gemüse an, züchten Schafe und Hühner, kümmern sich um die Wasserversorgung, organisieren Weiterbildungsmöglichkeiten und hoffen, daß ihre Erfolge auch die Frauen der Nachbardörfer zur Selbstorganisation anregen werden.[21]

Wie sehr solche und ähnliche Alternativprojekte in den Ländern des Südens an Einfluß gewinnen, zeigte unter anderem eine Konferenz an der Universität von Dar es Salam im Dezember 1989, auf der VertreterInnen der akademischen Gemeinde, der Kirchen, der Frauenorganisationen, der Nicht-Regierungs-Organisationen, der Gewerkschaften, Studenten und Regierungen aus ganz Afrika über alternative Entwicklungsstrategien diskutierten. Eine am Ende der Konferenz veröffentlichte »Erklärung von Dar es Salaam«, verurteilte die Strategien der Weltbank und des IWF (Internationalen WährungsFonds) und forderte die Streichung aller Schulden. Statt einer Strategie der strukturellen Anpassung wurde das Gegenmodell einer »menschenzentrierten Entwicklung« vorgestellt, die auf

> »regionale Selbstversorgung mit Lebensmitteln, die Befriedigung der Grundbedürfnisse für alle, Entwicklung von unten durch eine Beseitigung der Voreingenommenheit gegenüber dem Land, sowie die Konzentration auf relevante Klein- und Mittelbetriebe« ausgerichtet ist.[22]

Trotzdem ist es auch den Beteiligten klar, daß derartige Basisaktivitäten die Spirale des Ökozids nicht aufhalten werden, solange ein profitorientiertes Wirtschaftssystem hemmungslosen Raubbau an der Natur betreibt. Voraussetzung für Änderungen ist ein globales Umdenken, das nicht nur im Süden, sondern auch im Norden zu entsprechenden Konsequenzen führt, und das ein grundlegendes Öko-Bewußtsein, geboren aus der Alltagssituation der am meisten Betroffenen, nämlich der Frauen, nicht an diesen hängen läßt, sondern weltweit in sämtliche Lebensbereiche einbringt.

Traueninitiativen des Nordens

Ähnliche Überlegungen bewegen auch die Frauen des Nordens, die auch hier in zahlreichen Projekten ihre Vorstellungen von einem Natur- und Ressourcen-schonenderen, frauen- und kinderfreundlicheren Leben verwirklichen wollen. Alternativen werden nicht nur durch Konsumverweigerung angestrebt, sondern auch durch die Gründung von Produzenten-Konsumenten-Kooperativen. Und obwohl diese Initiativen auch von Männern getragen werden, ist der Anteil der Frauen doch stets höher.

Frauen engagieren sich auch in der Wohnungs- und Stadtplanung, um damit eine »Stadterneuerung im Sinne von Frauen« (Ursula Licka) anzustreben. So wie die aus 10 Architektinnen bestehende feministische Wiener Planungsgruppe PFIFF (Planende Frauen Initiieren Folgenschwere Freiheiten), die sich seit Jahren mit dem Themenkreis Frauen und Wohnen beschäftigt und in Zusammenarbeit mit dem Wiener Magistrat auch etliche ihrer Projekte verwirklichen konnte.[23]

Feministische Wohnungs- und Städteplanerinnen gehen von der Vorstellung aus, daß sich die – überwiegend männlichen – Planer an Ihresgleichen, nämlich »Männern im besten Alter« orientieren, während die Mehrheit der Bevölkerung in Randgruppen aufgesplittert wird: Frauen, Kinder, Jugendliche, Behinderte, Alte, die in die Entscheidungsprozesse nicht einbezogen werden. Auch hier handeln Frauen also aus einer persönlichen realen Alltagssituation heraus, in der ihre Bedürfnisse, und damit jene der Kinder, Alten und Schwachen zu wenig berücksichtigt werden.

Konkret bedeutet dies unter anderem, der Hausarbeit, Kindererziehung und zwischenmenschlichen Beziehungsarbeit – also auch der Alten- und Krankenversorgung – einen höheren Stellenwert einzuräumen, Gemeinschaftsbereiche zu schaffen, um der Vereinsamung von Frauen und Alten entgegenzuwirken, Spielplätze mit differenzierten Nutzungsmöglichkeiten für verschiedene Altersstufen und Ganztagsbetreuungen für Kinder einzurichten, für eine entsprechende Infrastruktur zu sorgen, die vor allem Frauen ständig drohende Gewalt zu berücksichtigen (keine unübersichtlichen Gänge, unbelebte Hauseingänge, dunkle Parks etc.) und behindertengerechte Wohnungen und Straßen zu bauen. Es bedeutet ferner, die Natur in den Wohnbereich zurückzuholen, und lärmfreie, verkehrsarme Zonen zu schaffen, in denen sich nicht motorisierte VerkehrsteilnehmerInnen angstfrei und sicher bewegen können.

Feministische Verkehrsforschung ist ein weiterer Bereich, in dem sich engagierte Planerinnen aus Frauensicht mit unterschiedlichen Aspekten von Verkehrsplanung befassen. Auch hier wurde die Aussage formuliert: »Stadtplaner sind autofahrende Männer«.[24] Das heißt, daß in der Verkehrsplanung vorwiegend Autofahrer berücksichtigt werden, und das sind überwiegend Männer, während Frauen häufiger auf öffentliche Verkehrsmittel angewiesen sind. Weshalb auch die Politologin Christine Bauhardt von einem »Geschlechterdualismus« in der Verkehrsplanung spricht, der die Männer zu den »Schnellen und Mächtigen«, und die Frauen zu den »Gemächlichen und Ohnmächtigen« macht.[25] Darüber hinaus haben auch überwiegend Frauen und Kinder die Belastungen eines intensiven Verkehrs zu tragen – erstere, indem sie Kinder zu Hause beaufsichtigen oder aber auf der Straße begleiten müssen, weil diese ihre Funktion als Aufenthalts- und Spielort verloren hat, letztere, weil sie sich nicht frei bewegen können.

Eine ökosoziale, frauenfreundliche Stadt- und Verkehrsplanung möchte diese Polarisierung aufheben, für flächendeckende Versorgungsmöglichkeiten sorgen sowie aus der Überlegung heraus, daß die Trennung von Hausarbeit und außerhäuslicher Erwerbsarbeit zwangsläufig Verkehr verursacht, wohnortnahe Arbeitsplätze für Frauen und Männer schaffen. Sie möchte außerdem die Aufenthaltsqualität des öffentlichen Raumes verbessern, autofreie Zonen nicht nur in der City, sondern in allen Stadtteilen einrichten, und dem Fuß und Radverkehr Vorrang einräumen.

Aber auch im technischen Bereich begnügen sich engagierte Frauen inzwischen nicht mehr mit einer Kritik an menschenfeindlichen technischen Einrichtungen, sondern beteiligen sich auch an den Alternativen. So etwa bildete sich im Jahre 1990 in Deutschland die Gruppe »Frauen für Alternativenergie« oder einfach die »Energiefrauen«, die inzwischen aus über 100 Frauen besteht und nicht nur Projekte für die verschiedensten Alternativenergien, wie thermische Sonnenenergie, Photovoltaik, Biogas, Solarenergie und thermische und Wasserstoff-Energiespeicherung ausarbeiteten, sondern auch über ökologische Bauprojekte, Umweltverträglichkeit von regenerativen Energien, Energiepolitik und Förderung regenerativer Energien diskutieren. Verwirklicht wurde unter anderem bislang durch die FrauenEnergieGemeinschaft »Windfang«, die 1992 in Hamburg als Genossinnenschaft gegründet wurde, eine Windkraftanlage in Diethmarschen, einer windreichen Gegend in Norddeutschland. Die Anlage hat eine Leistung von 450 Kilowatt, ihr jährlicher Ertrag entspricht mit knapp einer Million Kilowattstunden dem Stromverbrauch von circa 900 DurchschnittsverbraucherInnen. Daneben wurden auch Solaranlagen geplant und durchgeführt. Der Betrieb von Blockheizkraftwerken ist geplant. Wichtig für die Naturwissenschafterinnen und Technikerinnen ist dabei die Vermeidung hierarchischer Strukturen in den Entscheidungsprozessen, wie sie bei Männern anzutreffen sind. Mitarbeit und Mitbestimmung jeder einzelnen Frau wird angestrebt, wofür die Rechtsform der Genossinnenschaft gute Möglichkeiten bietet.[26]

Der Ökofeminismus erhält also seine wesentlichen Impulse aus dem gelebten, erfahrenen Alltag von Frauen, in dem die lebensfeindlichen Auswirkungen von Natur- und Umweltzerstörung am stärksten spürbar sind. Und genau aus diesem Grund ist er auch fähig und imstande, die eigentliche Problematik am gründlichsten zu begreifen und entsprechende Lösungen anzubieten. Das darf allerdings nicht dazu führen, daß wiederum Frauen die Aufräumarbeiten überlassen werden, daß wiederum sie es sind, die als »Trümmerfrauen« ein kaputtes System reparieren dürfen. Ökofeminismus zielt nicht auf Reparatur, sondern auf eine Umgestaltung dieses Systems, die nicht nur Strukturveränderungen in unserer Wirtschaft beinhaltet, sondern auch ein anderes Verständnis von Wohlstand, Fortschritt, Technik und Industrie.

10.2 Feministische Theologie

Eine enge Verwandtschaft besteht zwischen Ökofeminismus und feministischer Theologie. Religiöser Feminismus geht von der Vorstellung aus, daß das Göttliche in der Natur selbst enthalten ist, und verlangt daher eine Erneuerung des Verhältnisses von Mensch und Natur. Gleichzeitig geht es ihm um eine Ethik ganzheitlicher Beziehungen und eine Abschaffung von Hierarchien. Die amerikanische Theologin Rosemary Radford-Ruether spricht von einer

> »neuen Religion«, die auf »einer grundsätzlichen Gegenseitigkeit aufgebaut sein (muß), auf dem Gefühl der Liebe sowohl für jeden anderen Menschen als auch für den umgebenden Kosmos, als ein wahrhaftes ›Du‹, das mit dem ›Ich‹ in einer Beziehung gegenseitiger Abhängigkeit steht. Dies ist kein eskapistischer Traum von paradiesischen Zuständen, sondern eine leidende Solidarität mit anderen und mit den Grundlagen unserer Existenz, dem Kosmos, in dem wir leben, uns bewegen, in dem wir ›sind‹.«[1]

In ihrem Buch »Gaia & Gott« entwirft sie eine »ökofeministische Theologie der Heilung der Erde«,[2] wobei sie die dem Christentum inhärente Tendenz zur Vernachlässigung der Natur und alles Lebendigen vor allem auf zwei Ursachen zurückführt: Zum einen auf den Schöpfungsbericht, in dem ein männlicher Gott die Erschaffung der Welt mit dem Gebot verbindet, sich diese untertan zu machen. Und zum anderen in einer »Ethik und Spiritualität der Weltflucht«, Ergebnis einer Weltsicht, die das sterbliche Leben als Folge der Sünde und daher als böse betrachtet, was zu einer Geringschätzung der Erde und Leugnung unserer Gemeinsamkeiten mit Pflanzen und Tieren geführt hat. Daß Gott den Kosmos praktisch aus dem Nichts erschuf, hat die Spaltung zwischen Gott und Kosmos ermöglicht. Gleichzeitig jedoch hat die Auffassung von einer Seele, der getrennt vom Leib ein unsterbliches, transzendentes Leben beschieden ist, die bereits im Platonismus vorhandene Aufspaltung von Körper und Geist verschärft, und die Trennung zwischen den Menschen und anderen Lebensformen wie Tieren und Pflanzen vertieft.

Dieser dualistischen Weltsicht setzen feministische Theologinnen ein ganzheitliches Denken entgegen, das viele von ihnen mit der Vorstellung einer Göttin verbinden: »Ich habe immer eine Verbundenheit gespürt zu Meer, zu Bäumen, zu Tieren«, meint die Theologin Carol Christ:

> »Der Symbolismus der weiblichen Gottheit bestärkte mich in der Anschauung, daß alle Geschöpfe eingebunden sind in ein Netz des Lebens, daß die Erde heilig ist, daß unsere Verbundenheit mit ihr gefeiert werden muß ... Ich glaube nämlich, daß die Abspaltung des Göttlichen von der Natur eine der

Wurzeln der ökologischen und nuklearen Krise ist, die uns alle zu vernichten droht ... Für mich ist die Göttin, der weibliche Aspekt der Gottheit, Symbol für die Überlebensfähigkeit der Erde und der Frauen.«[3]

Andere Theologinnen, wie etwa Dorothee Sölle betonen wiederum ein feministisches Gottesbild, das

»eine qualitative Fortsetzung sein (muß) von bisherigen sowohl matriarchalen Göttinnenkulten als auch vom patriarchalen ›Gott, der Herrscher‹ Bild ... Wenn ich von Gott nur sage, daß er Vater, Herr oder der Allmächtige ist, dann sage ich – bewußt oder unbewußt, daß Gott Mann ist. Das ist zu wenig ...« Andererseits können wir »›er‹ nicht einfach durch ›sie‹ ersetzen, obwohl das Problem durch diese Art zu reden immerhin endlich klar wird«.

Sölle plädiert für andere personelle Symbole für Gott wie Freundin, Schwester, Beschützerin, Mutter, aber auch für mystische Symbole wie Licht, Feuer, Tiefe und Leben.[4]

Die Entstehungszeit feministischer Theologie fällt in die sechziger Jahren unseres Jahrhunderts, als die Beschlüsse des Zweiten Vatikanischen Konzils zur Hoffnung Anlaß gaben, daß auch Frauen als bislang unsichtbares Geschlecht in der Kirche wahrgenommen werden. Plötzlich begannen zahlreiche Theologinnen, vorerst in den USA, später auch in Europa den vergessenen Spuren der Frauen in der Kirche nachzugehen, verschüttete Weiblichkeit sichtbar zu machen, verfälschende Interpretationen zu korrigieren und nach neuen Gottesbildern und Symbolen jenseits männlicher Machtansprüche zu suchen. Zwar haben sich bereits im 19. Jahrhundert Frauen wie Sarah Grimke und Matilda Joselyn Gage um feministische Bibelinterpretationen bemüht[5] und Elizabeth Cady Stanton veröffentlichte 1895 eine »Women's Bible«, die heftige und aggressive Polemiken auslöste. So richtig der vergessenen Frauen in der Kirche angenommen haben sich Theologinnen allerdings erst im 20. Jahrhundert, war ihnen doch vielfach – wie etwa in der damaligen Bundesrepublik – erst nach dem Zweiten Weltkrieg das Theologiestudium gestattet worden.

Feministische Bibelinterpretationen

Inzwischen gehören Bibelinterpretationen zu einem Hauptbetätigungsfeld feministischer Theologie, wobei sich die Auslegung nicht vornehmlich dem Lehr- oder Wissenschaftsbetrieb verpflichtet fühlt, sondern den Erfahrungen von Frauen in der Kirche. Ausgangspunkt ist dabei die

Überlegung, daß die Bibel nicht nur von Männern verfaßt wurde, sondern auch patriarchale Macht und Unterdrückung legitimiert. Weshalb die Theologieprofessorin und bekannte Bibelforscherin Elisabeth Schüssler-Fiorenza fordert, die Bibel zu »entpatriarchalisieren«, das heißt in einer kritischen Lektüre nicht nur verlorene Traditionen und unbekannte Dimensionen biblischer Symbole wiederzuentdecken, sondern auch eine androzentrische – männlich zentrierte – Sicht zu hinterfragen und zu korrigieren.[6] Dazu sei es notwendig, die in der Bibel enthaltenen Vorstellungen und Äußerungen nicht als von Gott stammend, sondern als historisch gewachsen und von einer Männerkirche konstruiert, zu begreifen. Die Texte der Bibel dürfen also nicht als objektive Berichte verstanden werden, die uns sachliche Informationen liefern, sondern als ein gesellschaftliches, von Männern für Männer entworfenes Produkt, das durch Ausgrenzung und Diffamierung von Frauen deren historische Wirklichkeit leugnet und ihre Unterordnung rechtfertigt. Tatsächlich wurde die Bibel ständig als »Beweis« herangezogen, um die angebliche Unterordnung der Frau als gottgewollt zu legitimieren und die Unterschiede zwischen den Geschlechtern auf die Schöpfungsordnung zurückzuführen. Und sie wurde wie kaum ein anderes Buch der Weltliteratur dazu benutzt, nicht nur die Emanzipation von Frauen, sondern auch jene von Sklaven und kolonialisierten Völkern zu verhindern.

Eine kritisch-feministische Befreiungstheologie, so Schüssler-Fiorenza, müsse daher in einem kritischen Diskurs alle Bibeltexte und Bibelinterpretationen daraufhin überprüfen, ob sie zur Stärkung des Patriarchats beitragen oder aber, ob sie Frauen in ihrem Widerstand gegen patriarchale Unterdrückung stärken. Denn die Bibel habe sehr wohl auch ermutigende Stellen zu bieten, in denen Frauen sich identitätsstiftend wiedererkennen können, wie etwa in einer »mütterlich geprägte(n) Gottessprache« im Alten Testament. Auch seien Frauen in der frühchristlichen Bewegung keinesfalls nur passive Zuhörerinnen gewesen, sondern hätten ganz im Gegenteil als Apostelinnen Leitungsfunktionen ausgeübt.[7]

Feministischen Theologinnen geht es um eine Neubewertung von Frauengestalten des Alten und Neuen Testaments. Prophetische Frauen wie etwa die Richterin Debora, Jephtahs Tochter und Simsons Mutter (die beiden letzteren haben bezeichnenderweise keinen eigenen Namen) so wie Mirjam, die Sängerin und prophetische Schwester des Moses und des Aaron werden von patriarchaler Geschichts-Verzerrung befreit und auf ihre eigentliche Funktion als Kultpriesterinnen zurückgeführt.[8]

Ebenso werden weibliche Bibelgestalten aus den Evangelien ihres Rollenschemas entkleidet, auf das sie eine patriarchale Sichtweise festgelegt hat: Martha von Bethanien, die Jesus gastfreundlich in ihrem Haus bewirtet, wurde zur Köchin und Hausfrau, die ehemalige Prostituierte Maria Magdalena zur immer noch schönen, vor allem aber reuigen Sünderin, während Maria, die Mutter Gottes, zur »Magd des Herrn« verkam.

Feministische Theologie macht patriarchale Verzerrungen transparent und verweist auf die ursprüngliche Bedeutung dieser Frauen, die eine Männerkirche nicht wahrhaben will. Martha wird zur emanzipierten, klugen und führenden Persönlichkeit, deren Tüchtigkeit den Bibelschreibern ein Dorn im Auge gewesen sein muß, weshalb auch die Bescheidenheit und Zurückhaltung ihrer Schwestern Maria als beispielhaft hingestellt wurde. Maria Magdalena hingegen ist die schöne, willensstarke Geliebte Jesu, deren Erotik noch nicht domestiziert, in die Schranken christlicher Moralvorstellungen gepreßt wurde[9] und die Jesus »mehr als alle anderen Jünger« geliebt und »oftmals auf den Mund geküßt« hat, wie es in einem apokryphen ägyptischen Evangelium des Philippus heißt.[10] Auch die Gottesmutter Maria wird von einem entrückten geschlechtslosen Wesen, einem entsexualisierten »Gefäß« Gottes zu einer

»Frau, die ganz Mensch war und alle Leiden des weiblichen Geschlechts durchlebt hat: Schwangerschaft, uneheliche Mutterschaft, Armut, Flüchtlingselend, Ausgestoßensein ...«[11]

Auch die Rolle der Frau im Urchristentum wird von Bibelforscherinnen untersucht. In den Urgemeinden scheint eine weitgehende Gleichberechtigung geherrscht zu haben, Frauen durften ebenso wie Männer beten und prophezeien, und selbst Paulus, dem eine eher ambivalente Haltung gegenüber Frauen nachgesagt wird, schätzte die erfolgreiche Missionstätigkeit von Frauen. Sie besaßen Gemeinde-leitende Funktionen und waren Apostel und Bischöfe.[12] Frauen waren auch die einzigen, die nicht bei der Verhaftung Jesu flohen, sie harrten aus unter dem Kreuz, nahmen teil am Begräbnis und waren erste Zeuginnen der Auferstehung. Weshalb feministische Theologinnen in ihnen die eigentlichen Nachfolgerinnen Jesu sehen.[13] Elisabeth Moltmann-Wendel bezieht sich auf das Markus-Evangelium, wenn sie meint, daß die Frauen Jesus so dienten, wie er selbst gedient und sich für andere eingesetzt hat, was eine »nichthierarchische Sichtweise menschlicher Bindungen« (Carol Gilligan) voraussetzt. Hingegen im Lukas-Evangelium das Dienen bereits zu einer geschlechtsspezifischen Frauenfunktion wird. Auch die gleichen starken Ausdrücke wie »erschüttert sein«, »zutiefst verstört-erschreckt-sein«

werden bei Markus sowohl von Jesus in Gethsemane als auch von Frauen am leeren Grab gebraucht.[14] Die Frauen, so Moltmann-Wendel, ahnen den Tod Jesu und die Bedeutung dieses Todes voraus, und sie sind auch die eigentlichen Bewahrerinnen des Messiasgeheimnisses. Die zwölf Apostel hingegen stehen nicht in der Nachfolge des Dienens, ihnen geht es vielmehr um das Gelingen, sie verstehen Jesus auch nicht, sondern werden in den später verfaßten Evangelien zu einer elitären, zölibatären Gruppe, die Frauen zunehmend ausschließt und ihre Bedeutung herunterspielt.[15]

Matriarchale Spuren im Alten Testament

Als eine wahre Fundgrube für Matriarchatsforscherinnen bietet sich insbesondere das Alte Testament an. Gerda Weiler bezieht sich in ihrer diesbezüglichen, umfangreichen Arbeit[16] auf die Ausgrabungen in Ras-Schamrah, dem ehemaligen Ugarit an der nordsyrischen Küste, die 1929 begannen und zu sensationellen Ergebnissen führten. Tausende von Tontafeln geben Aufschluß über die Kultur des Volkes der Kanaanäer, das hier etwa seit der Mitte des 2. Jahrtausends v. Chr. gelebt hat. Die Kulttexte von Ras-Schamrah, in denen der Mythos vorderasiatischer Religionen in einer bis dahin nicht bekannten Ausführlichkeit und Fülle zum Ausdruck kommt, ermöglichen es TestamentsforscherInnen, Rückschlüsse auf die Entstehung des Alten Testaments zu ziehen. Daß die Jahwe-Priester die Göttinnen – und Götter – der alten Kulte heftig bekämpften, ist bekannt. Das Alte Testament spricht hier eine deutliche Sprache. Gerda Weiler vertritt darüber hinaus die These, daß die israelitischen Stämme keinesfalls, wie bislang angenommen, von Anfang an patriarchal organisiert gewesen sind, sondern daß Sitten und Opferbräuche, die die Bibel als eigene, aus einer patriarchalen Tradition stammende Kulte beschreibt, sich auf die alten, matriarchalen Sitten und Opferbräuche des Baal-Kultes der Kanaanäer zurückführen lassen. Den Beweis dafür, so Gerda Weiler, liefern die Ras-Schamrah-Texte, aus denen eindeutig hervorgeht, daß die kultischen Opferbräuche in Ugarit dieselben gewesen seien wie in Jerusalem.[17]

Die Untersuchungsergebnisse Gerda Weilers sind hochinteressant. So etwa führt sie den kriegerischen, rächenden, im Blut der Feinde watenden und absoluten Gehorsam fordernden Gott Jahwe auf einen ursprünglich matrizentrischen, friedlichen Vegetationsgott zurück, der aus der synkretistischen Verschmelzung der Gottheiten »El« und »Saddai« aus dem ugaritischen Pantheon entstanden ist. Saddai ist wie Baal ein

Jünglingsgott, der Sohngeliebte der großen Himmelsgöttin Anat. Und auch der greise Mondgott El sei trotz bereits patriarchaler Überzeichnungen ebenso wie Jahwe ursprünglich ein jugendlicher Vegetationsgott gewesen. Waren doch die Götter dieser alten, matrizentrischen Kulte durchwegs jugendliche Götter, Geschöpfe der großen Mutter, keinesfalls jedoch patriarchale Vatergötter, die den natürlichen Schöpfungsvorgang umkehren und ihrerseits nun alles Leben, inklusive jenes der Frau, quasi aus dem Nichts hervorbringen.

Auch der berühmte Tanz um das goldene Kalb, in der Bibel als Götzendienst verurteilt, wird als kultische Feier zu Ehren des »Stiers seiner Mutter«, interpretiert, des Gottes Jahwe in Stiergestalt, ein Sinnbild der Kraft Gottes. Der Stier, in dem sich die männliche Zeugungskraft symbolisiert, ist ein uraltes Symbol matrizentrischer Kulturen, das bereits in der jungsteinzeitlichen Stadt Çatal Hüyük im heutigen Anatolien vor etwa 8.000 Jahren verehrt wurde, wie die Ausgrabungen aus den siebziger Jahren unseres Jahrhunderts beweisen. Auch im alten Ägypten war der Mond der »Stier seiner Mutter«, er war das Mondkalb, der Sohn der Großen Himmelsherrin Nut, wenn die schmale Sichel des Mondes am Himmel steht. Wenn der Mond jedoch seine ganze Größe als Vollmond erreicht hatte, wurde er zum starken Stier seiner Mutter, ihrem Geliebten und Inbegriff männlicher Zeugungskraft. Nach Weiler versammelten sich die Menschen am Fuße des heiligen Berges, um dort die Heilige Hochzeit der Priester und Priesterinnen nachzuvollziehen, sich in Ekstase zu tanzen und sexuelle Orgien zu feiern. Wobei sie sich auf Testamentsforscher bezieht, die bereits zu Beginn unseres Jahrhunderts die Vermutung äußerten, daß die Bundeslade ursprünglich ein goldenes Kalb als Jahwebild enthielt, und erst nach späterer Überlieferung die mosaischen Gesetzestafeln.[18] Moses hingegen ist ein »matriarchaler Mann«, der nach matrilokaler Ordnung den Kult Zipporas, Jethros Tochter übernimmt, nachdem er sie geheiratet hat. Er ist der »Sohn einer matriarchalen Priesterin«, Kultträger, mit der Symbolik des Stieres verbunden, und damit im Besitz universeller, männlicher Kraft, der Auserwählte, der Befreier und Erlöser seines Volkes.[19] Und tatsächlich ist die Darstellung Moses mit den Stierhörnern in der bildenden Kunst zu einem beliebten Motiv geworden. Angeblich ist ein Übersetzungsfehler dafür verantwortlich. In einer lateinischen Bibelübersetzung wird das Gesicht des Mose, als er umstrahlt von göttlichem Glanz den Berg Sinai herabsteigt, »facies cornuta«, das »gehörnte Gesicht«, genannt. Bibelinterpreten zufolge hätte es aber »facies coronata« – strahlendes Gesicht – heißen müssen.[20]

Im Hohelied Salomos, jener wunderbaren, ergreifenden Liebeslyrik, deren Entstehungszeit nach Angaben von Alttestamentlern bis in das 3. vorchristliche Jahrtausend reicht,[21] erkennt Weiler einen Kulttext, der zur Feier der Heiligen Hochzeit in Jerusalem benutzt wurde. Die christliche Kirche hat das Hohelied umgedeutet und die Symbole der Liebe auf Christus, seine Kirche und Gott angewandt. Besonders die Mystik des Mittelalters hat sich dieser Texte bedient, um damit in ekstatischer Verzückung die Liebe zu Jesus zu beschreiben. Doch bleibt dabei die Erotik des Körpers ausgeklammert, obwohl gerade sie diese Texte in einer so unverwechselbaren Weise auszeichnet: Eine Sinnlichkeit, die sich häufig in naturnahen, suggestiven Bildern von einer Leuchtkraft ausdrückt, die der heutige Technokraten-Mensch verloren hat.

Von besonderer Bedeutung ist die Neuinterpretation des biblischen Schöpfungsmythos, der stets die »Urschuld« Evas und damit der Frau beweisen sollte. Feministische Bibel- und Matriarchatsforscherinnen sehen in Eva ursprünglich »Chawwa«, eine uralte Erdgöttin, die auf dem Berg Zion in Jerusalem als »Mutter alles Lebendigen« verehrt wurde. In ihrem Obstgarten-Paradies brachte sie alles Leben parthenogen, also ohne Mann hervor. Ihr zur Seite stand die Schlange, Symbol der Wiedergeburt. Später hatte sie einen Heros, Abdihebas (Adam), Fürst und Schutzherr des prä-semitischen Jerusalem, den sie jährlich heiratete, nachdem sie ihm den Liebes- und Todesapfel überreicht hatte, und der nach seinem Tod zu ihr zurückkehrte, um neu von ihr geboren zu werden.[22]

Aus diesem Mythos sprechen alte, matrizentrische Vorstellungen, nach denen alles Leben aus der großen Schöpfergöttin hervorgeht und mit dem Tod wieder in sie einmündet, um erneut wiedergeboren zu werden. In der Göttin und ihrem Heros, dem sterblichen Gott, dessen regelmäßiger Tod das Ende aller Vegetation bedeutet, der, von der Mutter-Geliebten und den Menschen beweint und begraben, in die Unterwelt eingeht, um dort von der Göttin wieder zurückgeholt zu werden in ein neues Leben, symbolisierte sich der Glaube an die immer wiederkehrende Fruchtbarkeit der Erde, die den Menschen das Überleben sichert. Der lebende – sterbende – und wiederauferstehende Heros wird aber auch zum Gleichnis für das Menschenleben im Rhythmus des Werdens und Vergehens. Diese tröstliche Mythologie der Wiedergeburt allen Lebens in der Natur wurde jährlich rituell vollzogen in den großen Tempelfesten der Heiligen Hochzeit zwischen Hohenpriesterin und Hohenpriester, sakraler Königin und sakralem König, und in späterer Zeit zwischen Tempelpriesterin und Männern des Volkes.

Neuinterpretation des Schöpfungsmythos

Der patriarchale Schöpfungsmythos hat diese, auf der natürlichen Gebärfähigkeit der Frau beruhenden Vorstellungen brutal zerschlagen und an die Stelle der Göttin und des Heros den einen und einzigen, männlichen Gott gesetzt, der künftig alles Leben schafft. Jetzt gebiert nicht die Frau den Mann, sondern der Mann gebiert die Frau, was eine völlige Verdrehung und Umkehrung natürlicher Tatsachen bedeutet. Gleichzeitig wird die Frau zur Urheberin der Sünde und damit des Bösen in der Welt. Feministische Theologinnen, wie etwa Elga Sorge, interpretieren den biblischen Mythos vom Sündenfall der Frau als Entstehungsgeschichte des Patriarchats:

> »Im Sündenfallmythos liegt der patriarchale Versuch vor, die Göttin zu stürzen und weibliche Fruchtbarkeit, Leben und Göttin-Weisheit zu entwerten, zu dämonisieren und zu verfluchen.«[23]

Denn auch die Geschichte von der sündigen Eva, die gegen Gottes Gebot die Frucht vom Baum der Erkenntnis ißt und auch Adam dazu »verführt«, läßt sich nach Kenntnis der matriarchalen Göttinnenmythologie völlig anders deuten: Eva erscheint jetzt als die eigentlich Mutige und Weise, die sich die Erkenntnis von gut und böse nicht verbieten läßt. Unterstützt von der Schlange, von der es in der Bibel heißt, daß sie klüger sei als alle Geschöpfe, die Gott, der Herr gemacht hatte (I. Mose 3, 1) – was als Hinweis darauf gedeutet werden kann, daß sie einem älteren Kulturkreis angehört – will sich Eva ihre Fähigkeit, eigene Werturteile zu fällen, und zwischen gut und böse selbst zu unterscheiden, bewahren.

> »... sie nahm von der Frucht und aß und gab ihrem Mann, der bei ihr war; und er aß.« (I. Mose 3, 6)

Auch in dieser Geste drückt sich altes, matrizentrisches Gedankengut aus: Der Liebesapfel, den der Sohngeliebte und Heros in vielen Mythen von der Göttin empfängt, wird gedeutet als Beweis seiner Teilhabe an ihrer Weisheit und Macht. Aber gerade diese Weisheit, die eigene Entscheidungsfreiheit voraussetzt, sollte der Frau, und gleichzeitig den Menschen von einem autoritären, Gehorsam fordernden Vatergott genommen werden. Weshalb feministische Theologinnen folgerichtig die Glaubwürdigkeit eines solchen Gottes anzweifeln:

> »Kann die Forderung nach geistiger Blindheit und blindem Gehorsam wirklich ›göttlichen‹ Ursprungs sein? Ist nicht vielmehr der Anspruch, es handle sich um ein ›göttliches‹ Verbot, den Mythenschreibern als der Sündenfall schlechthin vorzuwerfen? Müssen wir nicht in diesem Verbot eine Versündi-

gung am Menschlichen und nicht etwa in Evas Ungehorsam eine Versündigung am Göttlichen sehen?«[24]

Mit dem Verbot Gottes, vom Baum der Erkenntnis zu essen, wird das menschliche Streben nach Wissen und Weisheit unter Strafe gestellt. Die Schlange, die gemeinsam mit Baum, Garten und Frucht wesentliche Aspekte der Göttin verkörpert, weiß es noch besser: »Ihr werdet sein wie Gott und wissen, was gut und böse ist«,[25] meint sie zu Eva. Und auch dieses »Sein wie Gott« wird von feministischen Theologinnen keinesfalls als Hybris interpretiert.

> »Wenn Gott ... als allumfassende Liebe, Barmherzigkeit, Güte, Weisheit und Gerechtigkeit gesehen würde, was sollte daran verkehrt sein, wenn Menschen sich in diese Wesenszüge hineinverwandelten?«,

fragt Christa Mulack. Fatal sei hingegen die Identifikation mit einem patriarchalen Gottesbild, das den männlich geprägten Geist absolut setzt und mit dem Ausschluß der Frau Herrschaftsansprüche, Allmachtsgedanken und Rachsucht verbindet.[26] Es ist offenkundig, daß mit dem christlichen Schöpfungsmythos, der ein Verbot der Erkenntnis enthält, vor allem die Frau getroffen werden sollte. Ihre Seinsmacht mußte gebrochen, ihr Drang nach Wissen als Ungehorsam gegen Gott und damit als Schuld gedeutet werden. Die Schlange, das alte Symbol weiblicher Weisheit und Macht, wird von einem patriarchalen Vatergott verflucht:

> »Ich will Feindschaft setzen zwischen dir und dem Weibe, zwischen deinem Samen und ihrem Samen; derselbe soll dir den Kopf zertreten, und du wirst ihn in die Ferse stechen.« (I. Mose 3, 15)

Die Verbindung zum matrizentrischen Urgrund, zu matrizentrischen Symbolen wurde zerschnitten, die Frau durfte nicht mehr sich selbst gehören, sie wurde zur »Männin«, die aus Adams Rippe entstanden war, zu seiner Gehilfin, deren »Begehren« auf den Mann ausgerichtet ist und die sich künftig an seinen Bedürfnissen zu orientieren hat. Gleichzeitig wurde die Gebärfähigkeit, bislang Ausdruck weiblicher Schöpfungskraft, als Strafe für begangene Sündenschuld eingesetzt.

> »Unter Schmerzen sollst du Kinder gebären; und dein Verlangen soll nach deinem Manne sein; er aber soll dein Herr sein.« (I. Mose 3, 17)

Sexualität, in matrizentrischen Kulturen als heilig verehrt, wird zur Sünde, Nacktheit zur Schmach, »... Und sie erkannten, daß sie nackt waren«,[27] das Feigenblatt gerät zur lächerlichen Verhüllung menschlicher Natürlichkeit.

Wir können heute, in unserem »aufgeklärten« Jahrhundert, nicht mehr nachvollziehen, wie sehr dieser Mythos nicht nur die Situation der Frau, sondern die gesamte gesellschaftliche, kulturelle Entwicklung des christlichen Abendlandes geprägt hat. Mythen besitzen eine starke, suggestive Kraft, die häufig im Unbewußten wirkt, aber großen Einfluß auf unsere Vorstellungen und Werturteile nehmen kann.

So etwa hat der Mythos von dem durch die Frau verursachten Sündenfall in einer säkularisierten Zeit zwar seine ursprüngliche Bedeutung verloren, aber die allgemeine Schuldzuweisung an Frauen blieb bestehen. Unsere Gesellschaft tendiert nach wie vor dazu, Frauen zu Sündenböcken zu stempeln, ob es sich dabei um sogenannte private, das heißt vor allem Beziehungsprobleme oder aber um gesellschaftliche Probleme handelt. Es ist auch bezeichnend, daß der moderne Religions-Ersatz, nämlich die Psychologie diese Sicht der Dinge in so manchem Aspekt übernommen hat. Vor allem Mütter – in patriarchalen Verhältnissen einerseits entmachtet, andererseits aber hauptverantwortlich für das Gedeihen kommender Generationen – werden in Erziehungsfragen rasch schuldig gesprochen. Wie sehr die Verbindung Erbsünde–Frau–Mutter auch gegenwärtig in der Theologie weiterbesteht und durch die Vorstellungen der modernen Tiefenpsychologie untermauert wird, zeigt folgendes Zitat aus dem Evangelischen Erwachsenenkatechismus:

> »Obgleich sich die Sünde als Störung des Gottesverhältnisses auf rein psychologischem Wege nicht erfassen läßt, zeigt uns die Tiefenpsychologie doch vergleichbare Vorgänge, die uns zum Verständnis der Erbsünde verhelfen können. Sie bieten viele Beispiele dafür, wie ein Kind von Anfang an durch die Schuld anderer, durch Haltung und Verhalten seiner Eltern, am Anfang vor allem der *Mutter* (Hervorhebung d. Autorin), geprägt wird.«[28]

Die »Sünde« der Frau, meinen feministische Theologinnen, besteht nicht in einem von Männern zusammengebastelten Konstrukt, das den weiblichen Teil der Menschheit schuldig spricht, um den männlichen zu entlasten, sondern ganz im Gegenteil in der Übernahme patriarchaler Ansichten und Werturteile. Sünde, so Dorothee Sölle, eine der prominentesten Theologinnen Deutschlands,

> »ist nicht die Sünde der Selbstüberhebung und des Stolzes, sondern unsere Sünde ist gerade die der Selbstverleugnung, der Selbstlosigkeit im schlechten Sinn des Wortes, der Aufgabe irgendeines eigenen Selbstes, der Unentwickeltheit des Selbstes, der Angepaßtheit an die herrschende Struktur, des mangelnden Stolzes darauf, eine Frau zu sein, des Gehorsams. Sünde ist, sich diesem sexistischen Modell der Gesellschaft zu unterwerfen. Nicht das Ebenbild Gottes zu realisieren, sondern in Ängstlichkeit vor Institutionen und Traditionen gehorsam sich ducken, sich anpassen, Demut üben ...«[29]

Feministische Theologie möchte Frauen aus ihrer Passivität befreien, sie zu eigenen Bildern, Symbolen, einer eigenen Sicht der Dinge aktivieren. Sie

> »ist keine abstrakte Theologie über das Wesen Gottes und die von ihm abgeleitete Kirche, sondern der Versuch von Frauen, ihre Erfahrungen von Unterdrückung und Ausbeutung auch theologisch zur Sprache zu bringen«.[30]

Die Weiblichkeit Gottes

Dieser Aspekt fließt auch in die Suche nach einem neuen Gottesbild ein. Feministische Theologinnen wollen der unterschlagenen, ausgesperrten »Weiblichkeit Gottes« nachspüren, wenn sie nach Metaphern und Symbolen forschen, die Gott nicht nur als Vater, sondern auch als Mutter beschreiben. Und tatsächlich finden sich deutliche Hinweise darauf vor allem im Alten Testament, wo er als gebärende Frau (Jesaja 42, 14), als Zeugender und Gebärender (V. Mose 32, 18) und als stillende Mutter (Jesaja 49, 15) beschrieben wird. Aber auch andere weibliche, mütterliche Bilder wie jenes von der Geburtshelferin (Psalm 22, 10f), Henne (Matthäus 23, 37), Haushälterin (Psalm 123) und Geliebten (Hohelied) lassen auf eine Androgynität Gottes schließen, die ein einseitiges Vaterbild auszuschließen trachtet.

Diese Androgynität gilt auch für Jesus, Gottes Sohn, der fähig war, Männliches und Weibliches in sich zu integrieren, die patriarchalen Projektionen zu überwinden und zu einem ganzheitlichen Menschen zu werden. Er war, so feministische Theologinnen, gar nicht der Herr und Meister, zu dem er im nachhinein von seinen Jüngern stilisiert wurde, nicht der Messias, der den himmlischen Vater vertritt und die Erde regiert, sondern ein frauenfreundlicher, auch erotischer Jesus, der zu feiern verstand, eine Geliebte hatte, sich für die verachteten Gruppen der Gesellschaft einsetzte und nicht nur Frauen zu autonomen Menschen, sondern auch Männer aus den Zwängen des Patriarchats befreite. Dieser Jesus hatte auch ein liebevolles, inniges Verhältnis zu seinem Vater, der für ihn nicht der jenseitige, fremde und furchtbare Gott gewesen ist, sondern ein vertrauter Vater, den er »abba« nennt, was dem liebevollen deutschen »Papa« oder englischen »daddy« entspricht – eine Anrede, die für einen orthodoxen Juden undenkbar gewesen ist.[31]
Andere Theologinnen sehen in Jesus einen »Vertreter des matriarchalen Bewußtseins«,[32] der sich sehr viel eher auf matrizentrische Über-

lieferungen als auf die jüdische Tradition der Jahwe-Verehrung bezieht. Darauf verweist Jesu Verständnis der Liebe, die er statt Gehorsam und Unterwerfung predigt, seine Ablehnung hierarchischer Strukturen und sein Eintreten für die Bedürftigen und Entrechteten. Auch seine Prophezeiungen eines »Friedens auf Erden« finden keine Parallelen in den Geboten eines rächenden, kriegerischen Jahwe-Gottes. Der Friede, wie Jesus ihn versteht, bezieht sich nicht nur auf ein friedliches Zusammenleben zwischen den Völkern, sondern auch auf eine Befreiung der Frau und ein besonderes Verhältnis zur Natur, die nicht unterworfen und beherrscht, sondern als Nahrungsspenderin verehrt wird.

Schon 1970 vermutete der Religionsforscher Felix Christ, daß Jesus sich selbst »als Sophia verstand«,[33] als »Weisheit Gottes«. Er beruft sich dabei auf ein ursprüngliches, matriarchales Weltbild, denn hinter dieser »Thea-Sophia« verbergen sich alte, orientalische Göttinnen und ihre Kulte. Im Alten Testament ist diese Weisheit die Tochter Gottes, aber auch seine Schwester, Frau, Mutter, Geliebte und Lehrerin. Sie wird von den Menschen verworfen und kehrt zu Gott zurück, wo sie schon vor der Schöpfung war (Sprüche 8, 30) Sie schafft Leben, Ruhe, Wissen und Heilung denen, die sie aufnehmen. Sie ist ganz und ungespalten, »nur eins und vermag doch alles« (Weisheit, Salomos 7, 27) Sie ist gütig und verständig (Sprüche 8ff; Weisheit Salomos 7ff) und damit Lebensweisheit.

Hier sind deutlich Spuren der alten Großen Schöpfergöttin zu erkennen, von der jener Spruch am Tempel im altägyptischen Sais so wunderbar sagt: »Was da ist, was sein wird und was gewesen ist, bin ich ...«[34]

Die Theologin Elga Sorge lehnt es hingegen ab, einen männlichen Gott lediglich durch weibliche Anteile zu bereichern, und fordert »eine selbständige Weiblichkeit auf der Ebene des Göttlichen«.[35] Sie greift auf matrizentrische Vorstellungen zurück, wenn sie den Vater-Gott des Judentums und Christentums sowie den christlichen Gottes Sohn von der Mutter-Göttin her verstehen will. »Die Göttin und ihr Heros sind Symbole für die tiefe Verbundenheit aller mit dem Strom des Lebens und der Liebe.«[36]

Andere Theologinnen, wie etwa die Holländerin Catharina Halkes und die Marienforscherin Christa Mulack erkennen eine Göttin in Maria, der Mutter Gottes.[37] Denn, so Christa Mulack, nicht die Mariensymbolik als solche ist frauenfeindlich, sondern ihre einseitig männliche Interpretation. Sie sieht

»in den Mariendogmen eine uralte weibliche Symbolik, deren Ablehnung sich nur selbstzerstörerisch auf die Frau auswirken kann«.[38]

Auch Christa Mulack sieht in den Mariendogmen der katholischen Kirche wie Jungfräulichkeit, Mütterlichkeit und Gottesgebärerin Relikte alter, matrizentrischer Kulturen: Denn die jungfräulich gebärende Frau – im Christentum Ausdruck von Sexualfeindlichkeit und männlichem Gebärneid – verkörperte in der frühen Menschheitsgeschichte, als die Beteiligung des Mannes am Akt der Zeugung noch unbekannt war, das schöpferische Prinzip schlechthin, weil sie allein und aus sich selbst heraus neues Leben gebar. Ebenso wird die Mütterlichkeit Marias neu interpretiert. Sie äußert sich nicht mehr demütig und passiv in einem »Gefäß Gottes«, das Berechtigung lediglich aus der Geburt eines Sohnes bezieht, sondern sie zeigt sich in positiven, beschützenden, aber auch befreienden Werten jenseits patriarchaler Macht. Maria wird damit zu einer »Dienerin der Liebe und der Freiheit ... die eintritt für eine bessere Gerechtigkeit als jene, die das Patriarchat zu bieten hat«.[39]

Tatsächlich verweisen die Symbole, mit denen Maria noch heute umgeben wird, wie etwa die Schlange und der Mond auf eine alte, matrizentrische Herkunft. Auf einer Mondsichel stehend, wird sie als Schutzpatronin der Menschen verehrt, die unter ihrem weiten Mantel Trost und Hilfe suchen. Auch der Sternenmantel war ein Symbol der Aphrodite, die Ähre ein Attribut der römischen Göttin Ceres und die weiße Taube Gefährtin der babylonischen Göttin Ischtar.[40]

Trotzdem warnen Theologinnen wie etwa Moltmann-Wendel vor einer Überbetonung des Göttinnensymbols, weil sie damit patriarchale Zustände mit umgekehrtem Vorzeichen befürchten. Die meisten religiösen Feministinnen plädieren für eine Neubewertung und Integration beider Symbole, beider Aspekte: »des rationalen und des emotionalen, der aufgerichteten Männlichkeit und des schützenden umfassenden Schoßes«.[41] Sie möchten die Gottheit in der Begegnung mit anderen Menschen, aber auch mit uns selbst und im Umgang mit der Natur erfahren als weiblich-männlich integrierende Lebenskraft.

Das Kreuz als Sinnbild von Schuld und Tod

Daneben gibt es auch eine Gruppe vorwiegend amerikanischer ehemaliger Theologinnen, die sowohl einen androgynen Gott als auch eine Göttin als Möglichkeit einer frau-bezogenen religiösen Identität ablehnen, und in einem radikalen Schritt jede Vorstellung von Gott ganz generell verwerfen, weil jedes Gottesbild letzten Endes doch wieder männlich besetzt sei. Darum auch wollen viele Frauen das Amt einer Priesterin gar nicht anstreben, weil sie sich damit lediglich in den Dienst einer patriarchalen Einrichtung stellen. Die scharfsinnigste Kritik liefert dabei sicherlich die ehemalige katholische Theologin Mary Daly, die für eine feministische, nachchristliche philosophische Religion eintritt:

>»Mir war klar geworden, daß die Vorstellung eines nicht-sexistischen Christentums ebenso ein Widerspruch in sich ist wie etwa die Idee eines viereckigen Dreiecks ...«[42]

Daly plädiert statt dessen für eine »Meta-Ethik des radikalen Feminismus«, in dem Frauen »Jenseits von Gott Vater & Co« zu sich selbst finden.

>»Auf ihrer Reise zur *Selbstwerdung* also müssen die Frauen den verinnerlichten Gottvater in seinen vielfältigen Erscheinungsformen (sein Name ist Legion) austreiben ... Radikaler Feminismus ist *nicht* Versöhnung mit dem Vater. Der erste Schritt ist vielmehr ein ›Nein‹ an die Adresse des Vaters, der versucht, unsere Mutter auszulöschen und Neuzüchtungen aus uns zu machen durch erzwungene ›Wiedergeburt‹ (sei es aus Zeus' Kopf, aus einer Rippe Adams oder durch die ›Gnade‹ der Taufe).«[43]

Frauen müssen statt dessen erkennen, daß die patriarchale Religion ihre Energie und Kraft stets aus einer mißbrauchten Weiblichkeit geschöpft hat, sie müssen sich diesem »verkappten Vampirismus« des Christentums verweigern, und statt dessen das Göttliche in sich selbst entdecken. Notwendig dafür ist eine Rückbesinnung auf die Tradition der großen, weisen Frauen, der »Häxen«, die

>»widerspenstig, eigensinnig, zügellos, unkeusch sind und vor allem männlicher Werbung nicht zugänglich«.[44]

In einer neuen Frauenkultur müsse vor allem das »verlorene Bündnis ... das Band zwischen Müttern und Töchtern«[45] neu geknüpft werden, um damit Müttern ebenso wie Töchtern ihre an die Ehemänner und Söhne verloren gegangene geistige Identität zurückzugeben.

Daly hält es für unzureichend, eine Religion lediglich von ihren patriarchalen Verzerrungen zu befreien, wenn diese Religion auf Frauenhaß beruht, der alle Freude, alle Lust, alle mit Frauen verknüpfte Erotik, Bejahung und Bewahrung des Lebens abtötet und erstickt. In einer brillanten Analyse charakterisiert sie das Kreuz, Ursymbol des Christentums, als Sinnbild für Schuld, Leid und Tod. Es sei aus dem Lebensbaum matrizentrischer Kulturen hervorgegangen, wie er etwa in der Kunst des Alten Ägyptens dargestellt wird. Während dieser jedoch nicht nur als Zeichen von Fruchtbarkeit gewertet wurde, sondern auch als eine Quelle kosmischer Energie, und damit dem Leben verpflichtet war, zeige dieses

»Gestell aus totem Holz«, ein »Marterholz«, an dem »ein sterbender Körper mit Nägeln befestigt ist«,[46] wie sehr Martyrium und Todessehnsucht als integraler Bestandteil in einem patriarchalen Christentum verankert sind, hingegen Freude, Lust und »Erlösung« in ein Jenseits nach dem Tod verwiesen werden. Ein sterbender, von seinem Vater verlassener Sohn nimmt die Schuld der Welt auf sich, um die Menschen zu erlösen, die nun ihrerseits von Schuldgefühlen gepeinigt werden.

Auch Christa Mulack hat sich mit dem Schuldproblem auseinandergesetzt. Sie meint, die Lehre von der Vergebung der Sünden durch den Kreuzestod Christi sei auf der Grundlage verdrängter Schuld gegenüber Jesus entstanden. Hatten doch seine Jünger allen Grund, sich wegen ihres unrühmlichen Verhaltens (Verrat und Verleumdung) schuldig zu fühlen.[47] Ebenso lehnen andere feministische Theologinnen wie etwa Valerie Saiving, Christine Schaumberger und Luise Schottroff dieses Sündigsein des Menschen als einer »Grundbefindlichkeit seiner Existenz« ab, weil es einer bejahenden, lustvollen Lebenseinstellung im Wege steht.[48]

Eine Jenseits-Religion vernachlässigt das Diesseits

Feministische Theologie wendet sich gegen die männliche Todes-Religion als Ausdruck eines patriarchalen Dualismus vom minderwertigen, vergehenden Körper und erlösungsfähigem Geist. Sie legt den Akzent auf ein ganzheitliches, erfülltes Leben vor dem Tod, das von der Verantwortung gegenüber uns selbst, der Erde und den kommenden Generationen geprägt ist. Feministische Religion weiß um das natürliche Ende allen Lebens, aber sie ist auch eine Religion der Geburt, der Erhaltung dieses Lebens. Eine Gefahr sieht sie lediglich in jenem »toten« Leben, jenem beziehungslosen Leben, von dem Dorothee Sölle spricht:

> »Der Mensch lebt nicht vom Brot allein, er stirbt sogar am Brot allein, einen allgegenwärtigen, schrecklichen Tod, den Tod am Brot allein, den Tod der Verstümmelung, den Tod des Erstickens, den Tod aller Beziehungen. Den Tod, bei dem wir noch eine Weile weitervegetieren können, weil die Maschine noch läuft, den furchtbaren Tod der Beziehungslosigkeit … Der Tod, der uns wirklich bedroht, der uns mitten im Leben umfängt, das ist der Tod der Beziehungslosigkeit.«

Und die Frage nach einem »ewigen Leben« erscheint ihr absurd und egozentrisch, weil sie den Einzelnen nicht als Teil eines Ganzen begreift:

»Ist mit dem Tode alles aus? ist eine gottlose Frage. Was ist denn dieses ›alles‹ für dich? Du kannst deinen eigenen Tod nicht mit der Formel ›dann ist alles aus‹ beschreiben, eben weil zur Definition eines Christen gehört, daß er sich selber nicht alles ist. Nein, es ist nicht alles aus, sondern es geht alles weiter. Was ich wollte, was ich mit anderen versucht habe, was ich angefangen habe und woran ich gescheitert bin – es geht weiter. Ich esse nicht mehr, aber es wird Brot gebacken und gegessen. Ich trinke nicht mehr, aber der Wein der Brüderlichkeit wird weiter getrunken. Ich atme nicht mehr als dieser Einzelne, diese Frau des 20. Jahrhunderts, aber die Luft wird da sein, für alle.«[49]

Auch Rosemary Radford-Ruether meint, daß wir »die Sicht, die das individuelle Ich als unendlich setzt«, aufgeben müssen,

> »daß wir vielmehr zulassen, daß das Ganze und nicht Ich jene »Unendlichkeit« ist, aus deren Schoß wir bei der Geburt kommen und in deren Schoß wir mit unserem Tode zurückkehren ...«[50]
> »Uns in Stahlsärgen zu begraben, so daß wir nicht in die Erde hineinvergehen können, bedeutet soviel, wie sich zu weigern, diesen Prozeß des Wiedereintretens in die Matrix erneuerten Lebens zu bejahen. Eine solche Art des Beerdigens stellt eine grundsätzliche Weigerung dar, die Erde als unser Zuhause und die Tiere dieser Erde als unsere Verwandten zu akzeptieren. Auf diese Weise erkennen wir auch nicht den erlösenden Charakter unserer eigenen Desintegration-Reintegration zurück in den Boden an.«[51]

In der Ausrichtung auf ein Jenseits sehen viele religiöse Feministinnen eine Ursache für die Vernachlässigungen des Diesseits. Aber auch eine Verdrängung der Frau aus allen Symbolen habe zu einer zunehmenden Zerstörung der Welt geführt. Mary Daly etwa macht die Denkmuster von Allmacht, Herrschaft und Transzendenz, die einer einseitigen, männlichen Erfahrung entstammen, verantwortlich für Krieg, Vergewaltigung und Völkermord. Im christlichen Symbol der Trinität findet diese männliche Einseitigkeit konsequenten Ausdruck:

> »Das Denken der westlichen Gesellschaft ist immer noch, offen oder unterschwellig, vom christlichen Symbolismus besetzt, und dieser Besitz-Stand hat seinen Einfluß über fast den ganzen Planeten ausgedehnt. Höchstes Symbol seiner Prozessionen ist die rein männliche Trinität selbst. Von grundlegender Bedeutung ist hier die Tatsache, daß dies ein Bild ist von einem göttlichen Sohn, der aus einem göttlichen Vater kommt (Mutter oder Tochter kommen nicht vor). In dieser Symbolik ist der Vater die erste Person, der Ursprung, der die zweite Person aus dem Geiste schafft, den Sohn/das Wort, der sein perfektes Abbild ist ... Ihre Vereinigung ist so total, daß sich ihre gegenseitige Liebe in der Hervorbringung einer dritten Person ausdrückt, die ›Heiliger Geist‹ genannt wird ... Diese Definition der ›Drei göttlichen Personen‹ ...

schließt alle weibliche mythische Anwesenheit aus, verleugnet die weibliche Wirklichkeit im Kosmos.«[52]

Elisabeth Moltmann-Wendel stellt dieser radikalen Absage an Gott und Christentum die Suche nach neuen, identitätsstiftenden Weiblichkeitsbildern entgegen. Sie sieht in der männlichen Dreiheit nur ein schlecht verhülltes, patriarchales Modell, das einer ursprünglich weiblichen Dreiheit übergestülpt wurde. Dabei bezieht sie sich auf die Dreierbeziehung von Mutter-Tochter-Kind aus den alten, matrizentrischen Kulturen, die die weibliche Genealogie, die mütterliche Tradition darstellte, und im griechischen Mythos etwa durch Demeter, Kore und Erechtheus verkörpert wird. Diese Dreiergruppe sieht sie in der Kunst des Mittelalters wiedererstehen mit Anna, Maria und dem Jesuskind. Anna Selbdritt, die Mutter Marias, die sich nicht auf das Neue Testament zurückführen läßt, sondern eine Legendenerfindung ist, wurde vor allem im 15. und 16. Jahrhundert verehrt. Mit ihr, die ein ganz normales Frauenleben aufweist, nach der Legende dreimal verheiratet war und von drei verschiedenen Männern Kinder hatte, konnten sich Frauen auch wirklich identifizieren. Während die reine, keusche, vergeistigte Maria in unerreichbaren Höhen thront, steht Anna auf der Erde, eine mütterliche Frau, Patronin der Schwangeren, der Großmütter und Witwen, aber auch der Berg- und Seeleute. Moltmann-Wendel nennt sie »ein Stück Frauengeschichte, Frauenwissen, Frauenweisheit, Frauenbeziehung«, ein »Stück Integrität und Widerstand« und sieht in ihr letzte, matrizentrische Spuren der großen Erdgöttin, die elementare Eigenschaften wie Liebe und Hingabe verkörpert und damit Frauen Reste einer Frauenkultur ermöglicht, in denen der Wert und die Bedeutung von gebären und erziehen präsent gewesen ist.[53]

Feministische Theologie beteiligt sich auch an Gesellschaftskritik

Aber feministische Theologinnen erschöpfen sich nicht in einer Kritik an sexistischen Glaubensinhalten, sondern sie beziehen im Bewußtsein einer grundsätzlichen Vernetzung aller Lebensvorgänge auch den gesamten gesellschaftlich-kulturellen-politischen Bereich in diese Kritik mit ein. Und wenn sie sich gemeinsam mit der Frauenfriedensbewegung gegen den Krieg, gegen Atomkraftwerke, für Abrüstung und die Durchsetzung der Menschenrechte engagieren, sehen sie sich durchaus in der Nachfolge Christi. Ebenso fühlen sie sich in ihrer Forderung nach einem neuen Weltwirtschaftsmodell, einem anderen Natur- und Weltverständnis christlich motiviert. Dorothee Sölle etwa verlangt

»eine umfassende Kritik am männlichen Wissenschaftsverständnis, an seinen fraglos akzeptierten Zielen und seinen imperialen Methoden, vor allem aber an seiner Ethik, die weithin bloße Legitimationsrhetorik bedeutet. An dieser großen Aufgabe ist die feministische Theologie insofern beteiligt, als sie ein anderes ›Gottdenken‹ einübt, das die Machtfrage neu stellt und sie aus dem autoritären Denkmuster des ›ganz anderen‹ Gottesherrschers befreit.«

Und sie frägt weiter:

»Welche Macht hat denn eine Gottheit, die weder Schlachten entscheidet noch vor ökologischen und ökonomischen Katastrophen schützt? In einer gewalttätigen Kultur lebend, in der barbarische Institutionen wie das Militärwesen noch immer Legitimität und Ansehen genießen, ist es uns fast unmöglich, Macht, die frei von Gewalt ist und doch bekehren und verändern kann, zu denken, sie auch nur zu ahnen. Wir wissen nicht, was Liebe sein könnte, längst darf sie nur im Privatzoo frei herumlaufen.«[54]

Einem patriarchalen Gesellschaftsmodell stellen feministische Theologinnen wie etwa C. J. M. Halkes Erfahrungen und Werte entgegen, die sie aus einer »Weiblichkeit« Gottes beziehen: Geduld, Zärtlichkeit, Beziehungsfähigkeit, Weisheit, Ganzheit, Einswerden mit der Erde. Und Dorothee Sölle empfiehlt eine Bevorzugung der

»Mutter- und Natursymbole ... wo die Beziehung zu Gott nicht Gehorsam, sondern Einigung verlangt, wo nicht ein distantes Gegenüber und Selbstaufgabe, wohl aber Übereinstimmung, Einssein mit dem Lebendigen zum Thema der Religion wird. Solidarität als wichtigste Tugend wird dann den Gehorsam ablösen«.[55]

Voraussetzung für ein neues, ganzheitliches Menschenbild, das zu einer neuen Auffassung von Kultur und Gesellschaft führen könnte, ist ein Abbau der Dualismen, die unsere moderne Welt-Sicht prägen, und die, so Rosemary Radford-Ruether, »ihre Wurzeln in dem apokalyptisch-platonischen religiösen Erbe des klassischen Christentums« haben. Dualismen, die sich in einer »Entfremdung des Geistes vom Körper, des subjektiven Ichs von der objektiven Welt« äußern.

In dem Dualismus zwischen männlich und weiblich hingegen finden all diese Entfremdungen ihren ursprünglich symbolischen Ausdruck.

»Die Wesenszüge der Intelligenz, des transzendenten Geistes und des autonomen, schöpferischen Willens, die mit dem Männlichen identifiziert wurden, ließen für die Frau nur die entgegengesetzten Wesenszüge der Körperlichkeit, Sinnlichkeit und Unterwerfung übrig.«

Aber die Gleichung sinnlich = weiblich und beides untergeordnet hat sich gerächt – die Überbetonung von Transzendenz und Jenseitigkeit hat zu der gegenwärtigen Welt-Zerstörung geführt:

>Heute wissen wir jedoch, daß diese Theologie der Rebellion in das Unendliche einen Gegenspieler in der weltzerstörenden Geistigkeit hat, die auf den weiblichen Teil der Rasse all den Abscheu, die Feindschaft und Furcht vor den leiblichen Mächten projiziert, über die sie sich erheben und von denen sie unabhängig sein will.<[56]

Radford-Ruether fordert eine Wiederversöhnung mit dem Körper, eine Wiederversöhnung mit der Erde, eine neue Verbindung von Körper und Geist und eine Veränderung der Machtstrukturen der Zivilisation.

>Unser Ziel ist weder der romantisierte primitive Dschungel, noch die moderne technologische Wüste. Vielmehr fordern wird, daß die Menschen es wieder lernen, den Garten zu kultivieren, denn dabei kommen die Kräfte des rationalen Bewußtseins mit den Harmonien der Natur wieder partnerschaftlich zusammen. Die neue Erde muß ein Ort sein, an dem die Menschen wieder mit ihrer Arbeit versöhnt werden, indem sie die Entfremdung durch die >Megamaschine< abschaffen und gleichzeitig deren produktive Kraft ausnutzen, um für nicht-entfremdetes schöpferisches Tun frei zu sein. Die Erde muß auch ein Ort sein, wo die Menschen sich wieder mit ihrer eigenen Begrenztheit aussöhnen, wo der letzte Feind, der Tod, nicht durch die Flucht in die Ewigkeit überwunden wird, sondern in dem Geist des hl. Franziskus, der den Bruder Tod als einen Freund begrüßen kann, der die Lebensbahn der sterblichen Seele beendet. Die neue Humanität ist nicht die eines monolithischen Reiches, das alle anderen Eigenständigkeiten auslöscht zugunsten der einen Herrenrasse, sondern eine vielsprachige Verständigungsbereitschaft, die die verschiedenen örtlichen und zeitlichen Gegebenheiten sowie verschiedene Eigenarten wieder anerkennt ...<[57]

Schöner und treffender kann eine religiöse Utopie, die drängende Probleme unserer Zeit umfaßt, wohl kaum ausgedrückt werden.

10.3 Feministische Wissenschaftskritik und Wissenschaftstheorie

Inzwischen hat die allgemeine Patriarchat-Kritik auch die Wissenschaften erfaßt. Wissenschafterinnen sämtlicher Fachrichtungen nehmen sich dieses Themas an, um festzustellen, daß auch die Wissenschaften androzentrisch geprägt sind, und zwar sowohl in der praktischen Ausübung als auch in der Realitätsvermittlung.

Gründet sich doch die Idee einer objektiven Wissenschaft auf die – nicht nur die Wissenschaften bestimmenden – Vorstellung, daß männlich und menschlich gleichzusetzen sei, weshalb auch »die Verbindung von Männlichkeit und wissenschaftlichem Denken den Status eines Mythos hat, der nicht ernsthaft untersucht werden kann oder darf«.[1] Obwohl die Wissenschaften seit ihren Anfängen eine fast ausschließliche Männerdomäne sind, wird dieser Tatsache in der Beurteilung wenig Beachtung geschenkt. Erst die feministische Wissenschaftskritik hat hier patriarchale Verzerrungen und Einseitigkeiten aufgedeckt.

> »Die Wissenschaft trägt die Prägung ihrer Geschlechtsspezifizierung, nicht nur in der Art und Weise, wie sie angewandt wird, sondern auch in der Art von Realitätsbeschreibung, die sie bietet«,[2]

meint Evelyn Fox-Keller, mathematische Biophysikerin und eine der profiliertesten feministischen Wissenschafterinnen. Sie setzt sich ausführlich mit der Frage auseinander, in welchem Maße Wissenschaft mit der Vorstellung von Männlichkeit verknüpft ist, wobei sie Psychologie, Soziologie und Geschichtswissenschaften in ihre Überlegungen mit einbezieht. Denn der Ausschluß der Frau aus den Wissenschaften ist nicht nur in seiner historischen Entwicklung zu erklären, sondern ganz allgemein als ein

> »Symptom für eine breitere und tiefere Kluft zwischen weiblich und männlich, subjektiv und objektiv, ja sogar zwischen Liebe und Macht – er ist eine Spaltung des menschlichen Gefüges, die uns alle betrifft, als Frauen und Männer, als Mitglieder der Gesellschaft und auch als Wissenschafter.«[3]

In einem historischen Rückblick (siehe dazu Kap. 3.1) beschreibt Fox-Keller die Philosophie Platons als eine Erkenntnistheorie, der es um die Ausschließung sowohl der Frau als auch der Materie geht. Ebenso wie Carolyn Merchant sieht sie die Wurzeln der modernen Wissenschaften in dem zunehmend materialistischen Weltbild der beginnenden Neuzeit (Francis Bacon), in dem die Kontrolle und Beherrschung der Natur – und des Weiblichen – zum Zwecke materieller Nutzung gefordert wird. Wesentlich erscheint Fox-Keller dabei die Tatsache, daß Erkenntnis sowohl bei Platon als auch bei Bacon nicht als eine Form der Beziehung, sondern der Distanzierung verstanden wird. Hingegen ihr selbst beides, Bezogenheit und Distanzierung als notwendige Voraussetzungen für Erkenntnis erscheint.

Tatsächlich zeichnen sich unsere gesamten Wissenschaften durch eine Überbetonung des Trennenden, Distanzierenden und eine Vernachläs-

sigung des Verbindenden aus. Gleichzeitig damit dominiert das Zerstörerische im wissenschaftlichen Erkenntnisprozeß. Wie die Philosophin
Luce Irigaray an zahlreichen Beispielen darlegt, interessiert hier vornehmlich der Zerfall, die Spaltung, die Explosion, die Katastrophe.
Bereits das Universum soll durch eine Explosion, den Ur-Knall entstanden sein, der Quantenmechanik geht es um das Verschwinden der Welt,
Todestriebe erscheinen wesentlich präsenter als Lebenstriebe (siehe
Freud und Marcuse) und die Philosophie beschäftigt sich vor allem mit
der Dekonstruktion der Ontologie, aber kaum mit der Konstruktion
neuer, Identität stiftender Seinsweisen. Weshalb Irigaray auch von Wissenschaft und Wissenschaftserkenntnis als einer »wahren Schule des Negativen ohne positiven Horizont, eine Art Onto-Theologie ohne Gott,
ausgenommen für bestimmte Gelehrte« spricht.[4]

Fox-Keller, die in ihren Untersuchungen die Verbindung von Männlichkeit, Autonomie und Objektivität in den Wissenschaften erforscht,
bezieht sich dabei auf psychoanalytische Erkenntnisse, nach denen zwar
Kinder beiderlei Geschlechts in gleicher Weise lernen müssen, ihr Selbst
von anderen abzugrenzen, Knaben jedoch eine zweite »Desidentifizie-
rung von der Mutter«[5] durchlaufen müssen: zum einen zur Ausbildung
einer eigenen Identität und zum anderen zur Konsolidierung einer männlichen Geschlechtsidentität. Besonders an Wissenschaftern, so Fox-
Keller, sei eine daraus resultierende Neigung zu einer übertriebenen und
verhärteten Autonomie und Männlichkeit zu beobachten. Sie stützt sich
auf etliche wissenschaftliche Arbeiten, wenn sie feststellt, daß Wissenschafter, und insbesondere Physiker ungewöhnlich hohe Punktzahlen in
»Männlichkeitstests« erzielen, außerdem nicht besonders an Mädchen
interessiert sind, spät mit einem Mädchen ein Liebesverhältnis eingehen
und zu einem hohen Prozentsatz zu ihrer Mutter ein distanziertes Verhältnis haben, das häufig mit einer »offenen oder verdeckten Neigung
zur Herabsetzung der Mutter gekoppelt ist«.[6]

Diese Erklärungsmuster sind interessant, weil sie ein vorgefaßtes Bild
einer angeblichen Objektivität aufbrechen, die auf unbewußten Ängsten
und Selbstabgrenzung beruht – und gleichzeitig damit auf einer Verleugnung von Subjektivität und Weiblichkeit. Weshalb nach Ansicht vieler
Wissenschaftstheoretikerinnen eine objektive Erkenntnis – so betrachtet
– gar nicht möglich, sondern eine Projektion männlicher Betrachtungs-
weise ist.

Geschlecht als soziales Konstrukt (»gender«)

Eine Erkenntnis mit weitreichenden Konsequenzen. Denn wohl handelt es sich bei der Idee der Rationalitätskritik keinesfalls um eine Neuschöpfung feministischen Denkens, vielmehr ist die Forderung nach Aufhebung der Spaltung zwischen Subjekt und Objekt, Materie und Geist mindestens so alt wie das kritisierte mechanistische Denkmodell selbst, sie hat sich stets parallel dazu und in Auseinandersetzung damit entwickelt.[7] Neu jedoch ist das Einbringen von Geschlecht als soziales Konstrukt (»gender«), neben »sex« als biologisches Geschlecht. »Gender« hebt die Gleichung Mann = Geist und Vernunft, und Frau = Natur und Materie als biologistisch determiniert auf und ersetzt sie durch die Vorstellung von etwas historisch und sozial Gewordenem. Wir werden, so besagt diese These, in unserem geschlechtsspezifischen Rollenverhalten nicht durch eine natürliche Veranlagung bestimmt, sondern durch gesellschaftliche (Macht-)Mechanismen, die uns ein spezielles Verhalten aufnötigen. Was nicht als Leugnung der biologischen Komponente aufgefaßt werden soll, doch werden biologische Zustände stets sehr wesentlich von gesellschaftlichen Verhältnissen beeinflußt und geprägt.

Die Erforschung von Geschlechterverhältnissen gehört gegenwärtig zu den Hauptaufgaben der Frauenforschung. Grundsätzlich geht es dabei um einen Vergleich von weiblichen und männlichen Lebenszusammenhängen, wodurch die speziellen Benachteiligungen und Diskriminierungen von Frauen herausgearbeitet werden. Gleichzeitig begannen feministische Wissenschafterinnen, die Bedeutung der nicht-biologischen, also der sozialen und kulturellen Faktoren zu betonen, die das Verhalten von Männern sowie Frauen bestimmen.

Wie Evelyn Fox-Keller ausführt, wird »gender« (der Ausdruck wurde aus dem Anglo-Amerikanischen in das Deutsche übernommen) in der Wissenschaft nicht nur als kulturelle Norm betrachtet, die die psychosoziale Entwicklung einzelner Frauen und Männer leitet, sondern auch als Basis für die geschlechtsspezifische Trennung zwischen Geistes- und Gefühlsarbeit, die Frauen diskriminiert und

> »ausgrenzt aus den kulturell festgelegten Definitionen von Objektivität, Moral, von Bürgerrechten und sogar aus der Definition von menschlicher Natur«.[8]

Fox-Keller spricht von einem »System Wissenschaft-Gender« als dem »wahrhaft radikale(n) Potential der feministischen Theorie«[9] und sie führt die Tatsache, daß die Normen, die mit der männlichen Kultur verbunden sind, für universell gehalten werden, auf die Unsichtbarkeit von

Frauen und ihrer Arbeit in dieser Kultur zurück. Weshalb die gender-Diskussion auch dazu beitragen könnte, die Folgen dieses weiblichen Schweigens zu überwinden und Raum zu schaffen für einen alternativen Diskurs.[10]

Frauen kommen in den Wissenschaften nicht vor

Die Kritik von Wissenschafterinnen aller Fachrichtungen konzentrierte sich ursprünglich auf ihre eklatante Benachteiligung im Wissenschaftsbereich, die als Verstoß gegen den Grundsatz des gleichberechtigten Zugangs aller Menschen zu Erkenntnis und wissenschaftlicher Praxis thematisiert wurde. Eine Benachteiligung, die bis heute nicht aufgehoben ist, obwohl Frauen inzwischen seit fast 100 Jahren Universitäten besuchen dürfen. Aber selbst wenn Frauen die zahlreichen Hürden hin zu einer wissenschaftlichen Laufbahn bewältigt haben, ergeben sich spezielle, im Lauf der Jahre immer heftiger diskutierte Probleme. Frauen mußten nämlich feststellen, daß sie mit ihrem Dasein, ihrem Bewußtsein, ihrer Arbeit und ihren Lebenszusammenhängen in den Wissenschaften nicht vorkommen. Weshalb Fox-Keller auch analog zum Slogan der neuen Frauenbewegung »das Persönliche ist politisch« den Grundsatz aufstellt, daß auch »das Wissenschaftliche als persönlich anzusehen« sei. Auch hier also wird die persönliche Erfahrung von Frauen in das Wissenschaftsverständnis integriert:

> »Der Feminismus versucht, unser Verständnis für die Geschichte, Philosophie und Soziologie der Wissenschaft zu erweitern, indem er nicht nur Frauen und ihre tatsächlichen Erfahrungen einbezieht, sondern auch die Bereiche menschlicher Erfahrung, die den Frauen zugewiesen waren, vor allem das Persönliche, das Emotionale und das Sexuelle.«[11]

Das Nicht-Vorkommen von Frauen in den Wissenschaften hat vor allem zwei Gründe: zum einen die Abwertung weiblicher Lebensäußerungen, weiblicher Arbeit und weiblicher Bedürfnisse und ihre Beschreibung als untergeordnet, und zum anderen die Vorstellung von der Allgemeingültigkeit männlichen Denkens, Fühlens und Handelns, die als »menschlich« definiert wird und somit weibliches Denken, Fühlen und Handeln ausschließt.[12] Frauen in wissenschaftlichen und vornehmlich naturwissenschaftlich-technischen Berufen sind besonders von jenen Benachteiligungen betroffen, unter denen berufstätige Frauen ganz allgemein leiden: als Pionierinnen in einem bis vor noch nicht allzu langer Zeit beinahe ausschließlich männlichen Arbeitsbereich tätig, bekommen sie das Mißtrauen und die – oft unterschwellig vorhandenen – Vorurteile von Kollegen, Lehrmeistern oder Professoren am stärksten zu spüren, was zu erhöhtem Leistungsdruck und im weiteren zu ständigen Überforderungen führt. Außerdem sind Frauen in den Wissenschaften besonders isoliert, weil zum einen weder Männer noch Frauen das nötige Verständnis für diese Art der Berufsausübung aufbringen, zum anderen jedoch jener sogenannte private Bereich fehlt, über den Männer verfügen und in dem sie ihre im Berufsleben ausgesperrten und verdrängten Gefühle ausleben können. Sind doch für Beziehungsarbeit die Gattinnen und Freundinnen der Männer, nicht jedoch die Gatten und Freunde der Frauen zuständig. Was insbesondere bei Frauen, die es geschafft haben, in dem sterilen, emotionsarmen konkurrenzbetonten und leistungsorientierten Wissenschaftsbereich in höhere Positionen aufzusteigen, zu erheblichen Frustrationen führen muß. Die zahlreichen, in den letzten Jahren häufig als Interessenvertretung gegründeten Frauenvereinigungen, Frauengruppen und Frauenlobbys sind als Versuch zu verstehen, weibliche Solidarität zu üben und sich auf diese Art und Weise Verständnis und menschliche Wärme zu sichern.

Die Naturwissenschafterin Rosemarie Rübsamen hat die Schwierigkeiten, denen sich insbesondere Naturwissenschafterinnen gegenübersehen, anschaulich geschildert. Sie beschreibt darüber hinaus den Arbeitsbereich als eine »fremde Welt … mit deren Inhalten, Arbeitsweise und sozialen Strukturen wir auf die Dauer nicht zurechtkommen«. Die Folgen seien entweder Überanpassung oder Aussteigen. Viele Kolleginnen würden trotz anfänglich starker Motivation im Laufe der Ausbildung oder in den ersten Berufsjahren mit ihrem Fach Schwierigkeiten haben, sich ständig nicht wohlfühlen, möglicherweise auch wegen fachlicher Anforderungen oder Arbeitsstörungen versagen und aufhören, oder am liebsten aufhören wollen.[13]

Androzentrismus in den Wissenschaften führt zu einem verzerrten Bild der Realität

Zu dem persönlichen Unbehagen, das sich aus den speziellen Schwierigkeiten im unmittelbaren Arbeitsbereich ergibt, kommt das Unbehagen direkt am Gegenstand Wissenschaft. Denn der Ausschluß von Frauen aus dem wissenschaftlichen Erkennen bedeutet nicht nur Benachteiligung und Ungerechtigkeit, sondern er hat auch gravierende Folgen für die Wissenschaften selbst. Wie die Philosophin Cornelia Klinger ausführlich darlegt,[14] führt der dadurch erzeugte Androzentrismus in den Wissenschaften zu einem verzerrten Bild der Realität, das nicht umfassend, vollständig und daher auch nicht objektiv ist, sondern einen einseitigen, nämlich männlich orientierten Standpunkt vermittelt. Klinger möchte die »durch Androzentrismus verursachten, gewissermaßen indirekten Trübungen im wissenschaftlichen Bild der Wirklichkeit« von jenen Verzerrungen unterscheiden, die auf offenen Sexismus zurückzuführen sind und die dann entstehen, wenn eine sogenannte Andersartigkeit des Weiblichen zum Anlaß genommen wird, Frauen auszuschließen und das gegebene Herrschaftsverhältnis des Mannes über die Frau zu legitimieren.

Tatsächlich wurde die angebliche Unterlegenheit der Frau stets wissenschaftlich untermauert, wobei sich vor allem die Medizin des 19. Jahrhunderts hervorgetan hat. Nicht nur der höhere Anteil an roten Blutkörperchen im Blut des Mannes, die anders geformten Stirnregionen, Schläfenpartien und Scheitelwölbungen des männlichen Schädelbaus und das im Durchschnitt schwerere Gehirn wurden als Beweis für die geistige und körperliche Überlegenheit des männlichen Geschlechts herangezogen, sondern darüber hinaus auch noch zahlreiche weitere, anatomische Unterschiede zum Anlaß genommen, den männlichen Herrschaftsanspruch zu legitimieren.[15] Aber auch gegenwärtige Theorien wie jene über geschlechtsspezifische Unterschiede in der Struktur und Funktion der beiden Hirnhälften oder die Theorien über Hormone weisen in eine ähnliche Richtung. Weshalb Cornelia Klinger in ihrer Analyse den begründeten Verdacht äußert, daß die Prinzipien der Wissenschaft »... nicht nur für bestimmte Herrschaftsinteressen sekundär mißbraucht, sondern a priori herrschaftlich konstituiert« sind und »in sich selbst einen Herrschaftsanspruch« enthalten.[16]

Es lassen sich also vor allem zwei Grundforderungen ausmachen, auf die sich feministische Wissenschafterinnen konzentrieren: Zum einen die Forderung nach einer Erhöhung des Frauenanteils im wissenschaftlichen Bereich, und zum anderen jene nach einer alternativen Wissenschaft. Daß es Frauen dort, wo sie in größerer Anzahl vertreten sind, am ehesten gelingt, ihre Sichtweise einzubringen, ist verständlich. Eine Sichtweise, die sich einer anderen, einer »neuen Wissenschaft« verpflichtet fühlt, die ein ganzheitliches Denken anstrebt und auch die verdrängten, vergessenen emotionalen Dimensionen zurückholen möchte. Die andere Prioritäten setzt, den Dienst am Leben an vorderste Stelle rückt und damit jene zerstörerischen, Natur- und Menschenverachtenden Zielsetzungen ausklammert, wie sie vor allem die Naturwissenschaften auszeichnen. Denn das hat der Feminismus schon längst erkannt: Daß sich diese »reine Erkenntnis«, nach der Wissenschafter angeblich streben, jene unschuldige, »kindliche Neugier«, mit der sie sich auf »Wahrheitssuche« begeben (C. F. v. Weizsäcker),[17] ad absurdum führt angesichts der Tatsache, daß Wissenschafter die Verantwortung für die Folgen ihrer Forschungen ablehnen und Politikern oder irgendwelchen Ethikkommissionen überlassen. Wie sehr vor allem technische Erfindungen für zerstörerische Zwecke nicht nur mißbraucht, sondern in diesem Sinne auch vorangetrieben werden, ist bekannt. Der hohe Anteil von Ingenieuren in der Rüstungsindustrie spricht eine deutliche Sprache. Feministische Naturwissenschafterinnen und Technikerinnen können sich mit patriarchalen Machthierarchien zum Zwecke der Ausbeutung von Natur und Mensch nicht identifizieren. Hierarchien, die bereits im wissenschaftlichen Denken selbst angelegt sind, wie etwa in der Vorstellung einer Überordnung des »Anorganischen« über das »Organische«, und gleichzeitig damit einer »hierarchischen Ordnung« von Materie oder des Lebendigen an sich. Der Meeresbiologe Rupert Riedl beispielsweise erweist sich als ein Anhänger dieser Systemtheorie wenn er »Hierarchie« ausdrücklich als eines der »vier strukturellen Grundmuster« beschreibt, »die den Aufbau der Ordnung des Lebendigen ebenso ermöglichen wie kanalisieren«. Auch der Wiener Physiko-Chemiker Victor Gutman meint: »Ein System kann nicht existieren, wenn es nicht hierarchisch organisiert ist.«[18]

In dieser Art des Denkens orten Feministinnen (aber auch etliche männliche Wissenschaftstheoretiker) eine unzulässige Übertragung patriarchaler Denkstrukturen in die Naturwissenschaft. Die Physikerin und Politologin Elvira Scheich verdeutlicht in einer Analyse den Zusammenhang zwischen patriarchal-hierarchischen Denkmustern und angenommenem Naturgesetz:

> »... In der Wissenschaftsgeschichte wird der Begriff des Naturgesetzes als eine Verbindung der mechanischen Handwerksregeln mit der Idee des göttlichen Gesetzgebers angesehen. Diese Kombination aus zwei Vorstellungen und Methoden der Naturerkenntnis entsprang in der historischen Situation des Absolutismus einem Vergleich von Natur und Staat. Mit den Naturgesetzen wird die Existenz einer Ordnung angenommen, die durch den Befehl einer zentralen und rationalen, darüberstehenden Autorität geprägt und bestimmt wurde.«[19]

Auch wenn eine umfangreiche feministische Analyse und Kritik der systemtheoretischen Ansätze in den Naturwissenschaften bislang aussteht, so haben sich doch seit den achtziger Jahren bereits sehr deutliche und akzentuierte feministische Positionen und Standpunkte herausgebildet. So etwa wird die Aufhebung der Spaltung in ein handelndes und entscheidendes Subjekt, und in ein passives und behandeltes Objekt gefordert. Ebenso wird die damit im Zusammenhang stehende, angeblich der Objektivität verpflichtete Teilnahmslosigkeit der Menschen gegenüber der Natur abgelehnt und als ein Denkmodell entlarvt, das Rationalität und Intellektualität als »männlich« einstuft, während es die abgespaltete Emotionalität in das »Weibliche« verweist und gleichzeitig damit in eine chaotische und abgewertete »Natur«, die kontrolliert und beherrscht werden muß. Ingeborg Göbel, Almut Jurku, Maria Spitthöver und Helga Zander orten drei miteinander zusammenhängende Spaltungen, die den Naturwissenschaften inhärent sind: die »Zersplitterung der inneren Natur des Menschen«, die »Zersplitterung der menschlichen Naturerfassung« und die »Zersplitterung des menschlichen Verhältnisses zur Natur«. Die Autorinnen fordern eine Aufhebung dieser Spaltungen:

> »Es ist an der Zeit, die scheinbare Naturbeherrschung durch Naturverständnis zu ersetzen … Nötig ist ein Anerkennen des Eigenlebens der außermenschlichen Natur, welches Emotionen mit einschließt wie zum Beispiel Liebe, Achtung, und eine gewisse Religiosität … Mit einem emotionalen Verhältnis zur Natur ist nicht sentimentale Verniedlichung gemeint, die vor der – nicht immer zahmen, angenehmen – Realität schaudernd die Augen schließt oder sich enttäuscht abwendet, sondern eine Liebe zur Natur, die die Auseinandersetzung sucht, die sich nicht ein festes Bild macht und hinter diesem Bild die Wirklichkeit verdrängt, negiert, sondern sich bemüht, das Andere in seiner Gesamtheit zu erfassen, zu verstehen und zu respektieren.«[20]

Diese Spaltungen und Zersplitterungen kennzeichnen nicht nur die Wissenschaften selbst – und dabei insbesondere die Naturwissenschaften –, sondern darüber hinaus den gesamten Wissenschaftsbetrieb. Weshalb Feministinnen auch hier für eine Aufhebung der Trennung einzelner wissenschaftlicher Disziplinen eintreten, die nicht unabhängig voneinander arbeiten, sondern sich vielmehr inhaltlich sowie gesellschaftlich aufeinander beziehen. Denn nur so kann wissenschaftliches Forschen in einen allgemeinen Lebens- und Sinnzusammenhang eingebettet bleiben und damit konstruktiv wirksam sein.

Die Folgen eines hochspezialisierten, Zusammenhänge weitgehend ignorierenden Expertentums führt uns drastisch die Medizin vor Augen. Gleichzeitig damit aber auch den Verlust ganzheitlicher Menschlichkeit! Denn wohl hat die Medizin das Leben unserer – sterblichen – Körper verlängert, gleichzeitig jedoch hat sie auch dem Altern – und dem Tod – seine Würde genommen. Das Vegetieren vieler alter Menschen in Heimen und Spitälern entbehrt jeder Sinnhaftigkeit, die nur durch Einbettung in ganzheitliche Zusammenhänge gewahrt werden kann.

Diese »alternative« oder »neue« Wissenschaft, von der etwa Carola Meier-Seethaler spricht,[21] ist erst in Ansätzen vorhanden. Immer noch sind Wissenschafterinnen vornehmlich mit Patriarchatskritik beschäftigt, mit dem Aufdecken fehlender Objektivität oder von Machtstrukturen innerhalb der modernen Wissenschaften, aber auch des großen zerstörerischen Potentials, das diese – im Zusammenhang damit – entfaltet haben. Die Schaffung neuer Inhalte, neuer Denkmodelle, neuer Theorien kann auch kaum in wenigen Jahren gelingen (intensiv hat sich der Feminismus erst seit den achtziger Jahren dieses Themas angenommen) angesichts von Denksystemen, die seit Jahrhunderten oder Jahrtausenden Frauen aus ihren Strukturen ausgeschlossen haben. Auch kann eine neue, alternative Wissenschaft nur zusammen mit einer Veränderung des gesamten, politisch-wirtschaftlich-kulturellen Umfeldes entstehen.

Interessant sind in diesem Zusammenhang die Forschungsarbeiten der Biologin und Nobelpreisträgerin Barbara McClintock (1902–1992), über die Evelyn Fox-Keller eine Biographie geschrieben hat. Denn McClintock nähert sich bei ihren Entdeckungen auf dem Gebiet der Pflanzengenetik in einer ganz anderen Weise ihrem Forschungsgegenstand als ihre Fachkollegen. Fox-Keller verwendet in diesem Zusammenhang das Wort »Liebe«: »Eine(r) Liebe, die Intimität gestattet, ohne die Unterschiedlichkeiten zunichte zu machen«.[22] Ganz generell wird McClintocks naturwissenschaftliches Vokabular von Zuneigung und Mitgefühl bestimmt. Keller stellt die Intimität, mit der sich McClintock auf ihren Forschungsgegenstand einstellt – »eine Intimität, die gleichzeitig durch einen ›Respekt vor der Differenz und Komplexität‹ der Natur geprägt ist«[23] – als das eigentlich Bemerkenswerte dar, denn durch sie werde es möglich, die Grenzen zwischen Subjekt und Objekt zu überwinden.

Barbara McClintock konnte es sich leisten, auf diese Art und Weise patriarchales Wissenschaftsdenken in Frage zu stellen, weil für sie Wissenschaft gar nicht auf dieser Spaltung beruht. Feinsinnig zeichnet Fox-Keller das Bild einer Frau, die der Gefahr einer Identifikation mit männlichen Denkmustern – die eine radikale Desidentifikation von ihrem Selbst bedeutet hätte – dadurch entging, daß sie Natur nicht als weiblich, passiv und beherrschbar begriff, und war daher auch nicht dem Diktat eines wissenschaftlichen Codes unterworfen. Anhand ihrer Theorie der »genetischen Transposition« entwickelte sie vielmehr ein Modell biologischer Selbstregulation, nach dem jede Pflanze ein einmaliges und unverwechselbares Individuum darstellt, das aus einer aktiven Wechselwirkung zwischen Genen und Umwelt entsteht.[24] Hedwig Ortmann nennt eine solche Forschungsweise

»feministische Forschung in einem integralen Sinn. Sie (Barbara McClintock, Anm. d. Autorin) hat eine neue Weise des Erkennens gefunden und gleichzeitig den Erfolg einer solchen Forschung erwiesen. Das integrale Bewußtsein bedeutet also keinen Verlust an Wissenschaftlichkeit, sondern macht eine vollständige Wissenschaft erst möglich«.[25]

Daß sich feministische Wissenschaftskritik so ausführlich auf Naturwissenschaften bezieht, ist kein Zufall. Ist doch hier die Betroffenheit über die Auswirkungen eines weitgehend zerstörerischen Herrschafts-Denkens besonders groß. Weshalb Wissenschafterinnen mit ihrer Kritik hier auch keinesfalls allein stehen – das Unbehagen und der Wunsch nach Änderung hat auch Teile der männlichen Kollegen erfaßt. Trotzdem sind Frauen von den destruktiven Auswirkungen der Naturwissenschaften härter betroffen – und zwar nicht nur durch wissenschaftliche Denkstrukturen, sondern auch durch deren Auswirkungen auf die Gesellschaft. Aus diesem Grund sind bei Frauen – anders als bei Männern – die Forderungen nach inhaltlichen Änderungen und Änderungen in der Zielsetzung untrennbar mit berufspolitischen Forderungen verknüpft. Der Feststellung der beiden Naturwissenschafter Rainer Brämer und Gerhard Nolte, Naturwissenschafterinnen und Ingenieurinnen stünden »de facto an der Spitze einer Reformbewegung, die ... gegenwärtig immer größere Teile der Naturwissenschaft zu erfassen scheint«,[26] ist daher mit Vorsicht zu begegnen, denn die Präsenz – und damit auch die Wirksamkeit – von Frauen in den Naturwissenschaften ist vorläufig noch immer sehr gering.

Feministische Ethik

Feministinnen beziehen sich in ihrer fundamentalen Wissenschaftskritik keinesfalls nur auf den naturwissenschaftlichen, sondern ebenso auf den geisteswissenschaftlich-philosophischen Bereich. Dabei geht es auch um einen, in diesem Themenzusammenhang besonders interessierenden Entwurf einer neuen, feministischen Ethik, wie er von zahlreichen Philosophinnen seit den achtziger Jahren ausgearbeitet wurde. Wobei auch hier die Frage der Geschlechterdifferenz von entscheidender Bedeutung ist. Für die feministische Philosophin Herlinde Pauer-Studer ist feministische Ethik der Versuch, »die Perspektive der Geschlechterdifferenz auf moralphilosophische Fragen – theoretische Problemstellungen wie auch die philosophische Analyse konkreter moralischer Konfliktsituationen – anzuwenden«. Sie ist »eine bestimmte, an der Benachteiligung von Frauen und der Asymmetrie in den Lebensmöglichkeiten von

Frauen und Männern orientierte Sicht auf die Ethik«, in der es »um eine Transformation der gängigen Moralansätze hin zu einer umfassenderen, auch Fraueninteressen und Frauenperspektiven einbeziehenden Theorie« geht. Als grundsätzliche Postulate für eine feministische Ethik nennt sie:

1) Die Diskriminierung der Frau ist moralisch falsch.
2) Eine Moraltheorie hat die moralischen Erfahrungen von Frauen gleichermaßen wie jene der Männer zu berücksichtigen.
3) Die gesellschaftliche Ausgangslage von Frauen und Männern ist – ungeachtet aller formalen Gleichheitsgrundsätze – nicht die gleiche.[27]

Feministische Philosophinnen und Psychologinnen gehen bei der Formulierung ihrer Erfahrungen von der Tatsache aus, daß bei der Erstellung sämtlicher Theorien über die menschliche Entwicklung – deren Urheber durchwegs Männer waren – die dazu notwendigen Untersuchungen ausschließlich oder überwiegend von Männern an Männern durchgeführt wurden und Frauen lediglich insofern Beachtung fanden, als sie sich diesen Untersuchungsergebnissen anpaßten oder von ihnen abwichen. Außerdem wurden jene Attribute, die traditionellerweise mit dem Männlichen assoziiert werden, nicht nur ausführlich untersucht und analysiert, sondern auch höher bewertet als die sogenannten weiblichen Eigenschaften.

Als Folge davon sind wir sehr gut über abstraktes und kritisches Denken, die Entwicklung von Autonomie und Unabhängigkeit sowie einer Moral von Recht und Gerechtigkeit unterrichtet, wissen aber wenig über die Entwicklung von Beziehungen, über Zusammenhänge herstellendes, vernetztes Denken und die Beschaffenheit von Gefühlen. Demzufolge werden auch jene Denkvorgänge, die sich auf Abstraktes, Unpersönliches beziehen höher bewertet beziehungsweise als eigentliches (männliches) »Denken« bezeichnet, während alles, was mit dem Persönlichen und Zwischenmenschlichen zu tun hat, eine Stufe tiefer fällt und als »Emotionen« dem als weiblich definierten Bereich zugeschoben wird.

Die Debatte über diese interessanten Aspekte hat bemerkenswerterweise nicht eine philosophische, sondern eine psychologische Untersuchung ausgelöst, nämlich Carol Gilligans inzwischen zum Klassiker avanciertes Buch »Die andere Stimme«,[28] in dem erstmals die moralische Urteilsbildung mit der Frage der Geschlechtsidentität verknüpft und gleichzeitig damit eine völlig neue Dimension in die Ethik eingebracht wurde. Der amerikanischen Psychologin Carol Gilligan, die sich ausführlich mit der Entwicklungspsychologie, und dabei mit den führenden Vertretern dieser Richtung wie Jean Piaget und Lawrence Kohlberg auseinandergesetzt hat, war aufgefallen, daß sich diese bei dem von ihnen entwickelten Stufenmodell der moralischen Entwicklung ausschließlich auf die Erfahrungen männlicher Testpersonen stützten, deren Auswertung wiederum von Männern vorgenommen wurde. Den Ergebnissen dieser Testserie, die Männern ab einem bestimmten Alter eine höhere Stufe moralischer Urteilsfähigkeit und universeller Gerechtigkeitsethik bescheinigt als Frauen, stellt Gilligan die Ergebnisse eigener, an Männern und Frauen durchgeführten Untersuchungen entgegen, die ein völlig anderes Bild ergaben. Gilligan fand nämlich heraus, daß Frauen infolge ihrer anders definierten, sozialen Rolle auch ein anderes Moralverständnis entwickeln. Sie stellt also Kohlbergs Theorie der »Unterentwicklung« weiblicher Moral zwei voneinander differierende, gleichberechtigte und durch eine unterschiedliche Sozialisation geprägte moralische Orientierungen gegenüber: nämlich eine weibliche Ethik der Fürsorge und Anteilnahme, und eine männliche Gerechtigkeitsethik. Frauen, so erklärt Gilligan, folgen in Fragen der Moral eher dem Prinzip der Rücksichtnahme, Männer hingegen dem Prinzip von Autonomie und Individuation. Während sich Männer bei Konfliktlösungen eher auf abstrakte Gesetze und universelle Prinzipien berufen, meinen Frauen, daß die Bedürfnisse Einzelner nicht immer aus allgemeinen Regeln abgeleitet werden können, sondern daß eine moralische Entscheidung auch von persönlichen Erfahrungen bestimmt sei und daß gegenseitiges Verstehen bei der Lösung von Konflikten wichtig ist. Auch Gilligan bezieht sich bei ihren Ausführungen auf die unterschiedlich erlebten Ablösungsprozesse bei Jungen und Mädchen von der Mutter. Da für Männer diese Ablösung die entscheidende Voraussetzung für die Entwicklung von Männlichkeit sei, die Entwicklung von Weiblichkeit für Frauen jedoch nicht an diesen Ablösungsprozeß gekoppelt ist, definiere sich die Männlichkeit durch Ablösung, Weiblichkeit jedoch durch Bindung. Darum auch werde die männliche Geschlechtsidentität durch Intimität bedroht, die weibliche Geschlechtsidentität hingegen durch Trennung.[29]

Gilligan betont die Gleichwertigkeit dieser unterschiedlichen Moralauffassungen:

> »Während eine Ethik der Gerechtigkeit von der Prämisse der Gleichberechtigung ausgeht, daß alle gleich behandelt werden sollten, basiert eine Ethik der Anteilnahme/Zuwendung/Fürsorge auf der Prämisse der Gewaltlosigkeit, daß niemand Schaden erleiden sollte. In ihrer Auffassung von Reife konvergieren beide Perspektiven in der Erkenntnis, daß genau so wie sich mangelnde Gleichberechtigung auf beide Partner einer symmetrischen Beziehung negativ auswirkt, auch Gewalt für alle Betroffenen zerstörerisch ist. Dieser Dialog zwischen Fairneß und Fürsorge verhilft uns nicht nur zu einem

besseren Verständnis der Beziehungen zwischen den Geschlechtern, sondern ermöglicht auch eine umfassendere Darstellung der Arbeitswelt und der familiären Beziehungen des Erwachsenen.«[30]

Wie nicht anders zu erwarten, führte das Buch Gilligans zu heftigen Kontroversen.[31] Am häufigsten wurde ihr eine biologistische Auffassung zum Vorwurf gemacht, die bei der Festlegung sogenannter weiblicher Eigenschaften zu wenig die historisch-soziale Komponente betont, also das Prinzip der Fürsorge als Grundmuster für weibliches Moralverhalten beschreibt, ohne es gleichzeitig als soziales Konstrukt einer androzentrischen Moral zu entlarven. Dem ist entgegenzuhalten, daß Gilligan bereits im Titel (die »andere«, nicht die »weibliche« Stimme) klarstellt, daß es ihr keinesfalls um typisch weibliche Eigenschaften geht, sondern daß diese Eigenschaften auch Männern zugeordnet werden können. Außerdem betont sie in ausführlichen Abhandlungen, daß die These von den »zwei Logiken der moralischen Problemlösung« nicht auf den natürlichen Geschlechtsunterschied, sondern auf die bei Knaben und Mädchen unterschiedliche kindliche Erfahrung bei der Ablösung von der Mutter zurückzuführen ist.[32]

Weiters wurde Gilligan vorgeworfen, in ihren Interpretationen subjektiven Werturteilen zu unterliegen,[33] eine Ansicht, die von der Philosophieprofessorin Annemarie Pieper insofern entkräftet wird, als sie eine interpretationsfreie, nach objektiven wissenschaftlichen Kriterien durchgeführte Auswertung überhaupt in Frage stellt.[34]

Unbestritten ist Gilligans Verdienst, durch die von ihr durchgeführten Testergebnisse deutlich zu machen, daß es vielfältige moralische Grundüberzeugungen gibt, die jede für sich ihre Berechtigung besitzt. Damit ist es ihr gelungen, verzerrende männliche Perspektiven aufzuzeigen und ihren Anspruch auf Allgemeingültigkeit in Frage zu stellen.

Eine weitere, prominente Vertreterin einer »Ethik der sexuellen Differenz« ist die französische Psychoanalytikerin und Philosophin Luce Irigaray. In ihrem Buch »Genealogie der Geschlechter« betont sie eine ursprüngliche Geschlechterdifferenz: »Die Natur ... ist immer geschlechtlich differenziert«[35] – und weiter: »Die geschlechtliche Differenzierung (ist) ein grundlegendes Charakteristikum der lebenden Materie.«[36] Diese natürliche geschlechtliche Differenzierung sieht Irigaray aufgehoben:

»Seit Jahrhunderten reißt das Volk der Männer das sittliche Bewußtsein an sich, gibt vor, die vollständige Offenbarung davon zu haben, seine Wahrheit, jede Wahrheit verkünden zu können. Seit Jahrhunderten verwechselt das

Volk der Männer das menschliche Geschlecht mit dem *Pathos* seines Geschlechts.«[37]

Irigaray stellt die Frau als selbst nicht existent dar, da sie »immer von männlichen Parametern ausgehend gedacht wurde«, und daher nur die Negation oder Spiegelung des männlichen Subjekts ist.[38] In einer Auseinandersetzung mit Freud stellt sie fest, daß nicht nur der Frau kein eigenes Geschlecht zugestanden und sie sozusagen als Fehlform des Mannes definiert wurde, sondern aufgrund einer angeblichen geschlechtlichen Neutralität auch die männliche Geschlechtlichkeit abgestritten wird. In dieser Zerstörung der Sinnlichkeit sieht Irigaray eine mögliche Ursache für die allgemeine technische Entwicklung, die mit ihren zerstörerischen Zielen das Lebendige bedroht. Als wichtig für die Gewinnung einer weiblichen Identität beschreibt Luce Irigaray die Mutter-Tochter-Beziehung. Denn:

> »Einer der verlorengegangenen Kreuzpunkte unseres Frau-Werdens liegt in der Störung und Auslöschung der Beziehung zu unserer Mutter und dem Zwang, uns den Gesetzen der Männerwelt zu unterwerfen« ... »Diese Beziehung, die fruchtbarste unter dem Gesichtspunkt der friedlichen Erhaltung des Lebens, ist zerstört worden, um einer Ordnung zu weichen, die ihrerseits an das Privateigentum gebunden ist, an die Weitergabe des Eigentums innerhalb der männlichen Linie, an die Institution der Monogamie, damit das Eigentum, einschließlich der Kinder, zu dieser Linie gehört, sowie an die Einrichtung von sozialen Organisationen lediglich unter Männern, die der Erhaltung derselben Ziele dienen.«[39]

Eine weitere Forderung Irigarays ist jene nach einem weiblichen Gott, denn »wenn Frauen keinen Gott haben, können sie nicht kommunizieren, auch nicht untereinander«.[40] Eine der Schwierigkeiten, die Befreiung der Frau voranzutreiben, liege in der Abwesenheit eines weiblichen Gottes und in einem unangemessenen Umgang mit Symbolen.

> »Ohne die Möglichkeit, eines Gottes ... der sich durch die Mutter und die Tochter hindurch und in deren Beziehung dem Weiblichen verkörpert, kann einer Frau keine grundlegende Unterstützung gegeben werden.«[41]

Weil das geschriebene Recht ein für eine Männergesellschaft eingesetztes Recht ist, verlangt sie darüber hinaus ein »weibliches Zivilrecht«, das den besonderen Bedürfnissen von Frauen entsprechen soll. In ihm müßte unter anderem das Recht auf Menschenwürde festgeschrieben werden (das etwa durch die kommerzielle Ausbeutung des weiblichen Körpers oder die Verwertung von Bildern des weiblichen Körpers zu kommerziellen Zwecken ständig verletzt wird) und das Recht auf weibliche Identität. Dazu gehört die rechtliche Festschreibung der Virginität als »Voraussetzung für eine freie Einwilligung der Frauen in Liebesbeziehungen und in die Institution der Ehe«, weiters das zivilrechtlich verankerte Recht auf Mutterschaft, das ihr die Möglichkeit gibt, zu entscheiden, ob und wie oft sie schwanger wird, das Vorrecht in der Vormundschaft der Kinder und das Recht, Sorge zu tragen für die sprachlichen Ausdrucksmittel und die symbolischen Beziehungen.[42]

Auch Irigarays Thesen bleiben trotz großer Resonanz umstritten. Auch ihr wird eine biologistische Haltung vorgeworfen, in der »Anatomie Schicksal ist«.[43] Annemarie Piepers Analysen hingegen weisen darauf hin, daß Irigaray vor allem an den männlichen Interpretationen der Sexualität, aus denen das spezifisch Weibliche verdrängt wird, Anstoß nimmt, und daher ihr Beharren auf der sexuellen Differenz nicht biologistischen Argumenten entspringt, sondern der Einsicht, daß Frauen sich erst auf dem Weg zu ihrer eigenen Geschlechtsidentität befinden, und daß erst dann, wenn sie sich als ein unabhängiges, eigenständiges Ganzes erfahren können, die Frage nach dem Geschlechterverhältnis zu stellen ist.[44]

Das »andere Denken«

Doch selbst wenn die vorgebrachten Kritiken in so manchen Punkten berechtigt erscheinen mögen, sind die Kontroversen, die hauptsächlich durch die Werke dieser beiden Autorinnen ausgelöst wurden, äußerst fruchtbar. Ganz allgemein wird die Notwendigkeit eines »anderen« Denkens (Mary Field Belenky) gefordert, eines Denkens, in dem sich auch Frauen wiedererkennen. Ausgehend von der Erkenntnis, daß unsere gesamte abendländische Kultur und unsere gesellschaftspolitischen Systeme ein Produkt vor allem des männlichen Geistes sind, der aus einer einseitigen Perspektive heraus den Anspruch erhebt, die ganze Wirklichkeit inklusive der sogenannten weiblichen Wirklichkeit zu erkennen, stellt sich die Notwendigkeit einer Umstrukturierung unserer Denkinhalte, die nicht lediglich durch die Beifügung sogenannter weiblicher Denkweisen bereichert, sondern völlig neu konzipiert werden müssen. Notwendig wird vor allem ein Abbau der Herrschaftslegitimation des männlichen Selbst, dem allein Anspruch auf Subjekt-Sein zukommt, während das »Weibliche« der unbewußten Natur zugeordnet und gleichzeitig damit abgewertet wird.

Brigitte Weisshaupt hat einige Aspekte eines »anderen« Denkens skizziert, indem sie etwa die Herausbildung dieses autonomen Selbst, wie es für die gesamte patriarchale Kultur von entscheidender Bedeutung ist, einer Revision unterzieht:

»Autonomie des Ich, das heißt Autonomie des bewußten, vernünftigen Anteils der Person, bedeutet immer auch Zwang und Unterdrückung für die ›innere Natur‹ des Menschen, für seine Sinnlichkeit und Emotionalität. Die ›innere Natur‹, die Triebstruktur des Ich, sollte von uns aber in ihrem Eigenwert gesehen werden. Es ist klar, daß das Bewußtsein seine genetische Herkunft in der Natur hat und von dieser in besonderer Weise abhängig bleibt. Das bedeutet für das bewußte Ich, daß es immer auch ein abhängiges, ein ›dependentes‹ Ich ist. Diese Tatsache sollte sich das Bewußtsein nicht dadurch verschleiern, daß es sich die ›innere Natur‹ umstandslos unterwirft … Das Modell einer ungezwungenen oder zwangslosen Ich-Identität … könnte hier als Weiterentwicklung und Korrektur des Autonomiemodells gesehen werden. Meiner Ansicht nach ist die vernünftige Ich-Identität herausgefordert sich selber neu zu konstituieren, unter Preisgabe ihres Herrschaftsanspruchs zugunsten eines zwanglosen und kommunikativen Umgangs mit sich selbst.«[45]

Eine ungezwungene Ich-Identität, so Weisshaupt, würde der »inneren Natur« gerecht zu werden versuchen, statt sie ständig zu unterdrücken. Und sie bezeichnet diese Entwicklung als eine »reifere« Stufe, die wesentlich anspruchsvoller wäre, als die autonome Ich-Identität.[46]

Die Philosophin Agnes Heller hingegen bezieht sich auf die Polarisierung von Gefühl und Verstand, wenn sie feststellt, daß einerseits an jedem Werturteil oder sonstigen bewußten Akt Emotionen beteiligt sind, während andererseits keine menschlichen Emotionen ohne reflexive Erkenntnis bleiben. Woraus folgt, daß Verstand und Gefühl keine Gegensätze sind, sondern sich vielmehr in einer ständigen Wechselwirkung befinden. Heller definiert Solidarität und Gerechtigkeit gleichermaßen als »radikale Bedürfnisse« des Menschen, die beide befriedigt werden müssen. Die Folgen verdrängter Gefühle erläutert Heller am Beispiel der Demagogie, die darauf ausgerichtet ist, unbewußte, verdrängte Gefühle zu manipulieren.[47]

Heller – ebenso wie Weisshaupt – treffen mit ihrer Kritik das Kernproblem der klassischen patriarchalen Ethik, die stets den Sieg des Geistes – der dem Mann zugeschrieben wird – über das Leben forderte, das wiederum mit Natur und damit Frau identifiziert wurde. Sobald diese Gegensätze aufgehoben sind, geht es nicht mehr um die Herrschaft des Geistes über Natur und Leidenschaften, sondern um ein Miteinander im Sinne gegenseitiger Anteilnahme.

In diesen Entwürfen zeigt sich das Konzept einer feministischen Ethik, wie es als neuer Denkansatz, nicht aber als neue ethische Theorie verstanden werden muß. Feministische Ethik definiert sich vielmehr als eine ganz bestimmte Sichtweise auf diese Theorien, die die Perspektive der Geschlechterdifferenz in die Diskussion einbringen möchte. Wobei es ihr grundsätzlich darum geht, gängige Moralvorstellungen in eine umfassendere, auch Frauenperspektiven und Interessen einbeziehende Theorie zu transformieren.

10.4 Frauenfriedensbewegung (Ist der Friede weiblich?)

So wie in der Ökologiebewegung waren und sind auch stets mehr Frauen als Männer in der Friedensbewegung vertreten. Wobei das Engagement der Frauen für den Frieden eine längere Tradition besitzt – zu ersten, internationalen Frauen-Friedenskundgebungen kam es bereits gegen Ende des 19. Jahrhunderts.

Der stärkere Einsatz von Frauen für den Frieden sollte allerdings weniger auf eine friedfertigere Natur der Frau zurückgeführt werden, sondern eher auf den Umstand, daß sie es ist, die in Kriegszeiten die meisten Nachteile zu tragen hat, während Männer davon häufig sogar profitieren. Frauen kämpfen gegen den Krieg, weil sie erkannt haben, daß er der größte Feind der Frauenemanzipation ist, weil Militarismus und Patriarchat einander stärken und beide auf den Leibern von Frauen ausgetragen werden. Hingegen Männer den Krieg oft als großes Abenteuer erleben, das Ansehen bringt, Beute – fremde Frauen inbegriffen – und Ruhm. Frauen jedoch verschaffen Kriege ausschließlich Elend und Not, Angst um Kinder und Männer, täglichen Überlebenskampf in zerbombten Häusern, eine mühselige Nahrungsbeschaffung, insgesamt also den keinesfalls heroischen Kampf ums Überleben. Selbst wenn sie mit der Waffe in der Hand kämpfen, werden sie selten als Heldinnen verehrt, und wenn, dann höchstens in Befreiungskriegen. Auch Orden machen sich nicht besonders gut auf ihrer Brust, wie das Beispiel sowjetischer Kriegsveteraninnen gezeigt hat (siehe Kap. 6).

Friedensfrauen wehren sich gegen das Klischee von der friedlicheren Frau, weil es stets dazu benutzt wurde, ihre Unterdrückung zu rechtfertigen. »Die friedfertige Frau«, bringt es Petra Müller auf den Punkt, »... ist die befriedete Frau«,[1] also jene Frau, die von unserer Gesellschaft erwartet und erzwungen wird, und auf deren Rücken oder durch deren Mithilfe die furchtbaren Kriege überhaupt erst möglich werden.

»›Natürliche weibliche Friedfertigkeit‹ wird so zum Druckmittel gegen Frauen und zur Entschuldigung und Legitimation ›männlicher Aggressivität‹; wird so genutzt für die Verfügbarmachung von Frauen für weitere unbezahlte Mehr- und potentiell auch Kriegsarbeit im ›Gewand der Mütterlichkeit‹.«[2]

Gerade Friedensfrauen sind keinesfalls »friedfertig« in diesem Sinn. Sie lassen vielmehr ihre Wut, ihren Abscheu, ihr Entsetzen über ein furchtbares Geschehen in Kriegs- und häufig auch in Friedenszeiten nicht nur in sich selbst zu, sondern tragen es auch nach außen. Frauen für den Frieden entsprechen eben nicht dem Bild von der friedlichen, passiven und sanften Frau, sondern sie kämpfen gegen Ungerechtigkeiten, Grausamkeiten, Folter und Mord. Das eigene Aggressionspotential zuzulassen und in kreative Bahnen zu lenken, statt gegen sich selbst zu kehren, empfiehlt auch die Psychologin Margarete Mitscherlich in ihrem Buch »Die friedfertige Frau«. Ist doch, so Mitscherlich, »Die Aggression der Frauen ... mehr nach innen gewendet, mehr masochistisch als sadistisch, indirekter«.[3] Und gerade diese Haltung gelte es abzubauen. Auch die auf tragische Weise umgekommene deutsche GRÜNE und Friedensaktivistin Petra Kelly stellte fest:

»Wir sind nicht so friedfertig, wie viele meinen! Wir sind friedfertig auf einer ganz anderen Ebene! Wir sind nicht schwach, wir sind nicht so sanftmütig wie die meisten Männer meinen, und wir sind in der Tat ziemlich zornig, zornig um unser selbst willen, wegen des täglich gegen uns geführten großen und kleinen Krieges und zornig um des ganzen Planeten Erde wegen.«[4]

Friedensfrauen wollen kämpfen – aber nicht mit der Waffe in der Hand. Sie wollen vielmehr einen größeren Einfluß im politischen, wirtschaftlichen, gesellschaftlichen Leben erreichen, um auf diese Weise gesellschaftsverändernd zu wirken. Denn viele Frauen haben inzwischen erkannt, daß ihnen eine Ausrichtung auf ihre »friedliebende« Natur, auf Mütterlichkeit und weiblichen Pazifismus wenig bringt, solange sie nicht die eigentlichen politischen, wirtschaftlichen und gesellschaftlichen Mechanismen durchschauen und, ausgerüstet mit diesem Wissen, ihre Vorstellungen entsprechend wirksam in das politische Tagesgeschehen einbringen können.

Internationale Friedenskundgebungen von Frauen fanden bereits im vergangenen Jahrhundert statt. So zahlreiche diesbezügliche Aktivitäten um Bertha von Suttner, die 1891 die »Österreichische Gesellschaft der Friedensfreunde« in Österreich gründete, 1905 den Friedensnobelpreis erhielt und Vizepräsidentin des internationalen Friedensbüros in Bern gewesen ist. 1899 wurde ein Friedenskongreß in Den Haag auf Initiative

Margarethe Selenkas, Mitglied der Münchner Friedensgesellschaft veranstaltet. Auch die insgesamt 565 Frauenkundgebungen für den Frieden, die zuvor in 18 Ländern stattgefunden hatten und dem Präsidenten der Haager Konferenz überreicht wurden, waren auf ihre Veranlassung zustande gekommen.[5]

Weiblicher Pazifismus verändert sich unter dem Eindruck des Kriegsgeschehens häufig in sein Gegenteil

Selenka, die damals schon die internationale Frauenbewegung aufrief, eine Frauenfriedensbewegung zu schaffen, war davon überzeugt, daß die Friedensliebe zum innersten Wesen der Frau gehöre. Diese Meinung teilten damals die meisten Pazifistinnen. »Uns Frauen«, meinte etwa die Schriftstellerin Olive Schreiner 1911, »wird niemals der Gedanke kommen: ›Werft Menschenleiber hin, um die Sache zum Austrag zu bringen‹.« Auch Lida Gustava Heymann vom radikalen Flügel der Frauenbewegung vertrat die Ansicht, daß »Weibliches Wesen, weiblicher Instinkt ... identisch mit Pazifismus« sind.[6]

Der Euphorismus dieser Frauen erhielt spätestens mit dem Ersten Weltkrieg einen empfindlichen Schlag, als sich nämlich dieser ursprüngliche weibliche Pazifismus unter dem Druck des Kriegsgeschehens und der Öffentlichkeit relativ schnell in sein Gegenteil verkehrte und viele Frauen den Krieg ebenso enthusiastisch begrüßten wie Männer. Lida Gustava Heymann erklärte diese vaterländische Begeisterung damals als Folge einer inneren »Wesensversklavung« der Frau, die sich durch eine Übernahme männlicher Wertvorstellungen ergebe. Aber schon 1921 vertrat die Soziologin und Psychologin Mathilde Vaerting aufgrund umfangreicher historischer Recherchen die Ansicht, daß geschlechtsspezifisches Verhalten entscheidend durch kulturelle Einflüsse bestimmt wird.[7] Was in aller Ausführlichkeit erst durch die zweite Frauenbewegung, und dabei insbesondere durch die jüngst in die Debatte eingeflossene »gender«-Diskussion thematisiert wurde. Frauen, so wird jetzt festgestellt, sind nicht friedliebender aufgrund ihrer »inneren Natur«, sondern infolge ihrer geschlechtsspezifischen Sozialisation. Sie sind außerdem eben aufgrund dieser Sozialisation in Kriegszeiten schnell bereit, sich geänderten Umständen anzupassen.

Tatsächlich entsprach weder die maßgebliche Dachorganisation der deutschen bürgerlichen Frauenbewegung, der 1894 gegründete Bund Deutscher Frauen (BDF), noch der »Bund österreichischer Frauenvereine« (BÖFV) den Vorstellungen der radikalen Pazifistinnen. Ursprünglich um eine sogenannte neutrale Haltung bemüht, verstärkten sich bereits unter der Führung von Gertrud Bäumer (seit 1910) die nationalistischen Tendenzen des BDF, um mit Beginn des Krieges voll auszubrechen. Helene Lange stand nicht an, den Krieg »von ganzem Herzen recht (zu) heißen ... wenn er letzten Endes dem Frieden und der Kultur dient« und nach Gertrud Bäumer ermöglichte er der Frauenbewegung durch Gründung eines »Nationalen Frauendienstes« ... »ihren eigentlichen, tiefsten Sinn zu offenbaren«.[8] Auch der BÖFV, in dem bis 1914 Bertha von Suttner den Vorsitz führte, und der vor dem Krieg ein eigenes Friedenskomitee eingerichtet hatte, schwächte nach Ausbruch des Krieges sein pazifistisches Engagement deutlich ab. Nicht ohne Zögern – und mit dem Dilemma konfrontiert, mit dem alle Frauen in Kriegen konfrontiert werden.

> »Wir sind tief erschüttert und beklagen den Krieg, er trifft uns furchtbar, aber dennoch können wir dagegen nichts tun. Es wäre Verrat am Vaterland und an unseren Männern, die es verteidigen, wenn wir jetzt für den Frieden eintreten würden«,[9]

schrieb Marianne Hainisch, die nach dem Tod Suttners den Vorsitz übernommen hatte.

Konsequent blieb lediglich der linke Flügel der bürgerlichen Frauenbewegung. In Österreich hatte der »Allgemeine Österreichische Frauenverein« (AÖFV) vom Anfang an eine pazifistische Haltung vertreten. Vor allem Rosa Mayreder setzte sich auch während des Krieges für den Frieden ein.

Radikale Pazifistinnen in Deutschland waren neben Lida Gustava Heymann und Anita Augspurg noch Frida Perlen und Auguste Kirchhoff. Auch in den Zeitschriften von Minna Cauer und Helene Stöcker (*Die Frauenbewegung* und *Neue Generation*) wurden laufend Artikel gegen Krieg und Militarismus ebenso wie Nachrichten aus der Friedensbewegung publiziert.[10]

Die sozialistische Internationale, die sich ursprünglich für einen Kampf gegen den Krieg ausgesprochen hatte, wurde durch den Ausbruch des Ersten Weltkriegs ebenfalls gespalten. Während sich ein großer Teil der Frauen der Parteidisziplin fügte und ähnlich wie die bürgerlichen Frauen einen sozialen Hilfsdienst organisierte, schloß sich in Deutschland eine Gruppe radikaler oppositioneller Kriegsgegner um Karl Liebknecht zusammen, der auch Rosa Luxemburg und Clara Zetkin angehörten. Anders als die bürgerliche Frauenbewegung war die proletarische Frauenbewegung davon überzeugt, den Kampf gegen ihre spezielle Ausbeutung – die als Folge eines ausbeuterischen Kapitalismus verstanden wurde – nur zusammen mit den Männern gewinnen zu können. Trotzdem organisierten Frauen parallel zum 1907 in Stuttgart veranstalteten internationalen Sozialistenkongreß, auf dem eine Resolution gegen Militarismus und Kriegsgefahr verabschiedet wurde, auch einen ersten internationalen sozialistischen Frauenkongreß, an dem Frauen aus 15 Ländern teilnahmen. Eine zweite internationale Frauenkonferenz in Kopenhagen im Jahr 1910 verfaßte eine Resolution zum »Kampf für den Frieden«. Ungeheuer mutig erwies sich dann während des Krieges nicht nur Rosa Luxemburg, die selbst nach ihrer Verhaftung 1915 mit ihren Schriften konsequent gegen Krieg und Imperialismus eintrat (sie wurde kurz nach ihrer Befreiung 1919 heimtückisch ermordet), sondern auch Clara Zetkin, die in ihrer Zeitschrift *Gleichheit* weiter provokative Antikriegsartikel veröffentlichte. Zetkin ließ im Sommer 1915 300.000 Exemplare eines Manifestes, das auf der von ihr organisierten internationalen sozialistischen Frauenkonferenz in Bern im März 1915 verfaßt worden war, in verschiedenen Orten Deutschlands verteilen, wofür sie schließlich wegen versuchten Landesverrats verhaftet wurde. (Österreichs Sozialdemokratinnen waren an dieser Konferenz, an der Frauen aus acht Ländern teilgenommen hatten, nicht vertreten.) Nach ihrer Freilassung wegen Krankheit und gegen Kaution im Oktober 1915 setzte sie ihre aufklärerische Arbeit in der *Gleichheit* fort, bis ihr schließlich 1917 die Leitung der Redaktion entzogen wurde.[11]

In Österreich kämpfte vor allem die Gruppe um Rosa Mayreder für den Frieden. 1916 wurde ein Vortrag Mayreders mit dem Titel »Die Frau und der Internationalismus« als wehrzersetzend verboten und die Drucklegung verhindert. Bemerkungen wie die folgende erschienen staatsgefährdend:

> »Theoretisch betrachtet stellt der Krieg die äußerste Ausgeburt des Mannwesens dar, die letzte und furchtbarste Konsequenz der absoluten männlichen Aktivität.«[12]

Es gab also bereits damals eine internationale Zusammenarbeit von Frauen. Schon ein Monat vor der sozialistischen Frauenkonferenz hatten sich in Bern 36 Frauen verschiedenster Nationen auf Initiative schweizerischer Frauenverbände getroffen, um sich zum Frauenweltbund zur Förderung internationaler Eintracht zusammenzuschließen. Sehr aktiv waren in diesem Zusammenhang auch die Frauen aus der Stimmrechtsbewegung. So etwa reiste die ungarische Journalistin Rosika Schwimmer, die in London als internationale Pressesekretärin des Weltbundes für

Frauenstimmrecht tätig war, in die USA, um die amerikanische Stimm-rechtsorganisation für den Friedenskampf zu gewinnen. Schwimmer traf sich dort mit Jane Adams, der späteren Friedensnobelpreisträgerin, und beide besprachen die Notwendigkeit der Gründung einer eigenen Frau-enfriedensorganisation. Im Jänner 1915 wurde dann unter ihrer Mitwir-kung in Washington die Women's Peace Party gegründet, die ein aus-führliches Friedensprogramm ausarbeitete. Es hat später nicht nur die Vorstellungen der Internationalen Frauenliga für Frieden und Freiheit wesentlich mitbestimmt, sondern auch die vierzehn Punkte Wilsons, die dieser nach Beendigung des Krieges als Voraussetzung für einen Frie-densschluß ausgearbeitet hatte.[13]

Weil alles, was Frauen bewirkten, weitgehend totgeschwiegen wurde, ist auch von diesen Friedensaktivitäten bis heute wenig bekannt. Genau-sowenig wie von den gegenwärtigen, weltweiten Frauenfriedensaktio-nen, die relativ selten den Weg in die Medien finden. Frauenaktivitäten sind unwichtig, denn da es ihnen vornehmlich um Menschenleben, menschliche Gesundheit und Wohlbefinden geht und weniger um Macht und große Politik, haftet ihnen stets etwas Laienhaftes an, das nicht wirk-lich ernst zu nehmen ist.

Obwohl den meisten Frauen der Friedensbewegung vor dem Ersten Weltkrieg in Deutschland und Österreich der Zusammenhang zwischen Krieg und Sexismus nicht bewußt gewesen ist, und sie daher ihren Kampf für den Frieden auch nicht unmittelbar mit jenem gegen die Frauendis-kriminierung verknüpften, scheint es doch zumindest in den USA Femi-nistinnen gegeben zu haben, die hier anders dachten. So ist Ende der siebziger Jahre ein erstaunliches Dokument in der Congress Library in Washington aufgetaucht, in dem anonym gebliebene Autorinnen (daß es sich dabei um Frauen handelt, ergibt sich aus dem Inhalt) bereits 1915 in einer sehr modern anmutenden Art und Weise in Krieg und Milita-rismus die größte Bedrohung der Frauenrechte erkennen. Die Schrift mit dem Titel »Militarism versus Feminism: An Enquiry and a Policy Demonstrating that Militarism Involves the Subjection of Women« macht klar, daß Staat, Wirtschaft und Wissenschaft nach den militaristi-schen Prinzipien des »Männerhauses« organisiert sind, und Gewalt – ob in Kriegs- oder in Friedenszeiten – das wirksamste Instrument für die Unterdrückung der Frau darstellt.

»Seit dem Anfang des gesellschaftlichen Lebens ist Militarismus ein Fluch gewesen für Frauen als Frauen ... Gewalttätigkeit zu Hause, Gewalttätigkeit im Ausland, Gewalttätigkeit zwischen Individuen, zwischen Klassen, zwischen Nationen, zwischen Religionen; Gewalttätigkeit zwischen Mann und Frau: das ist es, was mehr als alles andere bis vor kurzem verhindert hat, daß die Meinung der Frauen zu öffentlichen Angelegenheiten gehört wurde ... Krieg und Kriegsangst haben die Frau in ständiger Unterwerfung gehalten und es zu ihrer Hauptaufgabe gemacht, alle ihre Fähigkeiten in unaufhörlicher Produktion von Kindern zu erschöpfen, damit Nationen die für Aggression oder Verteidigung notwendigen Krieger haben können ... Der Militarismus geht aber noch weiter ... Er schafft durch seine eigenen natürlichen Gesetzmäßigkeiten jenen Kern von exklusiv männlichen Berufen und exklusiv männlichen Leitungsfunktionen, die sich heute den Frauen als die mächtigste Schranke in den Weg stellen ... gleichzeitig mit dem Kampf für die Aufhebung der Geschlechter-Ungleichheit in der Ausübung politischer Rechte muß die feministische Bewegung ihren aktiven Widerstand gegenüber dem Militarismus als die Bedrohung aller Frauen aller Nationen erklären ...«[14]

Treffender können diese Zusammenhänge auch gute 80 Jahre später nicht formuliert werden. Von einer »wesensmäßigen Friedfertigkeit« der Frau, die so leicht zum Bumerang werden kann, ist hier nicht die Rede. Vielmehr werden Geschlechterverhältnisse in Beziehung zu Machtverhältnissen gesetzt, und von hier aus ein Lösungsansatz angestrebt.

Frauen gegen Faschismus

Nach entsprechenden Vorarbeiten fand Ende April 1915 der erste internationale Frauenkongreß der bürgerlichen Frauen in Den Haag statt, der von 1126 weiblichen Delegierten aus 12 Ländern besucht wurde. Die organisatorischen Schwierigkeiten waren beträchtlich. So opponierte nicht nur der BDF auf das schärfste gegen eine Teilnahme, auch der österreichische BÖFV lehnte eine Beteiligung mit dem Hinweis ab, »daß der Grund, der in seltener Einmütigkeit alle größeren Frauenorganisationen von dem Kongreß ferngehalten hat, konzentrierte Vaterlandsliebe ist«.[15] Die englischen Behörden hingegen verweigerten den ursprünglich 180 gemeldeten Teilnehmerinnen die Überfahrt nach Holland, um schließlich lediglich 25 Frauen die Ausreise zu genehmigen. Da anschließend der Schiffsverkehr zwischen England und Holland wenige Tage vor und während des Kongresses eingestellt wurde, konnten auch die französischen Delegiertinnen nicht daran teilnehmen. Ebenso wurde ein Schiff mit 40 amerikanischen Frauen mit dem Hinweis auf das verminte Meer in Dover festgehalten, schließlich aber doch freigelassen.[16]

Nach Beendigung des Krieges im Jahre 1919 wurde dann in Zürich das am Den Haager Friedenskongreß geschaffene »Internationale

Komitee für dauernden Frieden« in die »Internationale Frauenliga für Frieden und Freiheit« (IFFF) umbenannt, die in den folgenden Jahren internationale Zusammenkünfte von Frauen unter anderem in Wien, Den Haag, Frankfurt und Zürich veranstaltete. Von Anfang an kämpfte die Liga gegen die Beschlüsse von Versailles, in denen bereits damals der Keim zu einem neuen Krieg erkannt worden war. Weitere wichtige Anliegen bis zu Beginn des Zweiten Weltkriegs waren die allgemeine Abrüstung und der Widerstand gegen den Nationalsozialismus. Die österreichische Sektion des IFFF trat zum ersten Mal im August 1919 an die Öffentlichkeit. Sie bestand aus drei Gruppen, wobei die politische Gruppe Rosa Mayreders die größte Bedeutung hatte.[17] Von den zahlreichen Aktivitäten dieser Frauen sei eine Ausstellung antimilitaristischen Kinderspielzeugs erwähnt, die zusammen mit dem »Neuen Frauenklub« 1924 organisiert wurde.[18]

Der internationale Frauentag in Wien im Jahre 1931 stand demnach auch ganz im Zeichen des Kampfes gegen Krieg und Faschismus. Auch in Deutschland fanden an diesem Tag über 1500 Veranstaltungen statt, die sich gegen den Nationalsozialismus wandten.[19]

Ein starkes pazifistisches Engagement zeigte in der Zwischenkriegszeit vor allem die Sozialdemokratie. So etwa wurde in Hamburg im Jahre 1923 eine neue Sozialistische Arbeiter-Internationale (SAI) gegründet, die ein friedenssicherndes Konzept ausarbeitete, das sich auf die Ergebnisse des Haager Weltfriedenskongresses aus dem Jahr 1922 bezog. Parallel dazu erarbeitete die erste Frauenkonferenz des SAI in Hamburg die Resolution »Erziehung zur Friedensgesinnung«. Auch die kommunistischen Frauen waren in dieser Richtung aktiv. Auf der Zweiten Internationalen Kommunistischen Frauenkonferenz in Moskau 1921 wurde Clara Zetkin zur Leiterin des Westeuropäischen Internationalen Frauensekretariats in Berlin gewählt. 1930 organisierte dann ein »Reichskomitee werktätiger Frauen«, das auf dem Zweiten Reichskongreß werktätiger Frauen in Berlin gegründet worden war, den konsequenten Widerstand der Frauen »gegen Faschismus und imperialistische Kriege«. Ein weiterer Zusammenschluß von Frauen fand am internationalen Antikriegskongreß in Amsterdam im Herbst 1932 statt, nachdem zuvor auf der Genfer Abrüstungskonferenz in einer eindrucksvollen Demonstration von Frauenorganisationen aus allen Teilen der Welt insgesamt 8,300.000 Unterschriften für Abrüstung und Frieden übergeben worden waren. Aber selbst 1934 gab es noch einen internationalen Frauenkongreß in Paris, der von immerhin 15 deutschen weiblichen Delegierten besucht wurde, was angesichts der Machtübernahme der Nationalsozialisten und der Unterdrückung aller oppositionellen Strömungen bereits als bewußter Widerstand verstanden werden muß.[20]

Auch die sozialdemokratischen Frauen Österreichs veröffentlichten noch 1934 in *Die Frau* einen Aufruf zum Kampf gegen den Faschismus, in dem die drohende Gefahr deutlich erkannt wurde:

>»Seit dem Weltkrieg war die Situation noch nie so schlimm! Obwohl die Leiden noch bewußt sind, spricht man dennoch wieder von Krieg! Wehrt Euch gegen den Wahnsinn des Krieges! ... Faschismus bedeutet Krieg ... Nieder mit der Völkerverhetzung! ... Wir kämpfen für Abrüstung und internationale Völkerverständigung – für Arbeit, Freiheit und Friede! Wir, die sozialistischen Frauen der Welt.«[21]

Das war der letzte öffentliche Aufruf der österreichischen Sozialdemokratinnen, denn nach den Februarkämpfen 1934 wurde die Partei verboten.

In Deutschland gelang radikalen bürgerlichen Frauen wie Helene Stöcker, Lida Gustava Heymann und Anita Augspurg die Emigration. Auch Clara Zetkin war in die Sowjetunion ausgewandert. Anderen drohte Verfolgung, Gefängnis oder auch das KZ. Etliche Frauen gingen in den Widerstand. In der Widerstandsorganisation »Schulze-Boysen/Harnack« waren von 52 ermordeten Mitgliedern immerhin 18 Frauen. Und von den 34 ermordeten Mitgliedern der Gruppe um Herbert und Marianne Baum waren 13 Frauen.[22]

Leichter hatte es das Hitler-Regime mit den Frauen der gemäßigten bürgerlichen Frauenbewegung, und das war die Mehrheit der weiblichen Bevölkerung. War doch der deutsche Faschismus trotz seiner Frauenfeindlichkeit für viele Frauen attraktiv, weil sich besonders das bürgerliche Frauenbild mit seinen Ansichten vom »Wesen der Frau« und von Mütterlichkeit, seiner Ausrichtung auf eine »weibliche Gesinnung«, »weibliche« Erziehung und »weibliche« Berufe, problemlos in die allgemeinen Ziele faschistischer Politik einreihen ließ. Die Betonung der Geschlechterpolarität hat ja zu allen Zeiten nicht nur die Kriegsbereitschaft begünstigt, sondern auch faschistische Tendenzen, die häufig als Vorläufer von Kriegen aufzutreten pflegen. Der Faschismus mußte sich lediglich auf dieses bereits vorhandene Frauenbild der bürgerlichen ebenso wie kirchlichen Kreisen nahestehenden Frauen beziehen, was auch mit gutem Erfolg geschah!

Demzufolge hat auch nach dem Ersten Weltkrieg weder der deutsche BDF noch der österreichische BÖFV eine wirkliche Revision seiner nationalistischen Ansichten vorgenommen. Zwar beteiligten sich auch die bürgerlichen Frauenverbände nach dem Ende des Krieges erneut an Friedensarbeit, aber gründliche Analysen der eigentlichen Zusammenhänge blieben aus, so daß nach der Machtübernahme durch die Nationalsozialisten von dieser Seite nicht nur kein nennenswerter Widerstand zu erwarten war, sondern der Wechsel vielfach sogar begrüßt wurde. Wieder stellten sich Frauen in den Dienst nationalistischer, »völkischer« Ideen, und ließen sich zum Wohl eines Staates mißbrauchen, der gleichzeitig ihre Diskriminierung rechtfertigte.

Internationale Frauenfriedensaktionen

Nach dem zweiten großen Krieg, der wie so viele Kriege zuvor und danach aus einem nationalistischen Geist geboren wurde, sammelten sich erneut die friedensbewegten Teile der Bevölkerung, um gegen drohende Wiederaufrüstung und wachsende Atomgefahr zu demonstrieren. Und auch diesmal waren es Frauen, die sich durch ein besonderes Engagement auszeichneten. Unmittelbar nach Kriegsende bildeten sich antifaschistische Frauenausschüsse, die im Dezember 1946 begannen, eine einheitliche, überparteiliche und überregionale Frauenorganisation vorzubereiten. Im März 1947 fand dann bereits der »Deutsche Frauenkongreß für den Frieden« in Berlin statt, zu dem 1000 Delegierte aus der sowjetischen Besatzungszone, 500 Frauen aus Berlin, 400 Frauen aus West- und Süddeutschland sowie Vertreterinnen von Frauenorganisationen anderer Länder kamen, die der Internationalen Demokratischen Frauen-Föderation (IDFF) angeschlossen waren.[23] Die Frauen reisten unter großen Strapazen und persönlichen Schwierigkeiten aus der amerikanischen, französischen und englischen Besatzungszone nach Berlin um hier einen Aufgabenkatalog zusammenzustellen, der neben dem Kampf für den Frieden und der aktiven Teilnahme am Aufbau einer demokratischen Kultur auch die Gleichberechtigung der Frau in sein Programm aufnahm. Des weiteren wurde hier der Demokratische Frauenbund Deutschlands (DFD) gegründet, der im folgenden eine nicht unerhebliche Rolle im Kampf gegen die Remilitarisierung der Adenauer-Ära und für die Wiederherstellung der Einheit Deutschlands spielte. Der DFD setzte sich auch für eine allgemeine Ächtung der Atomwaffen ein und wandte sich entschieden gegen die Einführung der allgemeinen Wehrpflicht. Er wurde allerdings bereits 10 Jahre später – der Verein zählte damals etwa 28.000 Mitglieder – mit der Begründung verboten, es handle sich dabei um eine verfassungswidrige und staatsgefährdende Organisation.[24]

Eine weitere, wichtige Rolle spielte die 1952 gegründete Westdeutsche Frauenfriedensbewegung (WFFB), die eine eigene Zeitschrift, *Frau und Frieden* herausgab, und sich in internationaler Friedensarbeit engagierte. Sie organisierte Veranstaltungen, Info-Stände, Flugblattaktionen, Basare und Unterschriftensammlungen nicht nur im Inland, sondern trug ihren Kampf gegen Militarismus, Atomwaffen, Notstandsgesetze und Zivildienst für Frauen auch in sämtliche europäische Länder, weiters in die USA, Nord- und Südvietnam und die Sowjetunion. Eine der ersten großen Vietnam-Veranstaltungen in der Bundesrepublik wurde 1965 von der WFFB zusammen mit der Amerikanerin Ruth Gage-Colby und dem Pastor Martin Niemöller organisiert. Nachdem jedoch die Zeitschrift *Frau und Frieden* 1974 eingestellt wurde, begann sich auch die WFFB langsam aufzulösen,[25] schien doch die Forderung nach Frieden in der Phase der Entspannung in Europa an Dringlichkeit zu verlieren. Vielleicht auch hat die WFFB die Friedensfrage zu wenig mit der Frauenfrage verknüpft, die allmählich ein größeres Interesse beanspruchte.

Es ist erstaunlich, daß trotz einer – mit Ausnahme der beiden Weltkriege – kontinuierlichen Frauenfriedensbewegung seit dem Ende des vergangenen Jahrhunderts die in den sechziger Jahren entstehende Neue Frauenbewegung kein historisches Bewußtsein davon besaß. Sie meinte, bei der Stunde Null anfangen zu müssen, ohne weibliche Leit- und Vorbilder. Das deshalb, weil die Leistungen dieser Frauen in Schulen und höheren Bildungsstätten sowie den Massenmedien systematisch unterschlagen beziehungsweise heruntergespielt wurden beziehungsweise werden. Erst feministische Historikerinnen haben Leben und Werk dieser Frauen, die so rasch im Geschichtsdunkel verschwanden, einer breiteren Öffentlichkeit zugänglich gemacht. Womit gleichzeitig auch klar wurde, daß Frauen schon lange für ähnliche Ziele eintreten und kämpfen, und daß Traueninitiativen und die Forderung nach Frieden schon immer eng verknüpft waren.

Einen neuen Aufschwung nahm die Frauenfriedensbewegung Ende der siebziger Jahre. In der Bundesrepublik waren es vor allem die Proteste gegen den propagierten Frauen-Militärdienst, die Tausende von Frauen auf die Straße brachten. Am Internationalen Frauentag, dem 8. März 1980, kam es durch die Hamburger Initiative »Frauen in die Bundeswehr? Wir sagen NEIN« zur bislang größten Frauendemonstration in der Geschichte der Bundesrepublik. Gleichzeitig bildeten sich zahlreiche weitere Frauenfriedensgruppen, wie zum Beispiel die »Frauen gegen

Krieg und Militarismus« sowie die sich europaweit organisierenden »Frauen für Frieden«.

Als 1977 die amerikanische Regierung Pläne zum Bau und zur Stationierung von Neutronenwaffen bekanntgab, reagierten die »Frauen für Frieden« aus Holland und der Schweiz, weiters Frauen aus der SPD/FDP, der Demokratischen Fraueninitiative und aus Bürgerinitiativen mit umfangreichen Protesten. Im Februar 1980 wurde von dänischen Journalisten der Aufruf der »Frauen für Frieden« gegen die Herstellung von Atomwaffen in sämtlichen dänischen Medien veröffentlicht, und zu Unterschriften für die UNO-Weltfrauenkonferenz in Kopenhagen aufgerufen. Diese Aktion führte zu ähnlichen Initiativen in den übrigen skandinavischen Ländern sowie in der Bundesrepublik, so daß UNO Generalsekretär Kurt Waldheim auf der Weltfrauenkonferenz am 14. 7. 1980 500.000 Unterschriften übergeben werden konnten.[26]

Zu spektakulären Frauenaktionen kam es auch im Zusammenhang mit der NATO Nachrüstung mit Mittelstreckenraketen Anfang der achtziger Jahre, womit die Atom-Kriegs-Gefahr erneut zur Diskussion gebracht wurde. So etwa versammelten sich jeweils im November 1980 und 1981 über 2.000 Frauen um das Pentagon in Washington, faßten sich an den Händen und schrien, sangen und klagten, um all jener zu gedenken, die durch dieses Ministerium bereits gestorben waren und noch sterben werden. Die Frauen blockierten in einer gewaltfreien Aktion den Eingang, schmierten Blut an die Wände und umwickelten das Gebäude mit Fäden. In einer anschließenden Erklärung forderten sie das Recht, in einer gewaltfreien Welt leben, lieben und ihre Kinder erziehen zu können, in einer gesunden Umwelt mit gesunder Nahrung und sinnvoller, gleichberechtigter Arbeit ein Frauenleben führen zu dürfen, das

> »die Erde als unsere Heimat zärtlich beschreibt, die genährt und gepflegt und geerntet sein will ... wir versammeln uns um das Pentagon, weil wir um unser Leben fürchten. Wir fürchten um das Leben auf diesem Planeten, unserer Erde, das Leben der Kinder, die unsere menschliche Zukunft sind ... Wir wollen die Beendigung des Wettrüstens! Keine Bomben mehr! Keine Erfindungen mehr für's Töten! ... Wir wissen, es gibt eine gesunde, empfindsame, liebende Weise zu leben, und wir wollen so in unseren Nachbarschaften, in unseren Stadtteilen und auf unseren Bauernhöfen, hier in den USA und mit unseren Schwestern und Brüdern in der ganzen Welt leben.«[27]

Die Frauen von Greenham Common

Daß eine alternative Lebensform, wie sie hier beschworen wird, tatsächlich möglich ist, bewiesen die Frauen von Greenham Common, einem jahrelang aufrecht erhaltenen Friedenscamp rund 120 Kilometer westlich von London. Es befand sich direkt vor der Haupteinfahrt des britischen Luftwaffenstützpunktes Greenham Common, wo Anfang der achtziger Jahre nach Plänen der englischen Regierung von den insgesamt 160 amerikanischen »Cruise Missiles« immerhin 96 stationiert werden sollten.[28] Aus diesem Grund marschierten im August 1981 etwa 40–50 Frauen sowie wenige Männer und Kinder in einem 150 km langen Demonstrationsmarsch von Cardiff in Wales zum Luftwaffenstützpunkt Greenham Common, um dort ein Friedenslager aufzubauen, mit dem sie einerseits gegen die Gefahr eines Atomkrieges und die Stationierung von Atomraketen protestieren, andererseits aber auch ihre Vorstellungen einer alternativen Lebensform verwirklichen wollten. Das Friedenscamp von Greenham Common wurde somit nicht nur zu einem Vorbild für die internationale Anti-Atomkrieg-Bewegung, sondern es hat auch demonstriert, wie Frauen unter Möglichkeiten der Selbstbestimmung miteinander leben können: ohne Hierarchien, ohne Führungsfiguren, dafür aber mit Beteiligung aller am Lebensplan und einem allgemeinen Mitspracherecht bei Entscheidungen.

Wie sehr die Entschlossenheit, der Mut, das Selbstvertrauen, die Begeisterungsfähigkeit und Kreativität der Frauen von Greenham Common die vielen Frauen aus verschiedenen Ländern, die das Camp besuchten beeindruckte, zeigen die zahlreichen Augenzeugenberichte, die von den Besucherinnen verfaßt wurden:

> »Was ich vorfand, hat meine politische Phantasie stärker beflügelt als jeder andere Aktivismus seit der ersten, mitreißenden feministischen Welle vor fünfzehn Jahren«,[29]

meint etwa die nordamerikanische sozialistische-feministische Autorin Ann Snitow. Und Lynne Segal, die das Camp mehrmals besuchte, schreibt:

> »Der Witz und Einfallsreichtum, die Kreativität und der Humor, die von den Frauen aufgeboten wurden, um die gigantische und groteske physische Ungeheuerlichkeit des amerikanischen Luftwaffenstützpunkts Greenham Common vorzuführen, ist wirklich fabelhaft. ... Ob dreihunderttausend Frauen eine Kette bildeten, um ›den Stützpunkt zu umarmen‹ oder immer wieder durch den tödlich wirkenden Zaun eindrangen, um Schneeglöckchen zu pflanzen, ein Picknick zu veranstalten, auf den Raketensilos zu

tanzen, ein Wachthäuschen oder einen Flugkontrollturm zu besetzen ... ob
sie kilometerweit den Zaun umlegten und die Tore mit Kettenschlössern
verriegelten ... die Frauen von Greenham schaffen es seit Jahren, die Effizienz, Sicherheit und Routine einer der wichtigsten militärischen Einrichtungen des mächtigsten Landes der Welt lächerlich zu machen und durch-
einanderzubringen.«[30]

Auch Birgit Heike bewunderte anläßlich eines Besuches die Kraft und
den ungeheuren Durchsetzungswillen dieser Frauen, die mehrere Räu-
mungsaktionen über sich ergehen ließen, ihre zerstörten Hütten immer
wieder aufbauten, die den eiskalten Winter der Jahre 1981/82 ertrugen,
sich täglich durch Schmutz, Eis und Schnee kämpften, das gefrorene
Trinkwasser auftauten und ständige Erkältungen in Kauf nahmen.

»Bewundernswert, wie stark der Wille zum Kämpfen ist. Sie wollen es nicht
den Männern und Politikern überlassen, die jahrhundertelang in den Krieg
zogen und jetzt den letzten vorbereiten. Sie haben ihre eigene Art von Widerstand entwickelt ...«[31]

Und eine andere Frau meinte:

»Der Gedanke, eine Frau zu sein, begeisterte mich eigentlich zum ersten
Mal. Wir können alles schaffen ... und wir kümmern uns umeinander,
während wir es tun ... es ist, als erwachten wir zum Leben.«[32]

Das Friedenslager von Greenham Common, das große Unterstützung
von zahlreichen Friedensgruppen, kirchlichen Organisationen und Pri-
vatleuten erhielt, hat viel bewirkt. Es hat die gesamte (Frauen-)Friedens-
bewegung nachhaltig inspiriert, die allgemeine Aufmerksamkeit auf die
Anti-Atombewegung gelenkt, und schließlich gemeinsam mit Friedensgruppen auch das NATO-Bündnis alarmiert. Es hat weiter die Stärke
von Frauen demonstriert, ihre Entschlossenheit, ihren Mut, und damit
ihr Selbstvertrauen gestärkt. Greenham Common hat zu Diskussionen
innerhalb der Frauenbewegung geführt und den Zusammenhang von
Militarismus und Männermacht innerhalb der Gesellschaft ebenso wie
jenen zwischen militärischer Ausbildung und gesellschaftlichem Gewaltpotential verstärkt ins Bewußtsein gebracht. Es gab allerdings auch
Kritik, wie von jener kleinen Gruppe radikaler Feministinnen, die den
friedensbewegten Aktivistinnen von Greenham vorwarfen, ihre Energien zu sehr für den Frieden und zu wenig für die Frauenbefreiung einzusetzen. Oder auch von Lynne Segal, die bei aller grundsätzlichen Zustimmung biologistische Vorstellungen von einer größeren weiblichen
Friedfertigkeit ortet und eine umfassende, alle gesellschaftlichen
Aspekte umfassende Analyse des modernen Militarismus und Wettrü-
stens vermißt.[33]

Frauen kämpfen für den Frieden in allen Teilen der Welt

Insgesamt sind die Friedensaktionen von Frauen in den achtziger Jahren ungeheuer zahlreich gewesen. So folgten der internationalen Frauenfriedenskonferenz in Prag 1981 ein großer Frauenfriedensmarsch 1982 von Westberlin nach Wien mit Empfang durch Frauenministerin Johanna Dohnal und ein Frauenfriedenscamp im Sommer 1983 in Saalfelden (Salzburg).[34] Ebenfalls 1982 fand eine Friedensgroßdemonstration in Bonn mit 250.000 Teilnehmerinnen und so prominenten Rednerinnen wie Uta Ranke-Heinemann, Dorothee Sölle und Helen Caldicott statt. 1983 kam es unter anderem zu Großdemonstrationen gegen Atomwaffen in Bonn, Stuttgart und Hamburg von jeweils 250.000 Menschen, weiters zu einem Frauenfriedensmarsch für ein atomwaffenfreies Europa von Polen bis Portugal, und für Frauenrechte von Berlin bis Genf, wo eine Internationale Frauenfriedenskonferenz tagte und Menschenketten zwischen den US- und UdSSR-Botschaften gebildet wurden.[35] Aber auch in den folgenden Jahren rissen die Friedensdemonstrationen nicht ab. Vor allem 1986, als sich mit dem Reaktorunfall in Tschernobyl die schlimmsten Horrorvisionen erfüllten, schlossen sich verzweifelte Menschen in Kiew, Minsk und Moskau zu Protestaktionen zusammen, ohne eine breite Öffentlichkeit damit zu erreichen. Die »Mütter gegen Atomkraft« und die Komitees zur Hilfe für die »Kinder von Tschernobyl«, die von Irina Gruschejana aus Minsk, Theodora Pflugbeil, Ingeborg Michael, und Hildegard Meier aus Berlin im April 1986 eingerichtet worden waren, forderten ein Ende des Atomwahnsinns, Frieden mit der Natur und ein umfangreiches Hilfsprogramm für die Opfer.[36] Im Europaparlament schafften es einige Frauen wie etwa Eva Quistorp, Christine Crawley und Christa Randzio-Platz eine Frauenlobby gegen den Krieg zu stärken, die es sich zur Aufgabe macht, Friedensforscherinnen und Historikerinnen mehr Aufmerksamkeit zukommen zu lassen. Denn, wie Eva Quistorp in diesem Zusammenhang bemerkt, die dpa (Deutsche Presse Agentur) würde

> »ein Friedensappell von 500 deutschen Professoren (darunter einer Professorin) immer noch mehr (interessieren) als Pressemeldungen und Aufrufe von Schauspielerinnen und von den 48 Europaparlamentarierinnen, die den Protest von Millionen Frauen gegen den Krieg ausdrückten«.[37]

Frauen mischten sich aber auch in den KSZE-Prozeß (Konferenz für Sicherheit und Zusammenarbeit in Europa) und organisierten im November 1990 die erste KSZE der Frauen in Berlin, an der Frauen aus ganz Europa teilnahmen. In der dabei beschlossenen Proklamation erklärten sie vorweg ihre Solidarität mit Frauen der Nicht-KSZE-Länder, insbesondere mit den Frauen der »Dritten Welt«, deren Lage durch ausbeuterische Nord-Süd-Beziehungen geprägt ist. Weiters forderten sie unter anderem die paritätische Beteiligung von Frauen am KSZE-Prozeß, die Anerkennung der vielfältigen Formen von Gewalt gegen Frauen als Verbrechen gegen die Menschlichkeit, ein effektives und kontrolliertes Verbot aller Waffenexporte, drastische Reduzierung der Militärbudgets und der Streitkräfte der Länder der KSZE mit dem Ziel der Auflösung sowie eine Friedenspolitik, die die sozialen, wirtschaftlichen, ökologischen, kulturellen und humanitären Interessen aller Menschen gewährleistet. Die Teilnehmerinnen der KSZE der Frauen verlangten außerdem, unbezahlte Frauenarbeit und Subsistenzproduktion anhand der durchschnittlichen Arbeitskosten zu quantifizieren und dem Bruttosozialprodukt zuzurechnen, zahlenmäßig ausreichende und kostengünstige öffentliche Dienstleistungen im Bereich der Kinderbetreuung, der Altenpflege, des Gesundheitswesens bereitzustellen und eine Umweltgesetzgebung auszuarbeiten, die ein Grundrecht auf eine gesunde Umwelt, als einklagbares Recht für alle BürgerInnen formuliert.[38]

Frauen kämpfen für den Frieden in allen Teilen der Welt. Sie spielen eine entscheidende Rolle beim Aufbau einer pazifischen Bewegung gegen Militarismus und für einen atomfreien Pazifik, sie organisieren in Island landesweite Streiktage von Frauen, und sie versuchen in Sri Lanka seit Jahren, die Konflikte zwischen Tamilen und Singalesen durch ihr Dazwischentreten zu entschärfen. Frauen sind auch im Widerstand der Indianer gegen die Einschränkung ihres Lebensraumes aktiv, wie etwa Janet McCloud, die sich bereits in den sechziger Jahren mit Protestaktionen gegen diskriminierende Gesetze der US-Regierung wandte.[39]

Die »Mütter der Plaza de Mayo« begannen ihren Protest 1977, also zu einer Zeit, als das Militärregime in Argentinien noch fest im Sattel saß und jeder Widerstand den Tod bedeuten konnte. Ursprünglich ging es ihnen um die eigenen Kinder die von der Junta verschleppt, gefoltert oder getötet worden waren. Bald jedoch umfaßte ihr Engagement alle verschwundenen Kinder und die gesamte argentinische Jugend. Ursprünglich meist einfache Frauen mit Grundschulausbildung haben sie inzwischen eine erstaunliche politische Entwicklung durchgemacht und sind zu einer international anerkannten Organisation angewachsen. Sie haben mit ihren Protesten nicht nur ein neues Bewußtsein für Menschenrechte in der argentinischen Bevölkerung geweckt, sondern waren auch im Ausland aktiv, wo sie unter anderen von Sandro Pertini, Felipe Gonzales und François Mitterand empfangen wurden.[40]

Auch in Chile sind Frauen die treibende Kraft der Opposition gegen die chilenische Militärdiktatur, und in Israel standen bis zum Beginn der Friedensverhandlungen jeden Freitagnachmittag die »Frauen in Schwarz« auf der Straße, bekundeten damit ihre Trauer über und ihren Widerstand gegen die israelische Besatzungspolitik und die Opfer auf beiden Seiten. Ebenso standen im Krieg am Balkan ungeheuer mutige »Frauen in Schwarz« jeden Dienstag auf Belgrads Straßen und ließen schweigend die oft gehässigen und verständnislosen Reaktionen der Passanten über sich ergehen. »Wir tragen Schwarz«, heißt es in einer Proklamation anläßlich des 2. Jahrestages der Existenz der Belgrader »Frauen in Schwarz« im Oktober 1993,

> »weil wir damit unsere Trauer ausdrücken wollen für alle Opfer dieses Krieges und anderer Kriege, für jene Frauen und Männer, die wir kennen, und für jene, die wir nicht kennen. Wir tragen schwarz, weil dieser Krieg Menschen zerstört, die Natur zerstört, Freundschaften zwischen den Menschen zerstört und die positiven Werte zerstört. ... Wir gehen hinaus auf die Straßen und fordern mit unserem Protest an öffentlichen Orten ein Ende des Tötens und der Gewalt in diesem Krieg und im täglichen Leben. Wir wählen Stille weil wir uns weigern(,) einen Schwall leerer Worte zu produzieren(,) die uns davon abhalten über uns selbst und über andere nachzudenken. Auch können wir keine Worte finden(,) um diese Tragödie auszudrücken, die der Krieg gebracht hat, und wir können keine Worte finden(,) um die Bitterkeit und den Widerwillen zu beschreiben gegen ein nationalistisch-militaristisches Regime, das sich vor allem in Serbien befindet.«[41]

Die Friedensfrauen von Belgrad beklagen sich über die Ignoranz und Mißachtung einer breiteren Öffentlichkeit:

> »Die Medien, besonders jene, die vom Regime kontrolliert werden, ignorieren uns; wenn sie von uns Notiz nehmen, dann haben sie nur Worte des Hasses und der Verachtung. Sogar jene Medien, die sich selbst als »demokratisch« bezeichnen(,) finden uns nicht »interessant«: wir sind einfach ›diese Frauen, die die ganze Zeit protestieren‹.«[42]

Wenig wurde auch über die tausend Mütter aus Kroatien und Serbien berichtet, die Ende August 1991 die Militärkasernen in Belgrad stürmten, um ihre Söhne herauszuholen. Ebenso wenig Echo in den internationalen Medien fanden die aufgebrachten und verzweifelten Mütter, die etwa zur selben Zeit den Plenarsaal des Parlamentsgebäudes von Sarajewo besetzten, die Redner beiseite drängten und den Abgeordneten ihre Forderungen ins Gesicht schrien: sofortige Entlassung ihrer Söhne und aller kämpfenden Soldaten, Rückkehr aller Rekruten in ihre Heimatrepubliken und sofortige Beendigung dieses sinnlosen Krieges. Zwei Tage später riefen sie zusammen mit den Müttern von Soldaten aus der

Bundesarmee zur Aktion »Mauer der Liebe« in Zagreb auf, die von 100.000 Menschen auf dem Kresimir Platz gebildet wurde.[43]

Warum die Mütter-Aufstände in Jugoslawien nur begrenzt wirksam waren

Angesichts des Scherbenhaufens, der nach diesem Krieg am Balkan übrig blieb, angesichts eines »Friedens«, der von tödlichem Haß zwischen den verfeindeten Gruppen geprägt ist, darf sich frau zum wiederholten Male fragen, warum solche und ähnliche Versuche von Frauen, getragen von einer leidenschaftlichen Überzeugung, von Verzweiflung, Wut, und dem Glauben an das Verbindende im Menschen immer wieder zum Scheitern verurteilt sind. Denn wohl haben einige Mütter ihre Söhne aus den Kasernen herausgeholt und damit individuelle Schicksale für sich entschieden – und zwar im Krieg in Ex-Jugoslawien ebenso wie im Krieg in Tschetschenien – aber einen umfassenden Frieden für alle haben sie nicht erreicht. Die Journalistin und Autorin Slavenca Draculic gibt eine Antwort auf die Frage, warum derartige Versuche mißlingen mußten: Weil Frauen letztendlich den Nationalismen ebenso unterliegen wie Männer, weil sie in sich gespalten sind, weil es ihnen vornehmlich um ihre eigenen Söhne ging, statt um alle kämpfenden Männer, und weil sie die Machtstrategien der Militärs zu wenig durchschauten. Draculic beschreibt anschaulich, wie sich nach dem Überfall der jugoslawischen Armee auf Slowenien Ende Juni 1991, als Dutzende junger Soldaten getötet wurden, serbische und kroatische Mütter zusammenschlossen, um in Bussen die immerhin 600 km lange Reise von Belgrad nach Ljubljana, der Hauptstadt Sloweniens anzutreten, wo sie ihre Söhne selbst an der Front abholen wollten. Doch als die Mütter in Ljubljana ankamen, hatte die Propaganda der Offiziere, die als Begleitschutz in den Bussen mitfuhren, bereits ihre Wirkung getan: die ursprüngliche Einheit zwischen den Müttern war zerfallen, jetzt wollten die serbischen mit den kroatischen, und beide mit den slowenischen Müttern, die bei der Ankunft auf sie warteten, nichts mehr zu tun haben! Gleichzeitig damit aber hatte die Mütterbewegung ihre Stoßkraft verloren und sich um den wirklichen Erfolg gebracht. Einen weiteren wesentlichen Grund für das Scheitern dieser größten Frauenaktion, die je in diesem Land stattgefunden hat, sieht Draculic in der Unwissenheit der Frauen über militärpolitische Zusammenhänge. Mit der Beteuerung, daß es ihnen keinesfalls um Politik, sondern lediglich um ihre Söhne gehe, übersahen sie die einfache Realität, daß ihre Forderungen in Wahrheit natürlich eminent politisch waren, weil ein Nachgeben der Generäle letztendlich die Einheit der jugoslawischen Armee zerstört hätte.[44]

Und hier liegen wohl die eigentlichen Ursachen dafür, daß Frauen bislang wohl Teilerfolge erzielen, aber noch keinen Krieg verhindern konnten: Die rumänische Journalistin Annemarie Schuller-Weber etwa trifft den Punkt, wenn sie die Friedensbemühungen der internationalen Frauenaktion »Scheherazade« während des Golf-Kriegs zwar grundsätzlich gut heißt, darüber hinaus aber fehlende Zusammenhänge zwischen Friedensbewegungen und wirtschaftlichen ebenso wie machtpolitischen Strukturen feststellt:

> »Während die Pazifistinnen von Wien bis Berlin, die weißen Fahnen schwingend, nach Feierabend auf die Straße gehen, finanzieren sie tagsüber die Millionenbeträge mit, welche ihre Regierung für Waffenbeteiligung am Golfkrieg ausgibt. Während im letzten Jahr die Menschen in Deutschland Hunderttausende Care-Pakete nach Rumänien geschickt haben, war kein einziger deutscher Unternehmer bereit, ohne die Gewißheit eines baldigen Gewinns auch nur eine einzige unserer ruinösen Fabriken ökonomisch und ökologisch zu sanieren ... Viele Menschen der westlichen Wohlstandsgesellschaften sind bereit, ihre Freiheit und ihr Taschengeld für den Frieden und die Armen dieser Welt zu opfern. Aber solange sie dabei die Gewinnideologie ihrer marktwirtschaftlichen Gesellschaft nicht in Frage stellen, beruhigen sie mit ihren großangelegten Friedensaktionen nur ihr Gewissen ...«[45]

Es sind diese Zusammenhänge, die wichtig sind. Denn Mütter mögen eine noch so starke Motivation besitzen, das Leben ihrer Kinder zu retten, und Frauen mögen insgesamt den Lebensprozessen näher stehen und auch ein größeres Interesse an der Erhaltung dieses Lebens haben – solange sie die großen weltpolitischen, die ökonomisch-militärischen und kulturellen Zusammenhänge samt den darin enthaltenen Nationalismen zu wenig in ihre Friedensstrategien einbeziehen, werden sie keine wirklichen Veränderungen herbeiführen. Susan Sontag empfiehlt daher Frauen bereits 1973,

> »zunächst Aktionen, die auf die Veränderung des Bewußtseins und der sozialen Struktur zielen ... In der zweiten Phase muß die Beschaffenheit der Macht an sich verändert werden, da sie immer in einer ›sexistischen‹ Perspektive konzipiert war ... sie identifiziert sich mit den exklusiv männlichen Vereinigungen, die über Krieg, Regierung, Sport, Religion und Geschäfte entscheiden. Wer sich mit der Veränderung begnügt, ohne die Frage nach der Macht und ihrer Struktur zu stellen, betreibt Befriedung, nicht Befreiung ... der Aufruf zur gemeinsamen Sache mit den Männern bei der Frauenbefreiung bedeutet wieder einmal, die harte Realität der Machtbeziehungen zu ignorieren ... Die Frauen müssen die Stereotypen, die jedem Geschlecht seine

besondere Identität geben, zerschlagen, egal, ob sie Nutzen oder Nachteile davon haben.«[46]

Und Petra Kelly, eine der Gallionsfiguren der (bundes-)deutschen Grün-Bewegung meint:

> »Wir dürfen uns … niemals verleiten lassen zu sagen, daß es eine natürliche Identität von weiblichen Wesen und Pazifismus gibt. Es kommt vielmehr auf die Machtverhältnisse und auf die kulturellen Einflüsse an. Auf der anderen Seite haben wir ebenso genug von solchen Frauen, die sich an die männliche Vorherrschaft und an die Werte und Maßstäbe der Männerwelt angepaßt haben und damit selbst männliche Sachzwänge und deren Logik übernommen haben.«[47]

Auch Virginia Woolf hat bereits in den dreißiger Jahren klar und deutlich vor einer Übernahme männlicher Werturteile gewarnt. In »Three Guineas«, jener eindrucksvollen feministischen Polemik gegen den Krieg, lehnt sie eine Beteiligung der Frau an Imperialismus und Nationalismus ab, die sie gleichzeitig als Männerangelegenheit zum Schaden der Frau entlarvt:

> »Wenn ihr deshalb darauf beharrt zu kämpfen, um mich und ›unser‹ Land zu beschützen, dann sei es nüchtern und rational zwischen uns klargestellt, daß ihr kämpft, um einen Geschlechtstrieb zu befriedigen, den ich nicht teilen kann; um einen Nutzen einzuheimsen, der mir nicht zugute kam und wahrscheinlich nicht zugute kommen wird; aber nicht, um meine Triebe zu befriedigen oder um mich und mein Land zu beschützen. ›Denn als Frau‹ wird die Außenseiterin sagen, ›habe ich de facto kein Land, als Frau will ich kein Land, als Frau ist mein Land die ganze Welt‹.«[48]

Frauen gehen einen schmalen Weg der Selbstbestimmung. Die Ablehnung der ihnen aufoktroyierten »weiblichen Natur« darf nicht zur Identifikation mit männlichen Vorbildern führen. Alternative Strategien geraten jedoch leicht in den Verdacht, isolationistische Tendenzen zu begünstigen. Trotzdem sollen Frauen einen Weg der Selbstbestimmung gehen, um auf diese Art und Weise an Frauen-Power zu arbeiten, weil jede andere Richtung in eine Sackgasse führt.

Was von Virginia Woolf damals geschrieben, und von der feministischen Bewegung inzwischen aufgegriffen und ausführlich diskutiert wurde, hat – wie das Beispiel Ex-Jugoslawien zeigt – bislang weder in die Lebensrealität der überwiegenden Mehrheit der Frauen, noch jener der Männer Eingang gefunden. Vielmehr erlebt der Nationalismus im Augenblick Hochkonjunktur, der keine reine Männersache ist, sondern dem sich auch Frauen angeschlossen haben. Daß Frauen für die Kriege der Männer stets mißbraucht wurden, haben leider immer noch Wenige begriffen. Darum hat ja auch eine internationale Zusammenarbeit in Form von Verweigerung bislang nicht stattgefunden. Zwar haben Frauen bereits mehrmals internationale (Frauen-)Streiks angeregt, wie beispielsweise Helene Stöcker 1922 auf dem Internationalen Friedenskongreß in Den Haag. Auch Petra Kelly schlug in einer Rede in Geilkirchen 1982 einen »Weltgeneralstreik gegen den dritten, endgültigen Weltkrieg« vor. Und Ursula Schröder fordert 1983 in einem Beitrag einen »Internationalen Frauenstreik« als eine »Strategie der Frauenfriedensbewegung gegen Alltagskrieg und Kriegsalltag«.[49] Verwirklicht wurden derartige Pläne allerdings weder in vergangenen, noch in gegenwärtigen Kriegen.

Es wäre an der Zeit, daß Frauen sich nach dem feministischen Grundsatz – »das Persönliche ist politisch« – endlich als einen politischen Faktor begreifen, der sehr viel bewirken kann. Ein internationaler Streik von Frauen und aller friedliebenden Männer beispielsweise würde den Krieg wahrscheinlich in wenigen Tagen auf eine unblutige, friedliche Art und Weise beenden. Voraussetzung dafür ist eine internationale Solidarität, die bislang nicht erreicht wurde.

Vom Zusammenhang zwischen Militarismus, Sexismus, Rassismus und Naturzerstörung

Mit der Entstehung eines neuen, ökologischen Bewußtseins begannen Frauen schließlich verstärkt den Zusammenhang zwischen Militarismus, Sexismus, Rassismus und Naturzerstörung zu diskutieren. »Für mich gehören Feminismus, Gewaltfreiheit und Ökologie zusammen«,[50] meint etwa Petra Kelly. Es wurde klar, daß Frauenemanzipation nur bei gleichzeitiger Aufhebung ungleicher Machtverhältnisse möglich, und der Kampf für die Befreiung der Frau daher untrennbar mit dem Kampf um Frieden und für die Gleichheit *aller* Menschen verbunden ist. Daß es keine Emanzipation der weißen Frau geben kann, wenn gleichzeitig ihre farbigen Schwestern ausgebeutet werden, und daß eine Frauenbefreiung insgesamt eine Utopie bleibt, wenn zur gleichen Zeit Minderheiten unterdrückt, Ethnien diskriminiert und Klassengegensätze verstärkt werden.

Es begann der von vielen Rückschlägen begleitete, mühsame Versuch der Annäherung von Frauen verschiedener Rassen, Klassen und Kulturkreise. Der schöne – aber unrealistische – Gedanke einer umfassenden, harmonischen Schwesterlichkeit wird durch einen Diskurs der Differenz und des Konflikts ersetzt, der in offenen Diskussionen Verschiedenartigkeiten thematisiert und auch harte Auseinandersetzungen als notwendig und positiv akzeptiert. Das Bewußtsein, daß Annäherung nur über Kontroversen möglich ist, prägt die Frauenbewegung der späten achtziger und der neunziger Jahre, in denen die Annahme einer grundsätzlichen Solidarität als Irrtum erkannt wurde, weil Frauen durch verschiedene Lebenssituationen verschieden geprägt sind, was nicht nur bei Vertreterinnen unterschiedlicher Kulturkreise Auswirkungen hat, sondern bereits innerhalb desselben Kulturkreises zu erheblichen Spannungen führen kann. Daß Frauen hier über die ersten Anfangsschwierigkeiten bereits hinausgelangt sind, zeigt nicht nur die zunehmend besser werdende Verständigungsbereitschaft von Frauen aus allen Ländern bei den Weltfrauenkonferenzen, sondern auch internationale Frauenvereinigungen. Die Frauenaktion Scheherazade beispielsweise ging vor allem von westdeutschen Frauen, Emigrantinnen in Berlin sowie der World of Women in Kanada aus und umfaßt inzwischen Frauen aus aller Welt wie Israel, Palästina, dem Iran, Tunesien, Südkorea und der Türkei. Scheherazade, so die Initiatorinnen, will wie jene orientalische Märchenerzählerin aus tausendundeiner Nacht Geschichten erzählen: Von Gewalt, Kolonialismus, Frauenunterdrückung und der Ausbeutung der Dritten Welt. Sie will das Schweigen der Frauen brechen, ihre Sprachlosigkeit aufheben – und die Wut, das Entsetzen, das millionenfache Leid von Frauen artikulieren. Und so, wie die kluge Scheherazade mit dem Erzählen von Geschichten ihr Leben rettete, so wollen Frauen durch das Aufdecken und Analysieren von Ungerechtigkeiten, Diskriminierung, Gewalt- und Machtstrukturen nicht nur zur Verbesserung der eigenen Situation, sondern auch jener anderer Frauen beitragen. In einer Resolution, die von Frauen aus dem Westen ebenso wie aus arabischen Ländern, Südkorea und Israel 1991 anläßlich eines Scheherazade-Workshops verabschiedet worden war, verurteilen die Teilnehmerinnen den Golf-Krieg auf das schärfste, und verweisen auf das im Westen kaum beachtete und von den Medien ignorierte furchtbare Elend der Zivilbevölkerung unter einem Bombenhagel, der allein in der ersten Nacht über Bagdad mehr Bomben gebracht haben soll als auf Dresden im ganzen Zweiten Weltkrieg.[51]

»Als Frauen erheben wir unsere Stimme gegen den Krieg am Golf aus Wut und Scham über die Zerstörung von Leben, Umwelt und Kultur im Namen eines Völkerrechts, das nicht das unsere ist ... Unsere Welt, in der wir leben wollen, sollte uns und unseren Kindern Menschenwürde, Selbstbestimmung und Gleichheit gewährleisten ... Wir, die weltweite Frauenaktion Scheherazade, verlangen eine vollständige Entmilitarisierung der Welt und die Umgestaltung der Rüstungsindustrien in Industrien, die dem Leben und nicht dem Krieg dienen ... Eine friedliche Welt, die soziale, ökonomische und ökologische Gerechtigkeit als Wert achtet, wird es solange nicht geben, wie die Frauen dieser Welt nicht führend an ihrer Gestaltung teilnehmen. Das bisherige Ergebnis männlicher Politik ist niederschmetternd ...«

Die Frauen von Scheherazade verlangen weiter die Einrichtung eines permanenten Weltfrauensicherheitsrates, der über die Entscheidungen der UNO wacht, sie kontrolliert und dem die Möglichkeit eines Vetos einzuräumen wäre.[52] Eine Forderung, die im folgenden auch von anderen Frauenorganisationen übernommen und diskutiert wurde.

Daß die Verurteilung der – wenn auch bei weitem überlegenen – alliierten Streitkräfte vor allem durch westdeutsche Frauen zu einseitig war, und zu wenig den Angriffskrieg des irakischen Diktators Saddam Hussein auf Kuwait und damit auch eine Gefährdung Israels in die Diskussion einbezog, wurde inzwischen erkannt. Trotzdem hat gerade in diesem Krieg die Frauenfriedensbewegung zu einer internationalen Einheit gefunden, wie sie, wenngleich angestrebt, im Krieg in Ex-Jugoslawien – vielleicht wegen der schwierigen und verwirrenden innerethnischen Konflikte – nicht zustande kam.

Ist der Friede weiblich?

Wenn wir uns nun abschließend fragen, ob der Friede weiblich ist, so müssen wir mit einem großen JEIN antworten. Der Friede kann nicht weiblich sein in einer Welt, die von ungleichen Machtverhältnissen beherrscht wird, auch wenn Frauen ein größeres Interesse am Frieden haben mögen. Der Friede kann nicht weiblich sein in einer androzentrischen Welt, in der jene, die dieses größere Interesse besitzen, diskriminiert, benachteiligt, von der Macht weitgehend ausgeschlossen, und daher ohnmächtig sind. Der Friede kann auch nicht weiblich sein, solange Frauen zu Mittäterinnen werden, sei es, indem sie durch ihre »weibliche« Opferbereitschaft und Fürsorgetätigkeit den Krieg unterstützen, oder indem sie patriarchale Vorstellungen und Werturteile übernehmen. Daß Frauen als Mütter, die ihre Kinder gebären und aufziehen, eine größere Verbundenheit und stärkere Beziehung zu Kindern und zu allem Leben überhaupt entwickeln, haben die zahlreichen Mütteraufstände bewiesen. Aber wir haben ebenfalls genügend Beweise dafür, daß sie auch als Mütter manipulierbar sind. Und wie wir festgestellt haben, ist die größere weibliche Fürsorglichkeit, Beziehungsfähigkeit, Liebesbereitschaft und Naturnähe zu einem guten Teil Produkt einer Sozialisation, die gegenwärtige Machtverhältnisse und damit die Benachteiligung von Frauen aufrechthält und verfestigt.

Der Friede, das sei hier klargestellt, kann gar nicht Sache eines Geschlechts, eines Volkes, einer Rasse oder Klasse sein, sondern er ist nur im Zusammenwirken beider Geschlechter, aller Völker, Rassen und Klassen möglich. Krieg hingegen kann sehr wohl durch Gewalt, Mord, Unterdrückung eines Geschlechts, eines Volkes, einer Rasse oder Klasse entstehen. Der Krieg ist männlich, weil einseitig ausgeübte Gewalt Krieg provoziert und ermöglicht. Aber der Friede kann nicht weiblich, er müßte menschlich sein.

Was sich daraus für Frauen – und Männer – ergibt, ist die Forderung nach verstärktem Kampf gegen die bestehenden, ungleichen Machtverhältnisse. Denn Frauen werden mit all ihrer Friedensbegeisterung, ihrer größeren Lebensnähe und einem möglicherweise besseren Naturverständnis in alle Ewigkeit scheitern, solange es ihnen nicht gelingt, diese ungleichen, androzentrischen Machtstrukturen aufzubrechen und aktiv an einer Gesellschaft mitzuarbeiten, in die sich *alle* Menschen gleichberechtigt einbringen können. Frauen müssen sich vor allem von ihrem traditionellen Frauenbild verabschieden und sie müssen begreifen, daß sie genau damit jene ungerechten Verhältnisse, die sie bekämpfen, ermöglichen. Sie müssen aber ebenso begreifen, daß ihnen auch die Übernahme männlicher Moral- und Wertvorstellungen, männlichen Karrieredenkens und männlicher Lebensqualität nichts hilft, weil sie damit ein Denkmodell übernehmen, das sich auf hilfreiche und ausbeutbare Frauen gründet, was einen Widerspruch in sich darstellt. Frauen haben – um ein gängiges Beispiel zu nennen – nun einmal in den seltensten Fällen einen Hausmann zur Hand, der ihnen die – unbezahlte – Haus-, Kinder- und Beziehungsarbeit abnimmt, weil Männer sich wesentlich erfolgreicher gegen eine Umkehrung dieser Ausbeutungsverhältnisse wehren. Also ist Partnerschaft der einzige Weg – und damit hapert's vorläufig leider noch gewaltig!

Niemand wird behaupten, daß Frauen bessere Menschen sind! Es wäre absurd, ihre physischen und psychischen Verkrüppelungen in Gewaltverhältnissen wie diesen zu übersehen. Frauen sind – das wurde ausführlich beschrieben – auch keinesfalls nur Opfer, sondern vielfach auch Täterinnen, die selbst Gewalt ausüben und diese legitimieren. Eine Tatsache, die allerdings ein generelles Unterdrückungsverhältnis nicht in Frage stellt. Frauen haben sich den gegebenen Umständen recht gut –

viel zu gut – angepaßt und jene Überlebensstrategien entwickelt, die die Unterdrückten der ganzen Welt auszeichnen. Die ihnen nachgesagte Friedensliebe ist wohl eine davon!

Diese, aus Angepaßtheit resultierende »Friedensliebe«, gilt es abzulegen! Die Friedensliebe der Frauen hingegen, die gefordert wird, muß kämpferisch sein, mutig und entschlossen. Doch das allein ist zu wenig. Frauen müssen darüber hinaus die politischen, wirtschaftlichen, kulturellen Zusammenhänge, die in Kriegen wirksam werden, durchschauen und auf jene Männergremien, Männerhochburgen Einfluß nehmen, in denen die Weichen gestellt werden. Ein entschlosseneres Eingreifen eines Frauenkollektivs (einzelne Frauen erreichen erfahrungsgemäß wenig) im KSZE-Prozeß (siehe oben) ebenso wie die Forderung von Scheherazade nach einem die UNO kontrollierenden Weltfrauensicherheitsrat geht in diese Richtung. Friedensdemonstrationen sind zwar geeignet, den Blick der Öffentlichkeit auf dieses Problem zu lenken, bewußtseinsbildend zu wirken und die Machthaber mehr oder weniger zu verunsichern –, daß sie jedoch noch keinen einzigen Krieg verhindert haben, beweist die Geschichte und die Gegenwart.

Wenn Frauen ihre anerzogene – und inzwischen kulturell verfestigte – Passivität, die sie zu Handlangerinnen und Mittäterinnen bestehender Gewaltverhältnisse macht, ablegen, dann könnten sie zu »Täterinnen« im positiv verstandenen Wortsinn werden, dann könnten Frauen ganz wesentlich dazu beitragen, das männliche Macht- und Gewaltmonopol abzubauen, um eine Situation zu schaffen, in der der Friede zu einer möglichen Realität für *alle* Menschen wird. Wir sollten diese Vorstellung nicht als reine Utopie abtun, und uns bei aller gebotenen Skepsis diesbezügliche, weltweite und erfolgreiche Bemühungen vor Augen halten. Auch sollten wir uns dabei bewußt sein, daß Krieg keinesfalls ein unabänderliches Schicksal der Menschheit ist, und daß es friedlichere Zeiten und Völker gegeben hat, die sich durch Egalität zwischen den Geschlechtern und damit im Zusammenhang durch ein liebevolleres, rücksichtsvolleres Verhältnis zwischen den Menschen ausgezeichnet haben. Viele Frauen wissen inzwischen aufgrund einer persönlichen Betroffenheit, daß Krieg, Militarismus und Faschismus eng mit Frauenunterdrückung verbunden sind, und deshalb auch in gleicher Weise bekämpft werden müssen. Männer haben sich mit diesen Zusammenhängen vorläufig weniger bekannt gemacht. In ihren geistigen oder gesellschaftspolitischen Modellen, die sich auf mehr Gleichheit zwischen den Menschen und daher mehr Humanität bezogen – sei es nun die Demokratie, die Aufklärung oder jüngst der Kommunismus – blieben Frauen weitgehend ausgeschlossen. Es wäre an der Zeit, in dieser Tatsache ein missing-link zu suchen, eine Antwort auf die Frage, warum der Wunsch nach einem umfassenden Frieden, der – parallel zur Kriegstreiberei – in der gesamten patriarchalen Geschichte ja nicht nur Frauen, sondern auch Männer bewegte, bislang keine Erfüllung fand.

Anmerkungen

1 Gibt es Krieg, seit es Menschen gibt?

1 Siehe u.a.: Richard Fester, Marie E. P. König, Doris F. Jonas, A. David Jonas, Fünf Millionen Jahre Urgeschichte der Frau, Frankfurt/M. 1979, S. 27 und 101

2 Der Ausdruck *Matriarchat* soll in diesem Zusammenhang nicht spiegelbildlich zu *Patriarchat* verstanden werden. Frauen hatten stets ein anderes Verhältnis zur Macht, sie hatten Einfluß, aber sie haben nie geherrscht.

3 Siehe u.a.: Gerda Lerner, Die Entstehung des Patriarchats, Frankfurt/M.–New York 1991; Ernest Borneman, Das Patriarchat, Frankfurt/M. 1975; Marilyn French, Jenseits der Macht, Frauen, Männer und Moral, Reinbek 1985; Erich Fromm, Anatomie der menschlichen Destruktivität, Stuttgart 1974; Quinsey Wrigth, A Study of War, Chicago 1965; H. H. Turney-High, Primitive War, Columbia 1971

4 Wissenschaftliche Hypothesen über die grundsätzliche Friedfertigkeit des Australopithecus beispielsweise stützen sich auf Untersuchungen der Eckzähne, die mehr über das Verhalten aussagen als etwa die Körpergröße. Die Zähne dieses frühen Hominidenstammes sind klein und bei beiden Geschlechtern gleich, was auf eine freundliche und umgängliche Art zwischen den Geschlechtern als auch zwischen Artgenossen hindeutet. Siehe dazu: Adrienne Zihlman, Women as Shapers of the Human Adaption, in: Frances Dahlberg (Hg.), Women the Gatherer, New Haven Conn. 1981 und Nancy Chodorow, Nancy Tanner, On Becoming Human, New York 1981

5 Borneman, ebenda S. 48; Lerner, ebenda S. 62

6 Marie E. P. König, Die Frau im Kult der Eiszeit, in: Weib und Macht, Fünf Millionen Jahre Urgeschichte der Frau, Frankfurt/M. 1979, S. 110f

7 Rosemary Radford-Ruether, Gaia & Gott, Luzern 1994, S. 166

8 Lerner, ebenda S. 62

9 Vgl. u.a. Ernest Borneman, Erich Fromm, Gerda Lerner, Marilyn French

10 Borneman, ebenda S. 76

11 French, ebenda S. 46; Borneman, ebenda S. 41

12 Heide Göttner-Abendroth, Das Matriarchat I, Stuttgart–Berlin–Köln 1988, S. 43

13 Carola Meier-Seethaler, Ursprünge und Befreiungen, Zürich 1988, S. 127

14 Lerner, ebenda S. 51

15 Lerner, ebenda S. 67

16 Borneman, ebenda S. 74

17 Meier-Seethaler, ebenda S. 152

18 French, ebenda S. 67

19 Fromm, ebenda S. 145

20 James Mellaart, Çatal Hüyük, Stadt aus der Steinzeit, Bergisch Gladbach 1967

21 Radford-Ruether, ebenda S. 160
22 Marija Gimbutas, The Godess and Gods of Old Europe, London 1982; dies., The Language of the Godess, San Francisco 1989
23 Lerner, ebenda S. 56f
24 Radford-Ruether, ebenda S. 164
25 Lerner, ebenda S. 56
26 J. J. Bachofen, zitiert in: Göttner-Abendroth, ebenda S. 37f
27 Göttner-Abendroth, ebenda S. 38
28 Vgl. etwa Eva Ptack-Wiesauer, Das geheime Treiben der »Wilden«, in: Rotraud A. Perner (Hg.), Zu Liebe, Zu Leibe, Bad Sauerbrunn 1991
29 James Frazer, Mensch, Gott und Unsterblichkeit, Leipzig 1932, zitiert bei Meier-Seethaler, ebenda S. 19
30 Robert von Ranke-Graves, Die weiße Göttin, Berlin 1981, zitiert bei Göttner-Abendroth, ebenda S. 95
31 Meier-Seethaler, ebenda S. 52
32 Gerda Weiler, Ich verwerfe im Lande die Kriege. Das verborgene Matriarchat im Alten Testament, München 1983, S. 60
33 Heide Göttner-Abendroth, Die Göttin und ihr Heros, München 1980, S. 7f
34 Weiler, ebenda S. 65
35 H. L. Morgan, Die Urgesellschaft, Stuttgart 1891, S. 57
36 Morgan, ebenda S. 52/53
37 Göttner-Abendroth betrachtet mutterzentrierte Gesellschaften grundsätzlich als Schöpfung der Frau. Auch Robert Briffault stellt die These auf, daß »die Mütter« diese Schranken errichtet und mit ihren Flüchen abgesichert hatten. Er stützt sich dabei auf die Beobachtung, daß bei vielen Naturvölkern die Angst vor Verwünschungen und Hexerei der Frau noch sehr lebendig ist und nichts als so unauflöslich gilt wie der Fluch einer Mutter.
38 Friedrich Engels, zitiert bei Göttner-Abendroth, Matriarchat I, S. 50
39 Robert Briffault, The Mothers, New York 1969; Bronislaw Malinowski, Das Geschlechtsleben der Wilden, Frankfurt 1979
40 Claude Levi-Strauss, Strukturelle Anthropologie, Frankfurt/M. 1975/1978. Levi-Strauss vertritt in seiner Theorie vom »Frauentausch« die Ansicht, daß die Frau niemals Subjekt, sondern von Anfang an Tauschobjekt zwischen Männern gewesen ist.
41 Göttner-Abendroth, ebenda S. 64
42 Radford-Ruether, ebenda S. 168
43 Gerda Weiler, zitiert bei Meier-Seethaler, ebenda S. 116f
44 French, ebenda S. 59
45 Meier-Seethaler, S. 116ff
46 Borneman, ebenda S. 83; Radford-Ruether, ebenda S. 168
47 König, ebenda S. 107ff
48 Richard Fester, Das Protokoll der Sprache, in: Weib und Macht, ebenda S. 79f
49 Siehe u.a.: Nancy Chodorow, Nancy Tanner, On Becoming Human, New York 1981
50 Margaret Ehrenberg, Die Frau in der Vorgeschichte, München 1992

51 Vgl. u.a. Marilyn French, Gerda Lerner, Ernest Borneman, Doris F. Jonas, Göttner-Abendroth, Meier-Seethaler – alle ebenda. Weiters: Maria Mies, Patriarchat und Kapital, Zürich 1992; Andrée Collard, Die Mörder der Göttin leben noch, München 1988; Ilse Lenz, Ute Luig (Hg.), Frauenmacht ohne Herrschaft, Berlin 1990; Cillie Rentmeister, Frauen Welten, Männer Welten. Für eine neue kulturpolitische Bildung, Opladen 1985
52 Mies, ebenda S. 74
53 Vgl. u.a.: Radford-Ruether, Mies, Borneman, Göttner-Abendroth, Rentmeister, Meier-Seethaler, Ehrenberg, Gimbutas, French, Collard – alle ebenda.
54 Lenz/Luig, ebenda S. 76
55 Lenz/Luig, ebenda S. 77
54 Borneman, ebenda S. 43
57 Melvin Konner, zitiert bei Collard, ebenda S. 53
58 Siehe u.a.: Mies, Radford-Ruether, Collard – alle ebenda.
59 König, ebenda S. 118f
60 Fromm, ebenda S. 122
61 Siehe u.a.: Karen Anderson, Commodity Exchange and Subordination: Montagnais-Naskapi and Huron Women, in: Signs II, 1, 1985, S. 48–62; Annette B. Weiner, Women of Value, Men of Renown, New Perspectives in Trobriand Exchange, London 1976; Susan Carol Rogers, Women's Place: A critical Review of Anthropological Theory, in: Comparative Studies in Society and History 20, 1978, S. 123–162; Irene Schuhmacher, Gesellschaftliche Strukturen und Rolle der Frau. Das Beispiel der Irokesen, Soziologische Schriften 10, Berlin 1972
62 Eleanor Leacock, Myths of Male Dominance, Collected Articles on Women Cross-Sulturally, New York–London 1981
63 Eleanor Leacock 1981, zitiert bei Ptack-Wiesauer, ebenda S. 100
64 Ptack-Wiesauer, ebenda S. 98f
65 Ptack-Wiesauer, ebenda S. 103
66 Fromm, ebenda S. 149ff

2 Hypothesen zur Entstehung von Krieg und patriarchaler Herrschaft

1 Lerner, ebenda S. 263
2 Zitiert in: Mies, ebenda S. 78
3 French, ebenda S. 68
4 Margaret Ehrenberg, Die Frau in der Vorgeschichte, München 1992, zitiert bei Radford-Ruether, ebenda S. 174
5 Lerner, ebenda S. 73
6 Claude Meillassoux, Die wilden Früchte der Frau, Frankfurt 1975
7 Mies, ebenda S. 79
8 Lerner, ebenda S. 77
9 Borneman, ebenda S. 99ff
10 Meier-Seethaler, ebenda S. 277ff

11 Hannah Arendt, Vita activa oder Vom tätigen Leben, zitiert bei Meier-Seethaler, ebenda S. 479f
12 Mies, ebenda S. 285
13 Radford-Ruether, ebenda S. 187
14 Lerner, ebenda S. 118
15 Lerner, ebenda S. 111
16 Lerner, ebenda S. 128
17 Lerner, ebenda S. 268
18 Lerner, ebenda S. 268
19 Lerner, ebenda S. 173
20 Lerner, ebenda S. 175
21 Lerner, ebenda S. 104
22 Meier-Seethaler, ebenda S. 261f
23 Meier-Seethaler, ebenda S. 260
24 Meier-Seethaler, ebenda S. 264
25 Vgl. u.a. Gerda Weiler, Ich verwerfe im Lande die Kriege, das verborgene Matriarchat im Alten Testament, München 1986
26 Gerda Weiler, Der enteignete Mythos, München 1985, S. 153f
27 Lerner, ebenda S. 121
28 Lerner, ebenda S. 219f
29 Lerner, ebenda S. 221
30 Napoleon A. Chagnon, Die Yanomamö in Brasilien und Venezuela, in: Bild der Völker, Die Brockhaus Völkerkunde in zehn Bänden (Bd. 5), Wiesbaden 1974
31 Margaret Mead, zitiert in: Meier-Seethaler, ebenda S. 290f
32 Meier-Seethaler, ebenda S. 304
33 Meier-Seethaler, ebenda S. 195f
34 Radford-Ruether, ebenda S. 178
35 Peggy Reeves Sanday, Female Power and Male Dominance. On the Origins of Sexual Inequality, Cambridge 1981
36 Vgl. Dale Spender, Frauen kommen nicht vor, Sexismus im Bildungswesen, Frankfurt/M. 1985
37 Konrad Lorenz, Das sogenannte Böse, Wien 1963
38 Lynne Segal, Ist die Zukunft weiblich? Probleme des Feminismus heute, Frankfurt/M. 1989, S. 232
39 Segal, ebenda S. 234
40 Naomi Weisstein, in: Barbara Schaeffer-Hegel (Hg.), Frauen und Macht. Der alltägliche Beitrag der Frauen zur Politik des Patriarchats, Pfaffenweiler 1988, S. 215
41 Fromm, ebenda S. 189

3.1 Naturzerstörung und Frauenunterdrückung

1 Carolyn Merchant, Der Tod der Natur, München 1987; Evelyn Fox-Keller, Liebe, Macht und Erkenntnis. Männliche oder weibliche Wissenschaft?, München 1986
2 Merchant, ebenda S. 22f
3 Merchant, ebenda S. 19
4 Merchant, ebenda S. 23
5 Merchant, ebenda S. 24
6 Merchant, ebenda S. 20
7 Zitiert bei Fox-Keller, ebenda S. 42
8 Fox-Keller, ebenda S. 43
9 Merchant, ebenda S. 178f
10 Eugen Drewermann, Der Krieg und das Christentum, Regensburg 1991, S. 184
11 Meier-Seethaler, ebenda S. 402
12 Fox-Keller, ebenda S. 44
13 Hilde Schmölzer, Die Frau, das gekaufte Geschlecht, Bad Sauerbrunn 1993, S. 162f
14 Schmölzer, Die verlorene Geschichte der Frau, Bad Sauerbrunn 1990, S. 281
15 Merchant, ebenda S. 276
16 Meier-Seethaler, ebenda S. 350
17 Collard, ebenda S. 129
18 Collard, ebenda S. 130
19 Meier-Seethaler, ebenda S. 352f
20 Victor F. Weisskopf, zitiert von Rosemarie Rübsamen, in: Luise Pusch, Feminismus, Inspektion der Herrenkultur, Frankfurt/M. 1983, S. 299
21 Zitiert von Rosemarie Rübsamen, in: Luise Pusch, ebenda S. 300
22 Christina Thürmer-Rohr, Vagabundinnen, Berlin 1990, S. 106
23 Thürmer-Rohr, ebenda S. 142
24 W. Lane-Petter (Hg.), Animals for Research: Prinziples of Breeding and Management, London 1964, zitiert bei Collard, ebenda S. 93
25 Collard, ebenda S. 82ff
26 Zitiert in: Margarete Maurer, Feministische Kritik an Naturwissenschaft und Technik, Hamburg 1989, S. 141
27 Maurer, ebenda S. 142
28 Maurer, ebenda S. 178f

3.2 Kolonialismus und Sklavenwirtschaft

1 Asit Datta, Welthandel und Welthunger, München 1984/1993, S. 55
2 Christa Mulack, ... und wieder fühle ich mich schuldig, Stuttgart 1993, S. 274
3 Datta, ebenda S. 42
4 Martha Mamozai, Komplizinnen, Reinbek 1990, S. 39
5 Mamozai, ebenda S. 40

6 Der große Brockhaus, Bd. 10, Wiesbaden 1980, S. 485
7 Martha Mamozai, Schwarze Frau, weiße Herrin, Reinbek 1989, S. 57
8 Zitiert bei Mamozai, ebenda S. 58
9 Frantz Fanon, Schwarze Haut, zitiert in: Anja Meulenbelt, Scheidelinien. Über Sexismus, Rassismus und Klassismus, Reinbek 1988, S. 165
10 Zitiert in: Cheryl Benard, Die geschlossene Gesellschaft und ihre Rebellen. Die interntionale Frauenbewegung und die Schwarze Bewegung in den USA, Frankfurt/M. 1981, S. 179f
11 Siehe dazu: Martha Mamozai, Komplizinnen, Reinbek 1990; dies., Schwarze Frau, weiße Herrin, Reinbek 1989
12 Lerner, ebenda S. 106ff
13 Maria Mies, Kolonialismus, Frauenbefreiung und nationaler Befreiungs-kampf, in: Sozialwissenschaftliche Forschung und Praxis für Frauen (Hg.), Gegen welchen Krieg – für welchen Frieden, Köln 1983, S. 90
14 Siehe dazu: Maria Mies, Patriarchat und Kapital, Zürich 1992
15 Maria Mies, Wider die Industrialisierung des Lebens, Pfaffenweiler 1992, S. 114
16 Siehe dazu: Hilde Schmölzer, Die Frau, das gekaufte Geschlecht, Bad Sauer-brunn 1993, S. 227ff
17 Mamozai, Schwarze Frau, weiße Herrin, ebenda S. 212
18 Mamozai, ebenda S. 213
19 Mamozai, ebenda S. 219
20 Siehe dazu: Volker Elis Pilgrim, Adieu Marx. Gewalt und Ausbeutung im Hause des Wortführers, Reinbek 1990
21 Mies, Patriarchat und Kapital, S. 114
22 Angela Davis, Rassismus und Sexismus. Schwarze Frauen und Klassenkampf in den USA, Berlin 1982, S. 11
23 Davis, ebenda S. 14
24 Zwischen 1892 und 1909 hatte sich die Herero-Bevölkerung von 80.000 auf 20.000 verringert.
25 Mies, Patriarchat und Kapital, S. 52f
26 Alle Zitate Mies, ebenda S. 116ff
27 Mies, ebenda S. 117f
28 Mamozai, Schwarze Frau, weiße Herrin, S. 129
29 Mies, ebenda S. 119f
30 Mies, ebenda S. 91
31 Alice Schwarzer, Krieg. Was Männerwahn anrichtet und wie Frauen Wider-stand leisten, Frankfurt/M. 1992, S. 30
32 Mamozai, ebenda S. 99
33 Mamozai, ebenda S. 101
34 Mamozai, Komplizinnen, ebenda S. 72f
35 Mamozai, Komplizinnen, ebenda S. 85
36 Mamozai, Komplizinnen, ebenda S. 66
37 Mamozai, Komplizinnen, ebenda S. 75
38 Mamozai, Schwarze Frau, weiße Herrin, ebenda S. 170f

39 Mamozai, ebenda S. 171
40 Beiträge zur feministischen Theorie und Praxis, Rassismus, Antisemitismus, Fremdenhaß, geteilten Feminismus, Köln 1990, S. 35
41 Mamozai, ebenda S. 248ff

3.3 Rassismus, Sexismus – Feminismus

1 Albert Memmi, Rassismus, Frankfurt/M. 1987, S. 175
2 Beiträge zur feministischen Theorie und Praxis, ebenda S. 25
3 Davis, ebenda S. 34
4 Die Bewegung der Abolitionisten zur Abschaffung der Sklaverei entstand mit der Gründung der American Anti-Slavery-Society 1933 in den USA.
5 Marielouise Janssen-Jurreit, Sexismus. Über die Abtreibung der Frauenfrage, München 1979, S. 87f
6 Siehe dazu: Heidemarie Bennent, Galanterie und Verachtung. Eine philosophiegeschichtliche Untersuchung zur Stellung der Frau in Gesellschaft und Kultur, Frankfurt/M.–New York 1985, S. 81ff
7 Benard, ebenda S. 184
8 Mehrhof/Kearon, zitiert in: Benard, ebenda S. 176
9 Davis, ebenda S. 38f
10 Davis, ebenda S. 100 f
11 Davis, ebenda S. 44
12 Davis, ebenda S. 45
13 Schmölzer, Die verlorene Geschichte der Frau, ebenda S. 353
14 Davis, ebenda S. 65
15 Davis, ebenda S. 62
16 Hooks, 1984, in: Beiträge zur feministischen Theorie und Praxis, ebenda S. 47
17 Davis, ebenda S. 90
18 Davis, ebenda S. 94
19 French, Jenseits der Macht, ebenda S. 241
20 French, ebenda S. 740
21 Davis, ebenda S. 47
22 Davis, ebenda S. 112f
23 Davis, ebenda S. 121
24 Benard, ebenda S. 181
25 Davis, ebenda S. 176
26 French, ebenda S. 740
27 Gloria I. Joseph, Das disharmonische Dreiecksverhältnis: Marxismus, Feminismus und Rassismus, in: Gloria I. Joseph (Hg.), Schwarzer Feminismus, Berlin 1993, S. 80
28 Davis, ebenda S. 181
29 Tobe Lebin, U.S. Feminismus. Schwarz und Weiß, in: Beiträge zur feministischen Theorie und Praxis, ebenda S. 63
30 Eldrige Cleaver, Soul on Ice, New York 1968

31 Verena Fiegl, Der Krieg gegen die Frauen. Zum Zusammenhang von Sexismus und Militarismus, Bielefeld 1990, S. 104

32 Gisela Bock, Keine Arbeitskräfte in diesem Sinne. Prostituierte im Nazi Staat, in: Pieke Biermann, Wir sind Frauen wie andere auch. Prostituierte und ihre Kämpfe, Reinbek 1980

33 Beiträge zur feministischen Theorie und Praxis, ebenda S. 27

34 French, ebenda S. 740

35 Phyllis Chesler, Frauen – das verrückte Geschlecht, Reinbek 1974, S. 201

36 Anja Meulenbelt, Scheidelinien. Über Sexismus, Rassismus und Klassismus, Reinbek 1988, S. 196

37 Davis, ebenda S. 18f

38 Meulenbelt, ebenda S. 195f

39 New International (Hg.), Frauen – ein Weltbericht, Berlin 1986, S. 94

40 Zitiert in: *[sic!]*, *Forum für feministische Gangarten*, Nr. 5, Dez. 1994, S. 34

41 Chesler, ebenda S. 202

42 Frauen – ein Weltbericht, ebenda S. 341

43 Christina Thürmer-Rohr, Grenzüberschreitungen. Gedanken zur Patriarchatskritik, Luzern 1992, S. 10f

44 Inge Rowhani, Ein Resumee zum Ende der Dekade der Frauen. Die UN-Weltfrauenkonferenz in Nairobi, in: Frauen – ein Weltbericht, ebenda S. 344f

45 Siehe dazu: *Der Standard* vom 13. und 16./17.12.1995

46 *Frauen-Solidarität*, Nr. 53, Wien, (3/1995)

3.4 Hunger und Überfluß

1 Mary Mellor, Wann, wenn nicht jetzt. Für einen ökosozialen Feminismus, Hamburg 1994, S. 175

2 *Profil*, Nr. 3, 16.1.1995, S. 56

3 Jahrbuch Dritte Welt 1993, München 1992, S. 12

4 Jahrbuch Dritte Welt, ebenda S. 52

5 Datta, ebenda S. 13

6 *Süddeutsche Zeitung* vom 26.11.1992, zitiert in: Datta, ebenda S. 192

7 Jahrbuch Dritte Welt, ebenda S. 12

8 *Der Standard*, 3.5.1995

9 *Der Standard*, 4./5.2.1995

10 *Der Standard*, 8.2.1995

11 *Der Standard*, 4./5.2.1995

12 Christa Wichterich, Die Erde bemuttern, Köln 1992, S. 16

13 Frauen – ein Weltbericht, ebenda S. 32

14 Harrison Paul 1982, zitiert bei Datta, ebenda S. 180

15 Siehe dazu: Vandana Shiva, Das Geschlecht des Lebens, Berlin 1989; Maria Mies, Kapital und Patriarchat, Zürich 1992

16 Siehe dazu: Asit Datta, Welthandel und Welthunger, München 1984/1993

17 Frauen – ein Weltbericht, ebenda S. 32

18 *Süddeutsche Zeitung* vom 21.2.1992, zitiert bei Datta, ebenda S. 186

19 UN-Bericht 1995, zitiert bei Wichterich, Frauen der Welt, ebenda S. 228
20 UN-Bericht 1991, zitiert bei Wichterich, ebenda S. 143
21 Mies, Patriarchat und Kapital, ebenda S. 149f
22 Frauen – ein Weltbericht, ebenda S. 25
23 Wichterich, Frauen der Welt, ebenda S. 147
24 Wichterich, ebenda S. 148
25 Frauen – ein Weltbericht, ebenda S. 24
26 Frauen – ein Weltbericht, ebenda S. 28f
27 Frauen – ein Weltbericht, ebenda S. 22; Wichterich, ebenda S. 19
28 Wichterich, ebenda S. 174
29 Wichterich, ebenda S. 177
30 Wichterich, ebenda S. 28
31 Vandana Shiva, Geschlecht des Lebens, ebenda S. 127ff
32 Shiva, ebenda S. 131
33 Maria Mies, in: Claudia von Werlhof, Maria Mies, Veronika Bennholdt-Thomsen, Frauen – die letzte Kolonie, Reinbek 1989
34 Maria Mies, in: Werlhof et al., ebenda S. 104
35 Maria Mies, Wider die Industrialisierung des Lebens, ebenda S. 14
36 Frauen – ein Weltbericht, ebenda S. 48
37 Wichterich, Frauen der Welt, ebenda S. 163
38 Frauen – ein Weltbericht, ebenda S. 48
39 Wichterich, ebenda S. 163
40 *Der Standard*, 4.3.1994
41 Shiva, ebenda S. 124
42 Wichterich, ebenda S. 145
43 Datta, ebenda S. 225
44 *Süddeutsche Zeitung* vom 14.2.1992, »Frauen weltweit die Haupternährer der Familie«
45 Werlhof, Der Proletarier ist tot. Es lebe die Hausfrau, in: Werlhof et al., Frauen, die letzte Kolonie, ebenda S. 121
46 Frauen – ein Weltbericht, ebenda S. 34
47 Mary Mellor, Wann, wenn nicht jetzt! Für einen ökosozialistischen Feminismus, Hamburg 1994, S. 170
48 Siehe dazu: Mies, Patriarchat und Kapital; Werlhof et al., Frauen, die letzte Kolonie
49 Wichterich, ebenda S. 127
50 Wichterich, ebenda S. 29
51 Frauen – ein Weltbericht, ebenda S. 33
52 Wichterich, ebenda S. 29
53 *Profil*, Nr. 37, 11.9.1995, S. 48
54 *Der Standard*, 26.5.1995
55 Marilyn French, Der Krieg gegen die Frauen, München 1992, S. 41
56 Frauen – ein Weltbericht, ebenda S. 36
57 Frauen – ein Weltbericht, ebenda S. 36
58 Wichterich, ebenda S. 50f

59 Wichterich, ebenda S. 57
60 *Der Standard*, 16./17.9.1995
61 World Bank, Enhancing Women's Participation in Economic Development, Washington 1994, zitiert bei Wichterich, ebenda S. 130
62 Wichterich, ebenda S. 125
63 Wichterich, ebenda S. 132

3.5 Bevölkerungsexplosion

1 Cillie Rentmeister, Frauenwelten – Männerwelten, Opladen 1985, S. 118f
2 Rentmeister, ebenda S. 125f
3 Deutsche Gesellschaft für die Vereinten Nationen (Hg.), Weltbevölkerung und Entwicklung, Bonn–Hannover 1993/94, S. 5
4 Rentmeister, ebenda S. 171
5 Rentmeister, ebenda S. 132
6 Gunnar Heinsohn, Otto Steiger, Die Vernichtung der weisen Frauen, Herbstein 1985, S. 38f
7 Heinsohn/Steiger, ebenda S. 38
8 Näheres siehe: Hilde Schmölzer, Die Frau, das gekaufte Geschlecht, S. 189–237
9 Heinsohn/Steiger, ebenda S. 40f
10 Schmölzer, ebenda S. 214–237
11 Heinsohn/Steiger, ebenda S. 163
12 Heinsohn/Steiger, ebenda S. 64f
13 Heinsohn/Steiger, ebenda S. 259
14 *Profil*, Nr. 35, 29.8.1994
15 Weltbevölkerung und Entwicklung, ebenda S. 54
16 Maria Mies, Vandana Shiva, Ökofeminismus, Zürich 1995, S. 121
17 Weltbevölkerung und Entwicklung, ebenda S. 15
18 Weltbevölkerung und Entwicklung, ebenda S. 32
19 Wichterich, ebenda S. 96f
20 Wichterich, ebenda S. 91
21 Mies, Wider die Industrialisierung des Lebens, ebenda S. 72
22 Wichterich, ebenda S. 91
23 Weltbevölkerung und Entwicklung, ebenda S. 93
24 Wichterich, ebenda S. 90f
25 Wichterich, ebenda S. 214
26 *Der Standard*, 24.8.1994
27 *Der Spiegel*, 35/1995, S. 136f
28 Women's Centre, Bombay 1985, Flugblatt, zitiert bei Mies, Industrialisierung des Lebens, ebenda S. 74
29 Wichterich, ebenda S. 92
30 *Profil*, Nr. 29, August 1994, S. 45
31 Christa Wichterich, Frauen und Bevölkerungspolitik in Kenia, in: Weltbevölkerung und Entwicklung, ebenda S. 95

32 Wichterich, ebenda S. 95
33 Wichterich, Frauen der Welt, ebenda S. 103
34 UNEPA Informationsdienst 1993, herausgegeben von der Deutschen Gesellschaft für die Vereinten Nationen, zitiert in: Weltbevölkerung und Entwicklung, ebenda S. 123
35 Mies, Industrialisierung des Lebens, ebenda S. 83
36 *Der Standard*, 29.8.1994
37 *Der Standard*, 29.8.1994
38 Weltbevölkerung und Entwicklung, ebenda S. 112f
39 Benard/Schlaffer, Die Grenzen des Geschlechts, ebenda S. 72f
40 French, Der Krieg gegen die Frauen, ebenda S. 149
41 Benard/Schlaffer, ebenda S. 72f
42 Weltbevölkerung und Entwicklung, ebenda S. 114
43 Weltbevölkerung und Entwicklung, ebenda S. 114f
44 French, ebenda S. 150
45 French, ebenda S. 149f
46 Weltbevölkerung und Entwicklung, ebenda S. 34
47 Wichterich, ebenda S. 111

3.6 Rüstungswahnsinn

1 Jürgen Streich, Die neuen Atommächte, Reinbek 1993, S. 21
2 French, Der Krieg gegen die Frauen, ebenda S. 204
3 Meier-Seethaler, ebenda S. 356
4 French, ebenda S. 203
5 Meier-Seethaler, ebenda S. 356
6 Zitiert bei Meier-Seethaler, ebenda S. 356
7 Alice Schwarzer, Krieg. Was Männerwahn anrichtet und wie Frauen Widerstand leisten, Frankfurt/M.–New York 1991, S. 15
8 Streich, ebenda S. 19
9 Streich, ebenda S. 17
10 Rainer Labusch et al. (Hg.), Weltraum ohne Waffen, München 1984, S. 109
11 Mies, Frauen haben kein Vaterland, in: Mies/Shiva, Ökofeminismus, ebenda S. 170
12 Mies, ebenda S. 169
13 Siehe u.a. Segal, 1989, S. 244ff; Alfred Altzinger, Konjunktur, Wachstum und Rüstungsproduktion, Linz 1983
14 Radford-Ruether, ebenda S. 115
15 French, ebenda S. 44
16 Labusch, ebenda S. 223
17 *Profil*, Nr. 3, 16.1.1995
18 ORF, ZIB-Abendnachrichten vom 2.8.1995
19 *Salzburger Nachrichten* vom 12.5.1995
20 *Salzburger Nachrichten* vom 12.5.1995
21 *Die Presse*, 6.4.1995

22 Streich, ebenda S. 34
23 *Salzburger Nachrichten*, 27.4.1995
24 *Der Standard*, 16.9.1995; 18./19.11.1995; 3.1.1996
25 *Die Presse*, 13.3.1995
26 *O.O. Nachrichten*, 24.3.1994
27 *Die Presse*, 4.5.1993
28 *O.O. Nachrichten*, 27.2.1995
29 *Der Standard*, 3.7.1995
30 *Profil*, Nr. 9, 27.2.1995
31 *Der Standard*, 13.10.1995; 14./15.10.1995
32 Sirpi-Report, Die Kriege der Welt – Das sowjetische Erbe. Die Verbreitung von Massenvernichtungswaffen, Göttingen 1993, S. 191
33 *Die Presse*, 13.10.1994
34 *Die Presse*, 30.5.1994
35 *Die Presse*, 11.11.1993
36 *Die Presse*, 17.7.1994
37 *Der Standard*, 10.8.1995
38 *Die Presse*, 24.5.1994
39 Veronika Büttner, Rüstungsausgaben und Entwicklungshilfe in: Jahrbuch Dritte Welt 1991, München 1990, S. 62
40 Büttner, ebenda S. 64
41 Büttner, ebenda S. 64
42 *Die Presse*, 7.6.1994
43 *Die Presse*, 15.4.1995
44 Streich, ebenda S. 169f

4 Krieg und Christentum

1 Vgl. Christa Mulack, ... und wieder fühle ich mich schuldig, Stuttgart 1993, S. 153ff; Elisabeth Gould Davis, Am Anfang war die Frau, Frankfurt/M.– Berlin 1987, S. 139ff
2 Zitiert bei Mulack, ebenda S. 155
3 Mulack, ebenda S. 158
4 Siehe u.a. Carol Ochs, zitiert bei French, Jenseits der Macht, ebenda S. 138
5 French, ebenda S. 138
6 French, ebenda S. 428
7 French, ebenda S. 180
8 Eugen Drewermann, Der Krieg und das Christentum, Regensburg 1991, S. 271
9 Alle Zitate siehe Karlheinz Deschner, Abermals kräht der Hahn. Eine kritische Kirchengeschichte von den Anfängen bis zu Pius XII., Stuttgart 1962, S. 505ff
10 Deschner, ebenda S. 504
11 Deschner, ebenda S. 506
12 Deschner, ebenda S. 244

13 Deschner, ebenda S. 450ff
14 Deschner, ebenda S. 468ff
15 Deschner, ebenda S. 474f
16 Deschner, ebenda S. 468
17 Deschner, ebenda S. 438ff
18 Karl Wollschläger, Die bewaffneten Wallfahrten gen Jerusalem, Zürich 1973, S. 181
19 Wollschläger, ebenda S. 180f
20 Peter Milger, Die Kreuzzüge. Der Krieg im Namen Gottes, München 1988, S. 274
21 Hilde Schmölzer, Phänomen Hexe, Wien 1986, S. 32
22 Ausführlich dazu: Schmölzer, ebenda.
23 Albrecht Noth, Heiliger Krieg und Heiliger Kampf in Islam und Christentum, Bonn 1966, S. 143
24 Noth, ebenda S. 144f
25 Vgl. Milger; Wollschläger; Deschner
26 Wollschläger, ebenda S. 224
27 Milger, ebenda S. 20
28 Milger, ebenda S. 40
29 Wollschläger, ebenda S. 21
30 Raimund von Aguilers, zitiert bei Milger, ebenda S. 116
31 Fulcher von Chartres, zitiert bei Milger, ebenda S. 119
32 Milger, ebenda S. 122
33 *Der Standard*, 18.7.1994
34 *Der Standard*, 17.2.1994
35 Alle Zitate entnommen dem 1915 erschienenen Sammelband: Die deutsch-protestantische Kriegspredigt der Gegenwart, zitiert bei Deschner, ebenda S. 515f
36 Alle Zitate Deschner, ebenda S. 518
37 Deschner, ebenda S. 533
38 Deschner, ebenda S. 539
39 Deschner, ebenda S. 536f
40 Deschner, ebenda S. 544
41 Deschner, ebenda S. 576ff
42 Deschner, ebenda S. 594f

5 Die militärische Zurichtung des Mannes

1 Tobias Voss, Zur Psyche des Krieges, in: Militär und Geschlecht. Dialog. Beiträge zur Friedensforschung, Bd. 13, Heft 4, 1988, S. 45
2 Ernst Jünger, Der Kampf als inneres Erlebnis, Berlin 1922, S. 12 und 9
3 Andrea Dworkin, Pornographie. Männer beherrschen Frauen, Frankfurt/M. 1990, S. 64f
4 Ernst von Salomon, zitiert bei Klaus Theweleit, Männerphantasien, Bd. 2, Frankfurt/M. 1978, S. 199

5 Zitiert in: Verena Krieger, ebenda S. 143
6 Salomon zitiert bei Theweleit, ebenda S. 213
7 Zitiert in: Fiegl, ebenda S. 142
8 Schauwecker, zitiert in: Theweleit, ebenda S. 213
9 Jünger, zitiert in: Theweleit, ebenda S. 27
10 Zitiert in: Fiegl, ebenda S. 139
11 Robert McLain, Marinesoldat, zitiert bei Fiegl, ebenda S. 137
12 *Der Tagesspiegel*, Berlin, 31.3.1996
13 Theweleit, ebenda S. 169f
14 Zitiert in: Theweleit, ebenda S. 447
15 Jünger, zitiert bei Theweleit, ebenda S. 442
16 Zitiert in: Fiegl, ebenda S. 134
17 Cheryl Benard, Edit Schlaffer, Vor unseren Augen. Der Krieg in Bosnien ...
   und die Welt schaut weg, München 1993, S. 92
18 Theweleit, ebenda S. 413
19 Jünger, Der Kampf als inneres Erlebnis, ebenda S. 74
20 Jünger, ebenda S. 114
21 Jünger, ebenda S. 96
22 Zitiert bei Theweleit, ebenda S. 183
23 Zitiert bei Fiegl, ebenda S. 136
24 Fiegl, ebenda S. 143f
25 Zitiert bei Fiegl, ebenda S. 143
26 Vgl. u.a. Alexandra Stiglmayer (Hg.), Massenvergewaltigung. Krieg gegen die
   Frauen, Freiburg i.Br. 1993; Susan Brownmiller, Gegen unseren Willen. Vergewaltigung und Männerherrschaft, Frankfurt/M. 1978; Cheryl Benard, Edit
   Schlaffer, Der Krieg in Bosnien, München 1993
27 Zitiert bei Fiegl, ebenda S. 139
28 *Profil*, 7.6.1993, S. 59
29 Michael Bilton und Kevin Sim, Four Hours in My Lai, Penguin Books 1993,
   zitiert in: *Profil*, ebenda
30 *Profil*, ebenda S. 61
31 *Profil*, ebenda S. 60f
32 *Profil*, ebenda S. 62
33 Vgl. Hermann Langbein, Wir haben es getan. Selbstporträts in Tagebüchern
   und Briefen 1939–1945, Wien 1964
34 Mario Erdheim, Brigitte Hug, Männerbande. Männerbünde aus ethnopsychoanalytischer Sicht, in: Männerbande, Männerbünde. Zur Rolle des
   Mannes im Kulturvergleich von Gisela Vögler und Karin von Welck, Bd. 1,
   Köln 1990, S. 55
35 Erdheim/Hug, ebenda S. 51
36 Marin Gusinde, zitiert bei Erdheim/Hug, ebenda S. 53
37 Zitiert bei Erdmann/Hug, ebenda S. 54f
38 Erdmann/Hug, ebenda S. 55f
39 Klaus von See, Politische Männerbund-Ideologie von der wilhelminischen Zeit
   bis zum Nationalsozialismus, in: Männerbande, Männerbünde, ebenda S. 94

40 Männerbande, Männerbünde, ebenda S. 7
41 Blüher, in: Männerbande, Männerbünde, ebenda S. 6
42 Reinhard Greve, Die SS als Männerbund, in: Männerbande, Männerbünde, ebenda S. 110f
43 Klaus Theweleit, zitiert in: Benard/Schlaffer, Vor unseren Augen, ebenda S. 78

6 Die systemstabilisierende Funktion der Frau

1 Fiegl, ebenda S. 91
2 Fiegl, ebenda S. 90
3 Luce Irigaray, Genealogie der Geschlechter, Freiburg i.Br. 1989, S. 290
4 Mary Daly, Jenseits von Gottvater Sohn & Co, München 1978, S. 69ff
5 Christina Thürmer-Rohr, Vagabundinnen, Berlin 1990, S. 146
6 Thürmer-Rohr, ebenda S. 171
7 Virginia Woolf, zitiert bei Gisela Breitling, Die Spuren des Schiffs in den Wellen, Frankfurt/M. 1986, S. 102
8 Interview mit Brigitte Schwaiger, in: Hilde Schmölzer, Frau sein & schreiben, Wien 1982, S. 142
9 Maria Mies, Frauenbewegung und nationaler Befreiungskampf, in: Sozialwissenschaftliche Forschung und Praxis für Frauen (Hg.), Gegen welchen Krieg, für welchen Frieden, Köln 1983, S. 78f
10 Christina Thürmer-Rohr, Frauen in Gewaltverhältnissen, in: Studienschwerpunkt »Frauenforschung« am Institut für Sozialpädagogik der TU Berlin (Hg.), Mittäterschaft und Entdeckungslust, Berlin 1989, S. 35
11 Thürmer-Rohr, Vagabundinnen, ebenda S. 69
12 Swetlana Alexijewitsch, Der Krieg hat kein weibliches Gesicht, Hamburg 1989
13 Dorothee Sölle, Im Haus des Menschenfressers. Texte zum Frieden, Reinbek 1981, S. 72
14 Shulamit Firestone, Frauenbefreiung und sexuelle Revolution, Frankfurt/M. 1987, S. 141
15 Herrad Schenk, Feminismus und Pazifismus, in: Luise F. Pusch, Feminismus. Inspektion der Herrenkultur, Frankfurt/M. 1983, S. 534

7 Die Mittäterschaft der Frau am Beispiel des Nationalsozialismus

1 Zitiert in: Mulack, ebenda S. 266
2 Mulack, ebenda
3 Christine Wittrock, Weiblichkeitsmythen. Das Frauenbild im Faschismus und seine Vorläufer in der Frauenbewegung der 20er Jahre, Frankfurt/M. 1983, S. 16
4 Frauen unterm Hakenkreuz, ebenda S. 8
5 Ebenda S. 12f; Claudia Koonz, Mütter im Vaterland, Freiburg i.Br. 1991, S. 16
6 Ebenda S. 164f

7 Ebenda S. 165

8 Ebenda S. 251

9 Ebenda S. 167

10 Heeresgeschichtliches Museum, Die Frau im Krieg, Katalog, Wien 1986, S. 21

11 Rüda Eiden zitiert in: Koonz, ebenda S. 145

12 Koonz, ebenda S. 92f

13 Näheres siehe Koonz, ebenda S. 103ff und Wittrock, ebenda S. 115ff

14 Guida Diehl, Die deutsche Frau und der Nationalsozialismus, Eisenach 1933, zitiert bei Wittrock, ebenda S. 133f

15 Diehl, in: Wittrock, ebenda S. 139f

16 Berta Braun, Die Frauenbewegung am Scheidewege, München 1932, zitiert bei Wittrock, ebenda S. 98f

17 Wittrock, ebenda S. 171f

18 Ebenda S. 174

19 Ebenda S. 176

20 Angelika Ebbinghaus (Hg.), Opfer und Täterinnen. Frauenbiographien des Nationalsozialismus, Nördlingen 1987

21 Ebenda S. 10

22 Claudia Heyne, Täterinnen. Offene und versteckte Aggression von Frauen, Zürich 1993, S. 163

23 Ebenda S. 168ff

24 Ebenda S. 172

25 Ebenda S. 184

26 Vgl. Roer Dorothee und Henkel Dieter (Hg.), Psychiatrie im Faschismus. Die Anstalt Hadamar 1933–1945, Bonn 1986

27 Eidesstattliche Erklärung Pauline Kneissler vom 6.11.1945, Bestandteil des Verfahrens 41 3/46, Frankfurt/M. zitiert in: Heyne, ebenda S. 186

28 Alle Angaben in Roer und Henkel, zitiert bei Heyne, ebenda S. 187f

29 LG München I vom 12.3.1965, 112 Ks 2/64, in: Heyne, ebenda S. 192f

30 Urteil des Volksgerichts Graz, Senat Klagenfurt v. 3.4.1946, in: Heyne, ebenda S. 192

31 Interview mit Dieter Ambach, in: Ingrid Müller-Münch, Die Frauen von Majdanek. Vom zerstörten Leben der Opfer und der Mörderinnen, Reinbek 1982, S. 147f

32 Müller-Münch, ebenda S. 148

33 Ebenda S. 151

34 Ebenda S. 70ff

35 Ebenda S. 150

36 Ebenda S. 74f

37 Ebenda S. 89f

38 Heyne, ebenda S. 207

39 Müller-Münche, ebenda S. 102f

40 Ebbinghaus, ebenda S. 250f

8 Vergewaltigung und Prostitution als kriegsfördernde Mittel

1 Helga Wullweber, Kriegsverbrechen Vergewaltigung, in: Alexandra Stiglmayer (Hg.), Massenvergewaltigung. Krieg gegen die Frauen, Freiburg i.Br. 1993, S. 247f
2 Susan Brownmiller, Gegen unseren Willen. Vergewaltigung und Männerherrschaft, Frankfurt/M. 1978, S. 45f
3 *Far Eastern Economic Review* v. 9.1.1977, zitiert in: Fiegl, ebenda S. 111
4 Brownmiller, ebenda S. 51f
5 Ebenda S. 53f
6 Ebenda S. 64f
7 Ebenda S. 62f
8 *Profil*, 29.4.1995
9 Brownmiller, ebenda S. 55f
10 Ebenda S. 59
11 Fiegl, ebenda S. 106
12 Brownmiller, ebenda S. 61
13 Mirjam Redelechner, Der objektive Faktor. Ein Film von Helke Sander, in: Susanne Kappeler et al.: Vergewaltigung, Krieg, Nationalismus, München 1993, S. 67
14 Cornelius Ryan 1966, zitiert in: Brownmiller, ebenda S. 72
15 Brownmiller, ebenda S. 74
16 Ebenda S. 107
17 Ebenda S. 93
18 Kappeler, ebenda S. 30f
19 Brownmiller, ebenda S. 105f
20 Ebenda S. 98f
21 Ebenda S. 132f
22 Ruth Seifert, Krieg und Vergewaltigung, in: Stiglmayer, ebenda S. 92
23 Marion Breiter, Krieg gegen Frauen. Gesellschaftspolitische Überlegungen anläßlich eines Psychotherapie-Seminars mit Flüchtlingsbetreuerinnen in Dalmatien, in: *Störfaktor 21, Zeitschrift kritischer Psychologinnen und Psychologen*, Heft 1, Jg. 6 (1993), Wien, S. 66f
24 Brownmiller, ebenda S. 85
25 Ebenda S. 88
26 Ebenda S. 85
27 Ebenda S. 89
28 Ebenda S. 86f
29 Ebenda S. 88
30 Ebenda S. 87f
31 Vortrag im Rahmen des VII. Symposiums der Internationalen Assoziation von Philosophinnen an der Universität Wien vom 20.–23. September 1995 unter dem Titel »Weiblicher Körper als Territorium«
32 Ruth Seifert, in: Stiglmayer, ebenda S. 98
33 Stiglmayer, ebenda S. 54

34 Gespräch mit Marion Breiter vom 4.10.1995
35 Marion Breiter, Frauen helfen Frauen, Workshop mit Flüchtlingsbetreuerinnen in Dalmatien, *Störfaktor 22*, Heft 2, Jg. 6 (1993), S. 76
36 Kappeler, ebenda S. 30f
37 Brief der Zagreber Frauenlobby vom 21.12.1992, zitiert in: Kappeler, ebenda S. 51
38 *Die Presse*, 11.8.1993
39 Cheryl Benard, Edit Schlaffer, Vor unseren Augen. Der Krieg in Bosnien ... und die Welt schaut weg, München 1993
40 Gespräch mit Edit Schlaffer vom 2.10.1995
41 Benard/Schlaffer, ebenda S. 49
42 Ebenda S. 34f
43 Ebenda S. 37f
44 Ebenda S. 38
45 Ebenda S. 58f
46 Stiglmayer, ebenda S. 226f
47 Alexandra Stiglmayer, Massenvergewaltigung. Krieg gegen die Frauen, Freiburg i. Br. 1993
48 Stiglmayer, ebenda S. 184
49 Ebenda S. 181
50 Ebenda S. 195f
51 Ebenda S. 211
52 Ebenda S. 149
53 Ebenda S. 157
54 Ebenda S. 150f
55 *[sic!] Forum für feministische Gangarten*, Dezember 1994, S. 13
56 Marion Breiter, Krieg gegen die Frauen, *Störfaktor 21*, Heft 1, Jg. 6 (1993), S. 75
57 Seifert, ebenda S. 101

9 Friede im Patriarchat ist Krieg gegen die Frauen

1 *Der Standard*, 7.7.1995
2 *[sic!] Forum für feministische Gangarten*, Oktober 1994, S. 10
3 Marion Breiter, Vergewaltigung. Ein Verbrechen ohne Folgen? Täter und Opfer im Spiegel der Justiz, Wien 1995
4 Marilyn French, Der Krieg gegen die Frauen, München 1992, S. 245
5 Fiegl, ebenda S. 9
6 French, ebenda S. 240
7 French, ebenda S. 240
8 Ingeborg Bachmann zitiert bei Christina Thürmer-Rohr, in: Sozialwissenschaftliche Forschung und Praxis für Frauen (Hg.), Gegen welchen Krieg, für welchen Frieden, Köln 1983, S. 12.
9 Dorothee Sölle, Im Haus des Menschenfressers, Reinbek 1981, S. 24
10 *Der Standard*, 12.1.1995

11 *Der Standard*, 18./19.11.1995
12 French, ebenda S. 47
13 Mechthild Mauer, Tourismus, Prostitution, Aids, Zürich 1991, S. 21
14 Diana Hummel, Frauenhandel und Europa, in: Elke Biester et al., Das unsichtbare Geschlecht in Europa, Frankfurt/M.–New York 1994, S. 129
15 French, ebenda S. 42
16 *Profil*, Nr. 34, 21.8.1995, S. 58f
17 Näheres dazu siehe: Schmölzer, Die Frau, das gekaufte Geschlecht, 1993, S. 415ff
18 Asit Datta, ebenda S. 227
19 Zitiert in: Alice Schwarzer, Krieg. Was Männerwahn anrichtet und wie Frauen Widerstand leisten, Frankfurt/M. 1992, S. 28
20 Djamila Seddiki, Der Kampf der Algerierinnen, in: Schwarzer, ebenda S. 74f
21 French, ebenda S. 89
22 Bettina Flitner, Zehn Tage in Algerien, in: Schwarzer, ebenda S. 72f
23 Schwarzer, Alltag im Iran, ebenda S. 140
24 Ursula Ott, Hilfe! Eine entkommene Iranerin berichtet, in: Schwarzer, ebenda S. 133f
25 Schwarzer, Die Betrogenen. Über die islamische Revolution im Iran, ebenda S. 124
26 Schwarzer, Die Selbstgerechten – über die deutsche Linke, ebenda S. 121
27 Alice Schwarzer, Die Betrogenen – über die islamische Revolution im Iran, ebenda S. 124f
28 Gabriele Venzky, Die Bastion Pakistan – im Ansturm der Fundamentalisten, in: Schwarzer, ebenda S. 83
29 Gabriele Venzky, ebenda S. 88
30 Venzky, ebenda S. 84f
31 Datta, ebenda S. 227
32 *Profil* Nr. 7, 17.2.1994, S. 70f
33 Näheres siehe: Schmölzer, Die Frau, das gekaufte Geschlecht, ebenda S. 485f

10 Feministische Gegenpositionen

1 Siehe u.a. Claudia v. Werlhof u.a., Herren-Los, Herrschaft, Erkenntnis, Lebensform, Frankfurt/M.–Berlin–Bern–New York–Paris–Wien 1996

10.1 Ökofeminismus

1 D'Eaubonne F., Feminism or Death, in: Elaine Marks and Isabelle de Courtivron (Hg.), New French Feminism, An Anthology, Amherst 1980
2 Rachel Carson, Silent Spring, 1962. Dt.: Der stumme Frühling, München 1987
3 Eröffnungsrede von Helga Konrad, Bundesministerin f. Frauenangelegenheiten anläßlich der Tagung »FrauUmWelt« am 2. Juni 1995 in Wien

4 Andrea Husnik, Die Auswirkungen der österreichischen Umweltpolitik auf Frauen, in: FrauUmWelt, Eine Tagung zur Verstrickung von Ökologie und Frauenbewegung, Tagesdokumentation, Wien 1995, S. 36

5 Zitiert in: Maria Mies/Vandana Shiva, Ökofeminismus, Zürich 1995

6 Andrea Husnik, ebenda S. 36

7 Eva Engelhardt, Sind Frauen die besseren Naturschützerinnen?, in: Judith Buchen u.a. (Hg.), Das Umweltproblem ist nicht geschlechtsneutral. Feministische Perspektiven, Bielefeld 1994, S. 32

8 Veronika Bennholdt-Thomsen, Die Ökologiefrage ist eine Frauenfrage, in: Die Grünen (Hg.), Frauen und Ökologie, Köln 1987, S. 30

9 Mies/Shiva, ebenda S. 30

10 Siehe dazu: Dieta Willaschek, Feministische Kapitalismuskritik und ökofeministische Utopie, in: Buchen u.a., ebenda S. 115f

11 Mies/Shiva, ebenda S. 93

12 Mies/Shiva, ebenda S. 333

13 Siehe dazu: Maria Mies, Wider die Industrialisierung des Lebens, Pfaffenweiler 1992

14 Mies, ebenda S. 94

15 Mies, ebenda S. 95

16 Mies, ebenda S. 119

17 Mies/Shiva, ebenda S. 10

18 Gertrude Gugenberger, Brita Neuhold, Es ist Zeit, die Erde zu bemuttern, in: FrauUmWelt, S. 24f

19 Gugenberger/Neuhold, ebenda S. 25

20 Mies/Shiva, ebenda S. 122

21 Gugenberger/Neuhold, ebenda S. 25f

22 Mies/Shiva, ebenda S. 393f

23 Siehe dazu: Pfiff – Eine feministische Planungsgruppe in Wien, in: Anakonga (Hg.), Turbulenzen, Eine feministische Kritik an der Techno-Zivilisation, Wien 1994, S. 83ff

24 Zitiert in: Christine Bauhardt, Verkehrsvermeidung, in: Buchen, ebenda S. 192

25 Bauhardt, ebenda S. 197

26 Siehe dazu: Ingebort Janich, Rosemarie Rübsamen, Frauen mischen sich energisch ein – Projekte in Deutschland, in: Turbulenzen, S. 77f

10.2 Feministische Theologie

1 Radford-Ruether, zitiert in: Uwe Gerber, Die feministische Eroberung der Theologie, München 1987, S. 129

2 Rosemary Radford-Ruether, Gaia & Gott. Eine ökofeminstische Theologie der Heilung der Erde, Luzern 1994

3 Christ, zitiert in: Gerber, ebenda S. 45f

4 Sölle, zitiert in: Gerber, ebenda S. 56

5 Über die Bedeutung von Mathilde Joslyn Cage siehe: Sally Roesch Wagner, Introduction: Mathilda Joslyn Gage. Women Church and State, Watertown Mass. 1993

6 Elisabeth Schüssler-Fiorenza, Brot statt Steine. Die Herausforderung einer feministischen Interpretation der Bibel, Freiburg 1988

7 Schüssler-Fiorenza, ebenda S. 51

8 Siehe dazu Weiler, ebenda S. 194ff; Eva Schirmer, in: Schlangenlinien. Feministische Wissenschaft, Feministische Theologie, hg. von der Arbeitsgemeinschaft Katholischer Studenten- und Hochschulgemeinden, Bonn 1984, S. 232ff

9 Siehe Elisabeth Moltmann-Wendel, Ein eigener Mensch werden. Frauen um Jesus, Gütersloh 1984

10 Schmölzer, Die verlorene Geschichte der Frau, ebenda S. 131

11 Christa Mulack, Die geheime Göttin im Christentum 1985, zitiert in: Karin Gaube, Alexander von Pechmann, Magie, Matriarchat und Marienkult, Frauen und Religion, Reinbek 1986

12 Elisabeth Moltmann-Wendel, Das Land, wo Milch und Honig fließt. Perspektiven einer feministischen Theologie, Gütersloh 1985, S. 88

13 Siehe u.a. Elisabeth Moltmann-Wendel, ebenda S. 86ff; Schüssler-Fiorenza, in: L. u. A. Swidler (Hg.), Women Priests, New York 1977, S. 118f

14 Moltmann-Wendel, ebenda S. 134f

15 Moltmann-Wendel, ebenda S. 90

16 Gerda Weiler, Ich verwerfe im Lande die Kriege. Das verborgene Matriarchat im Alten Testament, München 1983

17 Weiler, ebenda S. 37ff

18 Weiler, ebenda S. 154f

19 Weiler, ebenda S. 173

20 Weiler, ebenda S. 179

21 Siehe dazu Hartmut Schmökel, Jahwe und die Fremdvölker, Leipzig 1934, zitiert bei Weiler, S. 275

22 Heide Göttner-Abendroth, Die Göttin und ihr Heros, München 1980, S. 82f

23 Elga Sorge, zitiert in: Gaube, ebenda S. 33

24 Mulack, ebenda S. 105

25 Zitiert bei Mulack, ebenda S. 106

26 Mulack, ebenda S. 166

27 Zitiert bei Mulack, ebenda S. 108

28 Jentsch Werner u.a. (Hg.), Evangelischer Erwachsenenkatechismus. Kursbuch des Glaubens, Gütersloh 1976, zitiert bei Mulack, ebenda S. 344

29 Sölle, Gott und ihre Freunde. Zur feministischen Theologie, in: Pusch, ebenda S. 203

30 Gaube, ebenda S. 24

31 Siehe u.a. Hanna Wolff, Jesus der Mann 1975; Moltmann-Wendel, Das Land, wo Milch und Honig fließt, ebenda; C. J. M. Halkes, Gott hat nicht nur starke Söhne. Grundzüge einer feministischen Theologie, Gütersloh 1980

32 Mulack, Die Weiblichkeit Gottes, zitiert in: Gaube, ebenda S. 76

33 Felix Christ, Jesus Sophia, Zürich 1970, zitiert bei Gaube, ebenda S. 76
34 Schmölzer, ebenda S. 32
35 Sorge, zitiert in: Gerber, ebenda S. 21
36 Zitiert in: Gerber, ebenda S. 67; siehe dazu auch: Elga Sorge, Religion und Frau. Weibliche Spiritualität im Christentum, Stuttgart 1985 und Elga Sorge, Feministische Theologie mit oder ohne Göttin?, in: Schlangenbrut, Februar 1986, Nr. 12, S. 14–18
37 Siehe dazu: Catharina J. M. Halkes, Suchen, was verloren ging. Beiträge zur feministischen Theologie, Gütersloh 1985 und Christa Mulack, Maria – Die geheime Göttin im Christentum, Stuttgart 1985
38 Mulack, ebenda S. 19
39 Mulack, ebenda S. 90
40 Schmölzer, Die Frau, das gekaufte Geschlecht, ebenda S. 97
41 C. J. M. Halkes 1978, zitiert bei Gerber, ebenda S. 51
42 Daly, zitiert in: Gerber, ebenda S. 49
43 Daly, zitiert in: E. Moltmann-Wendel (Hg.), Frau und Religion. Gotteserfahrung im Patriarchat, Frankfurt/M. 1983, S. 113f
44 Mary Daly, Gyn/ökologie, München 1981, S. 36
45 Daly, ebenda S. 363
46 Luce Irigaray, Genealogie der Geschlechter, Freiburg i. Br. 1989, S. 299
47 Daly, ebenda S. 102
48 Mulack, ebenda S. 341
49 Siehe dazu: Schaumberger Christine, Schottroff Luise, Schuld und Macht. Studien zu einer feministischen Befreiungstheologie
50 Sölle, 1975, zitiert bei Gerber, ebenda S. 172f
51 Radford-Ruether, zitiert bei Gerber, ebenda S. 129
52 Radford-Ruether, bei Gerber, ebenda S. 175
53 Daly, ebenda S. 59
54 E. Moltmann-Wendel, Das Land, wo Milch und Honig fließt, ebenda S. 187f
55 D. Sölle, Es muß doch mehr als alles geben, Nachdenken über Gott, Hamburg 1992, S. 58f
56 Sölle, zitiert bei Gerber, ebenda S. 55
57 Radford-Ruether, in: E. Moltmann-Wendel, Menschenrechte für die Frau, München 1974, S. 216f
58 Radford-Ruether, ebenda S. 226

10.3 Feministische Wissenschaftskritik und Wissenschaftstheorie

1 Evelyn Fox-Keller, Liebe, Macht und Erkenntnis. Männliche oder weibliche Wissenschaft?, München–Wien 1986, S. 80
2 Fox-Keller, ebenda S. 84
3 Fox-Keller, ebenda S. 13
4 Irigaray, ebenda S. 319f
5 Fox-Keller, ebenda S. 94
6 Fox-Keller, ebenda S. 98

7   Zu erwähnen ist hier unter anderem die philosophische Lehre des Vitalismus, die im 17. und 18. Jahrhundert weit verbreitet war, und der neben Gottfried Wilhelm Leibniz und Franciscus Mercurius van Helmont auch die Philosophin Anne Conway anhing. Näheres dazu in: Schmölzer, Die verlorene Geschichte der Frau, ebenda S. 280f

8   Fox-Keller, Wissenschaftstheorie in feministischer Perspektive, in: Krüll Marianne, Wege aus der männlichen Wissenschaft, 1990, S. 117

9   Fox-Keller, in: Krüll, ebenda S. 117

10 Fox-Keller, in: Krüll, ebenda S. 123

11 Fox-Keller, Liebe Macht und Erkenntnis, ebenda S. 16

12 Siehe dazu Cornelia Klinger, Bis hierher und wie weiter? Überlegungen zur feministischen Wissenschafts- und Rationalitätskritik, in: Krüll, ebenda S. 22f

13 Rosemarie Rübsamen, Patriarchat – der (un)heimliche Inhalt der Naturwissenschaft und Technik, in: Pusch, Inspektion der Herrenkultur, ebenda S. 290ff

14 Klinger, ebenda

15 Näheres dazu in: Schmölzer, Krankheit Frau, in: Die verlorene Geschichte der Frau, ebenda S. 339f

16 Klinger, in: Krüll, ebenda S. 28

17 Weizsäcker, zitiert in: Rübsamen, ebenda S. 298

18 Maurer, ebenda, S. 152f

19 Zitiert in: Maurer, ebenda S. 172

20 Zitiert in: Maurer, ebenda S. 181

21 Meier-Seethaler, ebenda S. 498ff

22 Fox-Keller, ebenda S. 175

23 Fox-Keller, ebenda S. 172

24 Evelyn Fox-Keller, A Feeling for the Organism: The Life and Work of Barbara McClintock, New York 1983

25 Hedwig Ortmann, Frauenforschung – feministische Wissenschaftskritik – integrales Bewußtsein, in: *Zeitschrift für Frauenforschung*, hg. v. Forschungsinstitut Frau und Gesellschaft, 11. Jg., Heft 1+2, Bielefeld 1993, S. 32

26 Zitiert in: Maurer, ebenda S. 193

27 Herlinde Pauer-Studer, Zum Begriff »feministische Ethik«, in: Hertha Nagl-Docekal, Herlinde Pauer-Studer (Hg.), Jenseits der Geschlechter Moral. Beiträge zur feministischen Ethik, Frankfurt/M. 1993, S. 35ff

28 Carol Gilligan, A different Voice, Cambridge/Mass. 1982, in dt.: Die andere Stimme, München 1984

29 Gilligan, ebenda S. 17

30 Gilligan, ebenda S. 212

31 Siehe dazu u.a.: H. Nagl-Docekal, H. Pauer-Studer (Hg.), Jenseits der Geschlechtermoral, 1993, S. 7ff; Annemarie Piper, Aufstand des stillgelegten Geschlechts, 1993, S. 157ff

32 Carol Gilligan, Grant Wiggins, Die Ursprünge der Moral in den frühkindlichen Beziehungen, in: Nagl-Docekal/Pauer-Studer (Hg.), ebenda S. 69ff

33 Nagl-Docekal/Pauer-Studer, ebenda S. 10

34 Pieper, ebenda S. 164
35 Irigaray, ebenda S. 171
36 Irigaray, ebenda S. 292
37 Irigaray, ebenda S. 182
38 Irigaray, zitiert in: Ute Gerhard, Differenz und Vielfalt – die Diskurse der Frauenforschung, in: *Zeitschrift für Frauenforschung*, hg. v. Forschungsinstitut Frau und Gesellschaft, 11. Jg., Heft 1+2, Bielefeld 1993, S. 18
39 Irigaray, ebenda S. 299
40 Irigaray, ebenda S. 103
41 Irigaray, ebenda S. 118
42 Luce Irigaray, Die Zeit der Differenz, Frankfurt/M.–New York 1991, S. 85ff
43 A. Busch, 1989, in: Pieper, ebenda S. 50
44 Pieper, ebenda S. 50f
45 Brigitte Weisshaupt, Selbst-loses Selbstsein, in: Krüll, ebenda S. 68
46 Weisshaupt, ebenda S. 69
47 Meier-Seethaler, ebenda S. 510

10.4 Frauenfriedensbewegung (Ist der Friede weiblich?)

1 Petra Müller, Sind Frauen friedfertig?, in: Sozialwissenschaftliche Forschung und Praxis für Frauen (Hg.), Gegen welchen Krieg, für welchen Frieden? Köln 1983, S. 30
2 Petra Müller, ebenda
3 Margarete Mitscherlich, Die friedfertige Frau, Frankfurt/M. 1985, S. 19
4 Petra Kelly, Anleitung zum Sturz des internationalen Patriarchats, in: Eva Quinstorp (Hg.), Scheherazade. Stimmen von Frauen gegen die Logik des Krieges, Hamburg–Zürich 1992, S. 63
5 Gisela Brinker-Gabler, Frauen gegen den Krieg, Frankfurt/M. 1980, S. 19
6 Brinker-Gabler, ebenda S. 14
7 Mathilde Vaerting, Neubegründung der Psychologie von Mann und Weib. Die weibliche Eigenart im Männerstaat und die männliche Eigenart im Frauenstaat, Karlsruhe 1921
8 Brinker-Gabler, ebenda S. 24
9 Marianne Hainisch, zitiert in: Schmölzer, Die verlorene Geschichte der Frau, ebenda S. 406f
10 Brinker-Gabler, ebenda S. 22
11 Brinker-Gabler, ebenda S. 25f
12 Hanna Schnedl, Rosa Mayreder, Eine Sympathisantin des Lebendigen, in: Rosa Mayreder, Zur Kritik der Weiblichkeit, München 1981, S. 22
13 Brinker-Gabler, ebenda S. 29
14 Zitiert in: Gegen welchen Krieg, für welchen Frieden, ebenda S. 47ff
15 Zitiert in: Schmölzer, ebenda S. 407
16 Brinker-Gabler, ebenda S. 31
17 Schmölzer, ebenda S. 410
18 Hanna Schnedl, in: Rosa Mayreder, ebenda S. 22

19 Brinker-Gabler, ebenda S. 37
20 Sigrid Matzen-Stückert, Frauen im Faschismus – Frauen im Widerstand, in: Florence Hervé, Geschichte der deutschen Frauenbewegung, Köln 1988, S. 173
21 Die Frau, Jänner 1934, in: Claudia Hoerschelmann, Pazifismus und Frauen in Österreich von 1918 bis 1934, Diplomarbeit, Wien 1988, S. 144
22 Sigrid Matzen-Stöckert, in: Hervé, ebenda S. 174
23 Florence Hervé, Ingebort Nödinger, Aus der Vergangenheit gelernt?, in: Hervé, ebenda S. 195
24 Ingeborg Nödinger, Für Frieden und Gleichberechtigung. Der Demokratische Frauenbund Deutschlands, in: Hervé, ebenda S. 206ff
25 Ingeborg Küster, Elly Steinmann, Die Westdeutsche Frauenfriedensbewegung (WFFB), in: Hervé, ebenda S. 224ff
26 Eva Quistorp, Frauenfriedensbewegung seit 1945, in: Eva Quistorp (Hg.), Frauen für den Frieden, Bensheim 1982, S. 168ff
27 Women Pentagon Action, 17. Nov. 1980, in: Quistorp (Hg.), Frauen für den Frieden, ebenda S. 40ff
28 Siehe dazu u.a. Segal, ebenda S. 210f; Quistorp, ebenda S. 54; Alice Coo, Gwynne Kirk, Greenham Women Everywhere, London 1983
29 Ann Snitow, zitiert in: Segal, ebenda S. 211
30 Segal, ebenda S. 215
31 Birgit Heike, Drei Wochen für den Frieden, in: Gegen welchen Krieg, für welchen Frieden, ebenda S. 128f
32 Zitiert in: Segal, ebenda S. 213
33 Segal, ebenda S. 216
34 Brigitte Geiger, Hanna Hacker, Donauwalzer, Damenwahl. Frauenbewegte Zusammenhänge in Österreich, Wien 1989, S. 195
35 Scheherazade, ebenda S. 201ff
36 Eva Quistorp, Gegen die Logik des Krieges, in: Scheherazade, ebenda S. 10
37 Quistorp, ebenda S. 11
38 Hanne-Margret Birckenbach, Störung erwünscht: Frauen im KSZE-Prozeß, in: Scheherazade, ebenda S. 130ff
39 Petra Kelly, Anleitung zum Sturz des internationalen Patriarchats, in: Scheherazade, ebenda S. 71
40 Siehe dazu: Marguerite Guzman Bouvard, Revolutionizing Motherhood. The Mothers of the Plaza de Mayo, Wilmington USA 1994
41 Women for Peace, Women in Black, ed. by Stasa Zajovic, Belgrade 1994, S. 17 – Übersetzt aus dem Englischen von der Autorin
42 Ebenda S. 5
43 Slavenca Draculic, Aufstand der Mütter, in: Scheherazade, ebenda S. 111
44 Draculic, ebenda S. 111ff
45 Brief von Annemarie Schüller-Weber an Scheherazade vom Februar 1991, in: Scheherazade, ebenda S. 35
46 Susan Sontag, in: [sic!] März 1994, S. 5
47 Petra Kelly, ebenda S. 65

48 Virginia Woolf, zitiert in: Segal, ebenda S. 222f
49 Ursula Schröder, Internationaler Frauenstreik – eine Strategie der Frauenfriedensbewegung gegen Alltagskrieg und Kriegsalltag, in: Gegen welchen Krieg,
   für welchen Frieden, ebenda S. 119f
50 Petra Kelly, ebenda S. 49
51 Alice Schwarzer, So geht das!, in: Scheherazade, ebenda S. 44
52 Resolution des Scheherazade Workshops vom März 1991, in: Scheherazade,
   ebenda S. 33f

Literaturverzeichnis

Alexijewitsch Swetlana, Der Krieg hat kein weibliches Gesicht, Hamburg 1989

Altzinger Wilfried, Konjunktur, Wachstum und Rüstungsproduktion, Diplomarbeit Univ. Linz 1983

Anakonga (Hg.), Turbulenzen. Eine feministische Kritik an der Techno-Zivilisation, Wien 1994

Appelt Erna/Neyer Gerda (Hg.), Feministische Politikwissenschaft, Wien 1994

Beiträge zur feministischen Theorie und Praxis: Rassismus, Antisemitismus, Fremdenhaß, Geteilter Feminismus, Köln 1990

Beiträge zur feministischen Theorie und Praxis: Der Kaiserinnen neue Kleider, Köln 1989

Beiträge zur Friedensforschung, Militär und Geschlecht, Dialog, Bd. 13, Heft 4/1989

Benard Cheryl, Die geschlossene Gesellschaft und ihre Rebellen. Die internationale Frauenbewegung und die Schwarze Bewegung in den USA, Frankfurt/M. 1981

Benard Cheryl/Schlaffer Edit, Laßt endlich die Männer in Ruhe, Reinbek 1990

Dieselben, Die Grenzen des Geschlechts. Anleitungen zum Sturz des internationalen Patriarchats, Reinbek 1984

Dieselben, Mütter machen Männer, München 1994

Dieselben, Vor unseren Augen. Der Krieg in Bosnien ... und die Welt schaut weg, München 1993

Dieselben, Viel erlebt und nichts begriffen. Die Männer und die Frauenbewegung, Reinbek 1986

Dieselben, Der Mann auf der Straße, Reinbek 1985

Bennent Heidemarie, Galanterie und Verachtung, Frankfurt/M.–New York 1985

Biermann Pieke, Wir sind Frauen wie andere auch, Reinbek 1980

Biester Elke/Geißel Brigitte u.a., Der Staat aus feministischer Sicht. Dokumentation des workshops der ad-hoc-Gruppe »Politik und Geschlecht« in der Deutschen Vereinigung für Politische Wissenschaft (DVPW) anläßlich des 18. Wissenschaftlichen Kongresses der DVPW, Oktober 1991, Berlin 1992

Borneman Ernest, Das Patriarchat, Frankfurt/M. 1975

Brandt Willy, Der organisierte Wahnsinn. Wettrüsten und Welthunger, Köln 1985

Briffault Robert, The Mothers, New York 1969

Brinker-Gabler Gisela, Frauen gegen den Krieg, Frankfurt/M. 1980

Brownmiller Susan, Gegen unseren Willen. Vergewaltigung und Männerherrschaft, Frankfurt/M. 1978

Chesler Phyllis, Frauen – das verrückte Geschlecht, Reinbek 1974

Dieselbe, Über Männer, Reinbek 1978

Chodorow Nancy, On Becoming Human, New York 1981

Collard Andree mit Joyce Contrucci, Die Mörder der Göttin leben noch, München 1988

Daly Mary, Gyn/ökologie. Eine Meta-Ethik des radikalen Feminismus, München 1981

Dieselbe, Jenseits von Gottvater, Sohn & Co, München 1978

Datta Asit, Welthandel und Welthunger, München 1993

Davis Angela, Rassismus und Sexismus. Schwarze Frauen und Klassenkampf in den USA, Berlin 1982

Davis Angela, Solidaritätskomitee (Hg.), Am Beispiel Angela Davis. Der Kongreß in Frankfurt, Frankfurt/M. 1992

Deutsche Gesellschaft für die Vereinten Nationen e. V. (Hg.), Weltbevölkerung und Entwicklung. Herausforderungen des globalen Bevölkerungswachstums, Bonn–Hannover 1993/94

Deutsches Übersee-Institut (Hg.), Jahrbuch Dritte Welt 1993, München 1992

Die Grünen im Bundestag/AK Frauenpolitik (Hg.), Frauen & Ökologie. Gegen den Machbarkeitswahn, Köln 1987

Drewermann Eugen, Der Krieg und das Christentum, Regensburg 1991

Dworkin Andrea, Pornographie. Männer beherrschen Frauen, Frankfurt/M. 1990

Ehrenberg Margaret, Die Frau in der Vorgeschichte, München 1992

Elefanten-Press (Hg.), Frauen unterm Hakenkreuz, Berlin 1983

Fiegl Verena, Der Krieg gegen die Frauen. Vom Zusammenhang von Sexismus und Militarismus, Bielefeld 1980

Field Belenky Mary u.a., Das andere Denken. Persönlichkeit, Moral und Intellekt der Frau, Frankfurt/M.–New York 1989

Firestone Shulamit, Frauenbefreiung und sexuelle Revolution, Frankfurt/M. 1987

Fisher Elisabeth, Women's Creation, New York 1979

Foitzik Andreas/Leiprecht Rudi u.a. (Hg.), Ein Herrenvolk von Untertanen. Rassismus–Nationalismus–Sexismus, Duisburg 1992

Fox-Keller Evelyn, Liebe, Macht und Erkenntnis. Männliche oder weibliche Wissenschaft?, München–Wien 1996

French Marilyn, Jenseits der Macht. Frauen, Männer und Moral, Reinbek 1985

Dieselbe, Der Krieg gegen die Frauen, München 1992

Frick Heinrich, Die Kirchen und der Krieg, Tübingen 1933

Fromm Erich, Aggression und Charakter, Zürich 1975

Derselbe, Anatomie der menschlichen Destruktivität, Stuttgart 1974

Gaube Karin/Pechmann Alexander von, Magie, Matriarchat und Marienkult. Frauen und Religion, Versuch einer Bestandsaufnahme, Reinbek 1986

Geiger Brigitte/Hanna Hacker, Donauwalzer, Damenwahl. Frauenbewegte Zusammenhänge in Österreich, Wien 1989

Geiss Immanuel, Geschichte des Rassismus, Frankfurt/M. 1988

Gerber Uwe, Die feministische Eroberung der Theologie, München 1987

Gersdorff Ursula von, Frauen im Kriegsdienst 1914–1945, Stuttgart 1969

Gilligan Carol, Die andere Stimme. Lebenskonflikte und Moral der Frau, München–Zürich 1984

Gimbutas Marija, The Godess and Gods of Old Europe, London 1982

Dieselbe, The Language of the Godess, San Francisco 1989

Gnanadason Aruna, Die Zeit des Schweigens ist vorbei. Kirchen und Gewalt gegen Frauen, Luzern 1993

Göttner-Abendroth Heide, Das Matriarchat I, II, Stuttgart–Berlin–Köln 1988/1991

Dieselbe, Die Göttin und ihr Heros, München 1980

Guzman Bouvard Marguerite, Revolutionizing Motherhood. The Mothers of the Plaza de Mayo, Wilmington USA 1994

Halkes Catharina J. M., Suchen, was verloren ging. Beiträge zur feministischen Theologie, Gütersloh 1985

Hanak Ilse, Frauen in Afrika; ohne uns geht gar nichts, Frankfurt/M. 1995

Heinsohn Gunnar/Steiger Otto, Die Vernichtung der weisen Frauen. Hexenverfolgung–Menschenproduktion–Kinderwelten, Herbstein 1985

Heyne Claudia, Täterinnen. Offene und versteckte Aggression von Frauen, Zürich 1993

Holland-Cunz Barbara, Feministische Utopien – Aufbruch in die postpatriarchale Gesellschaft, Bd. 9, Meitingen 1987

Irigaray Luce, Genealogie der Geschlechter, Freiburg i.Br. 1989

Dieselbe, Die Zeit der Differenz. Für eine friedliche Revolution, Frankfurt/M. 1992

Janssen-Jurreit Marielouise, Sexismus. Über die Abtreibung der Frauenfrage, München 1979

Joseph Gloria I. (Hg.), Schwarzer Feminismus, Theorie und Politik afro-amerikanischer Frauen, Berlin 1993

Jünger Ernst, Der Kampf als inneres Erlebnis, Berlin 1922

Derselbe, In Stahlgewittern, Berlin 1929

Kappeler Susanne u.a., Vergewaltigung, Krieg, Nationalismus. Eine feministische Kritik, München 1993

Koonz Claudia, Mütter im Vaterland, Freiburg i.Br. 1991

Krüll Marianne, Wege aus der männlichen Wissenschaft, Pfaffenweiler 1990

Labusch Reiner u.a. (Hg.), Weltraum ohne Waffen, München 1984

Langbein Herrmann, ... Wir haben es getan. Selbstporträts in Tagebüchern und Briefen 1939–1945, Wien 1965

Leacock Eleanor, Myths of Male Dominance, New York–London 1981

Lenz Ilse/Luig Ute (Hg.), Frauenmacht ohne Herrschaft. Geschlechterverhältnisse in nichtpatriarchalen Gesellschaften, Berlin 1990

Lerner Gerda, Die Entstehung des Patriarchats, Frankfurt/M.–New York 1991

Levi-Strauss Claude, Strukturelle Anthropologie, New York–London 1975 und Frankfurt/M. 1978

Lorenz Konrad, Das sogenannte Böse, Wien 1963

Malinovski Bronislaw, Das Geschlechtsleben der Wilden, Frankfurt/M. 1979

Mamozai Martha, Schwarze Frau, weiße Herrin, Reinbek 1989

Dieselbe, Komplizinnen, Reinbek 1990

Maurer Margarete, Feministische Kritik an Naturwissenschaft und Technik, Hamburg 1989

Meier-Seethaler Carola, Ursprünge und Befreiungen, Zürich 1988

Meillassoux Claude, Die wilden Früchte der Frau, Frankfurt/M. 1975
Mellor Mary, Wann, wenn nicht jetzt! Für einen ökosozialen Feminismus, Hamburg 1994
Memmi Albert, Rassismus, Frankfurt/M. 1987
Merchant Carolyn, Der Tod der Natur. Ökologie, Frauen und neuzeitliche Naturwissenschaft, München 1987
Meulenbelt Anja, Scheidelinien. Über Sexismus, Rassismus und Klassismus, Reinbek 1988
Mies Maria, Wider die Industrialisierung des Lebens, Pfaffenweiler 1992
Dieselbe, Patriarchat und Kapital. Frauen in der internationalen Arbeitsteilung, Zürich 1992
Mies Maria/Shiva Vandana, Ökofeminismus. Beiträge und Theorie, Zürich 1995
Milger Peter, Die Kreuzzüge. Krieg im Namen Gottes, München 1988
Mitscherlich Margarete, Die friedfertige Frau. Eine psychoanalytische Untersuchung zur Aggression der Geschlechter, Frankfurt/M. 1985
Dieselbe, Die Zukunft ist weiblich, München–Zürich 1990
Dieselbe, Über die Mühsal der Emanzipation, Frankfurt/M. 1990
Moltmann-Wendel Elisabeth, Menschenrechte für die Frau, München 1974
Dieselbe (Hg.), Frau und Religion. Gotteserfahrung im Patriarchat, Frankfurt/M. 1983
Dieselbe, Das Land, wo Milch und Honig fließt. Perspektiven einer feministischen Theologie, Gütersloh 1985
Möller Maria, Die Lehre vom gerechten Krieg in der Scholastik und im Naturrecht der Aufklärungszeit, Diss., Wien 1932
Morgan Henry Lewis, Die Urgesellschaft, Stuttgart 1981
Mulack Christa, Maria – die geheime Göttin im Christentum, Stuttgart 1985
Dieselbe, ... und wieder fühle ich mich schuldig. Ursachen und Lösung eines weiblichen Problems, Stuttgart 1993
Müller-Münch Ingrid, Die Frauen von Majdanek. Vom zerstörten Leben der Opfer und Mörderinnen, Reinbek 1982
Nagl-Docekal Hertha, Feministische Philosophie, Wien–München 1994
Nagl Docekal H./Pauer-Studer H. (Hg.), Jenseits der Geschlechtermoral. Beiträge zur feministischen Ethik, Frankfurt/M. 1993
Napoleon Chagnon, Die Yanomamö in Brasilien und Venezuele, in: Bild der Völker, Bd. 5. Die Brockhaus Völkerkunde in zehn Bänden, Wiesbaden 1974
New International (Hg.), Frauen, ein Weltbericht, Berlin 1986
Österreichisches Institut für Friedensforschung und Friedenserziehung (ÖIFF) (Hg.), Militär und Geschlecht, Bd. 13, Heft 4, Wien 1988
Österreichische Zeitschrift für Politikwissenschaft, Wien 1993/I
Paczensky Susanne von (Hg.), Frauen und Terror. Versuche, die Beteiligung von Frauen an Gewalttaten zu erklären, Reinbek 1978
Pilgrim Volker, Dressur des Bösen. Zur Kultur der Gewalt, München 1974
Derselbe, Adieu Marx. Gewalt und Ausbeutung im Hause des Wortführers, Reinbek 1990

Pusch Luise F., Feminismus, Inspektion der Herrenkultur, Frankfurt/M. 1983

Quistorp Eva (Hg.), Frauen für den Frieden. Analysen, Dokumente und Aktionen aus der Friedensbewegung, Bensheim 1982

Dieselbe (Hg.), Scheherazade. Stimmen von Frauen gegen die Logik des Krieges, Hamburg–Zürich 1992

Radford-Ruether Rosemary, Gaia & Gott. Eine ökofeministische Theologie der Heilung der Erde, Luzern 1994

Reeves Sanday Peggy, Female Power and Male Dominance. On the Origines of Sexual Inequality, Cambridge 1981

Reich Wilhelm, Die Massenpsychologie des Faschismus, Köln–Berlin 1971

Rentmeister Cillie, Frauenwelten, Männerwelten. Für eine neue kulturpolitische Bildung, Opladen 1985

Roesch Wagner Sally, Women Church and State, Watertown Mass. 1983

Rüdiger Jutta (Hg.), Zur Problematik von Soldatinnen, Lindenhorst 1987

Salomon Ernst von, Die Geächteten, Berlin 1930

Schaeffer-Hegel Barbara (Hg.), Frauen und Macht. Der alltägliche Beitrag der Frauen zur Politik des Patriarchats, Pfaffenweiler 1988

Schaumberger Christine/Schottroff Luise, Schuld und Macht. Studien zu einer feministischen Befreiungstheologie, München 1989

Schmölzer Hilde, Frau sein & schreiben, Wien 1982

Dieselbe, Die verlorene Geschichte der Frau, Bad Sauerbrunn 1990

Dieselbe, Die Frau, das gekaufte Geschlecht, Bad Sauerbrunn 1993

Dieselbe, Phänomen Hexe. Wahn und Wirklichkeit im Lauf der Jahrtausende, Wien 1986

Schüssler-Fiorenza Elisabeth, Brot statt Steine. Die Herausforderung einer feministischen Interpretation der Bibel, Freiburg/Schweiz 1986

Schwarzer Alice, Krieg. Was Männerwahn anrichtet und wie Frauen Widerstand leisten, Frankfurt/M. 1992

Segal Lynne, Ist die Zukunft weiblich? Probleme des Feminismus heute, Frankfurt/M. 1989

Shiva Vandana, Das Geschlecht des Lebens, Berlin 1989

Sipri Report, Die Kriege der Welt – Das sowjetische Erbe. Die Verbreitung von Massenvernichtungswaffen, Göttingen 1993

Sozialwissenschaftliche Forschung und Praxis für Frauen, Gegen welchen Krieg – für welchen Frieden, Köln 1983

Sölle Dorothee, Im Haus des Menschenfressers. Texte zum Frieden, Reinbek 1981

Dieselbe, Es muß doch mehr als alles geben. Nachdenken über Gott, Hamburg 1992

Spender Dale, Frauen kommen nicht vor. Sexismus im Bildungswesen, Frankfurt/M. 1985

Stiglmayer Alexandra (Hg.), Massenvergewaltigung. Krieg gegen die Frauen, Freiburg i.Br. 1993

Stratmann Franziskus, Krieg und Christentum heute, Trier 1950

Streich Jürgen, Die neuen Atommächte, Reinbek 1993

Studienschwerpunkt »Frauenforschung« am Institut für Sozialpädagogik der TU Berlin (Hg.), Mittäterschaft und Entdeckungslust, Berlin 1989

Swidler L. u. A. (Hg.), Women Priests, New York 1977

Szepansky Gerda, »Blitzmädel«, »Heldenmutter«, »Kriegerwitwe«. Frauenleben im Zweiten Weltkrieg, Frankfurt/M. 1986

Theweleit Klaus, Männerphantasien, Bd. I und II, Frankfurt/M. 1977/1978

Thürmer-Rohr Christina, Grenzüberschreitungen. Gedanken zur Patriarchatskritik, Luzern 1992

Dieselbe, Vagabundinnen, feministische Essays, Berlin 1990

Tidl Georg, Die Frau im Nationalsozialismus, Wien 1984

Tiger Lionel/Fox Robin, Das Herrentier. Steinzeitjäger im Spätkapitalismus, München 1973

Vaerting Mathilde, Neubegründung der Psychologie von Mann und Weib. Die weibliche Eigenart im Männerstaat und die männliche Eigenart im Frauenstaat, Karlsruhe 1921

Vögler Gisela/Welck Karin von, Männerbande, Männerbünde. Zur Rolle des Mannes im Kulturvergleich, Bd. I, Köln 1990

Weiler Gerda, Ich verwerfe im Lande die Kriege. Das verborgene Matriarchat im Alten Testament, München 1983

Dieselbe, Der enteignete Mythos, München 1985

Werlhof Claudia von/Schweighofer Annemarie/Ernst Werner W. (Hg.), Herren-Los, Herrschaft, Erkenntnis, Lebensform, Frankfurt/M. 1996

Werlhof Claudia von/Mies Maria/Bennholdt-Thomsen Veronika, Frauen, die letzte Kolonie. Zur Hausfrauisierung der Arbeit, Reinbek 1988

Wichterich Christa, Frauen der Welt. Vom Fortschritt der Ungleichheit, Göttingen 1995

Dieselbe, Die Erde bemuttern. Frauen und Ökologie nach dem Erdgipfel in Rio, Köln 1992

Wieck Wilfried, Männer lassen lieben, Frankfurt/M. 1991

Wiedermann Barbara, Entwürfe zu einer feministischen Ethik, Diplomarbeit, Wien 1988

Wittrock Christine, Weiblichkeitsmythen. Das Frauenbild im Faschismus und seine Vorläufer in der Frauenbewegung der 20er Jahre, Frankfurt/M. 1983

Wolf Christa, Voraussetzungen einer Erzählung: Kassandra. Darmstadt–Neuwied 1983

Wollschläger Karl, Die bewaffneten Wallfahrten gen Jerusalem, Zürich 1993

Zajovic Stasa, Women for Peace, Women in Black, Belgrade 1994

Zorn Gerda/Meyer Gertrud, Frauen gegen Hitler. Berichte aus dem Widerstand 1933–1945, Frankfurt/M. 1974